自主创新丛书
Indigenous Innovation Series

Managing Research,
Development and Innovation

研发组织管理

Managing the Unmanageable

用好天才团队

（第三版）

［美］拉维·K.杰恩　　哈里·C.川迪斯　　辛西娅·W.韦克　著

柳卸林　　刘建兵　译

东方出版中心

作 者 简 介

拉维·K. 杰恩,美国太平洋大学工程和计算机科学学院院长,哈佛大学、剑桥大学研究员。

哈里·C. 川迪斯,美国伊利诺伊州立大学乌尔班纳-香巴尼分校心理学教授。

辛西娅·W. 韦克,美国太平洋大学艾伯哈特商学院、工程和计算机科学学院管理学教授。

译 者 简 介

柳卸林,中国科学院大学大学生创业创新研究中心主任,教授。研究领域为:技术创新的管理,科技政策、产业政策。

刘建兵,北京城市系统工程研究中心研究员。

自主创新丛书
编辑委员会

执行编委（以姓氏笔画为序）：

王彦敏　中国科技体制改革研究会理事，新场学院创始人

毛照昉　天津大学管理与经济学部副主任，教授

刘　畅　钛禾智库创始人

孙　喜　首都经济贸易大学工商管理学院企业管理系副主任，副教授

李　瑞　清华大学公共管理学院助理研究员

金　珺　浙江大学管理学院副教授

封凯栋　北京大学政府管理学院学科规划与建设中心主任，长聘副教授

眭纪刚　中国科学院科技战略咨询研究院创新发展政策所副所长，研究员

戴亦欣　清华大学公共管理学院政治与公共政策所副所长，副教授

出版者的话

党的十八大明确提出:"科技创新是提高社会生产力和综合国力的战略支撑,必须摆在国家发展全局的核心位置。"进入新发展阶段,面对中华民族伟大复兴战略全局和世界百年未有之大变局,面对日趋复杂激烈的"贸易战"和"技术战",如何突破"卡脖子"技术,实现科技自立自强,已成为事关我国生存和发展的关键问题。

党的十九届五中全会通过的《中共中央关于制定国民经济和社会发展第十四个五年规划和二〇三五年远景目标的建议》进一步提出,"坚持创新在现代化建设全局中的核心地位,把科技自立自强作为国家发展的战略支撑"。

策划出版这套"自主创新丛书",旨在为我国科技的自立自强和创新型国家建设提供强有力的智力支持和精神动力。丛书包括政策研究、理论研究、创新实务、创新普及四个系列,通过系统介绍经典和前沿的理论、方法、工具和优秀案例,为政府创新政策制定者和实施者、大学工程技术及科技与经济管理专业师生、科研院所研究人员、企业管理者和研发人员,以及广大读者提供权威的指南和实务参考。

我们认为,在经济全球化的背景下,我国的自主创新必须也必然是开放合作条件下的自主创新。丛书将在系统推出国内创新成果的同时,积极引进出版国际上经典和前沿的创新著作。

随着中国进入现代化建设新阶段,我国经济已进入高质量发展时期。改革开放四十多年的实践产生了一批具有中国特色的优秀创新管理理论成果,中国特色的创新制度体系和理论体系正逐步形成并在全球产生日益重要的影响。同时,越来越多的优秀创新型企业以其卓越的产品和服务向世界展示中国的崭新形象。认真而系统地组织和筛选优秀理论成果和实践案例,向世界讲好中国的创新故事，是我们的责任。

为确保丛书的出版水平，我们邀请了中国科学院科技战略咨询研究院研究员顾淑林，中国科学技术发展战略研究院院长、研究员胡志坚，浙江大学社会科学学部主任、教授吴晓波等国内从事创新政策、创新理论研究的知名学者以及优秀青年学者、企业家，组成了丛书编辑委员会，进行丛书的选题论证策划和学术把关，以期能够保证高质量地满足读者的需要。

作为中国出版的"国家队"—中国出版集团的一员，我们将竭尽所能高质量地做好丛书的编辑和出版工作。

丛书将分辑出版。第一辑包括《牛津创新手册》《剑桥创造力手册》《创新的先知：熊彼特传》《研发组织管理：用好天才团队》《用户创新：提升公司的创新绩效》等精品力作。

期待丛书的出版能为我国的现代化建设和新时期高质量发展，为我国科技自立自强和创新型国家建设，起到助推的作用，竭尽一份绵薄之力。

东方出版中心

2021 年 3 月

译　者　序

　　研究开发活动和研究开发机构是创新企业的重要的活动和部门。尽管在我国全社会的研究开发费用中企业的比例已经超过 70%，但对我国企业而言，研究开发活动的管理并没有得到企业和大学院所领导应有的重视，研究开发的效率低，原始创新很少。随着我国企业国际竞争力的不断上升，自主创新的地位越来越重要，这就要求企业不断提升利用自己的资源进行创新的能力，而提高研究开发管理的能力正是企业需要不断加强的一种新能力。

　　研究开发组织的管理具有它自己的特殊性。由于研究开发组织由科学家、工程师组成，其活动具有很大的不确定性，所以具有与企业其他投资活动不同的特点。甚至有创新越多，企业死得越快的说法，问题的关键是企业难以驾驭创新活动，尤其是作为核心的研究开发活动。在一个需要不断提高研究开发活动效率，取得创新胜利的今天，加强企业研究开发管理的时代已经到来。

　　由美国加州太平洋大学工程和计算机科学学院院长杰恩(R. K. Jain)教授和伊利诺伊大学心理和劳动与产业关系学院川迪斯(H. C. Triandis)教授共同撰写的《研发组织管理》是这一领域一本非常好的著作。2010 年，作者又对这本书进行了增订。本书对研究开发组织的战略、如何建立一个高效的研究开发机构、如何进行针对科学家的职业设计、如何领导研究开发组织、如何管理研究开发组织的冲突、如何评价科学家的贡献、如何实现技术转移等广大科研人员和科研管理人员都很感兴趣的话题都作了很好的分析，是一本有关研究开发组织管理系统而全面的著作。全书分析深入浅出，可读性强，理论与实践相结合。本书是企业科研管理、技术管理课程的重要参考书，也是广大科研单位的领导者以及企业研究开发部门的负责人必备的重要书籍。

本书的翻译是集体努力的结果。主译是中国科学院大学经济管理学院的柳卸林教授和北京城市系统工程研究中心的刘建兵研究员，杨艳芳、王双正、刘秀新、邢新主、陈卉对此书的第一版的翻译作出了许多贡献，陈健对本书的第三版的翻译作出了重要贡献。但翻译工作量大，错误难免，希望读者指正。

柳卸林

中国科学院大学经济管理学院

2021 年 2 月

前　言

在 21 世纪,研究开发小组将致力于复杂问题的解决,这需要他们投入不同领域的知识,经常与不同大陆的专家们进行合作。同时,还需要考虑商业角度的营销、金融、设计、生产、法律支持,研究、开发和创新的管理越来越重要。在过去,研究开发人员的管理完全不是按照大多数人们想象的那样进行的。事实上,当被问道:"你们如何管理你们学院的研究人员和工作人员?"一个哈佛的院长回答道:"我们没有。"他反问道:"你们会管理歌剧演唱会中的第一主角吗?"

想要管理一个研发组织,并提升其生产力和业绩,就需要面对一些特有的问题和挑战。当团队成员比较分散时,这些问题和挑战更大。困难来自两个方面:① 研发机构的特性;② 研发组织成员的类型。

在过去的几十个世纪中,起源于 19 世纪的,以制造为基础的工业社会正向信息社会和知识经济转型。诺贝尔奖获得者肯·阿罗(Ken Arrow)断言:"发明和研究的主要经济价值在于他们可以转化为信息产品。"(Arrow,1974,p.152)信息时代需要科研,因此,科研将成为未来社会最主要的一种职业。正如在农业社会,尤其在饥荒年,农民是社会生活的主角一样,科研人员也将成为未来的主角,尤其在发达的工业化经济社会里。

由于不可能根据投入准确地预见到会取得怎样的研究成果,研发组织的工作本身包含了相当大的不确定性。阿罗说:"如果没有不确定性,人类的思想甚至可能会消失。"(Arrow,1974,p.Ⅰ)因此,不确定性赋予研发组织以特性,组织内成员也有其特点。最明显的一个特点是他们一般都受过研究生教育,才智较高。更重要的是,研发人员受到的培养方式与其他人不同。从他们的研究生阶段开始,为了做出良好的成绩,他们必须独立工作,并保持主动性和好奇心。这在一定程度上是一个自我选择的过程。

一位著名的研发管理者[丘吉尔学院产业委员会委员基斯·威廉姆斯（Keith Williams）]这样评价研发组织的管理："管理研发组织是很困难的，因为研发组织有着与众不同的活动特点和人员特点，尤其是它的人员。这些人更独立，表达能力更强……所以他们需要特别的管理。"

有多么特别？比如，一个优秀的管理者应该尽可能少用"大棒"（批评和惩罚）而多用"胡萝卜"（奖励）。同时如果他能接受一些"古怪"的行为，并给予研究人员相当大的自主权，就会得到很高的评价。在第三章我们会讨论"艾姆德斯（Amadeus）复杂性"，它会提醒我们，天才的某些行为常常被人看作"不成熟"。研发管理者必须学会容忍下属和同事很多的独特行为。

管理研发组织，也必须知道科学团体的独特气质，了解他们广泛的学识，并分享他们的知识。

所以，研发组织的管理其实是一门艺术——关于整合那些分散的、有创造性的、有天赋而又自主的人们的艺术。正如约翰·D. 洛克菲勒（John D. Rockefeller）所说，好的管理还包括告诉上级领导如何做好天才周围的工作。

为什么写这本书？

读者将从作者背景了解到，这本书是一位工程师兼科学家与一个社会组织心理学家合作的成果。

除了作者对研发的兴趣和经验以外（这些经验包括管理和指导著名的研发项目，教授关于组织的技术问题、社会问题和行为问题的课程并撰写这些方面的书籍），我们认为，研发是现代技术社会一项非常重要的活动。在 2007 年，单是美国就计划为研发投入 3 500 亿美元。研发对于提高技术创新的效率和商业组织的营利性，以及对一个国家的富强都有着极为重大的影响。这些内容和其他相关的政策问题将在本书中做进一步探讨。

最近,有很多著作都在关注美国竞争力下降的问题。竞争力下降在很大程度上与美国研发资金投入结构有关。当我们的竞争对手在研究美国市场和生产能在美国畅销的产品时,美国却把太多的研发资金花到每隔几年就会被淘汰的军事设备上。没有人会质疑国防的重要,但问题是,美国的这个包袱是不是过于沉重? 因此,在一本探讨研发管理的书中,讨论一下科技政策是必要的。研发管理者必须影响科技政策,并使它在 21 世纪回到正轨。

随着"冷战"结束,国防开销的需要比以前减少了。但是,日益激烈的国际竞争却需要更多卓有成效的行动,而开展这些行动需要科研,研发是保证美国在全球经济竞争中生存下来的主要因素之一。

有证据表明(Nadiri, 1980),工业部门的研发投资回报率高于其他部门。有研究显示,研发投资的平均回报率是 30:1。此外,也有证据表明技术促进科学发展(Bondi, 1967),科学促进技术进步(Gibbon & Johnston, 1974),这两者共同促进经济繁荣(Freeman, 1982)。

有必要首先提出一些关于研发投资和研究成果方面的结论:

(1) 与私人企业的支持相比,基础研究更有可能得到政府或者基金会的支持。

(2) 基础研究的一部分成本是由研究者来补偿的。因为研究者有着杰出才能和奉献精神,他们投入的大量额外时间很少得到回报。

(3) 最有成效的研究者既从事应用研究又从事基础研究。(第一章)

(4) 与日本和德国相比,美国研发投资近年来在下滑,尤其是非军事相关的研发项目更是如此。

展望 21 世纪,美国工业必须继续为全球工业社会提供产品和制度。欧洲统一市场、北美市场(包括加拿大和墨西哥,智利很快会加入)和亚洲市场,将形成一个拥有 40 亿人口的世界市场,他们都会对目前研发活动可能提供的产品有兴趣。只在美国销售产品的公司将处于劣势,因为他们只能把研发成本转移到 3 亿美国国内消费者身上,而不是转移到 40 亿潜在消费者身上。

但是,要设计出为全球社会所接受的产品,需要对消费者的需求十分了解,并且需要更为广泛的多元文化的教育。研发人员也需要一个全球化视角来看待研究和创新,还需要组织和管理国际市场商业活动的能力。

本书是作者管理研发组织、教授相关课程以及在管理理论、跨文化组织心理学及组织心理学方面的研究经验总结。正如随着研究的不断进展,总会有新的理论观点出现一样,本书涉及的许多内容也是在不断充实和发展的。我们知道科学家和工程师们需要的是可行的建议,而不是理论争鸣的回顾,因此我们尽最大的能力对各种观点作出判断,选择其中我们认为最合理的观点作为本书的内容,而不是把这些内容全部放进来,这样会增加读者的负担。这就意味着,一些管理者和学者可能不赞同我们的某些观点,但是在一个发展迅速、尚无定论的研究领域,这是不可避免的。

本书为谁而写?

本书致力于提高研发组织的效率和培养优秀的研发管理者。因此,本书的目标读者是研发组织里的科研负责人以及他们的同事与上司,还有研究型大学的教师、系主任和主管科研的领导等。尽管这些人通常都有物理学、生物学、社会科学或工程学的博士学位,但不管他们以前在行为科学课上学过些什么,现在也早就忘光了。他们得到管理他人的工作,却基本上没有得到过相关的培训。他们需要一本简明的工具书或工作手册,来告诉他们管理一个科研单位或者研究小组的最好方法。

由于本书的第一版也被用作研发管理的教材,因此本书增加了一些新的章节和内容,使它更适合作为一本教材。增加的内容主要是受大卫·戴(David Day)和川迪斯在杰恩所在的实验室进行的需求评估的启发,他们两个都来自伊利诺伊州立大学乌尔班纳-香巴尼分校。在几个月内,我们与研究负责人讨论他们的管理问题,以确定他们的需求。尽管这些研究负责人并不想成为社会心理学家或者组织理论家,但他们都表示希望学一些行为科学方面的知识。通过这次需求评估,我们决定增加一些研究负责人最关心、也比较实用的内容,如何解决冲突、如何改变他人的态度、如何激励下属、如何设计最好的工作环境、如何决定课题的优先级以及领导理论等。

此外,领导着很多研究负责人的杰恩提出,如果研究负责人能够更了解科技政策的话,他们的工作将更出色,也能获得更多的资助。因此,除了在需求评估中确定的那些"微观"内容以外,我们还增加了一些"宏观"内容以帮助研究负责人获得科研资金。杰恩在大学当过科研主任,川迪斯研究过多样性和跨文化的问题,他们的这些经验也是我们把这方面的内容放进本书的原因。

在写本书时,我们考虑的主要是研究负责人。不过,其他的一些人也应该能够从本书中发现他们感兴趣的内容,比如大学的系主任、主管科研的领导、咨询工程师、主管研发的企业经理,以及科技政策的制定者等。一些评论家认为,这本书与所有管理创造性活动的管理者的工作有关,并且非常实用,而不仅仅是那些享有自治权的科学家。

这本书还包含一些读者已经熟悉的内容。为了帮助读者更有效地阅读本书和在书中浏览他们最感兴趣的内容,我们在每一章的开始和结尾都加了导言和总结。

本书只是开启了这一研究领域的一扇门,还需要深入研究和讨论。因此,在每一章的结尾,我们提供了一些用于课堂讨论的问题和应该进一步阅读的材料。这些问题可以作为小组讨论的题目或课后作业,也可以当作与研发组织有关的案例研究的题目。

本书的主要内容是什么?

研发组织管理在很大程度上是一门协调和整合那些受过高等教育且享有相当自治权的人们工作的艺术。管理者需要在巧妙处理研发组织特有的不确定性的同时，还要提供开展工作所必需的秩序和目标，并且要有远见卓识。希望本书的讨论和观点能够为研发组织工作效率的提高和优秀管理人才的培养提供一些方法。基于需求评估和作者的亲身经验，我们认为本书除对研发管理者有用外，也考虑了其他人（如研发管理者的同事）的需求。正如本书的简介所说，本书涵盖了从个人激励到科技政策的广泛内容。

第一章介绍了研发活动和研发组织的分类，探讨了什么是研发活动，研发组织管理的独特性是什么。另外还用一节的内容详细讨论了"研究什么"的问题，这个问题对研发管理者和研发组织来说，是相当重要的问题。

第二章讨论了研发组织的基本要素：人员、思想、资金。分析了沟通网络和创新过程。有关研发组织的文化探讨包括"非此地发明症"、人员能力与工作的适应度以及对立面和模糊管理的内容。这些探讨对选择研发组织人员以及确定研发组织文化都有非常重要的意义。

第三章的主要内容是一个管理者如何才能创建一个富有成效的研发组织，他的重要作用是什么？我们提出这些问题：组织有效性是什么？发明者和创新者是谁？一个新的想法是怎样出现的？此外如何组成团队和有利于提高组织有效性的科学共同体的精神特质在这章中都有所论述。

第四章主要关注工作设计、职业生涯设计、组织结构及如何使研究人员在其职业生涯内一直保持创造力。

第五章是关于如何影响他人、态度以及态度的改变。这一章会提到一个行为科学的案例，并对此进行分析。

第六章讨论了与动机有关的内容，特别强调了可以激励研发人员的奖励、沟通，还有社会和组织结构等问题。本章也探讨了如何在研发组织里培养控制感和社区意识。

我们增加了第七章来帮助读者更好地理解在一个国际化的社会里如何应对多样性的问题。不同文化、不同性别、不同学科、不同级别和不同职能部门的科学家的合作变得日益普遍。研发组织的文化日益多元化，因此需要恰当地处理这些多元因素。

第八章的主题是领导。介绍了一些领导理论和适用于研发组织的领导风格。

第九章讨论了组织内部的冲突。这里提到了三种冲突（个体、个体之间以及团体之间）。冲突并不总是令人不快的。有破坏性的冲突，也有积极性的冲突。我们探讨了如何利用积极的冲突，减少破坏性的冲突以及可能会实现这些目标的研发组织的道德规范。

第十章是关于业绩评估的。我们提出了如何成功构建研发组织的业绩评估体系的建议。为此，我们也讨论到科学家和工程师们的不同目标和活动，金钱、职位，还有其他与业绩评估挂钩的奖励，但是我们也指明了把业绩评估和金钱挂钩存在的危险。在本章中，我们还提到了一个研发组业绩评估实施战略和业绩评估系统的案例。

为了做到更有效率，研发组织必须成功地实施技术转移，这也是第十一章的内容。主要的问题是：技术转移的几个阶段是什么？哪些因素影响技术转移？技术转移的最佳战略是什么？

第十二章为管理者提供了一个组织变革的概要介绍，包括组织变革中会发生哪些情况以及如何测评变革。

第十三章关注大学的科研机构。内容包括从大学科研活动的基础，一直到大学—产业链条的重要性以及研究院在创新过程中的地位。

技术创新越来越需要通过一个全球的创新网络来实现。第十四章关注企业、政府和大学的各种联系。开放创新和区域集群的概念也在这一章得到了介绍。

第十五章关注大学研究所的产业联系。问题包括大学研究活动的基础，学术机构在创新过程中的重要角色。

战略规划已经成为以研发为主要任务的企业和学术性组织必须考虑的重要内容。研发组织独有的各种战略规划要素以及案例将在第十六章有所阐述,并讨论了实施战略过程的步骤。

最后,在第十七章中我们讨论了研发和社会的关系以及制定相关政策的重要性。在这一部分中分析了研发支出和它们对经济发展的影响,并讨论了为基础研究寻求资源的必要性和所需资源的水平。

目录

致特鲁米（Terumi）、阿芙拉（Avra）、安娜（Anna）、波拉（Pola）、路易莎（Louisa）和布莱恩（Brian）。

感谢他们提供的灵感和支持。

第一章

研发活动和研发组织的分类

钟表制造者是最早有意识地将机械学和物理学理论应用到机械制造中的人。技术进步源自科学家——伽利略(Galileo)、哈吉恩(Huygens)、虎克(Hooke)和其他科学家——与工匠和技师之间的合作。

——达尼欧·J. 布斯丁(Daniel J. Boorstin)

创造钟表是科学家与工匠之间具有历史意义的合作,代表着最初的研发组织形式,布斯丁称之为"机械之母"。

如今,技术的复杂性已经使研发组织越来越复杂,规模也越来越庞大,一些研发组织往往要雇用数以百计的研究人员。研发组织的管理者必须在各种学科间进行协调,整合各种要素,以便它们能够顺利发挥作用,并使它们对研发组织的贡献达到最大化。因此,合作,过去是,现在仍然是取得进步的必要条件。

研发组织管理在很大程度上是一门对众多参与者的工作进行整合的艺术。研发管理者需要在巧妙地处理研发组织所特有的不确定性的同时,提供开展工作所必需的秩序和目标,并且还要有远见卓识。研发对于一个国家经济福利和商业组织营利性的提高,以及技术型政府机构的效率(如国防部)的改善都有着重大的作用。另外,世界各国也把大量的资金用于研发活动(2007年美国为3 550亿美元)。因此,研发管理是否有效具有复杂而又深远的影响。一个国家要想保持经济的持续增长,以合理的成本获得强大的国防力量,并在国际社会中继续保持领导地位,有效的研发管理和有力的科研政策都是非常必要的。所以,了解研发组织及其与社会的关系是非常重要的。正因为如此,本书在第一章中介绍了一些研发和研发组织的分类与定义,并在第十七章中介绍了与研发和研发政策有关的一些宏观问题。对于研发人员和研发管理者,特别是对那些寻求研发资金和想通过建立联盟来影响科技政策的人来说,这些内容是非常有用的。

本章首先介绍了研发管理的概况,接着讨论了研发的定义和分类。后面的章节详细分析了"研究什么"的问题,对于研发管理者来说,这是一个比较关键的问题。例如,研发管理者需要决定,除了组织需要的应用研究外,还应该进行多少基础研究、如何为相互竞争的项目确立优先级、最好的方法是什么,等等。对于这些问题的回答,有大量的文献,本章介绍了这些文献,并在每章结尾附上了这些文献的出处和我们的评注。另外,"研发组织管理的独特性"也是一个经常被提及的问题,本章也将就这个问题进行讨论。

1.1 如何使用信息

一些读者可能希望粗略地浏览一下本章所包括的信息,并记住那些可能有帮助的信息。这些信息除了对研发管理有重要意义外,还可能有其他一些用途。下面列举了几例。

例如,作为一个研究负责人(Principal Investigator, PI),如果你的主要兴趣是基础研究,那么你应该寻求到哪类组织中任职? 如果你是在为企业工作,那么当企业要求你把精力放在"产品和利润"上时,你就不应该感到惊讶。如图1.1 所示,在研究与开发经费支出中,平均有 60%用于产品开发,22%用于应用研究,仅有 18%用于基础研究。图 1.2 是 2006 年美国研究与开发经费支出的来源、执行部门和活动类型分布。

在本章,实际上是在整本书里面,我们一直认为,在一个富有成效的研发组织里,研究人员的活动应该是基础研究、应用研究和产品开发三者的组合。许多成功的研发组织的经验和研究成果都证明了这种观点的正确性。能够理解这一点,对一个想提高研发组织产出能力和效率的管理者来说是非常关键的。这个观点可以为他们的工作提供指导。如果你按照我们的建议把基础研究囊括进你的研究组合中,即使你所在单位的主要活动是产品开发,你能不利用本章的知识来说服单位的决策者赞同你的这种调整吗?

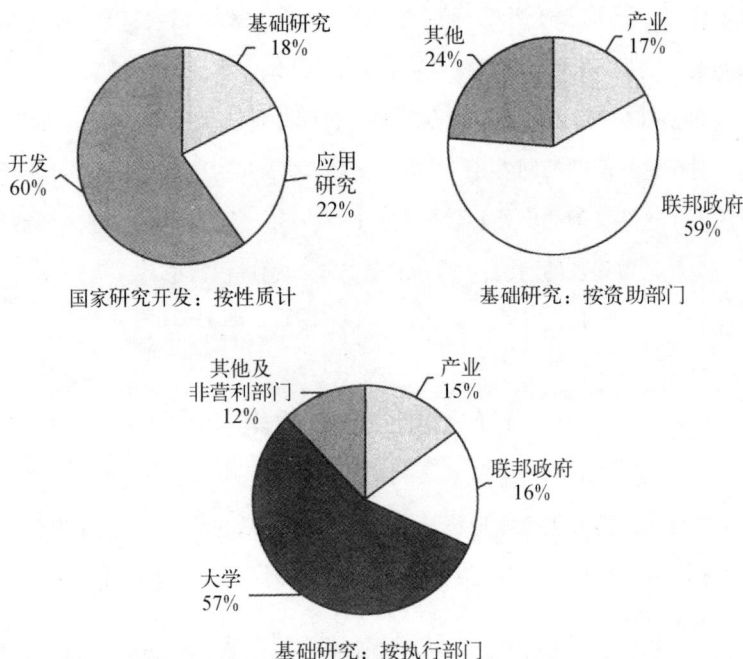

国家研究开发：按性质计

基础研究：按资助部门

基础研究：按执行部门

图 1.1　根据来源、执行和研究开发特点的美国研究开发支出相对分布

注：在 2006 年，国家研究开发项目支出达到了 3 400 亿美元的水平，包括了联邦政府机构和联邦研究开发中心的支出。数字采用了四舍五入法，这使各项加总后与总和有出入。

资料来源：*Science and Engineering Indicators*, 2008, pp.4 - 15.

　　是否有这样的研发管理人员——他不关心客户需求，而只热衷于深奥而又成效不大的研究活动，却没有受到指责？在本书中，我们强调客户参与需求评价和创新过程的重要性，这是贯穿本书的一个主题，当然这个问题涉及的范围非常广泛。

　　再想一下那些只根据客户需求进行工作的研发组织。这些组织只是在一个非常狭窄的框架内，仅仅对过去的、最多也只是现在的问题进行研究。如果是这样，那么第二次世界大战时，研究机构就只会研究更大、更先进的双筒望远镜用以探测来袭的飞机，而不是去开发雷达了。

　　为了解决这些困难，我们提出了一个双层模型，包括一个经济指标模式和

来源

10 488
百万
3%

223 370
百万
66%

94 217
百万
28%

产业
联邦政府
大学
非营利机构

12 354
百万
4%

0%　10%　20%　30%　40%　50%　60%　70%　80%　90%　100%

执行

24 408
百万
7%

17 104
百万
5%

244 555
百万
72%

产业
联邦政府
大学
非营利机构

54 362
百万
16%

0%　10%　20%　30%　40%　50%　60%　70%　80%　90%　100%

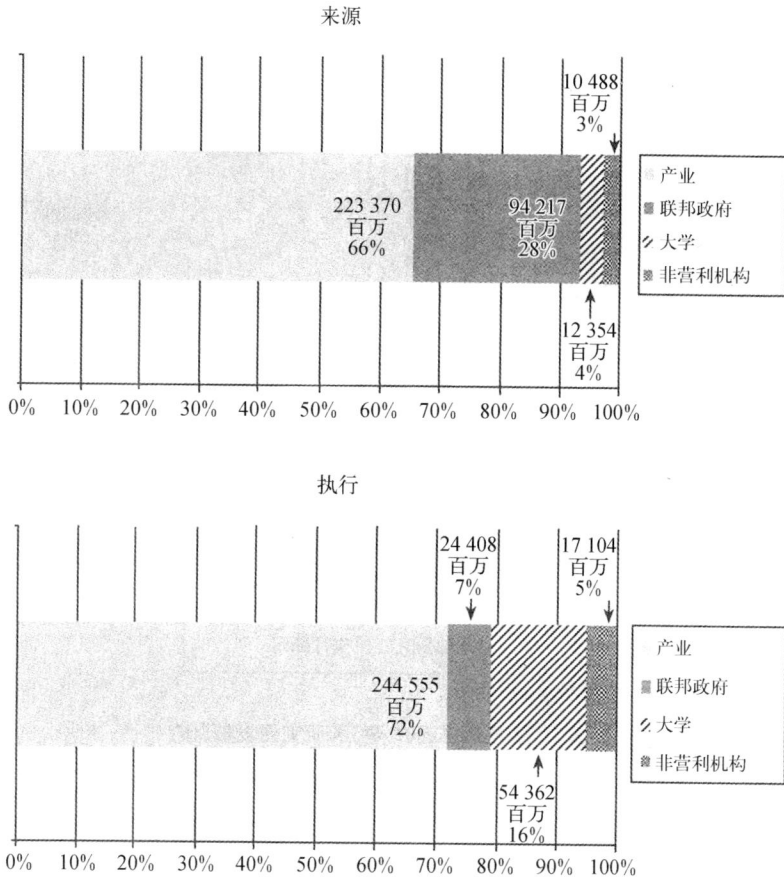

图 1.2　政府的研究与开发努力

资料来源：http：//www.nsf.gov/statistics/seind04/c4/tt04－01.htm（table 4－1）.［Science and Engineering Indicators, 2004.]

一个组合模型。在此基础上,我们提出了一个用于确定项目优先级的系统的、概念性的方法,这种方法提供了在不同的组织环境和决策者的情况下,科研项目选择和有效决策的非常重要的途径。正因为这种方法非常系统,决策者在心理上也容易接受。

那么那些最基本的定义又如何呢? 很多人可能会认为,任何与科研有关的人都知道或应该知道这些概念。但事实并非如此。仔细阅读本书,你会发现一些我们通常不太注意的要点。例如，基础研究与应用研究的真正区别是什么？基础研究并非一定是没有应用目的的（有没有应用目的并不是划分基础研究和应用研究的唯一标准），基础研究和应用研究的区别是在其他方面。如果没有其他方面区别的话，这些定义应该使得参与研究的各种人员与资助人之间的交流会更方便一些。

1.2 研 发 管 理

本书关注的重点是那些能够改善研发组织生产效率和培养优秀管理人才的方法。主要目标是研发负责人及其同事和领导等。不过，正如前面所提到的，其他人也可能会从本书中发现一些感兴趣的信息。

在数学或者物理学中，许多概念我们都能很容易地判断出是有用还是没用。相比而言，对管理学中的概念进行评价则比较困难，下面的案例可以说明这点。

一位著名的科学家被聘为某生物技术公司的副总裁。为了能够胜任这个新岗位，他参加了加州理工大学研发管理课程的学习。课程学完后，他觉得所学课程并不能教他如何确定科研项目的优先级和如何管理科研项目。他对这门课程的评价是"学费昂贵但无实际价值"。针对这位科学家的批评，该课程的负责人认为"他完全误解了这门课程的目标"。据这位课程负责人解释，这门课程的目标是教会人们如何对研发活动做出计划，而不是如何管理科学家（*Wall Street Journal*，1986.11.10）。

对研发管理者来说，管理研发人员是他们最为头疼的工作。人们对如何去计划或者预测一个"科学突破"并不十分清楚。既然如此，又何必花费那么大的精力去制订战略规划或其他什么计划呢？科学家被认为是致力于产生新思想和研究活动的人。然而，正如图1.1所示，除了在大学以外，大部分研究属于新产品开发，仅有很小一部分属于基础研究。于是，如何开展多种研究活动,并在各种研究活动间保持合适的比例,既能实现组织目标,同时又能保持研究人员工作的动力和好奇心是一项非常具有挑战性的工作,而这对于实现科学突破和新产品开发是至关重要的。

公共政策和管理决策对研发资源配置的影响已经被人们所广泛认识。除此之外,我们还需要考虑和理解,工程师与科学家在科技政策制定方面应该能够扮演重要角色。2003 年,美国大约有 59.5 万名拥有博士学位的科学家和工程师,其中约有 37.2 万人从事研发活动,6 万人从事研发活动管理。他们中除大部分人从事教学外,其他人都从事与研发有关的各种专业活动,其中从事研发和其他专业性服务和咨询的接近 9.6 万人。从事咨询业务的科学家和工程师,承担了许多创造性活动,这些活动用各种方式将研究、开发和应用联系起来,形成一个完整的循环。拥有博士学位的科学家和工程师的主要和次要的工作类型如表 1.1 所示(被调查者可以选择多于一种类型)。

表1.1	2003 年拥有博士学位的科学家和工程师数量(主要和次要的工作类型) 单位:人			
	所有领域	科 学	工 程	卫 生
总和	593 300	468 570	101 500	23 230
研发	371 830	283 660	75 080	13 133
管理、销售、行政	241 190	191 540	39 320	10 330
应用研究	194 380	145 260	39 480	9 640
教育	183 650	154 230	20 050	9 370
基础研究	141 240	127 470	10 660	3 110
专业服务	95 630	85 750	4 810	5 060
开发	86 330	52 050	32 450	1 830
计算机应用	56 280	38 380	16 980	910
设计	38 060	20 410	16 990	660
其他	35 700	28 020	6 370	1 310

资料来源:*Characteristics of Doctoral Scientists and Engineers in the United States*, Table 16, 2004.

博士是一个研究学位,大部分拥有博士学位的科学家和工程师都从事研究、开发和教学活动。值得注意的是,与科学家相比,很少有工程师具有博士学位。2003 年,美国只有 101 500 名拥有博士学位的工程师,只占所有参加工作的工程师总数的 7%左右;而科学家中大约 23%拥有博士学位(*Science and Engineering Indicators*, 2003)。

我们赞同研发组织的管理者应该具有较高技术水平的观点。一些研究已经清楚表明,管理人员技术水平越高,科研组织越具创新性,而管理人员的技术水平不高(但具有高层次的管理水平)时最不具有创新性(Farris, 1982, p.340)。这些研究结果绝不是要贬低管理才能的重要性,而是指出了拥有出色的技术水平是研发组织中的管理人员所应具备的基本条件。理想情况下,作为一名管理人员应该同时具备管理和技术两种才能。因此,科学家①将一直是研发组织管理的重要角色。

为了方便理解,下一节我们定义了一些基本概念。

1.3　研发的概念

美国国家科学基金会将研究分为以下几类,并定义如下(*Science and Engineering Indicators*, 2008):

基础研究　基础研究的目标是"获得所研究事物更完备的知识或对事物有更好的理解,并且没有特定的应用目的"。考虑到企业从事基础研究的目的,国家自然科学基金会修改了针对企业基础研究的定义,即基础研究是"增加新的科学知识的活动,但没有特定的、直接的商业目的,并不排除这一研究可能会在当前或其他潜在的领域具有商业价值"。

———————————

① 　在本书中,当涉及工程、技术或纯科学时,"科学家"一词都是指在研发组织工作中具有必需的技术知识和技能的人(工程师或科学家)。——译者注

应用研究　应用研究则直接指向"获取有关事物的知识或对事物的理解，以确定满足某一特定的、明确需求的方法"。企业应用研究的定义中还包含"旨在发展具有特定商业目的的科学知识的研究，这种特定的商业目的可以是新产品，也可以是新工艺或新的服务"。

开发　开发是"对研究获得的知识或者对事物理解的系统运用，目的是生产有用的原材料、设备、系统或者方法，包括对原型与加工过程的设计和开发"。

经济合作与发展组织（OECD）在《科学技术活动的测度》（*The Measurement of Scientific and Technical Activities*，1993）对研究活动的定义是：

> 基础研究是为获得有关现象或可观察事物基本原理新知识的，实验性或理论性的工作，没有任何特定应用或利用方面的考虑。基础研究通过对事物或现象的性质、结构及与其他事物联系的分析来提出和检验假设、理论和规律。基础研究的成果通常不是被"售出"，而是在科学杂志上公开发表或在同行间交流。纯基础研究（pure basic research）的目的是增加知识，而不是获得长期的经济回报、社会回报或把这些知识转让到应用部门。定向基础研究（oriented basic research）则是期望建立一个广泛的知识基础，使其可能会为解决已知或将来可能会遇到的问题提供一个基础。应用研究（applied research）也是为了获取新知识而进行的原创性研究，但它具有某种特定的应用目标或目的，是把某种思想或创意转化成可应用的形式。实验开发（experimental development）是利用从研究和实践经验中获得的现有知识，为生产新材料、新产品和新设备，建立新工艺、新系统和新服务，或对已经产生和建立的上述各项进行的实质性改进的系统性工作。

研究与开发（R&D）涵盖上述许多活动，经济合作与发展组织将其定义为：

为增加人类、文化和社会的知识总量，以及利用这些知识总量创造新的应用而进行的系统的创造性工作。

为了使各种研发活动的定义易于理解并具有可操作性，《美国科学指标》（*Science Indicators*）将研发划分为如下几类科学和工程活动：

■ 极大地增加人类对自然和社会现象全面认识的前沿性知识的活动——基础研究；

■ 能促进技术进步的创造性活动——应用研究与开发；

■ 将科学知识和发明结合起来，产生能满足社会需求，并被社会所接受的产品和工艺活动——创新。

美国许多政府部门都有各自支持研发活动的分类表，以使研发活动更加有针对性，以及所谓的有利于技术转移。表 1.2 中描述了美国国防部研发活动的分类。由于美国国防部的研发支出约占联邦政府研发支出的 60%，了解这些内容，会有助于从美国国防部获得研发资助。

表 1.2　美国国防部科研项目分类表

6.1　研究(research)：创造基本知识的活动，包括旨在增加物理、工程、生物医药和社会行为科学等领域、与国家安全的长期需求有关的知识，提高对这些领域认识的科学研究和实验。它为在一些研究领域解决特定的军事问题提供基础性知识，同时也为以后军事技术的前期和后期开发，以及开发全新的和改进现有的军事能力提供部分支持，这些领域包括通信、侦查、跟踪、监视、推进、机动、制导和控制、导航、能源转化、材料和结构，以及人员支持等

6.2　前期开发(exploratory development)：开发新的技术、方法和标准的活动，包括除了主要的开发活动外，所有解决特定军事问题的活动。前期研究的范围很广，从相对基础性的应用研究到非常复杂的试验原型的硬件制作、研究、规划和计划等活动都属于这种活动。因此，前期开发就包括科研、调查和小规模的开发活动。前期开发最主要的特点是它指向一个特定的军事问题，提出备选方案，评估它们的可行性和可用性，并测试相应的参数

6.3　后期开发(advanced development)：设计、开发和制造实验用硬件设施的活动，包括所有已经进入开发实验和运行测试用硬件的活动。其特点是已经在项目的层次上制订了项目的具体内容，并进行了控制。另外一个特点是这些硬件设施的设计是为了测试或实验的目的，而不是最终的应用的详细设计

6.4　工程化开发(engineering development)：测试和演示新技术和新方法，以及开发技术系统设备。包括那些为部队使用进行的工程化的开发活动，但还没有被批准用于采购或正式运行。其特点是通过检查个别项目对主要项目进行控制

（续表）

6.5　管理和支持(management and support)：为使具有特定用途的设备能够运行和维护,为其安装和采购提供支持。包括为设备安装和运行提供支持的通用研究与开发活动,如测试靶场、军事建筑、实验室的维护、测试飞机和轮船的运行、维护,以及为研发项目提供支持的研究和分析。实验室的人工费用成本,包括内部人员费用和外协费用分配到相应的项目或根据各个子项目或活动分别研究,前期开发或后期开发分别归入相应的类别。与主要开发项目直接相关的军事建筑的成本包括在相应的项目中

资料来源：*AR70－9 Army Research Information Systems and Reports*, May 1981, NTIS, Springfield, VA.

1.4　研究活动和研究组织的分类

布鲁克斯(Harvey Brooks, 1968, p.46)提出过一套划分研究类型的标准：

■ 研究的基础性或应用性程度——例如基础研究和应用研究开发。"基础"一词是指一种科学知识结构,一种普遍的层次性,而"应用"一词则指的是一个实际目标。基础研究一般和实际应用的联系不那么紧密,但也并非绝对如此。

■ 学科的特点——例如物理学、化学或生物学。

■ 研究的职能或主要关注点——例如国防、卫生或环境。

■ 研究的机构性特点——例如是隶属于高校、国家实验室还是企业。

■ 研究规模或风格——例如是大科学,还是小科学。

■ 研究的跨学科性程度——例如环境、空间科学、海洋学,还是跨多种学科。

为了计划方便,布鲁克斯(1968, p.57)将研发组织分为三类：使命导向型研究组织(Mission-Oriented Research Organizations)、科学导向型公共研究组织(Scientific Institutional Research Organizations)和学术性研究组织(Academic Research Organization)。

使命导向型研究组织

"使命"一词的意思是一个目标,这个目标是根据研究组织长期目标,而不

是某一具体的技术目标定义的。这类研究组织包括国防部的和企业的研究机构。这些工作是纵向一体化的，既从事基础研究，也从事应用研究，有时还要为生产和制造提供技术支持。尽管这些实验室的研究活动可能会非常复杂，也可能会很"初级"，但它们研究活动的导向是实现目标和组织使命，而不是科学自身的进步。

科学导向型公共研究组织

这类研究组织的使命则侧重于促进科学本身的发展，主要根据不同的学科类别划分，如促进高能物理学或分子生物学的发展等。这类研发组织从事一种较为一致或连贯的活动，并随着研究领域界定的不断变化而作出相应的调整。

学术性研究组织

学术性研究通常是由大学的科研部门进行的小规模基础研究，通常是在大学教授的指导下，由学生或研究助手来完成。

1.5 研究的内容

所有有关资助科研活动、科研计划的制订和实施的讨论，都会有许多究竟应该研究什么的评论。政府部门和企业的管理层经常会谈到使科研计划更具针对性，以满足政府机构和企业需要的必要性。生产部门和业务部门的人员以及用户也经常会抱怨科研项目缺乏相关性，研究成果缺乏时效性。

让我们来看一个案例。正如下面这个实验室的情况，资助者对实验室的

研究成果非常满意,但仍然提出了一些意见:

■ 研究时间太长。

■ 我们需要现在就解决地下水污染的问题,而不是三年之后,我们无法用几年的时间来等待研究人员着手这个问题的研究。

■ 研究人员提供答案的速度满足不了我们的需要。

■ 研究过于深奥,我们需要符合实际的解决方法。

■ 研究人员们费尽心机想找出一个十全十美的解决方案,然而,一个不那么完美的、但却能尽快解决问题的方案似乎更好一些。

■ 看来这个问题永远不会有结果。五年前在内务部工作时,我们就对如何处理那些含有严重危险毒物的土地问题进行了详细研究。当时我认为我们已经解决了这个问题或者至少可以提交报告了,但当被问及谁提交的报告以及结果是什么时,资助者并不知道。

■ 我们总是听说以前你所取得的成就,但将来如何呢?明年或者接下来的日子,你能给我们什么?请讲具体一些。

研发管理者首先需要理解资助者的看法,然后再制订一个能够有效沟通的计划。所以,这些研究活动的目标是相当"具体""商业化"和"产品导向"的。因此,资助者提出类似于上面我们所引用的案例中那些问题,在一定程度上是可以理解的,研发管理者不必进行辩解。不过,对于基础研究而言,问题的性质可能会截然不同。

那么如何回应呢?研发管理者可以就资助者提出的每个问题旁征博引提出反驳意见。例如,他可以证明,地下水污染问题是几十年来一直忽视这一问题造成的,研究和解决这个问题当然需要一定的时间;找出解决的方法,特别是那些成本低又环保的解决方法,需要三年或更长时间。另外一种办法是不管资助者抱怨些什么,继续当前的研究,因为资助者不大可能再找到能更快地完成这项工作的其他研究人员。

研发管理者可能采用的另一种方法是采用两步战略:

■ 首先需要理解并认同资助者的需要，并以真诚的方式作出反应。这将会尽可能地为一些关键问题提供临时解决办法。向资助者解释研究遇到的限制和不确定性。

■ 其次是让资助者理解科研的特性，关键是让他们明白，遵循一个虽耗时但却系统化的研发程序，是最大限度地维护资助者自己的利益。因为这样做有助于提出更加科学有效、能恰当地解决当前问题的方案，真正提出比现有技术更先进的解决方法。这需要从事一些多种类型的研究活动，包括耗时 3～5 年的基础研究到在一两年内提供一些解决方案的应用研究。

研究的内容也会受到竞争者行为的影响。一些政府机构（如国防部）和企业（如高技术企业），经常担心受到竞争者技术进步的偷袭。这是因为一个国家国防设施的有效性和企业的盈利，不仅取决于自身，而且取决于竞争对手的能力。竞争对手开发新的技术，对国家安全和企业在竞争中能否取胜有着深远的影响。

还有其他一些与"研究什么"有关的问题：

■ 如何考虑用户的需求？

■ 实际用户是谁？

■ 如何制订一个全面而且能够获得支持的研究计划？

■ 如何在研究的长期、短期或当前需求间作出权衡？

人们提出过许多制订研究计划的方法，例如，莫顿（Merten）和莱瑞（Ryu，1983，pp.24－25）曾建议把工业实验室的研究活动分为五类：

■ 背景研究（background research）；

■ 探索性研究（exploratory research）；

■ 新商业活动开发（development of new commercial activities）；

■ 现有商业活动开发（development of existing commercial activities）；

■ 技术性服务（technical services）。

施密特（Schmitt，1985）曾就一般性研究和目标研究、市场驱动型研究和技术驱动型研究进行过研究。香克林（Shanklin）和雷恩（Ryans）（1984）认为高技术企业通过把研发与市场营销紧密结合实现从技术驱动型①向市场驱动型的成功转变。

有关研发项目选择的文献相当多。企业采用哪种方法最合适，随企业需求的不同而不同。有关内容请参阅本章最后列出的文献。

似乎有两个非常重要的决定研究内容的标准：一是什么在推动科学进步？二是研究项目的用户需要什么？一旦我们得出答案，就需要问下一个问题：解决方案成功的前景如何？

但事实上还有其他一些需要考虑的重要因素，这些因素对一些具体问题会更合适。例如，在石油勘探中，安全是研究时要考虑的首要因素。这些问题可以不计成本地加以解决，如果组织忽视了这些因素，就会犯错误。那些保护人类健康和环境不受废物危害的研究也属于这一类型。

最难的问题之一就是决定何时放弃一个看起来无法解决的问题。人们总是抱着再有几个月就能解决问题的希望。然而，我们通常对将发生的事情会有些预感。如果某个研究人员确信这个问题能够解决，而其他人则没有把握，就该判断这个研究人员是"天才"还是"神经有问题"。人们确实会偏执地固守一些希望渺茫的事情。当这种情况发生时，他们会表现出各种症状，如过度紧张、不能反省等。如果有人对没有希望的研究项目抱有乐观态度时，管理人员必须对此高度警觉。中止这个项目而又不挫伤科学家积极性是非常重要的，下面提供了实现这一目的的一些方法。

管理人员也许会同意给科学家较短的期限，并划定一些双方都能接受的"里程碑"②来确定项目是否有了进展。在项目进行"里程碑"评估时，如果一个研究项目确实没有希望的话，就能通过项目没有什么进展这一事实反映出

①　原文是 innovation-driven，仅从单词上看，应译作"创新驱动型"，但从前后文来看，这里的 innovation 主要是讲"发明"，innovation-driven 与前面的 technology-driven 是同一个意思，而不是"熊彼特"意义上的"创新"。——译者注
②　标志项目的重要阶段的事件。——译者注

来。在大多数情况下，科学家会主动同意放弃这个研究项目。

如果科学家仍然要求将研究项目继续进行下去的话，管理人员应该考虑允许科学家在该项目上花费一些时间（比如 20%），重新划定一些"里程碑"来评估项目的进展情况。如果结果依然没有希望，而科学家仍然坚持继续下去，则有两种可能的选择：一种是管理人员命令中止该项目；另一种是仍然允许科学家花费时间研究该项目，但不再提供一切支持，如实验设备、研究经费和技术人员，该项目最终会停下来。

不过，当一些研究人员认定了某种早期毫无成效、前景暗淡的理论或研究项目，坚持做了下去，最后却产生了极有价值的成果时，研发管理人员也不必过于吃惊。研发管理人员要切记，对项目成功和失败的预测是最不可靠的。这里有两个例子：一个是关于基础研究的，另一个是关于应用研究的。

天体物理学家苏布拉马尼扬·钱德拉塞卡（S. Chandrasekhar）在研究黑洞和白矮星理论时，试图推测出当较大的星体烧尽坍缩时会发生什么情况。他从理论上证明，如果星体的质量是太阳质量的 1.4 倍多，星体坍缩生成的大密度的物质在重力的作用下会一直收缩，不能进入白矮星阶段。他的关于上述理论的论文，最初曾被《天体物理学杂志》拒绝，后来他却成为该杂志社一名很受尊敬的编辑。

正如《纽约时报》（1983.10.20）所报道的，阿瑟·艾丁顿（Arthur Edington）爵士在拒绝接受苏布拉马尼扬·钱德拉塞卡理论时曾断言："自然规律不会允许星体以这种反常的方式运转。"其他科学家也极力劝说苏布拉马尼扬·钱德拉塞卡放弃该项目，因为它看起来没有什么希望。苏布拉马尼扬·钱德拉塞卡坚持了下来，并终于在 1983 年因这一发现而获得了诺贝尔奖。他的研究使人们认识到了一种比白矮星更为密集的物质状态：中子星。目前，"苏布拉马尼扬·钱德拉塞卡极限"是天体物理学的基础理论之一。

另一个例子是某机构环境影响分析系统的开发。当时选择了由一些研究人员组成的团队来开发这个系统，并为他们配备了一些联合关系数据库，编程语言是一种高级计算机程序语言,而不是传统的 FORTRAN 语言。另外,他们还想要试用贝尔实验室开发的一种操作系统。管理层对这一项目看法并不统一,有的积极支持,有的保持中立,有的则反对,还有的甚至是强烈反对。持反对意见的管理人员的技术背景越低,与研发团队的关系越疏远,就越是反对继续研究这个项目。由于该项目的研究人员具有很强的研究能力,以及管理层在一定程度上的支持和默许,项目还是和其他活动同时继续进行下去。研究完成后,取得了非常大的成功,并成为那个机构使用最广泛的系统之一。它获得了这个机构颁发的最高研发成就奖,成为以后系统开发活动的样本。

没有一种对研究活动进行分类或组织,以及一个政府机构或企业对科研的需求进行识别的方法,能够满足一个组织复杂又特殊的需求。我们提出了一种能够确定应该"研究什么"的双层模型。这个模型是一个灵活的、系统性框架,用以整合许多不同的、看起来彼此冲突的需求。该模型包括一个经济指标模型(economic index model)和一个组合模型(portfolio model)。与科学导向型和学术性研究相比,使命导向型研究更适合应用这一模型。下面是这个模型的进一步讨论。

经济指标模型

在这个模型中,研究需求被定义为旨在提高机构、企业的业务或制造效率的那些需求,重点在于降低成本。模型的需求输入来自用户、业务单元、科学家以及从竞争性产品和业务中获得的信息。

组合模型

这个模型考虑了对研究的标准性(normative)、比较性(comparative)和预测性(forecasted)需求。标准性需求是用户的需求(科研产品的最初受益者或跟随者的需求）。比较性需求是指那些通过与同类机构、竞争性的产品线和相关企业相比较而派生出来的需求。预测性需求是指那些由于出现了新的需求、用户的行为发生了变化、有新的技术出现、颁布了新的法规（如环境、健康、安全方面的法规）、出现了新的业务需求等引致的需求，预测性需求的重点是对这些用户或组织需求的变化趋势作出分析。通常，工业企业或国防部门工作的有效性不仅取决于组织自身做得如何，还取决于它们与竞争者相比做得如何。因此，为了使比较性研究需求和预测性研究需求的定位更准确，就要有效地获得竞争者需求组合的情报。

在利用上述两个模型对研究需求进行定义后，研究项目会做一些必要的调整和修改或利用现有的科学知识，与应用研究和开发相一致；另外一些研究项目则可能填补技术空缺，与基础研究相一致。

需要研究的项目往往要超过资金的供给，这是不可避免的，也是正常的。金尼（Keeney）和莱福（Raiffa）（1993）曾提出在考虑多个目标（objectives）、偏好（preferences）和价值权衡结果①（value tradeoffs）的情况下，如何在竞争性的项目中作出选择的模型。但这一模型的主要问题是许多技术使用者倾向于使用不适合量化的定性指标。

决策者可以确定每一条技术路线或方案损益的效用值，而不是使用具体的定量指标来制定一项政策（较高层次）或在各种竞争性项目中作出具体的选择（较低层次）。在理论上，通过与决策树的每一条路径相联系，那些损益值就被换算成能够充分反映每一条路线或方案的结果、损益。需要强调的是，损益值的单位是不完全相同的，其中许多是不可比的。这可以通过以下数学形式

---

① 价值权衡是一种决策分析方法，当一组偏好值相互矛盾，不能同时被满足时，需要对其中的某些偏好值作出修订，以获得一个可行的方案。比如，到 A 地旅游的价格是 1 000 元，到 B 地旅游的价格是 2 000 元。一个人既想到 A 地旅游，又想只花 1 000 元钱，这两个偏好是不可能同时满足的，他必须作出权衡，以得到一个可行的结果，或者是选择只满足其中一个偏好，或选择其他的折中的方案等。对于如何作出权衡，有一些具体方法，value tradeoffs 是这种权衡的结果。——译者注

进行表述（Keeney & Raiffa，1993，p.6）：

$$a' \text{ 优先于 } a'' \Leftrightarrow \sum_{i=1} P'_i U'_j > \sum_{j=1} P''_j U''_j$$

其中：a′和 a″表示某种选择，P 表示概率，U 表示效用值，符号⇔读作"等价于"。

即使一个方案的某些损益值的单位不完全相同或实际上是主观的，每种结果都会被指定一个效用值。于是，问题就变成了一个多重属性值问题（multiattribute value problem）。克服这个问题的方法是列出偏好结构，偏好结构的确定可以是非正式的（informally）（主观判断的），也可以是明确的（explicitly）（客观的或用数学形式地表示）。数学形式表述如下（Keeney & Raiffa，1993，p.68）：

$$v(x_1, x_2, \cdots, x_n) \geq v(x'_1, x'_2, \cdots, x'_n)$$

$$\Leftrightarrow (x_1, x_2, \cdots, x_n) \geq (x'_1, x'_2, \cdots, x'_n)$$

其中，v 表示有关决策者目标的价值函数，x_i 表示结果空间上的一点，符号≥读作"优先于"或者"不次于"。

在决策者把问题结构化，并为概率和效用赋值后，一种能达到期望效用最大化的最优方案就能确定下来。在比较过程中遇到不能量化的因素或因素的单位不同时，就可使用非正式价值权衡法或明确价值权衡法，非正式价值权衡法是根据决策者的判断，明确价值权衡法是用数学公式表示。

在决策者完成个人分析，并对各种方案和项目进行排序（排定优先级）后，小组的分析将会进一步对这些项目进行排序。一种修正的德尔菲技术（Jain et al.，1980）可用于这种分析。

在对研究项目进行筛选和排序之后，要对研究项目组合进行全面分析。研究项目组合应该既包括基础研究，也包括应用研究，组合的结构取决于以下几个方面：

- 组织的技术情况；

- 组织的规模；

- 研究人员的能力；

- 研究设施；

- 不同的资金来源渠道。

需要指出的是，基础研究和应用研究之间的区别可能会很模糊。在某一单位的基础研究在另一个单位就可能是应用研究；今年属于基础研究，到明年就是应用研究。在相同的题目下，项目实施时侧重点的不同也会影响研究的性质。正如下面将要讨论的，科学家和研究小组的研究中，既应有基础研究，也应有应用研究，两者保持一定的比例关系，这样才能使研究组织的效率达到理想化。

1.6　强调基础研究还是应用研究

我们已经讨论了给研究组织的分类和确定研发项目组合的方法，并从计划的角度，提出了三类研发组织。强调无论基础研究还是应用研究，都会随着研发组织的不同而不同，因此存在一些冲突。冲突源于基础研究目的是解决纯科学的问题，这类研究活动的性质与使命导向型研究是不相容的，使命导向型研究是企业或政府的机构进行的。例如，当一名科学家读一本科学杂志时，他可能会发现值得深入研究的地方。然而，他的主管可能早就要求他开发一种能够满足特定要求的特殊产品。显然，这两种活动是不相容的，一些科学家内心的冲突就是因为科学发现的需要和组织要求之间存在冲突。

一些成功组织——比如明尼苏达州的 3M 公司——已经制定了一些制度和方法，允许科学家留出一定的时间研究他们所感兴趣的课题。至于科学家可以有多长的时间用于这种课题，在什么时间做这种课题，需要他自己与主管进行谈判。与那些业绩平平的同事相比,一个有着较好业绩记录的成功科学家,可以获得更多的时间探索自己感兴趣的课题。

派兹和安德鲁斯(Pelz & Andrews, 1966)对 11 个实验室(包括政府实验室和工业实验室)的 1 300 位科学家进行了研究。他们用五条标准来判断科学家成功与否:① 同行的评价;② 领导的评价;③ 发表论文的数量;④ 获得的专利授权数;⑤ 发表报告数量。此后,他们进行了广泛的访谈来确定那些决定科学家效率高低的因素。这项研究的发现是,既从事基础研究,又从事应用研究的科学家具有最高的效率。

在本书其他章节,我们还将会对派兹和安德鲁斯的研究进行分析。现在只需要记住一点,在考虑怎样组织和管理研发组织时,应牢记既从事基础研究,又从事应用研究的科学家具有最高的效率。显然,如果科学家读杂志时发现了某些需要深入研究的内容,却不能从事这项研究,他会感到很沮丧。因此,组织应该允许科学家有一定程度的研究自由。如果科学家阅读杂志的结果经常是沮丧,他们很可能不再读这些杂志,思想也就会逐渐变得陈旧。同样,组织应该鼓励科学家多发表研究成果,因为这会在组织所处的科学共同体内为组织赢得声誉,也可以检验科学家有效适应更大的科学共同体的能力。

应该记住,每天大约有 8 000 篇科学论文发表。因此,与这么多的科学成就相比,任何个人的贡献都是微不足道的。不过,个人通过发表研究成果,为科学发展作出自己的贡献,也就相当于为他自己能够与其他科学家进行交流、学习以及获得其他科学家的最近研究成果"买了门票"。

1.7　研发组织管理的独特性

研发组织的员工的特点、思想产生的过程、资金或支持来源以及组织文化的不同,使得研发组织不同于其他类型组织。员工、思想、资金和文化是研发组织的基本要素,在下一章我们将作详细讨论。由于它们与研发组织的特殊性有关,在此先简单介绍一下。

员工特点

一般来说,研发组织的员工接受过研究生教育,才智较高。研究生教育使他们能够独立工作,并表现出较强的主动性。

下面有关德国著名科学家赫尔曼·赫尔姆霍茨(Hermann Helmholtz)的一段逸事也许会有助于更清楚地说明研发人员的独特性。赫尔姆霍茨曾经把自己关在实验室里整整一个多月没露面,他的学生和同事在这一个多月内所看到的一切就是他的实验室门上贴的"请勿打扰"的标记。约 30 天后,赫尔姆霍茨终于露面了,在这段时间内他开创了一个新的重要理论,该理论最终导致了收音机和电视机的出现(Boring,1957)。

思想

在研发组织中,思想是通过一种独特的交流网络产生的(将在第二章讨论),科学共同体所特有的精神气质可以促进研发组织内思想的产生(将在第三章讨论)。

资金来源

研发组织的资金来源不同于任何一个同类规模的企业。例如,在美国,约有 28%(2006 年)的研发资金是由联邦政府提供。联邦政府在基础研究的支出约是企业的 3 倍。即使是学术性机构,其大部分研发资金(2006 年约占 61%)也来自联邦政府。研发组织的这种资金来源特点,以及它们的产出是为整个社会、而不仅仅是给私人或资助机构带来收益这一特点,使其具有了某种独特性。

文化

一个组织的文化既与主观因素有关,也与客观因素有关。对于一个研发组织来说,不仅实验室设施、设备、办公楼等客观因素不同于其他组织,主观因素如各种规章制度、业务程序标准和惯例、价值观以及行为规范等主观因素也与其他组织完全不同。例如,任何科学发现都得经受客观的判断,科学家经常参与集体性的质疑活动,对科学思想和发现进行批判性评价。这些体现在组织职能的方方面面。因此,涉及个人利益的管理决策也会受到研究人员的挑剔和质疑。一名新任联邦研发机构的副职领导在一次高管会后声称,他以前从未见过有单位像这家研发机构这样,员工能够自由发表意见,单位的管理决策也能完全公开讨论和评价。

文化及其他因素会随着研发组织的不同而有所不同,不过,研发组织作为一个整体通常具有独特性。

1.8 小 结

本章首先指出了研发组织管理的核心在于对许多个体活动进行协调。一个有效的研发组织,应该既从事基础研究,也从事应用研究,两种研究活动应该保持一定的比例。接着给出了一些概念的定义,如基础研究、应用研究与开发的定义,并对一些如何对研发活动进行分类的建议进行了评述。本章重点讨论了"研究什么"的问题,并提出了一个解决该问题的模型。最后,我们详细探讨了研发组织的独特性。研发组织的独特性之一是对员工、思想、资金和文化进行复杂协调。在下面一章，我们将进一步讨论这些因素及对它们的协调。本书其他部分主要关注管理人员如何才能最有效地领导一个组织，使组织具备最高的产出能力。

1.9　课堂讨论问题

（1）对一个公司而言，进行多少研发活动是过多的？什么情况下，研发活动是不够的？

（2）对于一个国家而言，多少研发活动是过多的？什么情况下，研发活动是不够的？

（3）定义并比较基础研究和应用研究。

（4）在各种类型的研发实验室中，应分别进行多少基础研究是理想的？

（5）以一个政府研究室或者工业实验室为例，制订一个系统性研发程序和一个短期、长期研究计划。

第二章

研发组织的
基本要素

构成研发组织的四个基本要素是：① 员工；② 思想；③ 资金；④ 文化。研发组织管理人员必须巧妙地将这四个基本要素进行整合，才能取得优异的产出效率和成绩。本章是有关这些基本要素的绪论部分，后面的几章专门介绍如何对这四个要素进行整合与管理。

显然，研发组织最重要的要素就是具有创造力的员工。这些员工具有聪明的头脑和精湛的技能，从事研究工作，并将研究成果转化为有用的产品。然而，这些员工必须组织成能够进行有效合作的某种人事结构。在配备员工时，很重要的一点就是某些员工的组合比其他的组合更有效。为了保证组织顺利且有效地运转，还需要惯例、信念、行为规范和价值观等有助于发挥创造性和创新的组织文化。最后，还要有充足的资金。

2.1　人　　员

在研发组织中，那些善于分析、有好奇心、独立、聪明、性格内向以及喜欢科研和数学的人最可能获得成功。这些人一般是性情复杂、灵活、自立、敬业、能够容忍模糊和不确定性，一般有较高的自主和变革的需求，不愿顺从别人（Winchell，1984）。然而，研发组织的成功需要集体努力。也就是说，研发人员不应该是不合群的。因此，极度内向的员工自然不适合在研发组织工作。

一个受过研究生教育的人会具有其中的许多品质，但他可能会缺少其中的某些重要品质。例如，有必要认真检查员工对模糊和不确定性的容忍度，以及对自主和追求变革的需求。

自主和自信的员工是最理想的，因为在许多情况下，研究常会使人灰心丧气。能够不轻易灰心、坚信并懂得如何实现自己目标的人，会坚持研究下去。由于大多数新思想不是通过阅读文献，而是通过与从事类似问题研究的同行沟通而产生出来的，因此相互沟通是非常必要的。最后，也是令人啼笑皆非的是,科学家要想获得成功,就必须能够容忍他可能认为的"非常糟糕的管理"。那些因为管理人员不关心其需求而有意见的人是无法适应在研究组织工作的。大多数研发管理人员同时也是技术人员,他们对研究更感兴趣,而不是管理,因此他们的管理工作不会太好。不过,研究组织的人员也有一个长处,有研究表明,喜欢自己工作的人能够忍受较差的管理者。

研发人员应该具有的另外一个理想的品质是内在因素控制力。他们往往把事情的发生归因于那些内在的因素(如能力和辛勤工作等)而不是外在的因素(如他人帮助和运气等)。研究已经表明,在收集信息和选择正确的研究方法时,内部因素比外部因素更为重要(关于这方面的评述,见 Spector, 1982)。

当然,创造性也很重要。遗憾的是,几乎没有能可靠、有效地检验创造性的方法。不过,以前的成绩所显示出来的创造性是对以后创造性预测的较好指导。

弗里德曼(Friedman, 1992)确定出了处于不同管理层次的研发管理人员所从事的主要活动。他们对与管理人员有关的、最费时的 48 项工作作了因素分析(factor analyzed),归纳出三种主要的活动:项目管理、人事管理和战略规划。与其他两种主要活动相比,战略规划对逻辑思维能力、创造性、思维的敏锐性、沟通技巧,以及对不成熟判断的抵制能力等要求比较高。研发组织的战略规划变得越来越重要,因此本书中增加了一章来讨论这一问题。

总之,一个高效的科学家应该是一个个人主义者(Allen, 1977),他们能够自治、充满自信(Pelz & Andrews, 1966)、有毅力,并且是在一个合适的组织环境中工作。这里需要着重强调的是,如果组织环境很差,即使是最富有创造性的员工也不会取得成功。正如矩形的面积既取决于其长度,也取决于其宽度一样,创造性既取决于研究人员的品质,也取决于环境的品质。缺少其中的任何一个,创造性都为零。研发管理人员必须既要能够整合那些性格迥异、自治而又才华横溢的研究人员,也要能妥善处理与研发项目管理、人事管理和战略管理有关的活动。

2.2 专 业 化

专业化也与人和环境有关。一些人喜欢从事专一的研究，另一些人则想成为通才。一些环境有利于形成专业化，而另一些环境则不利于形成专业化。文献表明，成功的研发人员一般都不是过于专业化的人才。他们兴趣广泛，能够轻松地与别人就他们（别人）的问题进行沟通。人们在职业生涯的早期阶段，比较专业化是可以理解的，但后来他们应该培养更广泛的兴趣，以及在一个较宽的研究领域内，与同行进行富有成效的沟通的能力。

在挑选具有这些品质的员工时，管理人员可以通过观察一些特殊的行为来作出判断。例如，能够接受诸如"很可能""大约"和"或许"之类回答的员工，可能容忍模糊和不确定性。

最后，在挑选研发小组成员时，比较理想的是能够找到那些具有管理才能的人。由于非常专业的技术人员一般很少有管理才能，如果发现具有管理才能的研究人员，应该对他们给予特别的关注。尽管技术能力对研发组织的管理人员来说是极其重要的，但拥有与人打交道的能力更是难得。因此，应优先选择他们而不是那些与他们具有同样的技术水平但缺乏管理能力的同事。

在把研发人员组织起来形成一个团队时，需要切记的另一条标准是：最好是选择一个多元化的工作团队。这个团队应该包括企业家或具有企业家精神的人、项目负责人、"看门人"、"教练"、公关人员及其他各种类型的人员（Roberts & Fusfeld，1981）。研发管理者应该考虑到团队人员组成结构，另外也需要考虑到事物是在不断发生变化的，现在热门的东西在 10 年之后可能并不流行也不被支持。具有多元化人才团体的研发组织才可能在环境发生重大变化的时期生存下来。

"研发组织的多样性"是另一个非常关键的问题，以"应对研发组织的多样性"为标题的第七章将专门进行讨论。

2.3 人 力 资 源

经常会听到管理人员说:"人才是我们最宝贵的资源。"的确,对研发组织来说,训练有素、有能力、对工作积极主动的研发人员,以及设施齐全的实验室是必备的条件。那些富有成效的优秀研发组织都会具有这些特征。

在员工招聘和开发时会遇到一些社会问题,如平等的就业机会、对妇女和一些种族歧视等,这些内容会在第七章中有所介绍。这是一些非常重要的问题,并且已被历史证明存在这些偏见和歧视。这些偏见最初表现在人们培养孩子的方式或者最初在中学接受教育,并且会接着表现在第一次找工作的求职面试时,以及后来有关工资、培训、晋升(向更高的管理层甚至领导层的晋升)等决策中。其他问题,如确定人员需求、面试、招聘、分配工作、员工开发(培训等)、晋升和工资等也是非常重要的,不过,研发组织中的这些问题是和生产性组织(企业)一样的,因此,在标准的人力资源管理①文献中已经包含了这些内容,所以本书不再讨论。

在选择新雇员时,应当与以后会和这一新雇员共同工作的人进行合作。他们最有眼光,和这次招聘也直接相关。另外,一旦他们参与招聘过程,他们就为所挑选的人员在组织中能够取得成功承担了一份责任。组织团队或工作组层次的面试是一个不错的办法。

这里主要讨论研发组织所需的,能够促进创新的人才的类型,可以分为以下三个类型:

■ 辅助人员;

---

① 原文是 personal,人事。——译者注

■ 技术人员；

■ 研究人员。

辅助人员包括从事财务管理、合同管理、技术资料编辑、文献归档、打字和其他文书等人员。

技术人员包括实验室技师、实验模型的制造人员、计算机操作人员，以及实验室和露天实验基地的辅助人员。

使辅助人员和技术人员成为团队真正的成员，与研究人员并肩工作，是创新成功的关键所在。他们对创新的过程作出了重要贡献，他们的贡献应该得到认可。钟表制造者是第一个将科学理论应用到机器制造的人。钟表的创新是科学家、工匠和机械工程师共同合作的结果。对于创新而言，这种合作在几个世纪以前非常必要，在今天仍然是必要的。对于一个聪明的技术人员来说，设计一个实验或更有效地收集野外数据并不困难；同样对其他辅助人员来说，为与创新过程有关的管理活动提供支持，从而节省时间和精力，也并非难事。通常，项目资助者首先是与辅助人员进行接触（如接待员或者秘书）。许多技术支持工作也是由技术人员和用户或消费者密切合作完成的。由于辅助人员和技术人员在创新过程中扮演着重要角色，因此，辅助人员和技术人员的招聘、培训和激励是非常重要的。

正如下面的真实故事所揭示的，研发组织需要把所有的人员凝聚成为一个有机整体。不久前，伊利诺伊（Illinois）大学的一位心理学教授使用果蝇作为行为遗传学实验的一部分。几代果蝇已经发育成为该实验所需要的类型。然而，一天晚上，一名门卫打开实验室窗户，穿堂风吹死了果蝇。这位教授几年来的辛苦工作在无意之中付诸东流。显然，如果这名门卫了解这项工作的重要性，他就不会打开窗户了。

在一艘海洋考察船上也发生过类似的灾难。当时，船员和科学家们相处不太融洽。他们就冰箱里应该放什么存在矛盾，是科学家的试验标本，还是啤酒？终于有一天，科学家惊骇地发现船员已经将他们花费了六个月时间在太平洋上收集的试验标本扔了,而把啤酒放在了冰箱里。

对于研究团队而言,仅仅有创造思想的研究人员是不够的,还需要其他一些非常重要的职员,包括创业或市场营销人员、公关人员、"技术看门人"、"教练"、项目负责人或者项目监督等(Roberts & Fusfeld,1981,p.25)。这些职位在某些方面相互重叠,一个人也可以同时履行其中多个职责。

2.4 思　　想

对于产生新思想而言,员工需要在一个或者多个领域里胜任技术工作,并有很强的抽象概括能力。他们必须习惯于抽象思维,对研发有真正的兴趣。

在研发组织里,人们会发现一些员工特别擅长表现自己的过人之处,因而能够创造新的思想。营造一个能够产生新思想的环境,就必须允许员工提出新观点,并且不要马上对其合理性作出评判。一组研究人员曾被要求就一些新的创新才能研究提出一些各自的看法。在听完研究人员们的意见后,管理人员立刻加以评论,并告诉参与者为什么这些看法不合理,且表示不会作进一步考虑。提出新的研究建议的人数迅速减少,在开了两到三次提建议的会后,就没有人再提出什么建议了。由于士气涣散,研究小组最终被解散。管理人员不应该那么草率地将这些新思想扔到垃圾箱里。

成功的创业(entrepreneuring)或市场开拓活动,要求员工具有向他人推销新思想和为研发项目获取资源的能力。这些员工技术出众、兴趣广泛、精力充沛并且敢于承担风险。创业活动对于组织控制和组织变革有着重要的意义。如果通过员工的创业行为获得的资金占研发组织资金来源的比重较大的话,那么它就必须允许员工有更多的自主性。开辟新的研究领域需要员工的积极参与。就像大学研究的情况也是如此。在大学里,许多课题资金都是由个人争取来的。因此,大学的研究机构有着非常强的自治传统。

　　研究机构中的一个重要角色是"关键联络员"（key communicator）（Chakrabarti & O'Keefe，1977）。关键联络员不仅要阅读研究领域的有关文献，尤其是那些读起来比较费劲的"硬"文献，还要与实验室内、外部成员进行沟通。查克拉巴底（Chakrabarti）和奥凯夫（O'Keefe）在对三个政府研究室进行研究之后，发现约有 1/7 的专业人员在从事上述活动。关键联络员在许多方面都能提供帮助：为别人提供有用的信息，查找书面资料，参与新思想和新概念的创造过程，充当沟通的中介，中止某一领域没有价值的研究活动，评价新思想，提供支持，推销新的创新概念，向决策者介绍某一领域的研究动态，与实验室内、外部成员进行沟通以创造新思想。关键联络员只会把一半的时间用于管理工作。一旦发现有这类人才，就应该给予他们特别的待遇，如更多的旅行经费、弹性的工作时间、对他们的作用正式认可以及特殊的培训并鼓励他们发挥这种作用等，因为他们对研发组织来说是无价的。

　　与"关键联络员"有关的另外一个概念是"看门人"（gatekeeper），或者说是"跨边界角色"（Keller & Holland，1975）。凯勒（Keller）和霍兰德（Holland）对"这类人员可能会存在角色冲突和角色不明确的问题，并可能对目前的这种角色不满意"这一假设进行了实证研究。他们的数据表明，跨边界的活动并不会产生太多冲突，与别人合作的工作满意度、工资和提升等甚至是正相关。不过，与监督呈负相关。因此，从整体上来看，这是一个很重要的角色，并不会对那些身在其中的人产生不良影响。

　　同样，"产品创新冠军"也是与关键联络员有关的一个概念（Chakrabarti，1974）。这类人不仅技术出众，而且了解企业和市场；非常有闯劲，同时也有政治敏锐性。

　　对于"看门人"[①]来说，有关人员必须技术出众，富有个性同时平易近人，喜欢与人接触并帮助他人。他们必须通过杂志、学术会议和通过与有关的人员

---

　　① "看门人"的概念将在本章"沟通网络"一节（第七节）和第十一章"技术转移"中做进一步的讨论，"看门人"实际上起着把组织与外部的信息源联系起来的作用。

接触沟通等方式,时刻了解组织外部的有关动态。看门人不是一个正式职位或职务。如果把这项任务布置给某个人或者小组,将这个角色正式确定下来,会破坏其应有的作用。在研发组织中,是那些技术出众、能够与各种科学共同体保持接触,以及具有适当个性的人在承担这种非正式职责。人们经常会听到这样的话:"如果你在声学上遇到问题,请教某某博士一下,他会告诉你这方面最新的进展。"管理人员经常得扮演看门人的角色,特别是对于一些来自地方政府的研究项目,这将在下一节讨论。

很明显,在上述的阐述中存在一个争论的话题,即看门人或者关键联络员在多大程度上得到认可并获得回报。一种观点是,这种角色的形式化会破坏其作用,另一种观点是鼓励并奖励担任该角色的员工,他们会发挥更大的作用。我们倾向于后一种观点,但并不主张将某个人单独挑选出来,而是认为高层领导应该在不正式确认一个关键联系员或"看门人"职务的情况下,给扮演这种角色的员工一些额外的旅行津贴、鼓励和报酬等。即是对所需的活动的支持,而不是正式化这些角色。

有证据表明,决定"看门人"效率的不是这个角色本身表现的好坏,而是这种角色能够发挥作用环境的好坏(Davis & Wilkof, 1988)。在一个官僚机构里,最好的看门人也不能发挥作用;而在一个有机组织里,中等水平的看门人也会做得富有成效。正如戴维斯和威可夫所说:"大多数研发团队很早就发现,他们很难在一个官僚式的组织里卓有成效地工作。他们相信,在机械的组织结构所固有的许多限制条件和自主性的丧失,抑制了他们的创造性,并导致了人际关系的淡漠和疏远,尤其是组织中处于底层的员工。"(p.51)

在一个有机组织里,专家得到人们的认可是因为他的专长,而不是他在组织中的行政地位。这意味着,一个行政职务较低的专家和一个行政职务较高但不是专家的管理者可能被谈及的次数是一样的。组织被当作一种个人(或团队)自主组织系统,在该系统里新思想和新想法得以产生、推广、包装、组织和实施。员工的地位来源于人们所拥有的技术能力。最高荣誉给那些产生、包装和推广新思想或新想法的员工。管理人员审查这些新思想或新想法,确保它们与公司的总体目标一致。

有机组织形式鼓励团队每个成员都成为"看门人"。组织鼓励所有的员工行使"看门人"的职能,而不是指定某些人为"看门人"。这样,看门人的职能就成了企业的一种惯例,而不是例外。看门人越多,接触更为广泛信息源的可能性就越大。信息随着项目工作流程传递。组织结构相对平等,使员工都有机会积极参与项目管理,并强调发挥全体员工集体智慧的研究团队,才会针对特定的问题指定特定的看门人。团队会议是信息传递的重要手段。

有机的组织形式是非常理想的,不过也并非不存在问题(Davis & Wilkof, 1988, pp.56 - 57),如对常规职能的忽视和在会议上花费太多时间所带来的危害。管理者要审慎地调整组织发展方向,保证组织常规职能和其他重要的组织需要不被忽视。

对行使"指导员"(coaching)职能的人来说,他们还应该在组织中处于一个更高级别的位置。他们应是很好的倾听者和帮助者,应有足以产生新思想或新想法的技术能力。他们应鼓励和指导团队成员工作,并在研究团队中扮演"传声筒"的角色。他们应该能够高效地管理组织内外的活动,能够减少由于组织原因对项目造成的不必要的影响。他们有能力指导研究团队的成员,使其能够发挥聪明才智。

项目负责人或监督人与指导员的职能之间存在一些重叠,这两个职能可由一个人担任。项目负责人要求具有能够计划和组织各种项目活动,以及能够保证项目符合组织的目标,能够与组织的其他活动相协调的能力。他们有能力领导和激发员工积极性,并对别人的需求很敏感。他们必须既能够理解组织正式的结构,也能理解组织非正式的结构,以顺利地完成工作和平衡项目的目标以及组织的目标。他们应该对很多学科感兴趣,并能够处理跨学科问题。

很明显,随着管理人员在研发组织中层次的提高,技术能力方面因素的直接作用会变小,而其他能力,如人际关系、行政管理能力和规划能力却变得越来越重要。

正如前面所提到的,研究表明,那些管理人员技术水平很高的研发组织最具创新性;另外,那些管理人员技术水平不高,但管理水平最高的研发组织最不具创新性(Farris, 1982, p.340)。因此,研发管理人员的技术能力也是非常重要的。对于那些关注产出能力和业绩的组织来说,技术能力尤为重要。经验表明,那些没有受过科技训练、缺乏对科技的认识和缺乏科技方面真正才智的人,是不可能成为研发组织里富于远见的领导者的。

富于创造力的员工可能会产生好的研究思想或概念,与他人的沟通也是产生好的研究思想或概念的来源。很多研究都提出过,应设计一些沟通模式,以使员工能够从那些从事类似工作的同行那里获得新思想。

在研究组织中,仅有一小部分(11%～18.5%)思想或概念来源科学文献(Allen, 1977, p.63)。不过,科学文献的作用不仅仅是产生新思想或新概念,还可用于其他目的,如一个研究项目各个研究阶段问题的界定。然而,即使在问题定义阶段,人际交往能够提供的信息量要比有关文献所提供的信息量多5倍(Allen, 1977, p.65)。因此,员工之间的沟通是创新的一个重要方面。

在下面两节中,将要讨论两个相关的话题——沟通网络和创新过程。

2.5　人类信息处理的缺陷

片面性推理在人类社会非常常见。当这点关联到科学家和工程师就非常有意思。尼斯比特(Nisbett)和罗斯(Ross)(1980)指出,大量实验工作证实人类的信息处理存在缺点。例如他们展示,人们会坚持支持一种理论,就算反面的例子比正面的证实还多(Nisbett & Ross, 1980, p.15)。数据会受到理论的影响,有时候对理论的支持态度会导致无视非常明显的对立数据(Nisbett &

Ross，1980，p.89）。人们从小样本数据中得到错误的推论，而且没有意识到小数据设置的不可靠性。人们在判断协方差和作预测时总是犯许多错误。

许多人自信地认为他们是客观地看世界。实际上，他们的视角是基于他们所在环境和他们自己内心（如他们的情绪、希望、记忆、参照系、部分他们内化的文化）。人们构建自己看世界的方式（Berger & Luckmann，2006；Taylor，1998）并常用简单的自我欺骗的认识方式来构建。如此，那些以不同方式看世界的人们总是认为别人是片面的（Pronin，Lin & Ross，2002），"愚蠢的"或者甚至是"疯狂的"（Rokeach，1964）。他们这种现实主义看世界的幻觉被称为"朴素实在论"（Pronin，Lin & Ross，2002）。事实上，人们意识不到他们常常陷入一厢情愿式的思考中。

简而言之，人们非常频繁地使用自我欺骗方式（Triandis，2008）。自我欺骗常常发生因为我们常用我们想要的方式来看世界而不是它本来的方式。我们倾向于选择与自己希望、渴望、期望、需求、理论、文化、意识形态、参照系相一致的信息，并回避那些与我们的理论、意识形态、成见、早先纲要、参照系不同的信息。

人类社会中充满着正面的、反面的和模棱两可的信息。人们偏向于用正面的样本而无视反面的；如此他们自我欺骗从而可以让他们以自己想要的方式来看世界而不是世界本来的方式。

叔本华论述过所有的真理都要经过三个阶段：第一阶段是认为它是荒谬的，然后是粗暴反对它，最终是认为不证自明的加以接受。这种顺序反映了三种不同的自我欺骗。在第一阶段欺骗者自我欺骗认为"真理"早已众所周知而且新的理论是如此明显的没有意义，所以肯定是荒谬的，与新观点一致的证据被无视（很不愉快）。在第二阶段，欺骗者自我欺骗认为"真理"是众所周知的（再一次支持新观点的证据被无视），而新理论与"真理"不同，是危险的，所以要被消灭。在第三阶段欺骗者自我欺骗认为他们自始至终了解这种理论，而且里面没有什么新的东西。他们认为"我自始至终懂它"而忽视了直到这刻自己才了解的事实,符合了自我欺骗的定义,把注意力集中在愉快的(我懂的)并无视不愉快的(我不懂的)。

认知假象有许多种。例如在一组研究中(Rosenthal & Jacobson, 1992),随机抽取的老师们被告知他们的学生有着非同寻常的提高智力的潜能。八个月后,相比那些没有单独被指出受到老师关注的学生,他们学生的 IQ 有着明显的提高。简而言之,研究人员完整地在老师们脑海里创建了一个事实,并且对学生有着明显的影响。

人们在随机的信息里看到模型。他们常看到自己希望看到的,并相信他们期望相信的,这自然就是自我欺骗的特征。人们总是容易把他们自己拥有的特征安放在别人身上。(例如,如若他们愤怒了,他们认为别人也是愤怒了。)人们片面地估计了他们和别人共有的信念和习惯。这种所谓的"错误一致性效果"(Kruger & Clement, 1994)导致他们认为别人跟他们很大程度上有着相同的信念,而实际上可能并不如此。

在 R&D 中,对研究成果的客观分析是尤为重要的。正如在第三章 3.8 节里,"科学共同体的论理"参与到有条理的质疑和研究成果的出版中,这样别人就可以分析或复制结果从而对成果加以证明,有助于在其他事情中显著地减少片面信息处理过程。

2.6　科学中的时尚

法国物理学家勒内·普罗斯珀·布隆德洛(Rene Prosper Blondlot)认为他"发现"了 N-射线。这发生在伦琴发现 X-射线后不久。他成为法国科学院的一员,并获得数次授奖和一次大幅度加薪(Gratzer, 2000)。当美国物理学家伍德(Wood)无法重复布隆德洛的实验时,最有威望的法国物理学杂志拒绝了伍德的论文。但这一论文最终得到了发表,这使物理学界认识到 N-射线是不存在的。但是此时布隆德洛已带着他发现了射线的想法逝世了。法国杂志拒绝接受伍德论文成了自我欺骗的一个典型。该杂志主编不想接受关于一项如此"重要的"针对法国发现的负面信息。

物理学界另一个例子来自理查德·费曼（Richard Feynman，获诺贝尔物理学奖，1965）1974年在加州理工学院毕业典礼上的演讲。他提到著名物理学家罗伯特·E. 米利肯（Millikan）测量电子的电荷有点儿不正确，因为他错误地估计了空气的黏稠性。其后，许多年里获得不同数值的物理学家们也同样愚蠢地质疑自己的工作，而发现相似的数值时，并不再仔细查看自己的工作。换句话说，当我们对于"真实"的理解适合我们的实验时，我们不会质疑我们的感知，但当我们发现与我们的实验不符时，我们倾向于质疑自己的工作。

物理学有许多发现时尚，包括"捕获电子"（在20世纪20年代和30年代前期），埃里森（Alison）的"磁电操控"效应，以及"聚合水（polywater）的传说"。在大多数例子中，这些现象产生于几乎检测不到的强度，并非常接近可检测极限。批评和质疑被一些临时的借口所应付，但当支持者与质疑者的比例上升到50%而后就会被遗忘（Gratzer，2000，p.80）。

格拉策（Gratzer，2000）描述了梅斯美尔（Mesmer）关于"动物磁性"理论的可笑的论证："矿物晶体沉着物是由放电导致的"，而且描述了伦敦电学协会的可笑之处：它的成员相信，"电气化水"拥有非常显著的令人精力充沛和医疗效果的特性。

古尔维奇（Gurvich），一位苏联科学家，"发现""细胞分裂辐射"。古尔维奇认为，洋葱根尖是辐射源。他进一步断言，癌症可以用细胞分裂辐射来检测，他的"发现"被整个俄罗斯临床实验室所接受。他甚至获得了斯大林奖。一位评论家总结道："为了少误导人们，他必须先误导自己。"（Gratzer，2000，p.41）

甚至是科学巨人，如诺贝尔奖获得者们，也容易受到自我欺骗的影响。例如，1914年《93位德国知识分子的宣言》（*Manifest of 93 German Intellectuals*）说道："德国未经许可进入比利时是不真实的……一个比利时公民的生命和财产受到我们的士兵们的伤害是不真实的……我们的军队粗鲁地对待新鲁汶是不真实的。"事实上,历史学家报道德国的确未经许可越境,一些比利时人遭杀害,新鲁汶大学图书馆被烧,所以现在在该图书馆有一块纪念匾,用于感谢洛克菲勒基金会以及一些大学对他们战后重建所给予的帮助。该宣言的签名者都是当时世界上最著名的知识分子。他们包括麦克·普朗克,提出量子理论,被认为是和爱因斯坦相对论同样重要的科学家;威廉·伦琴,发现 X -射线;威廉·冯特,建立了世界上第一个心理学实验室。

回顾历史,人们可能会问:这些科学巨人,坐在他们的大学里,怎么能知道德国士兵做了什么呢? 很显然他们没有直接的证据。他们仅仅是提出他们的愿望、渴望和需求,以及对自欺的解释。他们甚至在宣言里提到,德国是哥特、贝多芬、康德的故乡,不可能做那些被指控做的事。但是自我欺骗使这个国家在战争时得到了最完美的理解。战争导致了压力,压力导致了认知的单一性和自我欺骗的可能性。

2.7 沟通网络

研发活动有许多知识并没有变成文字,许多最新的研究活动也是在一段时间后才会出现在文献中。而且书面材料是静止的,它仅是一种有限的沟通手段,而人际交往能够让人们思想沟通,更快地分析数据,以及获得与研究项目相关的信息。

由于技术问题的复杂性和分析、综合有关技术信息的重要性,口头沟通在当今研发活动中扮演着非常重要的角色。研究一直表明,项目良好的业绩与广泛的口头沟通模式之间存在着联系(Tushman,1988)。通过与从事类似工作的人进行沟通,可以获得许多新思想。有时在周一与某个人交谈,而在周二与另外一个人交谈,会使得我们将两种毫不相关的研究领域在头脑中进行组合,从而产生一种新思想。因此,在研发团队内部或研发团队之间,个人交往和口头沟通能够提供有效的沟通手段。

然而,沟通方式取决于研究活动本身的性质。这些研究活动可分为三个主要类型:研究项目、开发项目和技术服务项目(Tushman, 1988)。

研究项目(research projects)主要是创造新知识或新概念。

开发项目(development projects)主要是直接应用已有科学知识解决具体的生产问题。这种类型的项目一般相当于技术开发或实验开发。

技术服务项目(technical service projects)主要是利用一些众所周知的已成熟技术解决具体的技术问题。

塔斯曼(1988)在对一些业绩良好和较差的研究、开发及技术服务项目沟通网络相比较的基础上,找出了一些与优异业绩的项目有关的沟通模式。这些模式与项目类型有关,分别对应于研究、开发和技术服务三种研发活动。

业绩出众的研究项目具有一种广泛和分散式的沟通模式。人们与他人进行广泛的交谈,组织对沟通思想没有限制性规定,通过直接接触和"看门人"从组织外部获得专业领域的信息。在组织内部,人们主要是与那些能够提供有效反馈和评价的员工进行沟通。研究项目与大学和专业协会的联系非常密切。通常很少依赖于监督指导,而是更多地依靠个人主动性、同行或同事的评议作出决策并解决问题(Tushman, 1988)。

业绩出众的开发项目其沟通模式主要集中在组织内、外部特定的运作或业务层面(怎样才能完成工作或任务,做什么,什么时候做)。与组织外部的沟通不多,相对于研究项目来说,它更多地通过"看门人"作为中间媒介。组织内部存在一些直接接触,但管理者是最主要的沟通媒介或中间人,与用户也有着广泛而直接的接触,例如,与市场营销和制造部门有关密切的联系(Tushman, 1988)。

业绩出众的技术服务项目其沟通模式是管理者在组织内部的沟通和与外部的沟通中都占主导地位。组织与外部的沟通主要集中在与供应商、销售商和用户的沟通上。内部的沟通则与市场营销和制造部门有关。组织内的所有外部信息都是通过管理者扩散的,他是唯一的媒介。与研究项目和开发项目相比,技术服务项目主要由管理者独裁地作出决策和解决问题(Tushman,1988)。

经验表明,在组织进行开发和项目技术支持时,会逐渐形成某些项目特有的,有时甚至是组织特有的语言、概念和价值观。这些"本地语言"和其他一些特征使得组织与外界的沟通——以项目为边界——非常困难,而且容易引起偏见和误解(Tushman,1988)。由于与"外部"的沟通,包括与组织内部其他部门的沟通以及与组织外部的沟通,对于项目获得良好的业绩至关重要,而"跨越边界的人"(塔斯曼称之为"看门人")却能够很好地满足项目信息获取的需要。这样,在项目层次上,"看门人"就是把项目与外界信息源联系起来的人。在第十一章"技术转移"中,将介绍三种类型(技术、市场营销/制造、运作或业务)的"看门人"。

在组织中,"看门人"履行非正式但非常关键的职能。项目组其他人员在带着问题前去与"看门人"沟通时,心理上必须有充分的安全感,能轻松自在,不用担心这种沟通会引起负面的结果和消极的影响(Katz & Tushman,1981,p.109)。

为了鼓励"看门人"这种行为,应该在不明确指定任何正式头衔或者职位的情况下,给执行这种职能的人一定的奖励。"技术看门人"很容易识别,因为他们一般具有技术出众并且能够与别人和睦相处的特点。对于一些地方资助的定向项目,大约有50%的一线管理人员履行看门人职责(Allen,1977,p.163)。

有人做过一项研究,对"看门人"的管理角色和职业生涯进行了调查(Katz & Tushman,p.103)。5年之后,人们又做了一项后续研究,这项研究显示几乎所有充当"看门人"角色的项目主管都提升到了管理层。相反,那些没充当"看门人"角色的项目主管中仅有一半提升到了管理层。作者据此得出结论:"这意味着,以技术为基础的研发组织中较高级别的管理人员,不仅需要具备较高的技术,还要具备较高的人际交往能力。"(Katz & Tushman,1981,p.103)

艾伦等人（Allen et al., 1979, p.707）认为，与一些早期结论相反，对于那些涉及复杂的技术和外部信息源，对项目非常重要的应用研究和开发项目，"技术看门人"角色是非常重要的。对于基础研究项目和技术支持项目来说，这种角色则并不是十分重要。在基础研究中，可以广泛地对问题进行界定，项目研究者能够很好地处理它们之间的关系。在技术服务项目中，技术是人们熟知的，并且比较稳定，因此，组织内部就能够提供必要的信息。

很明显，沟通网络的主要目的是信息的组织和处理。同样，正如上面所讨论的，不同的研发活动需要不同的沟通网络。在认识到沟通对创新过程的重要性之后，研发管理人员就应该利用沟通促进创新的过程。塔斯曼（1988）提出：

（1）项目内部沟通的强度和模式必须与项目对信息处理要求相匹配。

（2）项目必须与公司内部其他有关部门相联系。

（3）项目必须通过直接接触或看门人与外部信息源相联系。

为了使内部（内部包括团队内部和组织内的其他相关部门）沟通更容易，我们就必须关注工作场所的布局和人们之间的交往方式。我们经常会听到有关一个科学家怎样在与同事喝咖啡或者饮茶时产生了一种新想法之类的故事。美国人常拿英国工间休息的神圣性开玩笑。工间休息可能与他们的传统有关。剑桥大学的威廉·霍桑爵士（Sir William Hawthorne）曾经谈起过，在研发组织中，使工间休息或类似的交往形式制度化或者对其加以鼓励，是非常有益的。像这样的活动在美国并不多见，对此真该鼓励一下。

艾伦（1977）就办公室的布局和无隔断的办公场所对沟通的影响进行过调查。在管理一个研发组织时，识别出创新过程对内部沟通和外部沟通的需求是非常重要的。在组织资源和政策允许的范围内，管理人员应尽可能为创新创造良好的条件。高层管理人员经常会提出研究人员有没有必要参加技术研讨会的问题，一个研发管理者应该能够证实这些活动确实对创新过程有贡献。

2.8 创新过程

一个发明是开发新产品、新设备、新工艺(新过程)、新系统,或对这些进行改进的思想、概念、草图及模型。发明的过程是创造新知识或新思想的过程。

创新是把现有技术和发明整合起来开发新产品、新设备、新工艺(新过程)、新系统,或对已有产品、设备、工艺(过程)或系统进行改进的过程。创新是技术在经济上的实现,是新产品、新工艺(新过程)、新系统,或经过改进的产品、设备、工艺(过程)或系统的首次利用和商业化(Freeman, 1982, p.71)。

不同类型的技术型组织,对整个创新过程的考虑会有不同。不过,总的来讲,创新过程一般包括:① 识别市场需求和技术机会;② 改进或者采用现有的技术以满足这些需求和机会;③ 发明(当需要的时候);④ 通过商业化或者其他方式(如通过政府购买等)实现技术转让。

创新过程是对项目需求定义、发明和开发,以及技术转让的整合。在这三个主要阶段中,每个阶段都会产生新思想或新概念;当经过这三个阶段,经过改进的产品、过程、系统投入使用或实现了商业化,创新过程就算成功了。在第一章我们已经讨论了项目需要定义和研究内容的问题,在本章我们将讨论发明和开发。技术转让是创新过程的关键问题之一。如果没有这个步骤,创新过程永远不能完成。技术转让将在第十一章进行更为全面的讨论。

2.9 资　　金

这个话题如此显而易见,甚至可忽略不讲,本书收录了这些内容,主要是为了平衡。员工、设备、办公室或者实验场所、图书馆、计算机、出差、供应等都需要资金。这里并不想讨论科研预算以及诸如此类的问题。我们只是希望，读者在考虑研发组织的问题时，能够记住资金也是研发组织所必需的四个同等重要的要素之一。强调研究需要大量的资源非常重要。的确，研究是一项很费钱的活动。为了获得优异的研究成果和保持领先地位，就必须能吸引到有才能的科学家，也必须拥有先进的实验设施，而没有充足的资金支持一切都是不可能的。

研发资金的经济趋势

自 1980 年以来，私营产业的研发投入比例正在平稳增长，而政府的比例在下降。这可能为技术经理创造了一系列新问题。因为私营部门的研发投入比例增加，研发进程和预算可能受到更紧密的监控，研究人员被迫利用更少的资源得到既定的产出。联邦研究经费为研究人员进行探索、创造和发明提供了灵活性和自主性。产业资助项目的僵化的结构可能导致员工的道德和动机问题，因此管理必须意识到这种影响（Dougherty & Hardy, 1996）。

那些成功地将研究成果进行转化的组织更有可能获得客户对进一步研究的支持。对应用型研究和开发项目来说尤为如此。在某种程度上，前面章节中讨论的创新过程的步骤通过需求识别和技术转化将客户和赞助商联系起来。

我们一直在寻找检验研发成功的用户接受度和判断组织有效性的方法。为研究申请经费就是一种检测市场和用户反馈，并由此判断组织有效性的方法。

考虑一下以下研发组织所面临的问题：

美国的一家著名的私立大学遇到了一些问题。本国人申请读这所学校工程学院研究生的人数大大减少，大约下降了 55%。下降的原因主要有：本科生就业的起薪较高、研究生教育费用上涨以及研究生期间的机会成本较高。来自州立大学的竞争越来越激烈,州立大学研究生培养费用仅为这家私立大学的25%,州立大学也有着这家私立大学很难获得的广泛的影响,一些大的州立大学还为学生提供这家私立大学所不能提供的校外社会活动,这些因素直接导致了这家私立大学生源的减少。由于大学的很多研究都是在教师的指导下由研究生来完成的,缺乏研究生使这家大学在研究资助的获得和研究设施的维护上非常困难。

显然,研发组织直接控制范围之外的外部因素经常影响资金的获得。

2.10 研发组织的文化

文化是人类所营造的,是构成环境的一部分。它包括那些客观因素(例如,研究室、设备、办公楼、办公设施等)和那些主观因素(例如,章程、法律、价值观和规范等)。研发组织文化最重要的因素之一是那些与"在一个实验室如何行事"有关的隐含假设。只有当这些假设受到质疑时,才会凸显出来,例如,在任何时候都是安全重于生产吗?在一些实验室是这样,而在另外一些实验室则不是这样。2007年中国生产的宠物食品、玩具、牙膏、口红和海鲜等消费品的召回事件使文化要素的重要性显现出来。

考虑组织的一种方式是把组织抽象成信息处理系统(Daft & Weick,1984)。还要当那些需要加工处理的信息有一定的属性,组织结构必须与信息的类型相匹配。例如,凯勒(1994)对98个研发项目小组的跟踪研究发现,效率较高的研发小组一般是那些信息处理结构与组织结构相匹配的小组。对一些成功的研发小组来说,承担的工作越是非常规的(如涉及根本性新技术等),处理大量信息的能力就越高(如人际交往很多、组织边界具有渗透性,以及非正式的、面对面的沟通等)。

一些组织的文化会比另外一些组织的文化更有效。与不鼓励创新的组织文化(Scott & Bruce, 1994)相比,鼓励创新活动(例如,在回答问卷时,在这类组织中,员工会同意"创造性是受到鼓励的"这样的问题,而不同意"这儿似乎更关心现状,而不是变革")和有良好干群关系的组织文化(例如,允许高度的自治和自由选择研发项目)可能更有效。而且,竞争常常不是最好的选择。例如,有人做过一个实验,把一些人分成三组,举行建塔比赛;每个组分别实行不同的激励方式(即三种不同的环境),分别是:竞争性的(建得最高的获得所有奖励)、个人主义的(按照个人的贡献分配)和合作的(平均分配)。参与者随机地分到这三组中,每个参与者用的材料都用三种不同颜色标出,以确定每个人的贡献。作为因变量标价标准是摆放的建筑材料数量和倒塌的塔的数量(经常是由于故意破坏)等。研究的结果是:在合作环境下生产效率最高。当然,我们不知道研发组织中的项目小组,是否会有与建筑塔楼的大学生类似的行为。但是,这些发现至少在某些情况下是可以应用的(细节参见 Rosenbaum et al., 1980)。竞争无疑是一些组织文化的重要方面,不过,这个实验对它是否是最好的提出了质疑。

组织文化其他值得一提的方面还包括工作努力、重视员工、强调地位、强调参与、允许存在异议以及经常的奖励等。管理者最好通过管理行动而不是口头说说(Schneider, Gunnarson & Niles, 1994)来表现对这些方面的重视。只有那些具有社区意识、鼓励用户忠诚和注重细节的实验室才可能拥有那些关心用户是否满意的,而且愿意为实验室作出贡献的成员(如为实验室提供资助的政府机构)。

还需要对组织文化这几个方面简单说明一下。我们可以发现,一些实验室要比另外一些实验室更强调工作努力和勤勉。在一些实验室里,人们工作非常努力,工作时间也很长,通常回家后还要工作,也没有时间聊天。而在另外一些实验室里,人们则经常聊天,一到下班时间就会停下手头的工作。在一些"重视员工"的实验室里,如果某个成员遇到了重大的事情,整个实验室将停止工作。

一般来说,强调个人主义的文化更重视工作和成就,而在集体主义文化中,社会关系具有优先权,当工作与关系的建立相冲突时,工作很有可能被终止(Stone et al., 2008)。

一个实验室是否强调地位可从使用的头衔、正式着装或正式语言时看出。如果征求意见时员工能发言,能参与重大决策的讨论,或在决策时有一定自主性,那么这个实验室就比较强调员工的参与。

当人们能够坦率地讨论,或不论计划是由高层管理者提出,还是由基层研究人员提出的,员工们都能够对这些计划发表批判性看法时,就可以看出这个组织是能够容忍异议的。在一些实验室里,经常会给员工以奖励,或能认可员工的工作。很显然,除了强调地位以外,这几个方面都是很必要的,但问题是对一个特定的实验室来说,哪些是最重要的,如何在这几个方面作出权衡以获得最佳效果?

应该特别强调允许存在异议这一点。当人们作出重大决策时,总是要找一些与他们意见一致的人,而避免或拒绝那些与他们意见不一致的人。这种倾向会形成小团体思维(groupthink)(Janis, 1982)和犯重大错误。一个明显的例子就是杰恩斯引用过的越战期间国家安全委员会(National Security Council)的一些决策。尽管一些成员本身判断正确,反对某些政策,但最终还是根据众人的意见一致同意了那些政策。

人们往往会对自己研究计划的可实现性盲目乐观,而不太重视那些预示着研究计划存在问题的信号。他们拒绝那些对其计划或成果的批评;当他们觉得有关他们团体行为的评论是批评性的时候,他们会在团体内自我检查;他们一般会选择自己的批评者,以能够获得对他们工作支持性的评论,所有这些行为都是小团体思维的表现。小团体思维会导致较差的业绩。

为了避免小团体思维,就必须为团体注入新的思想,这意味着容忍那些持异议的令人讨厌的人。最好指定一个喜欢刁难的人,他的任务就是推翻研究方案,拒绝论文草稿,警告人们如果采取某种行动路线时可能会发生灾难等。

对于一些非常重要的项目,让几个小组同时从不同角度来解决这些问题并不是一种重复,这是获得解决办法的最佳途径。

最后,对于一些重大决策,有必要在决策后,先放一两天,从别的角度审视一下决策,再启动项目,投入主要的资源。

经验表明,与那些不听话的人相比,管理人员必须更加提防那些奉承他们的人。许多早期没有受到批评分析的、由管理者提出的建议都失败了。如果管理者的建议没有经过讨论和分析,而是作为一种命令被接受下来,那么研究绩效注定会很差。与小团体思维有关的另外一个现象是"非此地发明"(Not-Invented-Here, NIH)综合征,下面将会讨论这个问题。

一些科学家会认为研发组织中的某些部门是最适合工作的,如一些部门内部的声誉很好,这种是否适宜工作的程度决定了组织内各个部门的文化。一项对拥有 1 500 位科学家的 10 个科学型研究组织①的研究发现(Jones, 1994),创新氛围与良好的工作条件和良好的内部声誉是高度相关的。因此,为了提高组织的效率,研发组织的管理人员需要在组织内营造一个良好的创新氛围,并提供良好的工作条件。

贾伯里(Jabri, 1992)发现,如果科学家认为布置给他们的任务是合适的,他们就会与团队成员有更多合作,会更努力工作,也更有创新性。如果科学家认为分配给他们的任务是合适的,那么工作满意度和工作绩效呈正相关;而当科学家认为分配给他们的工作不合适,或他们瞧不起分配给他们的工作时,工作满意度和工作绩效是负相关的。

2.11 "非此地发明"综合征

"非此地发明"综合征的定义是：一个稳定的研发团体认为唯有它们才拥

---

① 主要从事基础研究的研究组织。——译者注

有某一领域的知识,因而拒绝接受任何来自外界的新思想的倾向(Katz &
Allen,1982)。而正如前面所讨论过的,与更大范围的科学共同体、组织内其
他部门的科学家、用户社团、组织内的市场营销人员等进行沟通,是提高组织
和创新效率以及成功率的关键。因此,"非此地发明"综合征会降低组织的
绩效。

随着研发小组成员在一起工作的时间变长,一个小组就会逐渐成为一个
稳定而有凝聚力的项目团队。团队的每个成员都竭力以一种能减轻他们必须
面对的压力和不确定性的方式来安排自己的工作环境(Katz & Allen,1982)。
这样,就形成了团队内部成员之间能很好地合作,而通过减少同外界的沟通,
与外部的信息和影响隔离开来的状况。

需要特别注意的是,导致工作绩效下降的因素并不仅仅是沟通的减少。
更为重要的是,团队出现了一种趋势,忽视外界信息并逐渐与那些有重要影响
的外界信息和思想相隔离(Katz & Allen,1982,p.16)。正如我们前面所讨论
的,不同的研发活动,沟通方式和与外界沟通的需求也不同。当研发组织存在
"非此地发明"综合征时,组织的整体绩效将受到损害。在这种情况下,研究型
的团队将会不重视那些来自其他相关的科学共同体的最近成果和信息;技术
服务型的团队(与研究和开发团队相对)之间不会再有沟通;开发型团队也不
会与组织内的其他部门进行沟通(例如,用户、制造部门和市场营销部门)
(Katz & Allen,1982,p.16)。

为了保证研发组织富有成效,组织应当制定出合适的战略措施阻碍和消
除"非此地发明"综合征。这些战略措施必须防止团队成员骄傲自满,也就是
说,找到一些能够调动和激活团队的方法。下面一些方法可能会有所帮助:

■ 给研发团队引入新成员。

■ 吸引外部的研究人员积极参与团队的工作,具体可通过从其他组织引
进访问学者和科学家,与主要的研究型大学建立密切联系,引入研究生来与组
织的固定研究人员一起工作等方式。

■ 鼓励研发人员通过参加研讨会、学术会议、专业技术协会等，与范围更大的科学共同体建立联系。

■ 鼓励和促进开发小组（产品或工艺开发工程师）与市场营销部门、制造部门和用户建立联系。

■ 鼓励技术服务小组的成员相互联系。

■ 建立公休假制度①。公休假制度虽然在高校很普遍，但一些研发组织对此仍持怀疑态度。很明显，在研发组织中实行公休假制度，需要相当多的资源。那些才智过人，技术出众，在研究中担任重要角色，能担当研发组织技术方面领导的人，会从公休假制度中获得很多的利益。研发组织在公休假上投资是非常值的。

■ 给予员工时间以发掘他们的研究兴趣点。

■ 3M、惠普和 IBM 公司都实行了这项制度，并在提升员工士气和技术创新水平方面取得了进展。

人们可以利用公休假学一门新的课程，或从事一些新的研究方向。它为科学家提供了机会：① 参加一些平时无法参加的学术性活动和研究；② 与他们平时所在的共同体外部的其他的科学共同体建立联系。为了使公休假制度对组织和个人双方都有益，个人可能会被赋予一些新的任务和责任，以使公休假的目标更完美。

将这些设想付诸有规律的实践，团队成员可能会产生"新思想"与技术，并从实验室外部获取一些观点。经验表明，这些活动在经过一段时间后逐渐消失，所以激发员工兴趣的机制是很必要的。邀请其他研发团队的赞助者，以及对员工参与这些活动进行奖励，可能会进一步鼓舞员工的参与热情和兴趣。

---

① 公休制度（sabbatical leave）是北美教育体系实行的一种制度，从小学到大学，平均 7 年每个教师都可获得一定期限（一般为半年或一年）的公休假［sabbatical，是安息日（年）的或逢七休息的意思］。在休假期间，教师留薪停职，可以去自己喜欢的地方进修和学习，到别的国家或别的单位进行学术和研究活动等。——译者注

2.12　员工能力与工作的适应度

　　人与环境的适应问题也值得好好探讨。对组织来说,员工的能力与工作要求相匹配,是最理想的。如果工作要求超过了个人能力,他会感到力不从心;如果工作对个人能力的要求太低,则会感到无所适从和厌烦。如果个人的需要与能够满足这些需要的工作能力非常匹配,员工的工作满意度会很高。在某种程度上,个人需要反映了他对工作的期望。如果工作为他提供了期望的东西,那么员工对工作将是非常满意的。不过有实证研究证明当预期和实际得到的结果相符时,工作的满意度最高。如果他得到的比期望的要多,也不正常。这就好像一个人想得到 10 美元的圣诞礼物,却收到了 100 美元的礼物。当然,当期望值比实际得到的结果高的话,他会感到失望或生气,这对工作满意度的负面影响是很大的。

　　关注员工的性格特点与组织文化之间的匹配性,是一个好办法。一些员工会比其他员工更有竞争力,在竞争性的组织文化中会感到很适应。类似地,人们也可以通过分析组织文化的各个因素,来判断一个人是否适合这种组织文化。

　　一些研发组织通过发奖金或利润分成等形式来奖励员工,而不是发很高的工资。这种薪酬制度非常适合那些追求成就和喜欢冒险的员工,但那些比较保守的员工并不喜欢。高斯蒂克(Gostick)和克里斯多佛(Christopher,2008)在《轻松效应》一书中指出发现员工的性格特点与组织文化之间的匹配性的重要性。公司文化会自然地吸引合适的员工并排斥那些难以适应该文化的员工。卡勒贝里(Kalleberg,2007)认为导致不匹配的原因有许多种:技能与资格、地理或空间位置、时间偏好、不充足的收入以及工作与家庭生活之间的冲突。考虑参与各方的需求、兴趣、价值和期望将有利于避免不满意、压力、员工的非充分利用及巨大的经济损失的发生。

2.13 激发创造性的压力：
对立面和模糊管理

当不确定性能够被容忍和接受时，创造力和创新最有可能在组织内发生。重视创新的组织对失败有更高的容忍度，并强调协作对于降低不确定性程度的重要性（Glynn，1996）。以下是形成健康的研发工作环境的其他方式。

反馈。管理需要提供绩效反馈以帮助科学家和工程师看到他们工作的价值并理解其目的。

转换任务。转变手头工作的性质并增加其复杂性是至关重要的。挑战和重要的工作使技术专家对其工作承担更多责任的同时拥有一种自我价值感。

开放的环境。创造一种团队成员之间能够发生积极的信息交换的环境对于提供持续性学习并使员工感觉到他们是同一团队的一部分是至关重要的。

对于研发组织的管理人员而言，创造力和创新可能难以自由流动，从而产生了诸多与工作环境有关的问题。这些问题的答案经常是相互矛盾，且不明确的。类似的问题如：

■ 一般来说，在一个研发组织中，什么样的环境会有助于取得技术上成功，有助于获得优秀的业绩和高的生产率？

■ 自由与控制的最优结合度是多少？

■ 在基础研究、应用研究、开发和技术支持之间，怎样才能达到一种均衡？

■ 科学家应该与外界隔绝吗？

■ 沟通网络怎么样？在研发组织里，什么样的沟通网络是最优的？

■ 研究人员最优的专业化程度应该是多大？

派兹和他的同事对11个研发组织、5个工业实验室、5个政府实验室和一个重点大学的7个研发机构中的1 300位科学家进行了研究。他们的发现对这些问题做了清楚的回答。这项研究成果可总结为：当科学家和工程师处在一种"激发创造性的压力"之下时，当使人感觉稳定、安全的因素和不稳定且具有挑战性的因素同时存在时，他们有着较高的工作效率（Pelz & Andrews，1966）。该项研究暗示着，当出现一些负面因素时，经常会取得更好的成绩。

派兹和安德鲁斯的研究结果主要是：

（1）在研发组织里，富有成效的科学家和工程师既从事基础研究，也从事应用研究以及其他研发活动（如参与同行评议和技术服务）。

（2）富有成效的科学家能独立思考问题，具有很高的自主性；他们追求自己的思想和观点，非常看重自由，同时也能和同事积极交往。

（3）富有成效的科学家在他职业生涯的头十年，会用几年的时间来研究一个主要项目，但并不过于专业化或使自己的研究范围太窄，并由此总结一些在以后能熟练运用的技能。

（4）成熟的科学家既对一个问题的深入钻研感兴趣，也对开辟新的研究领域感兴趣。

（5）当在组织环境对科学家没有严格控制，且具有足够的挑战性和安全感，组织给科学家确定的目标不那么严格苛刻的情况下，工作最富成效。适当地协调以及允许一定个人自主性，通常也会发现最好的解决办法。但是，各种内部和外部因素对一个科学家的成功有着非常大的影响，包括关心组织的目标。

（6）最富有成效的科学家是那些对组织的主要决策者有影响的人，但他们的目标与组织目标高度协调一致。

（7）富有成效的科学家一般能得到同事的支持和鼓励，不过，他们与同事在主要研究方向上并不完全相同。换句话说，就是他们具有与同事互补的才能，并且能得到同事的尊重和支持。

（8）研发团队会随着时间发生变化。当他们变"老"时，会越来越满足于他们很窄的研究领域，而对新的开拓范围更广的研究领域越来越不感兴趣。最有效率的团队应该处于一个合适的"组织年龄"或发展阶段，在这一阶段，对过窄的专业领域的兴趣还没有达到不合理的程度，对开拓范围更广的研究领域的兴趣也还没失去。

（9）在富有成效的成熟团队里，成员喜欢相互合作，但在学术研究上仍然会有竞争，并且会使用不同的技术路线。

因此，在为研发组织设计组织文化时，最好回顾一下派兹和安德鲁斯（1966b）提出的那些因素。他们强调在一些极端情况之间进行平衡。把所有时间都花在基础研究或应用研究上是不足取的，对两者进行有机结合才会更有效。在实验室中个人不应该过分强调依靠自身，而需要一些相互支持。我们不能过于强调专业化，而需要在许多方面都很擅长。监管人员不能对工作作出过多的计划和安排，应该给下属一些自主性。研究人员需要在个人研究目标与组织目标之间找到平衡。项目不应该太长也不应太短，期限为3年的项目一般是最好的。

正因为在研发组织中，研究人员对自主性的需求很高，在进行工作设计时要为他们提供一些自治的机会。另外，工作也必须设计得具有一定的意义，即研究人员应当感觉到，他们所做的事情对于组织、自身、职业和社会都是非常重要的。最后，工作应该有反馈。

研究认为，人们在心情好时要比平时更具有创造力（Isen et al., 1985）。情绪可以让人们在一段时间内通过想一些快乐的事情来控制。这项实验当时是在大学生中进行的，对于是否适应研发组织的情况，还需要在研发的环境下重复这一实验，不过尽最大可能使人们保持心情愉快无疑是非常有价值的。

要得到别人的激励，需要人们能够非常方便地沟通。一些研究认为，消除工作场所不利于沟通的障碍是对研发组织的工作有帮助的。

一种理想的组织文化应该允许员工有控制或支配感。在一些实验中，那些缺乏支配感的员工容易变得情绪低落。通过让员工参与一些与他们有关的决策，可以提高员工的支配感，例如什么时候开始工作，研究内容的确定，什么时候研究等。目标管理是比较有效的，因为它能使领导和员工定期坐到一块就"里程碑"事件、目标或价值进行评价,并达成一致认识。在进行评价时要考虑到反馈的问题,还要考虑为什么没有实现目标,在实现目标时也应表示祝贺。经常给员工奖励的组织文化,比不给员工奖励的组织文化更有效。尽管这并不意味着每次成功都要给予员工奖励,奖励可以是不定时的。不过,当员工取得重要成绩时,应该对他们进行奖励。

设定的目标要明确、有一定的难度、能够实现。有研究表明,把不同的目标结合起来,才会使动机或人们实现目标的内在动力最大化。在第六章"研发组织中的动机问题"中,将会讨论这项研究。

迪尔公司(John Deer)、eBay 和强生(Johnson & Johnson)等公司在激发员工忠诚度和激情方面取得了成功。戈文达拉杨(Govindarajan)和巴格奇(Bagchi)(2008)认为它们的领导运用了我们从我们的家庭中获得情感设施。这些设施包括以下内容:

亲近:领导与员工十分亲近;

丰富的沟通:领导能够剔除偏见,恰如其分地回答问题,并允许多渠道的沟通方式;

事迹与仪式:通过交流事迹和仪式建立纽带和联系;

在困境中建立纽带:组织的危机能够将员工凝聚在一起;

支撑网络:支撑网络能够使公司内的联结更加坚固;

共享的愿景:领导要在员工内部共享长期的愿景,使每个人都支持这个愿景;

排他性:形成一种无形的、自我编码的行为和获益方式。

这种情感赋予了那些组织可进行构建和维系的竞争优势。

一种好的研发文化能够容忍失败。当所有实验的结果都和预期的一样时,说明这项研究太保守。"如果没有经历几次失败,你的工作就不会很出色",应该成为研发管理人员与下属交谈的方式。开放式沟通、接受建议以及假设总是有更好的方式,存在更好的方式也不会构成对员工的批评,这对于研发管理人员来说是一种重要的价值观。

组织文化在解决冲突时，应该强调双赢策略。这种策略要求寻找一个能够满足争论双方的创造性解决方案。在第九章将要详细讨论这种方法。

2.14　创造一种员工参与氛围

参与是研发组织管理应有的氛围，在研发管理中意义重大。劳勒（Lawler，1991）认为，在任何组织中，参与都是很有意义的，不过，研发组织的各种特性决定了在这种组织中，参与应该受到特别的重视。

劳勒指出，参与意味着尽可能使奖励、知识、权力和信息流向组织的最低层。他说，"我认为，要使参与式管理有效，就必须下放权力、奖励向基础倾斜以及使员工拥有相应的知识，组织内从上到下和从下到上的信息流也必须能够流到基层。因此，如果这些因素很少流向基础，那么成效会很有限，或根本就不会有成效（p.43）"。他对许多当今被当成"灵丹妙药"的美国管理模式提出了批评（例如，质量小组、员工意见调查、工作多样化、团队、联合管理团队、职业生涯质量规划、利润分享以及新型工厂等），他认为这些管理方法应用范围有限，收效也甚微。在那本书的最后一章中，他对他认为最理想的运用参与式管理的组织进行了描述，这种组织能够成功应对组织变革。

劳勒认为最重要的一点是，对权力、奖励、知识和信息流等几个方面的管理行为必须相互协调。如果管理时，仅把其中一个方面的决策权下放，而其他几个方面仍然没有下放，那么，效果会低于把这四个方面（权力、回报、知识、信息）都下放到基层。

参与式管理的管理理念特征包括：

■ 员工应当受到尊重和公平对待。

■ 员工有参与管理的愿望（这一点对于受过高等教育的人来说非常正确，

例如研究人员)。

■ 当员工参与管理时,他们能接受变化。

■ 当员工参与管理时,他们能更全身心地为组织工作。

■ 人才是一种非常有价值的资源,因为他们有思想和知识。

■ 当人们能够参与决策时,能产生更好的解决方法。

■ 组织应该长期致力于员工的发展,因为这会使得他们对组织更有价值(这一点在研发组织中非常正确)。

■ 应当相信员工能够作出与他们的工作活动有关的重要决策。

■ 人们能够逐渐拥有参与管理工作活动决策所需的知识。

■ 当人们作出有关自身工作的决策时,人们会感到更为满意,组织效率也会相应提高。

这种管理思想要求组织结构的层次较少。组织结构中只要有领导层、管理层、职能部门或专业小组就足够了。组织的基本单位应该是按特定的产品、用户或者研究领域划分。人们应当能够知道他们属于哪个单位。每个基本单位应当为一些用户服务,并能够获得用户对产品以及服务是否满意方面的反馈信息。成员应该准确知道预算是多少,以及如何花费。他们应该知道各类用户对他们的期望是什么,并且应当知晓用户对他们提供的服务是否满意。理想情况下,应当随时可获得有关组织单位绩效的反馈信息。普及使用计算机网络能够提高反馈的效率。

工作组办公场所的布局应当能体现平等、使人感到安全和愉快,并且能够与其他单位区别开来。

2.15　小　　结

管理研发组织是一项非常有挑战性的工作。对于协调那些习惯于自主工作的人是非常困难的。但是，也不能对员工的工作放任自流，因为组织有着自己的目标，每个成员都必须符合这些目标。能够在合适的时间、地点，提供那些能够获得高质量研究成果的条件是非常困难的，如获得思想、资金和适合的文化氛围。

在一定意义上讲，研发管理人员的真正工作是为研发创造一种合适的文化氛围。一流的研发人员、合适的文化氛围、足够的资金，就可能会有好的想法。但是，合适的组织文化建立起来是非常复杂的。为了能够获得高水平的创新成果，管理人员必须挑选合适的人员，使他们能够适合他们的工作和团队，进行团队建设，以及帮助团队制订合适的行为规范、工作职责和业务流程标准。组织应该使人们能够最大限度地发挥创造性。为了激励人们努力工作和追求成功与卓越，组织必须奖励员工。管理者必须知道如何领导、如何减少冲突，以及如何最大限度地利用现有的资源。

在本章中，我们简单地介绍了一个优秀的研发组织所必备的四种要素：员工、思想、资金和文化。在下面几章，我们将深入地研究这些问题，还会研究如何对员工作出评价和如何使研发组织获得成功。在研发组织的所有产出中，技术转移和用户满意度可衡量，能够用来对研发组织是否成功作出判断。另外，我们也要介绍管理人员如何才能对组织的变革作出评价，并真正学会管理研发组织文化方面的内容。

2.16　课堂讨论问题

（1）讨论一下哪类组织可能最适合研发组织的情况，官僚或等级结构组织，还是有机结构组织？

（2）研发组织中"看门人"的定义是什么？看门人的职责有哪些？如何才能充分发挥"看门人"的作用？

（3）什么是组织文化？对于研发组织来说，如何培养有效的组织文化？

（4）讨论一下研发组织决策过程的参与问题。参与的程度应该是多大？（太多还是太少？）

（5）做一下与以下几个方面有关的实证研究：

■ 员工；

■ 沟通网络；

■ "非此地发明"综合征；

■ 创造性的情绪紧张。

第三章

创建一个富有成效的研发组织

在第二章中，我们简单介绍了有效的研发组织所应具备的四种关键要素。本章我们将继续讨论这些要素，深入讨论那些与组织有效性密切相关的因素。

工业活动的生产率通常包括产出数量和产出质量两个方面。但是，在研发组织中，许多产出实际上是无形的、主观的，生产率也需要与组织的目标相联系。因此，为了能深入全面地讨论研发组织的生产率，我们提出了"组织有效性"这个概念。

组织有效性是一个包括定量和定性产出的矢量，它全面反映了质量、产出与组织主要目标之间的相互关系。组织有效性与生产率的一般含义存在一一对应关系，但也包括一些并不总是包含在生产率当中的要素，如质量和效用（即与组织目标的相关性）。根据这一定义，如果组织的有效性较高，它的生产率就较高；如果组织的有效性较低，它的生产率就较低。组织不仅要有较高的生产率，还需要在一个相当长的时间内具备可持续发展的能力。这样，就会要求组织成员对组织有较高的满意度。

3.1　组织有效性

组织有效性是由一些不同的标准所决定。表 3.1 列举了一些可能会用到的标准，读者也可能会考虑到其他因素。

表 3.1　研发实验室组织有效性的衡量标准*	
标　准	衡　量　手　段
产出数量	报告、出版物和新产品的数量
工作质量	获得专利的数量、实验室成员的论文或者专著被引用的次数、平均每实验室成员的文献被引用的数量
组织规模的扩大	获得更多的研究资金
缺勤情况	每天平均无故旷工的人数

（续表）

标　准	衡　量　手　段
压力水平	用生理指标来测度，如去医院看病的人次、得胃溃疡的人次等
工作满意度	通过一个标准的调查问卷测度，例如工作描述指标体系，包括对薪酬、上司、组织或者公司、工作、同事、工作条件的满意度
组织自豪感	通过调查问卷测度
个人目标与组织目标的相容性	个人目标与组织目标相一致的程度
利润	由研发投资成果直接决定的利润或收益

* 每个组织都可以自行制订适合自己的有效性标准。在设计这些有效性标准时，让组织成员参与讨论是很有益的。在讨论时应考虑以下几个方面：（1）不同的标准；（2）这些标准是如何测度的；（3）如何确定每个标准的权重。其中一些已经在表 3.1 中列出，讨论时也可以提出其他一些标准。

在一定程度上，研发组织类型就决定了评价标准。表 3.1 中列出的评价标准非常简单，无须多言。不过，就个人目标和组织目标的相一致、利润作为评价标准两方面的内容还是需要说明一下。

首先，个人目标和组织目标的相容性。与那些员工我行我素、根本不关心组织事情的组织相比，员工的行为与组织的活动和目标非常一致的组织，有效性要好得多。

利润。对一个营利性的组织来说，总收入或收益可能是测度组织生产率和有效性较好的标准。而对一个研究型组织（或非营利性组织）来说，还需要其他一些测度标准。不过，根据组织整体绩效给员工发放一些奖金，总会是一种将个人目标与组织目标联系起来的好方法。

IBM 公司出于以下原因被视为行业的领导者。在美国拥有的 35 000 个研究实验室中，只有 IBM 制订了"将研究转化为公司收益的黄金标准"（Feder，2001）。2000 年，IBM 在美国被授予 2 922 项专利权，超出排名第二的日本 NEC 公司 43%。专利许可为他们带来的收益达到 17 亿美元。施乐研究中心的前任总裁约翰·斯里·布朗（John Seely Brown）指出，IBM 公司的研究中心是其他公司的标杆。IBM 的大量研发投入带来新的产品创新，从而使其始终站在竞争者的前列。IBM 将其盈利能力归因于自身的企业文化，尤其是建立研究员体系。研究员在公司内是一个受尊敬的职位，能够获得奖金并享受较高的研究自由度。IBM 在处理公共关系方面也是一个行家，这帮助其将自身的品牌打出去，并被视为业内的技术先驱。将奖金与公司的盈利能力联系起来也被证明是一种激励员工的有效方法。

总之，对研发组织产出的测度标准可以是主观的或客观的，可以是分立的或分等级的，也可以是定量的或者非定量的，还可能涉及与它们有关的定性指标。另外，还必须考虑产出的测度标准与组织目标的关系。安东尼（Anthony）和赫兹林格（Herzlinger，2002）把研发组织产出测度的标准分成了成果指标、过程指标和社会指标，这是一种非常有意思的分类。

不同的组织（政府实验室、企业研发部门、高校的研究所）有着不同的测度标准，并且会给不同的标准赋予不同的权重。对实验室的一些关键团队来说，花些时间考虑如何对不同的标准赋予权重是很有益处的。如果能在这一问题上达成一致，可能会提高个人目标和组织目标的相容性，减少组织内部冲突。当然，在"纯研究"（基础研究）中，"发表论文或专著"这个标准非常重要；而在应用研究中，发明或开发符合一定标准的新产品是一种重要产出指标。这些产品标准本身可以称为测度的标准（例如，产品成本应该小于某个值，重量应该低于某个值，应该具备某种特点等）。个人或组织可以通过会议来确定组织的目标和应该采用的测度标准。尽管这些会议比较费时，不过，在组织内部创造一种良好的合作氛围是非常有益的。

布雷克（Blake，1978，p.260）对组织有效性做过一些评论，他认为能够测度研发组织有效性的标准应该是那些组织目标实现或没有实现的记录。他提出了一系列问题，这些问题可能是测度研发组织有效性的基础：

- 项目的成本是否符合计划进度预算？
- 项目的进度是否符合计划要求？
- 是否按计划记录了项目最初估计成本和实际成本？
- 是否按计划记录了项目的估计完成时间和实际完成时间？

■ 对由于项目规模的扩大或其他一些合理的原因造成项目进度延迟和超支有明确的说明吗?

■ 项目有意外取得的重要科学成果吗?

查可尼(Szakonyi,1994)提出 10 种研发活动,并按实现程度对这些活动进行评价,以测度组织的有效性。这 10 种活动分别是:

(1) 研发项目选择;

(2) 项目计划和管理;

(3) 产生新产品构思或概念;

(4) 保证研发过程和研发方法的质量;

(5) 激励员工;

(6) 建立跨学科团队;

(7) 协调研发与市场营销;

(8) 技术转让;

(9) 加强研发部门与财务部门之间的合作;

(10) 把研发活动与商业计划联系起来。

这些活动可按 6 个层次的实现程度进行评价,分别是:

(1) 还没认识到这个问题;

(2) 已经着手讨论这个问题;

(3) 已经配备了合适的人员;

(4) 已经采用适当的方法;

(5) 责任已经明确;

(6) 正在不断改进。

不同的组织可以对这些活动和实现程度的水平进行调整,以适合自己的需要。这种方法,既可以作为鉴别组织缺陷的一种诊断工具来使用,也可以当作是一种提高组织有效性的方法。

显然,测度组织有效性的方法很多。如果把组织有效性和组织的生产率

分别当作一个矢量,则它们之间的关系可用下式表示:

$$生产率 = 有效性 = 产出 \times 质量$$

产出指标

产出指标分为三类:过程指标、结果指标和战略指标。在可能的情况下,定量和定性的指标都可以采用。这些指标可以和组织目标联系起来。下面是这些指标的进一步说明:

过程指标 这些指标是面向过程的,与组织或其下属单位的活动有关,也与组织短期的日常活动有关。下面是一些在研发组织中的例子:

- 为业务部门提供技术支持的次数;
- 对组织外部或者内部单位咨询的答复次数;
- 参观组织的人数;
- 处理行政管理活动的种类。

成果指标 这些指标可以用组织目标来表示,可以是有形的、可衡量的产出。例如:

- 发表的研究报告数量;
- 发表的被索引收录的论文数量;
- 获得专利的数量;
- 开发或改进的重大创新成果数量;
- 获得外部资助的金额;
- 研发投资的收益。

战略指标 这些指标主要是一些长期的、战略性的组织目标。例如:

- 研发组织的声誉;
- 吸引优秀科学家的能力;

■ 用户(资助部门)对研发成果的满意度;

■ 稳定的科研基金;

■ 获得对高风险研究项目资助的能力;

■ 员工的工作满意度。

　　显然,评价组织有效性可以有多种方式。这样,当我们考虑组织有效性时,应当考虑到所有变量,因为每个变量都可能由于一些外生变量的影响而出现偏差或损害。任何一个因素都可能产生偏差,因为我们在不知不觉中就会把一些变量与其他变量相混淆,或者是因为测试的方法本身就不够准确。另外,如果我们采用许多标准,而这些标准收敛于一点,那么我们就有理由相信,我们得到了一个有意义的反映总体的指标(如上述标准的加权平均数),这个指标可以用来对组织的有效性作出评价。

3.2　谁是发明者和创新者?

　　要理解发明者、创新者以及有利于发明或创新的环境,就需要理解个人能力、研发资源的可获得性以及科学界的精神特质这些概念。下面是一些与发明者特征和创造力有关的观点:

创造力

　　发明和创新需要创造力。巴瑞恩(Barron,1969)对创造力做过很精辟的分析。他对大多数创新力测度实验进行过分析,这些实验并不是专门针对研发人员的,而巴瑞恩和其他人发现,这些创造力特征是利用一些有创新力的人做的实验得来的。这些有创造力的人来自各行各业。通过研究发现,一些特征常常与创造性相联系起来。在30多种特征中,比较重要的有:

■ 思维清晰（能够清晰地表达思想，当产生某种想法时能够将其清晰地表述出来）；

■ 思维活跃，能迅速产生许多思想；

■ 能够产生难得的原创性思想；

■ 在评价信息时，具有能够从信息的内容中（说的什么）分辨出信息来源（谁说的）的能力；

■ 能够标新立异，与别人相比显得有点异类；

■ 对研究的问题感兴趣；

■ 不论问题导向什么方向，都能坚持对问题进行后续研究；

■ 不轻易做出判断，不提前做出承诺；

■ 愿意花时间来分析和探讨问题；

■ 学风端正，能诚实地看待学术和认知问题。

有关创造力的研究（Freiberg, 1995）表明，大多数富有创造力的科学家都曾经有过富有创造力的良师益友。例如，大多数诺贝尔奖获得者都曾经受到过以前获得该奖的科学家的指导，或者周围的人能够对他有启发。天赋是很重要的，但他必须与科学家所处的社会环境相吻合。

心理学家认为，一个人周围的天才越多，他的才智就越高。如果是这样，我们会认为大多数富有才智的人应该在中国（13亿人口）和印度（11亿人口）。但是，这些国家很少有诺贝尔奖获得者，这是因为社会环境不是很好。为了富有创造性，我们的周围必须是那些富有创造性的人。

一项对分子生物实验室创造性的研究发现，社会交往是影响创造力的一个重要因素。从事该项研究的心理学家凯文·丹巴（Kevin Dunbar）认为，"一个人提出一个假想，另外一个人提出另外一个假想，于是第三个人可能会从这两个假想中得出一个结论"（Freiberg, 1995, p.21）。此外，其他影响因素就是实验室研究人员使用类比和比喻的程度。那些大量运用上述方法的实验室都拥有极具创造性的科学家。

研究发现，人们要富有创造性，就必须采取与他人不同的方式思考问题。这意味着，一个人运用过去的知识越多，如花大量时间查阅文献，那么他就越可能缺乏创造性。我们甚至可以毫不夸张地讲，"你如果仅仅局限在文献里，那只能肤浅地证明你不是在重新发明。遇到一个问题，首先应想办法去解决，而不要过多地参考别人已有的资料，解决问题之后再详细阅读有关文献，从学术的角度对结果进行仔细考虑"。

斯坦伯格（Sternberg）和鲁巴特（Lubart）（1995，p.2）提出过这样的问题：富有创造力的人究竟是什么样的？他们认为，富有创造力的人应当是能够创造许多新颖、合理和质量很高的想法的人。创造力存在于某一特定领域中。研究表明，在某一领域（书法、艺术、音乐、工艺、科学、表演、公关）非常擅长的孩子，通常在其他领域并不擅长。一项研究发现，生活在公元 850～1935 年、不同领域的2 400 位西方著名发明家，仅有一小部分人（17%）的研究范围不局限于一个领域（例如，绘画和雕刻），只有2%的人在不相关的领域（例如，绘画和哲学）从事研究。

在不同的年龄阶段，创造力会表现出很大的不同。数学家的贡献主要在职业生涯的早期阶段，社会学家会晚一些，哲学家通常在年龄非常大时才达到顶峰。

老年人不像年轻人一样具有创造力，但并不是因为他们不再有新的思想，而是因为他们的精力被一些竞争性的活动所分散——行政管理、写推荐信、参加授奖仪式、发表公开演讲等。另外，与年轻科学家相比，他们也不愿意再冒险。

在一定历史时期或者在一种文化中认为具有创造力的东西，在另外一个历史时期或者另外一种文化中结论也许会相反。例如，中国的孔子把创造力定义为"理解现有的知识，并对其稍加改进"。而西方国家认为，只有观点上的变革或重大转变才是创新，孔子所指的并不是创新。

创造性人才和创造性工作

富有创造力的人其特征包括：做别人认为是不可能的事、不遵循社会常规、异类、能对社会准则和公认的真理以及假定提出质疑、喜欢独树一帜。总之，富有创造力的人怀疑每个人都遵守的基本原则。

斯坦伯格和鲁巴特(1995)认为，有六种个人资源对于从事创造性工作非常必要：

(1) 智力。如果一个人的智商低于120(美国大学生的平均值)，则不利于产生新的思想，但是富有创造力的人并不需要太高的智商。

(2) 知识。一个人需要知道别人在某一领域做过什么，但他没必要什么都通晓。实际上，如果一个人竭力想通晓一切的话，就得花尽可能多的时间来阅读文献，而不是提出新的思想。

(3) 思维风格。怀疑别人认为正确的东西，考虑那些不寻常的、深奥的、重要的事物。"创造力是99%的汗水和1%的灵感"意味着，这个人思考了很多。

(4) 个性。要想具有创造力，人们必须愿意承担风险，也必须愿意接受别人的嘲讽，因为许多富有创造性的想法会让普通人感到惊讶，因此会把提出这种想法的人当作傻子或疯子。他们也要敢于挑战现状。例如，在细菌引发传染病的理论形成之前，匈牙利内科医生斯梅尔威斯(Ignaz Semmelweiss)认为，产科病房的患者可能会因为感染上医生手上的病菌而死去。即使他已经证实了通过采取严格的卫生防范措施，产科病房的死亡率显著降低，但这种观点仍然遭到嘲讽。不傲慢自大也是非常有益的，因为傲慢自大会减少别人接受这种想法的机会。富有创造力的人的另一个特征是，他们喜欢有自己的做事规则。

(5) 动机。富有创造的人精力充沛，能够产生许多新的想法。他们通常是非常敬业，非常专注地对待工作。他们不是那些每天只工作5～8小时的雇员，而是时时刻刻在工作。由于他们有许多新的想法，其中总会有一些想法非常有价值。而那些很少产生新想法的人，有价值的想法也就不会很多。只有通过大量实验，你才会找到解决问题的方法。

(6) 合适的环境。前面我们已经对这一点进行了分析。富有创造力的人需要这样的管理者：能够放手让他们独立做事，并能帮助他们找到最合适的工作环境。例如，有些人在与他人一起工作时更具创造性，但大多数人是在单独工作时最具创造性。一个聪明的管理者应该能够知道，什么样的工作环境最适合某位专家，并能采取一些相应的措施，保证经常会有这样的工作环境。

对于想成为富有创造力的人来说，这六个特征是最基本的。但并不是每个方面都要做到尽善尽美，可以通过某方面的较高水平来弥补其他方面的较低水平。

创造力能够开发吗？

斯坦伯格和鲁巴特（1995）认为，创造力是能够开发的。他们认为应该教会人们一些基本的原则：

（1）学会重新定义问题，不要仅仅接受别人告诉你如何去想、如何去做（p.285）。

（2）寻找那些别人没有注意到的地方。以他人不曾想到的方式把事物综合在一起，以及考虑一下以往的经验，甚至是那些起初看起来毫不相关的一些经验，都会有助于你的创造过程（p.286）。

（3）学会从还不完善的想法中识别出好的东西，并注意它们的潜在贡献（p.286）。

（4）在作出创造性成果之前，不要认为自己必须得了解所从事领域的一切知识。

（5）视角要宽阔，从全局考虑问题。

（6）面对挫折要百折不挠，能理性地承担风险，并且要有进取心（p.287）。

（7）做你真正喜欢做的事情。

（8）找到一个既能从事你所热爱的事业，也能由此获得回报的环境

（p.288）。

（9）能弥补自身的缺陷。例如，一个人并不具备所需要的一切知识，可是他具有聪明的才智或者周围环境为他提供了额外的帮助，这样就弥补了他的不足。

（10）要理解影响创造力的主要障碍不是周围环境，而是你看待环境的方式。

创造过程的各个阶段

创造过程可以分为几个阶段（Sternber & Davidson，1995）：首先是准备阶段（问题已经定义、目标模糊，但有一个总的方向）；其次是孵化阶段（潜意识里漂浮着几种想法，直到运用一种新的思维方式将这些想法集合在一起）；最后是产生阶段（人们可能会产生许多想法，做过大量实验，以及运用几种不同的方式观察同一个问题）。经过孵化，会突然产生出一个灵感，找到一种新的方法。在这几个阶段的某些时点上，人们必须从创造新思想和灵感转向对这些思想和灵感进行批判。这意味着，批判、改进、扩展、提炼、筛选、整合、矫正和检验也都是创造过程的重要组成部分。在新的想法产生之后，我们必须在恰当的时间运用它们。在批判阶段，与别人进行交谈，看看这些想法是否能被不同的听众所接受，这是非常重要的。

正如前面章节中所提到的，艾逊等人（1985）做过一项有趣的研究，他们认为，如果人们心情较好，就可能会更富有创造力。参与实验的人被随机地分入实验组（控制在较好的情绪下）和参照组（控制在一般或者比较差的情绪下）。对人们情绪的控制是通过要求参与实验的人对一些特殊词汇进行联想实现的。对于积极的情绪，用一些正面词汇，而对消极的心情，用一些消极词汇。然后，实验者根据他们联想的"新颖"程度进行打分。以前的研究表明，当人们能有"新颖"的联想时，往往具有较高的创造力。另外，也有对"新颖度"进行客观测度的标准(如果一种反应被类似的人作出的频率很高,那么它就不是"新颖的")。这样,如果这项实验的研究结果可能一般化地运用于研发组织的话,我们就可以认为,当员工士气低落时,研发组织的管理者应该给予特别的关注。这种状况对创造活动是非常有害的。

发明者和创新者的特点

对发明者、创新者特点的评论很多。马凯(McCain, 1969, p.60)认为业余的科学家几乎已经绝迹,正规训练对于发明和创造新的科学思想而言,几乎是一种必要条件。人们在攻读研究生学位时一般要花费大量时间和精力来吸收消化学科知识。一些常用测试方法的结果显示,这些人的智力一般会高出平均水平。

不过,即使是经过高级训练、天资过人、有着某一学科专业背景人,也不一定能作出重大的成绩。在某些研究领域,平均一个拥有博士学位的人,一辈子发表的成果也不过是一部著作多一点。在某一个研究领域取得成果的人当中,仅占 10% 左右的人发表的科学著作占到总数的一半以上。(McCain, 1969, p.60)

在辨别发明者和创新者时,教育和能力形成了第一个信号传递机制。但是,在这个所选择的小组中,仅有一小部分人有许多发明和创新。一些实证研究(Charpie, 1970, p.7, p.17)也提出了一些有助于创新的其他特征。这些研究成果认为,成功的发明者和创新者具有以下一些特点(Charpie, 1970, p.7):

- 丰富的技术背景;

- 更擅长工作而不是与人打交道;

- 能熟练地进行表达和交流思想,而不是擅长正式组织中的常规程序;

- 更擅长处理技术问题,而不太熟悉市场营销问题;

- 容易轻视别人的专业判断;

■ 对创新和产品概念能全身心地投入。

正如前面所讨论的,回顾一下发明者(基础研究)和创新者(应用研究)之间的区别。在英国苏塞克斯大学(University of Sussex),对 29 对类似的创新项目进行过对比分析。在每对创新项目中,一个项目是成功的,而另一个项目则不怎么成功。这两类项目存在着明显区别。成功创新者和相应组织结构的特点可归纳如下(Twiss, 1992):

■ 成功创新者能更好地理解用户需求。

■ 成功创新者对市场营销非常重视。

■ 与那些没有获得成功的创新者相比,成功创新者在开发工作上更有效率,但不一定更快。

■ 成功创新者能更有效地利用外部的技术和建议(即使他们的工作主要是在内部完成的)。

■ 与那些没能取得成功的创新项目负责人相比,那些取得成功的项目负责人拥有更大的权力。这可能是由于他们以前的良好业绩在起作用。

我们不能孤立地看待任何一个因素,不过,那些具有这些品质的、共同从事研发工作的员工显然更可能取得成功。然而,在一些罕见的例子中,具备核心发明者和科学家特点的关键人物能够成功地消除不同科学和技术领域之间的鸿沟(Sternitzke, Bartkowski, Schwanbeck & Schramm, 2007)。

我们这里讨论的发明者和创新者的特点是无法进行准确测度的,这些特点是对个人的能力、行为和业绩非常主观的评价。因此,死板地套用这些特点可能会造成对它们的滥用,会适得其反。例如,有许多人虽然没有经过全面的正规教育或者不具备上述特点,但他们无论是过去还是将来都可能会对发明和创新作出重要贡献。

威纳和鲁本(Wainer & Rubin, 1969)对 51 位创建和管理研发组织的技术型企业家进行了研究。他们想知道,是否可以从这些企业家的个性中看出组织能否取得成功,或组织能否成长。他们发现,那些成功的企业家对成就感有着非常高的需求。他们喜欢挑战卓越,对能够获得一些特别重大的成果有着非常多的幻想。通常,他们会适当冒险,积极承担自己的职责,对所做事情的结果很感兴趣,而且他们能够放弃一些当前的报酬,以期将来能够获得更高的回报。此外,研究人员还发现,样本中的那些最成功的企业家并不十分看重权力(想要成为老板)。那些对成就并不十分看重,而非常看重人际关系(希望与人交往)的企业家相对比较成功。这意味着善于从别人那里得到帮助的企业家也能够取得成功,即使他对成就的需求并不十分强烈。

3.3 发明者和创新者的怪癖

卢索夫斯基(Rosovsky,1987)对艾姆德斯(Amadeus)难题提出过质疑,他提出是否有证据能证明这一理论。这种理论认为许多学者都具有很难相处的、幼稚的性格。尽管把个性特征一般化不是非常谨慎的做法,但许多研发管理人员都赞同这一看法。在电影《艾姆德斯》中,莫扎特的特征是幼稚、粗鲁,有很多坏毛病,但音乐天赋极高。当研究人员表现出杰出的科学才能,同时又很难与人相处、不关心他人、与他人不能愉快合作时,管理人员就不得不解决艾姆德斯问题。

一些发明者、创新者在本质上是谦虚和蔼的。不过,他们中许多人不可能表现出这种特征。很少有人能具有爱因斯坦的品质。许多发明者和创新者是极度自负和傲慢的。来看下面这个例子,你会对这个问题有更好的理解:

让我们以普林斯顿大学(Princeton University)高等研究院的泡利(Wolfgang Pauli)为例。他是一位著名的物理学家,是"泡利粒子"和"泡利不相容原理"的发现者,"泡利不相容原理"是现代物理的基石之一。在物理学术会议上,当演讲者表达不清楚或不正确时,泡利经常会羞辱他们。这种情况就曾经发生在奥本海默(Robert Oppenheimer)身上。在一次研讨会上,奥本海默在做报告。

当海默在黑板上写满了方程时，泡利突然跳了起来，抓住板擦，把整个黑板擦净，并称那是"胡说"！

泡利的这种缺少控制的行为一直没变。20 多年后，诺贝尔奖得主弗兰克·扬（Frank Yang）在高等研究院做关于规范不变的报告（Regis，1987，p.196）时，泡利打断了他，使弗兰克·扬几乎无法继续做报告。他问"该粒子的质量是多少"，弗兰克·扬回答说，那是一个复杂的问题，目前还没有一个确定的答案。泡利驳斥，这个理由不充分。弗兰克·扬的性格文雅和保守，泡利的行为搞得他晕头转向，以至于不得不坐下来使自己保持镇定（Regis，1987，p.196）。泡利并没有认为自己做错了什么；相反，他认为是弗兰克·扬没有作出适当的反应。泡利在弗兰克·扬的邮箱里留下了一个便条，写着经过这次研讨会，他发现无法再与弗兰克·扬进行交流了。

泡利不是一个谦虚的人。他经常向同事抱怨，自己很难发现新的物理问题进行研究，因为他知道得太多（Regis，1987，p.196）。

还有哥德尔（Kurt Godel）的例子。他是一位杰出的，甚至是亚里士多德之后最伟大的逻辑学家，也在高等研究院工作。1949 年，哥德尔发表了关于广义相对论的成果。在研究院，他被认为是学识非常渊博，思想非常深邃的人（Regis，1987，p.47，p.63）。但是，这位伟大的逻辑学家和数学家却认为，他吃的食物有毒，医生企图杀死他。结果，他死于营养不良。

威尔逊（Edward Wilson）是一位世界著名的进化论生物学家，他在回忆他与华森（James Watson，DNA 结构的合作发现者）一起工作的经历时认为，在20 世纪 60 年代华森是一个年轻人，"……我发现，在我所遇到过的人当中，他是一个最不快乐的人"。在哈佛大学一次生物系的会议上，"……华森受到参会各方的轻视"（Wilson，1995，p.42）。威尔逊进一步谈道，当他们通过大厅走廊时，华森并没有承认他来出席会议，华森"……极度冷静和谦逊"（Wilson，1995，p.43）。威尔逊盛赞了华森的伟大发现和非凡才能，并认为正是由于华森的不快乐和众人对他的敌意才促使他更加认真地钻研进化论。

3.4　研究人员与管理者和同事的关系

许多研究人员对研发组织管理者或者主任持相对消极的看法。例如,高等研究院的著名的物理学家威布伦(Oswald Veblen)认为,研究院并不需要主任。相反,他建议研究院应该设一个院长,但院长对于拟订未来发展计划或方案,或者形成任何一种新的组织政策没有任何权力或者权威(Regis,1987,p.128)。该研究院的一些科学家取笑道,一个好的主任应该"有点傻",以至于他不会产生一些可能改变研究院现状的新想法。当奥本海默被考虑担任研究院主任时,一些科学家提出令人惊讶的想法,即全体教员能够很好地进行自主管理,只需要一个行政管理人员管理业务活动。后来,当奥本海默担任研究院主任时,他严肃地表示,如果研究院没有一个员工,也可能会运转得更好(Regis,1987,p.129)。

高等研究院的一位主任提出,许多科学家宣称他们希望摆脱常规的行政管理事务,这样他们就能够专心从事研究和学术活动。这位主任认为,这并不是科学家的本意。虽然他们想要一些从事研究和学术活动的机会,但他们也希望有管理权和执行权(Regis,1987,p.38)。

在研发组织中进行权力分享是必要的。实际上,研究人员确实想要与行政管理层分享管理和行政权力,特别是那些影响他们研究活动的管理和行政权力。纳韦(Naveh,2007)指出正式化,即结构和稳定性,与自主化,即自发性之间的关系影响研究的技术熟练度、项目周期和项目团队规模等重要方面,因此,有必要在所有参与方之间实施一定程度的权力分享。

另外,研究人员也需要认识到,随着权力的分享,他们需要履行相应职责和从事行政管理工作,这是不可避免的。在分享权力方面,研究人员应做一些行政管理工作,在特定的期限内完成工作,倾听别人的看法,对不同观点作出让步，而不是在决策作出后"打游击"。

研究人员对管理的一些消极看法，在于他们在组织中的工作经历。截至1998年，有近90%的财富五百强公司在运行研发项目时强调基于结构、稳定性和按规则行事的正式行动方式。有这样一些大学和研究机构，行政管理人员的增加速度要快于研发人员的增加速度。例如，当奥本海默在高等研究院担任主任时，他并没有把所有时间都花在这个职位上。他甚至还经常做一些实际研究。他只有一个秘书，一个业务经理和另外一个行政管理人员。在他离开几年之后，研究院增设了一个副主任，并增加了几位助手和秘书（Regis，1987，p.285）。行政管理人员的规模看起来以几何级数的速度增长，这样研发组织的许多科学家和大学教员都感到，行政管理活动成为组织的主线，而研究和教学活动成为次要的问题。管理人员应当定期观察组织的行政管理结构，并对开展每项工作的必要性提出质疑。

3.5 组 建 团 队

组建团队时需要考虑许多因素。派兹和安德鲁斯（1966b）曾提出，一个有效的团队的特征是：成员之间相互支持、相互尊重，在技能、战略、方法上互补。互相尊重要求彼此能力相当，以及基本态度和价值观相似。团队成员必须具备不同的互补的技能及观点。例如，他们可以都是一流的科学家，都重视自主性，但应该处于不同的学科领域，对数据收集的特殊方法的看法上也应不同。一些对实验室进行的实证研究已经证实了这一点（Triandis et al.）。这表明，当团队成员在能力上相近，但对某些问题有着不同的具体看法时，组织是最富有创造力的。

跨学科的研究活动日益增多，许多研究团队拥有来自不同学科领域和文化的成员。这导致了协调方面的问题，但也可能激发创造力。包容跨文化的团队成员可能提高创造力。正如梁（Leung，2008）和他的同事们得出的结论，跨文化的经验能够促进创造力的形成，因为它使得人们：① 拓宽可获的思想和概念的范围；② 意识到同样的形式会导致不同的功能；③ 打破现有联系的稳定性；④ 提高从多渠道迅速获取思想的能力；⑤ 建立更强的认知复杂度。

能力相近是很重要的，因为人们不愿意看到他们的合作者能力参差不齐。人们看到他的合作者是个"傻瓜"或者"天才"时会感到很不舒服，这样合作可能就比较困难。同时，成员在个性上具有互补性是比较好的。例如，喜欢指挥的人与愿意听从指挥的人一般会相处较好，而那些都喜欢指挥的人在一起相处则非常困难，健谈的人与喜欢倾听的人会相处较好。如果大家就研究项目应该如何开展有许多不同的观点，而且具备不同的实际操作技能，研发项目进展就会比较顺利（Janis，1972）。如果团队成员差别太大，合作将非常困难；但如果他们思考问题的角度太相似，就会产生小团体思维（见第二章）。

团队最佳规模应该是多大？有人提出过，讨论小组的最佳规模是五个人。当团队的规模较大时，人们会感到他们没有足够的时间来表达思想，领导会独占所有可能的时间，会形成一些竞争性小团队。规模小的团队往往缺乏一个明确的领导，制订不出明确的目标，或者没有足够多的不同观点来避免小团体思维。

团队有效性取决于成员素质，以及工作的协调性。但是，这些变量如何影响团队有效性，是与他们承担的工作相关的。下面有三种工作需要认真考虑：

可分的工作与不可分的工作。可分的工作可以由不同的人来做——例如，参考文献列表中有关书目的校对工作（可以把校对工作分给许多职员来完成，每人校对一部分）。不可分的工作是不能分开的——例如，对这段话的理解。

能最大化地工作与能最优化工作。能最大化地工作的标准是没有限制的——例如，尽可能多地查找相关文献。能最优化地工作有一个最优的标准——例如，决定这个项目需要多大的办公场所（太大会造成浪费，太小则会导致项目效率低下）。

分离性工作和联合性工作。在分离性工作中，如果一个成员有正确的解决方法，其他人必然也会同意——例如，一元二次方程的根。在联合性工作中，每个成员必须同意——例如，在一个陪审团或者一个委员会中每个成员都有否决权。

在分离性工作中，如果一个成员得到正确解决方法的概率是 P，没有人能够解决该问题的概率是 Q，则 $Q = 1 - P$。理论上，团队能解决该问题的概率是 $1 - Q^n$，其中 n 表示团队成员的数量。很明显，成员越多，团队成功的机会越大。在联合性的工作中，则正好相反。与规模大的团队相比，规模小的团队其解决方法可能更有效。

有时，团队做得可能要比理论值（$P_g = 1 - Q^n$）差一点，主要是因为人们对问题的讨论降低了效率。类似地，在具有可分性的工作中，人们期望 n 个人的产出相当于一个人产出的 n 倍，但从经验上看并不是这样，团队的产出经常会少一点。如果不能对每个人的产出作出明确的界定，个人就会缺乏责任感，就会出现类似于"三个和尚没水吃"的"社会惰化效应"（social loafing）。通常，当我们辨别每个人的产出时，"社会惰化"的现象就会很少或者不存在。最后，对不可分的工作，则由个人做比由团队做更好。

奥斯本（Osborn，1979）提倡用"头脑风暴法"来提高团队的创造力。他认为，当人们的观点不受到评价和指责，且能够相互启发时，人就会产生更多的新想法。不过，一些相关的研究并不支持这种观点。例如，丹尼特（Dunnette）等人（1963）做过一次实验，他们把48位科学家和48位广告人员分成两类，第一类采用"头脑风暴法"，第二类独立工作。每一类中，两个人组成一个组，共24对小组。研究的结果：在24对小组中，有23对是独立工作的小组提出了更多的想法。个人在独自工作时不但能产生更多的想法，而且这些想法的质量也很好。

一个优秀团队在工作时通常能够设计出各种备选方案。在设计这些方案时,最好是让员工单独思考。但是,在对这些方案进行评价时,广泛接收各方面的批评和意见就非常重要了,批评者会从尽可能多的角度来考察方案的优劣。这种评价可以由员工个人来进行,但当评价需要借鉴过去的经验时,由团队进行评价会更有效。团队要比个人更容易记住一些复杂的材料,因为个人可能会忘记一些事实情况,但其他人却记住了并在评价过程中提供给大家。

在建立有效团队的过程中,领导类型、人们解决问题的风格以及团队内关系,都会通过影响创新文化来直接或间接地影响创新行为(Scott, 1994)。这个研究的成果也证明,创新行为与领导—下属关系密切相关。

目前,在组织管理形式中出现了由层级管理团队向自主管理团队的转变。这种变化的产生部分是由于质量运动在美国的传播。并行工程将产品设计、建模和制造过程连接起来,它体现了质量改进的趋势,也导致了技术专家和管理人员之间团队工作的增加(Levis & Slem, 1995)。自主管理团队减少了对监督人员和中层管理者的需求,因为责任被置于团队自身。

团队是指少数成员合理利用知识和技能协同工作,解决问题,达到共同的目标(Katzenbach & Smith, 1993, p.112)。团队可以是临时的或永久的,但两种形式都需要互动和共同任务的绩效。当团队成员位于不同位置,利用电话会议、电子邮件和视频会议等方式相互交流时便形成了虚拟团队(Willis, 1991)。团队成员之间的联合决策制定使用最为频繁,不论是领导控制的决策还是更加民主化的合意形式的决策制定。

哈克曼(Hackman, 1987)指出,任务、社会关系和个体是决定一个特定的团队成功与否的三个方面。在一项团队工作取得成功的场景中,团队需要用比个体单独工作更好和更高效的方式执行一项任务。下一个阶段是通过团队成员自身建立社会关系或建立组织的技巧和能力。当这种关系建立起来,员工被授予更多的权力,并被鼓励积极参与到团队中,从而创建了更加成功的团队环境。个体是决定团队成功与否的第三个因素。个体在拥有不同技能和知识的团队中工作时,他应该感到快乐,同时他的技能应得到提升(Katzenbach &

Smith，1993）。

研发团队与一般团队的不同之处在于其任务的执行是非常规的。在研发组织中运用团队的形式解决问题具有许多优点。通常研发项目处理复杂的任务，需要来自不同领域的技能，极具挑战性，团队形式显然能带来许多好处（Levi & Slem，1995）。

研发企业运用团队形式也有很多劣势。由于技术专家是根据其科学和技术能力，而不是社交和沟通能力来进行挑选，在团队背景下更容易出现问题。许多技术专家选择他们的职业，是因为他们将不需要在社会层面上与他人共同工作，有研究也表明技术专家可能不具备在团队环境中顺利工作所需要的特质（Lea & Brostrom，1988）。从另一个方面来讲，激励体系同样会阻碍团队的成功，因为许多研发专家更希望个人在工作中取得的成就获得奖励。

基于这些信息，利未和斯莱姆（1995）决定实施一个研究项目，以找出决定研发组织中团队成功与否的因素。他们设计了一份有30个条目的问卷用以衡量员工的价值和信仰。问卷在加利福尼亚地区电子行业的三家研发机构发放。除了问卷调查，他们还对各个机构的重要的专家进行访谈，从而成为保证所得信息可信度的手段。在研究的基础上，他们发现研发机构能够促进团队形式的运用。这是因为个体通常难以发现团队成功与组织内个体成功的关系。研究还发现那些制造冲突和提出不同意见的成员会扰乱团队的正常运行，这将反过来阻碍团队的凝聚力和有效性的建立。除此之外，由于团队的特点和构成方式的多变性，不存在最优的领导和决策制定方式。有时组织主张在某个团队中运用一种领导风格，却与项目的特点不相符合，这将会导致缺乏效率和有效性的团队。

本章开头部分讨论了自主管理团队，但研究发现在研发组织中很难建立这种类型的团队。三个被调查的企业都强调了自主管理团队的运用，尽管研究并没有证明这种形式比其他团队形式更优。最后，利未和斯莱姆（1995）发现企业文化影响整个团队的成功。直觉上这是有一定道理的。如果一个组织的企业文化鼓励员工的投入和参与,强调团队和他们的利益,则员工在团队背景下将更愿意并更容易取得成功。

3.6　创造新思想或新想法

精确地说明新思想或新想法是如何产生的,以及研发成果是如何转化为创新成果的,是非常困难的。萨顿(Sutton,1986)在《科学:偶然发现,还是必然规律?》(*Serendipity or Sound Science?*)一文中指出,尽管使瑞奇特(Burton Richter)和丁(Samuel Ting)获得诺贝尔奖的成果是意外所得,但这一成果是他们毕生刻苦钻研的结果。萨顿表示,意想不到的成果并不来自偶然发现,而是来自科学家全面、彻底的科学研究,还需要与优秀人才合作和先进、完善的实验室设施支持。

《创新的严峻考验》(*The Acid Test of Innovation*)(Bell et al.,1986,p.32)一文为我们提供了几个有关创新的例子:

> 运气、自利、工作专注和协调,所有这些都是成功的创新所具有的特征。但是,从这些例子中得出唯一的最为重要的教训,就是保持联系的重要性。一个学者需要知道当地的企业能够做些什么,在未来的生产和市场营销中,它们可能会对哪些技术感兴趣。企业,无论规模大小,如果其科研人员可以通过科学文献和与高校紧密接触,及时了解相关技术的最近进展和动态,企业就会受益匪浅。

当我们把一些以前毫不相关的科学知识,以一种创造性的方法集合在一起,就产生了许多创新成果。例如,化学实验室的一个工艺可能被用于纺织业。许多创新要求对问题进行重新定义,例如,几千年中,马一直是用来拉车的，直到有一天，一些武士开始认识到他们可以骑马时，人们才开始骑马，才创造了当时最快的速度。

由于对问题进行重新定义往往会受到传统思维的束缚，所以那些没有传统思维的人（例如新来者）比那些被传统思维所禁锢的人更富有创造力。

马克金农（MacKinnon, 1962）对有关创造力的研究成果进行归纳总结后，认为富有创造力的人更易表露他们的情感，对自己有充分的认识，有广泛的兴趣，有许多在美国文化中被看作是女性化的兴趣（例如对艺术的兴趣）等。他们一般不注重小节，更关注整体和全局的问题。他们有灵活的认知能力和表达能力，善于交流，具有较强的好奇心，但他们不愿意严格约束自己。

在智商为120的人（能够读大学）到天才的范围内，人的智力水平和创造性是不相关的。也就是说，一些人智力水平一般但特别有创造力，也有一些人智力超常但缺乏创造力，这样的例子很多。

创造力取决于人与环境两个方面。具有创造性的环境取决于外部和内部双重因素，例如员工和产业内的变革速度。法勒斯-弗雷赫和恩克尔（2007）发现创造力可能成为产业内变革的直接结果。例如，迅速变化的环境依赖于高水平的创造力以满足变化的需求；而在相对稳定的环境中，在质量和效率方面加以改进是更合适的。在内部因素方面，具有创造性的环境，允许科学家在他们感兴趣的领域自由工作，为他们提供相应的报酬，认可他们的工作和成果；允许他们与同事广泛接触，鼓励他们适度地冒险，容忍他们失败并允许他们不遵守某些规定。

人们已经提出了许多能够提高创造力的方法，其中一种是让科学家提出一些问题，如"我是不是应当对正在考虑的问题进行修改、减少、替代、重新安排、转变或合并呢？"人们已经提出的方法如头脑风暴法（Osborn, 1979）、共同研讨法（Gordon, 1968）、横向思维、需求评估（Holt et al., 1984）以及对上述方法的综合（Carson & Richards, 1979）等。另外还有其他的分析方法（请看特维斯所作的评述，1992），包括逻辑分析法（对需要研发的产品的特征进行分析）

和型态学分析（对用户、技术专家、市场营销人员的需求进行研究，以及对技术开发的系统化的监控）。

每种方法都有热情的支持者，但各种方法有效性方面，还缺乏系统性评价。少数对这些方法有效性做过细致评估的案例，也并不支持那些支持某种方法的人的观点。不过，也会有人要提出在实验室环境下做的评估并不能在实际情况中普遍适用。

大多数方法的思想是，让许多员工都参与创新过程，运用多种不同的方式提出想法，系统地去掉那些不合理的想法，然后接着筛选，最后留下来的就是合理的想法。这种新想法只是众多潜在想法之一，是从多种角度进行综合考虑后的结果。

在众多方法当中，有的在产生想法阶段要"暂缓批评"。这样，在"头脑风暴"阶段，人们可以提出任何想法，而不论这种想法是否可行；在使用共同研讨法时，人们可以把那些毫不相关的因素联系起来，抛开批评和正统思想的束缚。人们可以对问题进行定义，也可重新对问题进行定义，可以进行类比、幻想，并鼓励提出自相矛盾的想法，如"可靠的不可靠性"和"活着死去"等；在使用横向思维方法时，人们可以对以前的假定提出挑战，关注问题的不同方面，提出多种方案，允许提出不相关的想法，甚至允许在考虑问题时出现；在采用需求评价方法时，应对那些与某种产品相关的顾客、技术专家、市场营销人员，在当前的与将来的、感情的与理性的需求进行详细调查。

既然不能对这些方法进行系统性地评价，我们认为在采用某种方法时，应该与支持这些方法的专家、培训人员进行交谈。选择两三种最可能解决你的特定产品或者问题的方法。为这些方法随机选定一些问题，在创新阶段，让专家带领整个团队使用这些方法。通过检查哪种方法产生最好的结果，来评价这些方法的结果。

就你的产品或者问题而言，使用一种方法也许比用另一种方法效果更好，因此上面提到的方法看起来很高明。简而言之，一种特定的方法是否对所有问题都有效，还不是很清楚。你的问题可能有一些具体的行业特点。这样，你能够通过实验辨别出一些方法的特殊组合，对解决特定的问题非常有帮助。

成功的创新者会密切关注用户的需求和期望（Quinn，1985），避免在早期就制订详细的技术或者市场营销计划，并允许创新团队在一个具有明确目标和限制条件的框架下，最大限度去追求竞争性方案。下面，我们将讨论一些有助于创新的重要模式（Quinn，1985，p.77）：

氛围和愿景。包括提供合适的环境、价值体系和支持创新过程的氛围（可能是组织文化）。一个管理者的愿景（拥有使组织朝着具有社会价值成就的方向发展的目标）要比一种特定的管理背景更为重要。一个有愿景的管理者能够为组织制订一个明晰的长期目标，这些目标是不能用简单的经济指标来测度的。这种愿景，加上一个富有创造性的组织文化，就可能造就一个创新型组织。

市场取向。既然创新是具有商业价值的研发活动，那些创新性的组织就要把研发活动和市场需求结合起来。这意味着，要和用户保持紧密联系。

小型的、扁平化的组织。这意味着，具有两三个管理层次和规模较小的项目团队（不足七个人）的组织。

采用多种方法。既然许多积极的结果产生于那些意想不到的方法，所以不要过早地缩小调查范围。管理人员不应该过多地要求研发活动具体使用哪种方法，至少不应该在早期阶段提出要求。

竞争性开发。在研发活动中，让几个团队并行开发一个项目，几个团队之间相互竞争，也许是一种不错的方法。这样，开发成本似乎较高，但这种重复却可能会创造出最有效的成果。当项目达到某一原型阶段时，从各种竞争性开发中选择出最好的一个方案。奎宁（1985）指出，与这一方法有关的一个问题是，如何重新安排那些方案没有被选中的团队成员。

"臭鼬工程"（Skunkworks）。奎宁（1985，p.79）研究过的所有创新性企业，都在通过让小型团队行使类似"臭鼬工程"的职能，在组织内创造出一种类似小企业的环境。在这种方法下，由工程师、技术专家、设计者和其他人员组成一个团队来完成新产品的开发，从最初的创新概念产生到最后的商业化阶段，组织都不加干预。许多日本企业成功地使用这种方法。奎宁（1985，p.79）为我们提供了本田公司的例子，他因为直接从事技术问题研究，以及通过与"臭鼬工程"其他成员一起工作时非常强调技术环节而出名。

交互式学习。尽管"臭鼬工程"仿制出了一种许多成功的企业都具有的高度交互、能激发成员创造性的学习环境，不过仍然还需要与更大的科学共同体建立紧密的联系。即使是最大的研发组织，也仅仅代表着国际上研发总投资的一小部分，也只拥有一小部分人才和技术资源，还有必要从外部获得新的思想和创新。

3.7　重视组织文化

文化包括价值观——也就是说，被认为值得的或需要的观念。例如，价值观明确说明了人们在决定解决将要处理的研究问题的种类时，应该有多大的自由空间，或者组织内部应该有多大程度的平等（如人们是否感到受到了"极大的尊重"、与上司的距离或者说他们是否能够走进上司的办公室，是否感觉与上司很近）。

与价值观相关的是行为规范或准则，行为规范是组织内所有成员都应遵守的行为标准。组织内的许多工作都有其规范（如应该有多少成果等）。有一个准则许多研发组织都有，那便是每个成员每年应该在指定刊物至少发表一篇论文。组织文化还包括报酬的问题。谁、什么时间、在什么条件下应该获得报酬？哪些活动应该得到报酬，哪些活动不应该得到报酬？应该采用哪种薪酬计划？在组织中，人们应如何交往以成为"好"成员？他们应该怎样保持自己的技术水平？在参加学术会议时，具有什么行为规范？人们应当怎样学习新技能？上课还是回到大学去读书？

理想的组织文化应该是能使研发工作成绩优异，具有内在的连贯性，在实验室中占主导地位。世上并不存在一个特定的或全面的文化因素清单。不过，我们建议管理人员可以考虑下面几个关键方面：

■ 把现代科学精神作为组织文化的一个重要方面进行培养，这是由默顿（Merton，1973）提出的，我们在前面"谁是发明者和创新者？"一节中详细讨论过。当理想的精神特质（普遍性、科学知识共享、客观，超然于商业利益之外，对科学发现进行客观的系统审查和质疑）成为组织文化的一部分时，科学和创新就会繁荣起来。

■ 容忍那些在现有的管理程序下，不能总是工作优异的创新者。

■ 根据个人目标与组织目标的相容性，为每个员工的贡献赋予一定的意义和价值。

■ 能认识到与一个更大的科学共同体和用户沟通和保持联系的重要性（他们在创新过程中发挥着重要作用），并鼓励这种接触和交往。

■ 正如在第十一章"技术转移"中所描述的，鼓励各种"技术看门人"角色。

■ 认可并奖励优秀员工——包括技术人员和管理人员。

■ 最后，培养一种面向用户的组织文化。

3.8　科学界的精神特质

默顿（1973，p.270）在对科学的一般结构进行评论时指出，"科学的目标是扩展已经证实的知识。实现这一最终目标所采用的技术方法提供了一个相关的知识的定义：用实证的方法对规律的证实，和用逻辑推理的方式对规律的系统阐述"。他进一步指出，现代科学的准则包括普遍性、共享、超然于物质利益之外和对科学发现的系统质疑（Merton，1973，p.270）。

普遍性　该术语是指，科学发现无论来自哪里，都需要遵循一些预先制定的非个人化的准则。科学发现的正确性和科学价值，不受个人及其社会背景属性的影响。默顿进一步指出，"普遍性要进一步解释为，科学对一切人才都开放……根据各种背景而不是能力来限制人们从事科学研究，是对科学知识进一步发展的损害"。对科学的自由追求是一种非常重要的功能（Merton，1973，p.272）。

共享　它是指，科学发现应该在科学共同体成员间平等地分享。既然科学成果是科学共同体内合作的结晶，该发现的所有权是一个共有产权，应该属于广大的科学界。默顿（1973，p.273）认为，科学发现：

> ……是一个共同遗产，每个参与者对它的平等权利受到严格的限制……在科学的基本道德规范下，科学的产权已经削减到几乎没有的程度。科学家对"他的"知识"产权"的要求被限制到仅仅是得到认可和尊重，如果这一机制能够运转得稍微有效一点的话，这些认可和尊重就大体上是与其带来的共同知识储备的增加的意义是相当的。

超然　默顿（1973，p.276）曾经指出：

> 对知识的热爱、无任何目的的好奇心、为人类利益无私奉献以及其他许多特定的动机都是科学家的特点。关于科学研究是否应该有特定的动机的争论看起来已经被误导了。许多形成科学家行为特征的动机是一种相当特殊的制度控制模式。能够超然是科学的公开性和可检验性的最基本的要求，我们可以这样认为，正因为如此，科学家才受到人们的尊重。

科学家很少弄虚作假，实际上虚假主张也是无效的。因为大部分科学家的研究成果都要受到其他科学家的审查、重复和评论。既然科学家不能从这些发现中获得个人利益，那么超然（从商业利益或者财务利益的角度看）便成为了科学共同体的一个重要特征。

系统的质疑 它是和科学共同体的其他特征相互联系的，既是一个方法论，也是一个制度契约。包括"暂缓作出判断"和对科学发现的客观审查。许多国际性的科学研讨会或学术会议，都具有这些特点。

在现代社会，由于科学家之间交流非常便利，就可能在许多方面进一步强化这些特点。培养这种精神，对于提高研发组织的产出和成效是很有必要的。

正如在案例中所揭示的那样，科学共同体的这些精神特质在实践中并不完全存在。博克（Bok，1984）指出，竞争、获奖的诱惑、名声等各种力量都对这些精神特质有一定的消极影响。尽管如此，多年来，同行评议、文献引用和科学的普遍本质已经使这些精神特质成为科学共同体的行为规范。

在讨论科学的理性时，牛顿·史密斯（Newton-Smith，1981，p.44）指出："波普（Popper）认为，真理是科学的目标，但科学条件是被忽视的因素之一……波普的'真理不可绝对获得'理论，使他重新构建了科学的目标，以更好地接近真理，或者正如他所说的，一种更高的程度的逼近。"波普认为，当实验结果正如假设条件所预测的那样，只是意味着假设条件没有被驳倒。波普主张，支持假设的证据并不必然是那些有利于假设的证据（牛顿·史密斯，1981，p.45）。

一些科学史学家认为，科学没有也不可能获得任何客观意义上的"真理"（Regis，1987，p.217）。威同（Ed Witten）认为，不论我们是否获得了真理，我们都能在发展新理论的过程中了解新事物。他指出，当我们了解新事物时，"我们总结出更有力的规律，它能对更多的现象作出更为精确的解释。但这并不意味着，那些旧的理论是错误的，只不过是不完整罢了（Regis，1987，p.211）"。从根本上说，新发现意味着我们在认识已有事物的基础上向前迈进了一步。

3.9　小　　结

综上所述,本章从组织有效性的角度全面定义了组织生产力,并就如何提高组织有效性提出了相关建议。本章还讨论了如何创建有效的组织、团队结构和组织文化。有关员工或人力资源管理方面的内容,已经在第二章"研发组织的基本要素"中讲过。在这一章中,主要关注一些诸如新思想是如何产生的,发明者和创新者的特征是什么这样有意思的问题。这些观点和实证数据不可能十分精确。所以,死板地套用这些发明者和创新者特征是不可取的,而且应当避免。相反,在管理一个富有成效的组织时,管理人员应该培育组织环境,这将有助于培养成功的创新者和发明者。

3.10　课堂讨论问题

(1)研发组织有效性的标准是什么?

(2)哪种类型的人最具创造力?

(3)为了提高实验人员的创造力,我们应该做些什么?

(4)研发管理人员应该如何面对创新者和发明者的怪癖?举例讨论这个问题。

(5)科学共同体的精神特质如何促进研究、开发与创新的进步?

第四章

工作设计和
组织有效性

在工作设计中应主要考虑组织需要和个人需要之间的协调。要达到理想的工作设计,我们需要考虑个人的能力、兴趣、个性以及组织需要。例如,组织可能认为,员工严格遵守组织制定的规章制度最好;但是,员工则可能认为,有充分的自主权,能够决定在组织内的行为方式,才令人满意。但换句话说,个人自由不能是无限制的,因此在进行工作设计时,应该在组织需要和个人需要之间寻求一种平衡。某些员工可能具有独特的个性,对自主权的要求尤为强烈,因此他们希望在工作中能比其他人拥有更多的自由。

组织必须关注到个人目标和组织目标的协调,从而最大限度激发员工内在动力,将两者目标之间的冲突降为最低。员工的需求可以通过多种方式得到满足,而且他们的需求会随着人生经历、成熟度和人生的不同阶段而发生变化。例如,未婚的20岁员工并不像已婚的45岁员工那样重视安全感。安全感能通过不同的方式得到满足(例如,长期缴纳的社会保险或者短期的高薪)。在个人目标和组织目标的协调上,双方都有必要做一些让步,由于组织目标不像个人目标那样容易变通,因此个人目标可能要对组织目标作出更多的让步。

管理者可以通过以下方法将个人目标和组织目标相结合:① 挑选那些个人目标与组织目标一致的员工;② 采用参与式管理,这种管理在目标的设定中,既要保证员工能够接受这种目标,也要保证组织能够达到自身目标。由于组织可以通过很多途径实现其目标,对这些目标进行"协商"很有益。例如,商业性组织可以通过许多途径获取利润,如果组织采用那些与员工目标一致的目标,获取利润的可能性就会很大。

在进行工作设计时,我们需要更为详细地考虑个人与工作之间的匹配性。从个人层面讲,不仅要考虑能力,还要考虑需要;从工作层面讲,我们需要根据能力要求和能满足员工需要的工作性质,在工作设计上制订一些要求。当工作能力的要求与员工自身的能力一致时,个人从组织的观点出发,更能感到满意。这样,员工能得到提升,并能在组织内实现其目标。当个人需要与能满足这种需要的工作能力一致时,员工会对组织更加满意,发现工作起来很愉快,于是会长期留在组织里,并经常参加组织活动。例如,较低的缺勤率可能与工作满意度有关。

我们应该对工作进行设计,并以此为依据定义相应的岗位职责。传统的官僚结构中,组织通常会拟订岗位说明书,按照这种思维方式来考虑问题是错误的。在团队中,应由成员自己拟订岗位说明书,同时团队必须进行一部分工作定义。当然,团队领导需要提供一些指导,以确保所定义工作与组织目标一致。但具体工作主要应由员工自己完成。在给一个有才华的科学家确定了与组织目标相一致的主要目标后,剩下的许多工作设计都可由他自己来做。

一个有机组织允许员工对工作作出定义,并允许研究小组定义自己成员的工作。在组织级别中,能力被认作是决定员工地位的一个主要因素。项目的员工评议和由员工自己提出的工作定义,要比由管理层评议制定的工作定义的效果更好。

4.1　工　作　特　征

海克曼(Hackman)和奥登(Oldham)(1980)对工作特征以及工作特征与满意度的联系进行了分析,有很多文献与他们的分析一致。该文献主要探讨的问题是:能提供充分的多样性、自主性、可识别性和反馈的工作会比那些不具备这些特征的工作更令人满意。多样性是指在特定工作岗位从事不同工作的能力。自主性是指能决定自己应从事的工作的能力。可识别性是指工作的一部分可以被当作一个独立的单位识别出来的程度。例如,完成一个特定的研究项目,或者说这个特定的发现与某个人有关,会使这项活动的可识别性更高,这是因为该活动与研究者的名誉有关。另外,在一个有很多参与者的研究工作中,需要在不同的组织层次和地点进行工作,这种情况就会降低可识别性。反馈是指对工作完成情况的了解。

海克曼和奥登的理论认为，当一项工作具有多样性、可识别性和重要性时，该项工作就具有重大意义，这会让人们觉得他们从事的工作非常重要。反过来，工作具有的重大意义又会让员工觉得满意。同样，自主性会让员工对工作过程和结果更加负责，也会让员工感到满意。最后，反馈非常重要。人们应该了解自身的工作情况，了解他们所做的一切是否会产生重要影响。如果一个人在某个领域工作多年，但并没有引起任何注意（例如，没人引用他的科研成果），也就无法得到任何反馈。

因此，和其他工作一样，最适当的研发工作应该具有多样性、重要性和可识别性，允许研究者具备更多的自主性，并为研究者提供更多的反馈。

很多文献都探讨了这些问题（Loher et al., 1985）。因此，在设计研发工作时要牢记，增强工作的多样性和重要性、自主性、反馈都与工作满意度有着重要关系。

尽管研发领域中也有挫折，在 2005 年的一项调查研究中，有 80% 的被调查者表示他们对现在的工作很满意。工作满意度中最重要的因素是研究者工作的独立性本质。

4.2　工作空间布局与沟通

工作设计还需考虑与之相关的工作空间布局方式。有很多文献认为，在研发工作中，不论是采取加强沟通还是减少沟通的方式安排工作，都可能取得较高的工作绩效。例如，艾伦、斯季拉奇（Szilagyi）和霍兰德（1980）认为，随着员工距离的缩短，他们的沟通可能会迅速增加。斯季拉奇和霍兰德（1980）还提出，群体密度的增加（在这种情况下，每平方米会有许多员工，彼此能进行快速沟通）可以使员工沟通起来更加便利。同事交换信息越方便，他们的效率就越高，对工作也越满意。研究表明（Morton, 1971），消除空间障碍能够促进创新者和顾客的沟通。

但我们也不能过于推崇这些想法,因为有研究(例如,Thompson,1967)表明,在某些情况下需要存在障碍。例如,如果在官僚组织里有一个富有创造性的团队,团队和官僚组织之间存在着某些障碍可能是有利的。

科学家和工程师在沟通方式上也存在差异(Allen,1977)。科学家通过文献和专业研讨会进行沟通。他们要花很长时间和外界进行交谈,彼此交流经验。而工程师也要花去大部分时间与顾客、供应商进行沟通,以及在实验室做实验。在某种程度上,两类人的动机是不同的,因为科学家更以自我为中心,需要科学界对自身的认同。发表文章对他们来说是很重要的。与之形成对比的是,工程师则主要关注组织的成功。对科学家来说,与成功相关的是在同一学科领域里研究同一问题的同行人数,而对工程师来说,与成功有关的是在同一实验里工作的同事的人数。换句话说,我们需要把科学家与工程师区分开。他们获得成功的动机和工作过程是不同的。这对于研发组织的有效管理和工作设计都有重要意义。

在工作设计中,我们也应当考虑信息流。研发工作特别容易受到它的影响,因为大部分研发工作都具有不确定性和新颖性。我们也需要与科学界人士进行广泛的沟通。因此必须考虑一些条件,在这些条件下,员工能够就有关明确责任、改进工作方面的信息进行沟通,工作可以完成得更出色。在某种程度上,这与我们组织其他相关工作的方式有关。例如,安排一项工作与另一项衔接得紧凑与否,或者如何安排某个工程师或科学家的办公桌,这些都可能决定将来的工作绩效。一些研究文献,例如陈(Cheng,1984)、卡茨和塔斯曼(Katz & Tushman,1979),对这些问题进行了讨论并指出,当技术人员和工程师在工作中,面对一个没有现成参考文献可借鉴的新问题时,他们将会从那些有类似经验的人中获取信息。因此口头沟通会非常有帮助。

口头沟通允许快速反馈、解码和复杂信息合成,它非常适合那些大部分思想还没有正式形成,很难表达清楚的科学场合(Katz & Tushman,1979)。

然而，也有文献认为，如果交流信息的人没有共同语言，再多的交流也只是徒劳。在一项对位于 6 个国家的 350 个学术研究单位的研究（Katz & Tushman，1979）中，研究人员发现，当完成工作的方法非常明确而工作的长期目标非常模糊时，通常情况下组织的绩效和内部沟通呈正相关，但与外部沟通呈负相关。如果人们和外界人士进行沟通时缺乏共同语言，沟通的次数越多，工作绩效越差。简言之，人们要花很多时间才能阐明自己的观点，这样他们就无法有效地完成任务。

这些发现与派兹和安德鲁斯（1966）的观点并不一致，他们发现在工业实验室的 1 130 位科学家中，不论进行单位内部还是单位之间的沟通都是受欢迎的。陈和卡茨-塔斯曼的发现与派兹-安德鲁斯的发现之间存在的分歧主要是因为派兹-安德鲁斯针对的是应用科学家。与之相对应的基础科学家往往面临更多语言的困难，因为他们在沟通的同时试图建立新概念和语言。

一些有关研发人员实际工作环境的评论可能是正确的。正如前面所讨论的，科学家对自主性有很大的需要。除了享有正式或非正式的支持性管理环境，还应该有更大的自由，利用现有的资源去改造办公环境并使之富于个性化。在一些团队里，尤其是研发团队，人们可能会发现有些办公室的布局和装饰都有点怪异。经验表明，这些问题看起来琐碎，实际上却很难解决。劝告研发人员改变他的办公室布置，或者让他们把办公室布置得井然有序，可能并没有多大作用。除非办公室的布局严重影响工作绩效或者安全（例如，引发一场火灾），比较好的处理方法是允许个人的特殊爱好。

4.3 职 业 生 涯

在设计工作时，最好能考虑到科学家的职业生涯。在研发组织里存在一个问题，忙于纯技术工作的员工常没有足够的机会在组织内获得比较高的薪酬和声望。设计工作采用的方式常常能让行政管理人员获得较高的薪酬,但却无法满足那些在技术上极有天赋的员工的需要。当工程师或者科学家对他的工作界定不满意达到一定程度时,就有可能借助其他方法获得满足——例如,家庭或社会事务。研究(Bailyn & Lynch, 1983)表明,确实有一些对职业不满意的工程师曾这样做过。凯南(Keenan, 1980)介绍了格斯托(Gorstel)和霍顿(Hutton)的研究,他认为许多已经成为管理团队成员的工程师极不情愿从事管理工作,他们并不喜欢管理这个职位,从事管理主要是因为技术工作缺乏足够的机会。

换句话说,我们会遇到这样一种情况,人们在组织中无法得到自己真正想要得到的某种角色(一个级别较高的技术工作)。而且,只有从事管理工作的人员才有较高的薪水。这种情形会造成士气低落和工作效率低下。这是大多数组织需要面对而且必须尽力解决的问题。因此,在进行工作设计时,很有必要充分考虑员工的需求。

在考虑工作设计时,我们也应该意识到,工程师在职业生涯中会经历不同的发展阶段。例如,汤普逊和道尔顿(Dalton, 1976)同200多位科学家、工程师和管理者进行交谈,把工程师的职业生涯划分为几个阶段。他们认为出色的工程师在职业生涯中需要经历四个不同的阶段。

(1)工程师和"导师"(mentor)一起工作,"导师"教导他如何设计和开展项目,如何成功地与顾客和高层管理人员进行沟通。在这个阶段,"导师"会争取项目,设计项目实施计划,协调项目与组织活动的关系。工程师则负责一些具体工作,确保一切准确无误,再进行后续工作。显然,在这个阶段,工作的界定使得工程师成为"导师"的助手,因此他们必须密切接触,以建立良好的人际关系。

(2)工程师对工程项目或工作进程可定义的部分承担责任,独立工作,并取得一些显然是通过他们的努力得到的个人成果。在这一阶段,工程师被看作是在某一特定领域有一技之长的人,开始赢得信赖和声望。可以更多地支配自己的时间,对结果承担更多的责任。与同事和下属的关系变得越来越重要,而与上司或者"导师"的关系则变得不如上一阶段那么重要。这就需要对工作重新进行定义,实际的工作安排也会发生变化。例如,在这种情况下,专业人士可能会和上司的距离比较远。

总之,组织尽管认为第二阶段有价值,却不太希望有这个阶段。如果一个人在第二阶段停留很长时间,他可能会被解雇或者调动到无足轻重的工作岗位。换句话说,如果工程师认为自己成功的话,他会希望尽快脱离第二阶段,步入第三阶段。

(3) 第三阶段有些不同。工程师把他们学习到的技能应用到一些领域中,而不是某一个特定的项目。他们将与供应商、顾客、投资企业等外界人士进行接触,并开始做一些有益于他人和组织的事情。他们逐渐参与到其他人的职业规划过程中。许多工程师停留在这个阶段上,同时他们被别人看作成功人士。

(4) 在第四阶段,管理者对未来组织主要部门的发展方向产生重要影响。他往往会从事组织内外各种各样的交际活动:他会参与一些捐助活动,也会培养一些将来在组织中担任重要角色的有前途的员工。总的来说,处于第四阶段的工程师的时间主要用于以下三个方面:① 他们是创新者,会提供一些组织设计的独特新思想,为组织的未来作出贡献;② 他们是内部企业家,通过整合组织的资源、资金、人员和思想,以寻求组织的新发展(例如,新的研究项目);③ 他们是高层管理人员,需要制定政策,启动计划实施以及监督组织发展进程。

很明显,随着工程师从第一阶段过渡到第四阶段,活动中管理内容逐渐增加。然而,我们还要意识到技术活动仍然是工程师活动的一个重要组成部分。尽管从事纯技术性工作的员工并不管理大批的人员,但也应对他们进行奖励。换句话说,管理的职业生涯和技术的职业生涯并不矛盾。相反,处于管理职位的专业技术人员可以通过扩大与科研有关的决策范围,控制与科研有关的资源,来更好地兼顾他们对技术工作的兴趣。

罗伯兹(1978, p.6)主张:"我们在麻省理工学院的研究表明,即使是从事纯学术性研究的科学家,从事多种工作也会让他们的工作更富有成效。甚至有发现表明,管理活动与研究活动的结合有助于增强创造力和促进创新。"

因此,技术能力和管理责任似乎并不矛盾。尽管如此,在进行工作设计和组织构建时,仍然面临着为技术人员提供晋升机会的问题,技术人员可能因为在管理岗位无法直接参与研发技术工作而不愿晋升到高层的管理岗位。下节将讨论解决这个问题的方法——建立多层组织结构。

4.4 双层或者三层结构

解决上述问题的方法是在组织内设计一种双层或三层的职业生涯结构。在双层结构中,组织增加了一个与管理晋升等级体系相对应的技术晋升等级体系,这些等级体系与特定的职位相对应。技术职位由一系列专业技术晋升等级组成,在与管理晋升等级体系相对应的职位上,拥有相同的职权,并获得相同的报酬。不过,舒斯亥姆(Schriesheim)等人(1977)通过对文献的研究,认为双层结构不能很好地解决专业技术人员和组织之间的冲突,在为员工提供的职业生涯选择机会和薪酬制度的设计上也不能发挥作用。

显然,这些组织结构不能有效发挥作用最为重要的原因是,在技术晋升等级体系中的晋升是"远离权力的晋升"。此外,那些处于技术晋升等级体系的专业技术人员因为感到缺乏与管理晋升等级体系的平等,而且评价标准不公平,因此存在破坏这种体系的迹象。正因为如此,舒斯亥姆等人(1977)提出了一个三层结构,作为一种管理专业组织冲突的替换结构。

三层结构提供了三种不同的晋升机会。管理晋升等级体系为期望晋升到管理职位的人员提供了机会。对于那些只希望担任"专业技术"职务的人员来说("专业技术"在此指科研和技术职务)，也可以留在技术晋升等级体系中。

第三层的专业人员既承担重要的行政管理工作，又承担常规的技术工作。在那些专业价值和组织需要不同的领域中，他们具有权威。三层结构运用了多种领导类型：变革型、放任型和参与型(Waldman & Atwater, 1994)。

这种类型的组织与研究型大学的组织类似。在这样的大学里，行政管理者通常是研究方面极为出色的个人。他们能够与全体人员建立良好的关系。同时，也具有其他一些特征，使得他们能够成功地与政府官员、理事、校友、主要捐助者等交往。一些行政管理人员与研究过程联系密切，而另外一些人与行政活动联系密切。成功的大学会把各种类型的管理人员合理地组合起来。类似地，研发组织既需要处理行政活动的人员，也需要处理技术活动的人员，还需要能同时处理这两种活动的人员。合理的人员组合会产生最好的研发组织。

我们使用技术层、专业技术联络层和管理层等术语来讨论三层组织结构的优点。在大学里，这些术语可能与教研室主任、系主任、大学校长对应。教研室主任能够评价教员的专业资格；系主任能够对教研室主任作出评价；校长能够对系主任作出评价。通常，教研室主任技术过硬并从事科研；系主任在技术上也不错，在某些情况下也进行研究；校长全面管理学校工作，很少进行研究。

三层结构能够处理好以下三个问题：组织太受管理层控制、缺乏沟通、评价程序不完善。在三层结构中，由于专业技术联络层分担了很多管理层原有的权力，因此管理层只有较少的权力。在二层结构中，管理者和专业技术人员看法不同，通常会缺乏沟通，而在三层结构中技术人员大都不必同管理层进行沟通，只要与专业技术联络层沟通即可。他们有同样的价值观，因此能够相互沟通、相处融洽。在二层结构里，管理层对技术人员作出评价，而在三层结构里，不是由管理层，而是由专业技术联络层中的成员对专业人员作出评价。因此，对专业人员作出判断的是最理解他们想法的人。有一些证据证明三层结构非常有效。例如,巴姆加托(Baumgartel,1975)和派兹(Pelz,1956)发现,当具有专业或学术背景的人担任研究部门主任或行政管理者的职位时,研究人员会感到更多的呵护,而且整个团队会更富有成效、士气更为高涨。劳伦斯(Lawrence,1967)和洛斯(Lorsch,1967)、里凯尔特(Likert,1967)、马森(Marcson,1960)和敏兹伯格(Mintzberg,1973)的研究也提供了有力的支持。

组织能够成功实施三层结构吗?这种结构符合实际情况吗?在正式组织中,对组织结构和个人职责都需要进行严格界定,而三层组织结构则要求更多的灵活性,能够进行交叉或者平行沟通。当三层结构方法成功实施后,会产生许多意想不到的和间接的效果,例如留住高水平的技术人员,降低组织"自满"的情况。(基于讨论的目的,"自满"被定义为缺乏创造力和活力,不断老化的一种状态。)

4.5 集权与分权

关于工作设计的另一个重要问题是,是否使用集权或分权结构。艾伦(1977)认为,在一个集权的项目或项目结构里,从事特定活动的大多数人都向分配任务的项目经理进行报告。他们接受特定人员的检查,同时他们工作场所也与这个人很接近。另外,如果不到50%的员工向这个人报告,就认为该项目是分权的。

艾伦(1977)、马奎斯(Marquis)和斯特里特(Straight,1965)认为,分权和集权结构都是有效的,但是要应用于不同的条件。在分权结构中,大多数成员都能获得工作所需信息。在集权结构中,信息只能从一两个掌握大部分信息的特定人员中获取。当项目期限较长、知识流传输速度较快时,分权结构是有效的。而当项目期限较短、知识流传输速度不是特别快时,集权结构更为有效。当大量新的信息从项目中输入、输出,要求有灵活的组织系统,需要参与人员进行密切沟通与合作时,分权结构效果更佳。

彼特斯(Peters)和沃特曼(Waterman, 1982, p.15)认为,优秀的公司往往能将分权结构和集权结构进行有机结合。这些公司在许多方面会给予基层员工充分的自主权。但是,涉及关系组织切身利益的核心问题时,他们坚持集权。彼特斯和沃特曼(1982, p.314)认为,组织结构的组合方案应该对下面三种重要需求作出反应:效率的需求、创新的需求和避免僵化的需求。

大型组织分权和集权的其他许多方面,已超出了本书的范围。随着组织规模的增大,采用组合式结构(分权和集权的组合)对于基层员工比较合适。组织仍然需要对大部分员工进行进一步分工。可以以产品线、地理位置或者特定项目为分工依据。

4.6 让研究人员处于创新阶段

在一个特定的工作岗位上,研究人员一般要经历几个阶段。他依次经历适应性阶段、创新阶段和稳定性阶段。在稳定性阶段,人们缺乏创造力和冒险精神,工作没有成效。尽管存在个体差异,但正常情况下,一个人在某个特定岗位上工作 6~8 年之后都会达到稳定性阶段。适应组织的过程会给人留下深刻的印象。

汤姆逊(Thompson, 1976)和道尔顿(Dalton, 1976)提出了一个建议,它可能有助于让研究人员处于创新阶段,将稳定性阶段尽可能缩短。这种思想是把管理人员的任期限制在 5 年左右。在这种情况下,管理人员在 5 年任期期满之后,将不得不回到技术岗位。因此,他会有强烈的愿望关注最新的技术活动。此外,这也会提供新的机会,让其他人参与到特定的管理活动中来。而且,应该设置有关员工再教育的预算,使那些不了解新技术的高层管理人员有一些休假期,有机会了解相关领域的新发展。

横向调动也能激发技术人员的积极性。通过这种方式，能不断更新研究新项目的思路。它提供了激发员工积极性、避免其思想陈旧的机会。许多管理人员反对横向调动，因为他们不想失去优秀员工；但是，如果这些调动成为实验室的常规，那么不同部门的管理人员也会在人员调动过程中共享优秀人才。

一些组织使用矩阵结构，在这种结构下，雇员有两个上司：一个是项目负责人，另一个是职能部门的负责人。例如，一个员工可能会同时向两个人汇报，一个是项目经理，一个是员工所在技术领域的职能部门经理，后者主要负责员工职业发展和确保员工保持较高的专业水平。在这种情况下，职能部门经理为了提高员工的技能，可能会将员工从一个项目调动到另一个项目。彼特斯和沃特曼（1988）认为，除了像波音（Boeing）这样的"项目管理公司"，实际上没有任何一家优秀的公司使用正式的矩阵结构。他们进一步指出，即使在曾创造了许多矩阵管理思想的波音公司，"矩阵管理"的含义也与我们通常的理解不一致。在波音，员工都具有双重身份。每个人既是项目小组的成员，负责完成小组任务，同时几乎一直是某个技术职能部门的成员。每个人都有一项明确的首要职责，不会产生员工弄不清自己身份的混乱状态。在矩阵型组织结构里，每个员工要向不同的上司进行报告，从而使组织变得更为复杂，为此应该避免这种情形。

一种提高员工的技能方法是建立员工评议制度。也就是说，每6个月，员工和第二层及第三层的监管人员讨论他们的工作和自己的进步情况。根据讨论的结果作出有关员工轮岗和目前任务分配的决策，最大限度地提高员工技能。

另一种方法是"职务监控"制度。该制度是为工程师或科学家分配一个期限不低于4年的新项目。主任工程师或者实验室技术主任对所有在同一个岗位上工作超过4年的员工进行检查并作出评价，以决定一个研究人员能否继续在岗位上工作。这种方法总的指导思想是要保证分配的工作不能太过重复或者过于专业化。

贝伦(Bailyn，1984)认为，研发组织应当在获取员工相关信息的基础上，对员工进行职业生涯设计。这些信息应该考虑到每位科学家的意向或意愿。例如，如果他(她)很愿意从事学术性工作，那么应该为其提供一些有助于学术发展的机会。另外，如果工程师或科学家并不十分关注学术工作，那么对正在进行的研究表示支持更为合适。

组织内部的培训、大学进修和经常接触专业期刊，都能促进科学家或工程师的职业发展。但是，汤姆逊和道尔顿(1976)提出，他们没有发现研发工作绩效与个人教育水平存在任何联系。这可能是因为以下几点：首先，大部分研发人员曾接受过高等教育且成绩优异。在当今研发组织内，研发人员具有博士水平的教育背景已成为一种标准。毋庸置疑，个别没有接受过这种高层次训练的员工，也为组织作出了很大贡献，组织也应该给他们提供作出更大贡献的机会。汤姆森和道尔顿发现，工作的复杂性和挑战性与工作绩效的关系，比与研究人员教育水平的关系更为密切。类似发现表明，一个人的成功与组织对工作安排的关系，比与个人教育背景的关系更为重要。

尽管许多高校都实行公休制度，但在研发组织中，实行公休制度的还较少。对于那些希望得到并能充分利用这种机会的个人，应该鼓励他们去做。如果管理人员确信，并希望践行"人才是最重要的资源"这句格言，那么就值得为员工提供休假费用。毫无疑问，要实行这种休假制度，组织不仅要有充足的资源，也要具有灵活性。优秀的研发组织能够而且已经成功实施了这种休假制度。

4.7 工作设计和冲突

有时，工作设计会增加组织内的冲突，这主要是由于科学家的目标和组织目标并不一致。科学家的目标倾向于体现科学本身的价值，而组织的目标经常体现对利润的关注(Keenan, 1980; Souder & Chakrabarti, 1980)。

工作设计的一个重点是对工作所允许的自主程度的考虑。有两种类型的自主权(Bailyn, 1984): 战略性自主权,即允许制订自身研究计划;实施性自主权,即允许采取不同的方式实施研究计划。贝伦通过实证研究发现,在一种技术性职业的初期,实施性自主权比战略性自主权更为重要。随着员工工作经验的不断丰富,有必要使他们具有一定程度的战略性自主权。因此,在工作设计中,我们应当假定员工将有一定程度的自主权。但是,根据员工职位的高低,工作设计采用的自主类型也会不同。

有许多讨论职业价值观和组织目标之间冲突的文献。职业价值观体现了对科学发展的关注。从这个意义上来说,科学家体现职业价值观而对自身行为的规范,会使他们能够不断与时俱进。但是,汤姆逊和道尔顿(1976)指出,这种对紧跟专业发展的强调经常会与组织的基本目标冲突。

科学家更愿意与自身专业目标保持一致,而不是与组织的目标保持一致。研发管理人员随着职位的提高,会越来越强调与组织的目标保持一致,而非自己的专业。不同的倾向是科学家和组织管理者之间冲突的线索。既然研发管理人员和研究人员之间的关系是决定组织研发活动成功的一个重要变量,那么管理者就要采取措施减少冲突。罗斯(Ross, 1990)建议采取四种方式优化管理者的角色:

(1)保持为组织服务的导向。

(2)保持灵活性。

(3)提倡自由和充分沟通。

(4)确保组织主要目标能够促进研究目标的实现。

拉波特(LaPorte, 1967)指出,专业目标和组织目标之间发生冲突的主要原因是:

(1)引起广泛关注的研发可能并不产生利润,因此在利润和技术创新之间经常发生冲突。

（2）个人希望有自主权,而管理者希望组织是一个有机整体,因此个人的专业期望和专业目标经常与管理层不同。

（3）研发人员从组织的程序性规则中寻找自由,而管理者则强调这些程序性规则。

（4）研发人员的权威来源于学术地位,而管理者则依靠官僚地位和权力。

（5）专业人员要求得到与学术地位一致的回报,而管理者则强调与实力和地位匹配的回报。

派兹(1956)确定了技术性组织发生的四种冲突类型。第一种冲突是大部分发生在同事之间的技术冲突,与技术目标、阶段性成果、实现特定目标的手段和数据判读有关。第二种冲突是同事之间的人际交往冲突(例如,喜欢或者厌恶,信任或担心同事的目标)。第三种冲突是发生在上司和下属之间的技术或管理问题的冲突,例如权力、权威、规则和程序。埃文(Evan, 1965)进行实证研究后发现,在政府研究室和工业实验室,技术冲突的数量是人际交往冲突的两倍。

组织的不同部门有不同的使命,各部门都试图实现目标最大化,这时就会发生冲突。例如,在市场营销部门和研发部门发生的冲突。研发部门可能希望开发达到某种技术标准的产品,而市场营销部门则可能希望开发销路好的产品。当这两种目标不相容时,协调这两个部门的活动就很困难,管理者要高度重视这种情况。阿维(Arvey)和杜赫斯特(Dewherst, 1976)指出,为避免目标冲突,在管理过程中制订包含所有相关者在内的清晰的目标和计划体系是至关重要的。

斯奥德(Souder, 1975)和斯奥德-查克拉巴底(1980)对上述问题进行分析后,发现了三种协调研发部门和市场营销部门关系的方法(或机制)。斯奥德将这三种方法命名为:阶段主导型、过程主导型和任务主导型。下面对这三种方法进行描述:

在阶段主导型方法中,研究部门、开发部门以及营销部门是不同的职能部门,各自有着正式的组织结构,有着范围较小的明确职责和工作范围。人们只完成与他们所属部门的职能直接相关的职责。如工程师的工作和职责只是与技术有关,而营销人员则只负责关注公众对产品的反应,以及产品的销售方式和销售渠道。这些正式的组织结构也反映在一个特定工作的交接方式上,在这种方法中,工作是从一个部门转移到另外一个部门。工作交接时,有着正式的制度化的交接点,在这一点上,研发人员把工作交接给营销部门或营销人员把工作交接回研发部门,交接的过程有着正式的手续。

在过程主导型方法中,不存在明显的工作交接点,有关各方不必拘泥于形式,可以反复地交接工作。不存在为完成特定工作在某一阶段额外增加员工,从而会有一个部门人员增加,另一个部门人员减少的情况。根据需要会不断有人进入或离开组织,技术部门和营销部门的交往几乎是不间断的,也不存在一些"那是你的工作"和"我不打算处理"的情况,他们连续地参与到产品开发中。当然,这个过程都是由专业人员负责。不过,工程师了解市场的情况,同时市场营销人员也了解项目技术层面的情况。很难用文字记录来表明工作从研发部门交接到市场营销部门,或者从营销部门交接到研发部门。产品在两个部门之间不断地交接。

任务主导型方法的特点是具有比较大的灵活性。任务的负责人更为关注任务和最终产品或成果,他们在讨论中总会提到"我们的"产品,而不是"我们的"和"他们的"责任。不强调"我是技术人员"或者"我是市场营销人员",而要强调"我是开发那个产品的人"。在这种方法中,并没有职权上的转移,产品开发时,人们不会不断地进出团队。当然,员工都是专业人员,但他们并不以专业人员的身份出现。他们是产品开发团队的一部分,至于他们是科学家、工程师、经济学家还是公共关系专家都无关紧要。他们需要做的就是参加项目导向型团队。因此,在任务导向型方法中,团队中的成员会经常彼此接触。这与正式结构的情形完全不同,在正式结构中研究人员与市场营销人员经常会面,员工具有研究人员或者市场营销人员的不同身份。

斯奥德认为,上述每种方法在某些情况下都具有一些优势,因此不能轻易下结论,认为其中某种方法在任何情况下都比另一种方法好。显然,当组织结构有利于员工成为专业人才时,员工就能够提高自身技术,比较擅长某一岗位的工作。

遗憾的是,当专业人才特别擅长某些工作时,他们可能缺乏对其他团队所从事工作的充分理解。高度专业化的优势是专业人才快速圆满地完成某些任务的一个因素。同时,劣势就是缺乏和其他活动的协调。

斯奥德列举了有利于提高这三种组织结构有效性的因素。对于那些面对如何组织团队具体问题的人员来说,应当查阅原始文献(Souder & Chakrabarti,1980)。这些文献表明,人们希望最大化的标准不同,可能最优的组织结构类型也会不同。这些标准包括环境因素(例如,环境不确定性、影响环境变化的动力等)、任务因素(技术类型、创新类型)以及组织因素(组织性质、组织复杂性、沟通模式类型、职责分工等)。

有效事件理论假设工作场所的特点和工作中的插曲构成了不相关的事件,从而影响了积极和消极的心境和情感。工作满意度是这种心境所产生的结果的一部分。组织和人的价值观的一致性可能促成工作满意度、组织忠诚度、组织的长期聘用和坚持留在组织内的决心(Joshi & Mavtocchio,2008)。

4.8 小 结

本章中,我们详细探讨了工作设计,工作设计有助于提高组织的有效性。我们讨论了管理者如何使个人目标与组织目标联系起来以提高工作的有效性,工作特征对人们从事某些工作的有效性产生的影响,以及空间布局如何促进沟通。工作设计的目的是能促进个人目标和组织目标的联系,能更适合员工,并且要与能促进沟通的工作场所的布局相一致。此后,我们介绍了职业生涯,并分析了不同组织结构的优势和劣势,因为讨论职业生涯首先得讨论组织结构和组织有效性的关系。此外,还讨论了保持研究人员处于创新阶段以及工作设计中充分利用积极冲突和避免消极冲突的问题。

4.9 课堂讨论问题

(1) 对一个研发实验室来说,哪种组织结构最理想?

(2) 矩阵结构组织的优缺点是什么?

(3) 研发实验室应如何进行工作设计?

(4) 实验室如何减少消极冲突和增加积极冲突?

(5) 为保持研究人员工作的成效性和创新性你将提出哪些建议?

第五章

CHAPTER FIVE ———— **影响他人**

管理者工作的一个重要方面是影响他人,如高层管理者通常需要影响其下属,基层管理者需要影响中层等。在本章中,我们将探讨态度是如何形成和改变的,以及一个人是如何影响他人的。

"影响"听起来好像与"操纵"类似,有人可能会觉得影响他人是不道德的。不过,一些研究提供的证据清楚地表明,那些能够影响其上司的管理者通常都比较优秀,同时也能为其下属提供更多的帮助。例如,一些研究表明,那些能够影响部门领导的管理者,他们的下属对自己的工作一般都比较满意。

此外,中层或低层管理者的一项重要工作是从高级管理层那儿获得资源。这些资源以预算拨款、办公场地分配等类似的形式出现。获得这些资源对于研发管理者所在的单位是非常重要的。由于研究的产出无法精确预测,从资源的投入到研究成果的产生之间又存在很大的时滞,因而在获得从事研究所需资源的过程中,研发负责人能够影响上层领导和赞助商的能力就显得非常关键。对一个研发负责人来说,能够影响他人的能力在内部管理上也是很重要的。例如,许多研究项目不仅需要研发负责人所领导的团队成员间互相合作,而且有时也需要得到外部团体的协助。研发负责人能够影响他人的能力,为他们提供必要的工具,来:① 为研究工作的开展创造一个有序的环境和制定相应的目标;② 凝聚各种参与者的力量,完成研发的工作。

另外,研发负责人通常不仅要和自己团队的成员打交道,还要同主管领导、赞助商、研发组织内各种辅助部门的工作人员共事。课题负责人能否理解不同人的态度和动机,是否具备影响这些人的能力,直接决定工作的效果。

处在一个具有影响力的位置上,管理者必须能够从理性和感性的角度来理解他的员工以及他(她)自身。尽管公司花费了大量的资源用于性格测试和研究,但需要牢记于心的是员工是不能以性格类型来划分的,懂得这一点至关重要。员工需要以一种客观的方式被理解(Maccoby, 2005)。

在影响他人的过程中,态度及态度的改变、沟通方式的选择及效果是两个非常重要的问题。在本章中,我们将结合一个案例研究来分析和讨论这两个问题。

5.1 态度和改变他人的态度

态度是理解影响概念的核心。态度是一种看法,由情感所支配,会诱发行动。例如,某位领导对于增加 X 部门办公场地的态度是建立在他对于 X 部门办公场地相关问题的看法上的:工作业绩如何、研究工作的前景如何等。每一种看法都有某种情感在其中,或者肯定,或者否定。假如这名领导认为 X 部门工作情况良好,那他就很可能支持 X 部门得到更多的办公场地。当这种感觉变成一种意向(例如,自己认为应当批准增加办公场地)时,通常会引发行动(批准增加办公场地)。

要想改变他人态度,就需要考虑改变过程的各个阶段,包括关注、理解、认可、记忆和行动。例如,假如单位领导想要改变普通员工对于一项新政策的态度,就必须建立起一种能够引起职员们关注的沟通。假如员工们对新政策的介绍材料看都不看就扔到废纸篓里,则很显然,改变员工的态度毫无效果。即使员工们读了这些材料,还要保证材料能够被理解。员工们了解那些旨在改变他们态度的信息的过程就是理解。但是,理解并不一定意味着接受。一个员工可能会理解但并不接受。因此,认可就是要让员工不仅理解,并且同意这些建议或信息。尽管认可在态度的转变过程中非常重要,但如果想让接受者采取行动,那么还需要另外的两个阶段:首先,接受者必须能够记住这种认可,其次是各种与行动有关的因素(如规范、角色、习惯、行为倾向、感知等,见第六章中有关动机的讨论)不能抵消掉接受者采取行动的意向。换句话说,分析表明,态度的转变是一个复杂的过程,试图改变他人态度和行为过程可能会受各种各样因素的影响而"脱轨"(突然中止)。在考虑改变他人态度的最佳方法时,善于分析、考虑和预测各种因素,甚至设法使这些因素有利于改变他人的态度都是很有用的。

分析态度的转变时，还需要考虑一些在变化过程中起重要作用的因素，其中有四个需要考虑的因素：发起者、信息、媒介、受众。发起者是产生改变他人态度信息的个人或团体。例如，假如 X 部门想要得到更多的办公场地，这个部门可能会让其部门负责人找单位领导谈话，或者报送一个自己的解决方案给单位领导，还有可能让有类似问题的其他部门去找单位领导谈话。在这些例子中，发起者(部门负责人、部门、其他有类似问题的部门)和相应的信息是各不相同的。媒介也是一个需要考虑的问题。例如，我们可以通过面对面的交谈、书面文件，也可以通过视频演讲的形式来影响他人。最后，还必须考虑受众的特点。谁是我们想要影响的对象？通过对受众特点的分析，采用不同的策略来改变他们的态度。研究表明：如果受众智力水平很高，那么我们的信息就应该能够代表我们提倡的那种情况，而且对于任何反对意见都有充分的理由来应对。对于组织成员智力水平很高的研发组织来说，这一点特别重要。

5.2　关于态度研究的成果

态度改变实证研究成果很多(Triandis，1971；Cialdini，1985)，本文对其中管理者们可能会感兴趣的一小部分进行总结。

发起者　什么类型的发起者会最有效呢？最有效的发起者是那些受众最相信的，最具有吸引力，而且同受众本身最为类似的人或机构。最好是利用在特定的受众中有着很高可信度的发起者。

信息　哪种信息是最好的呢？在此，我们需要考虑，在改变受众的态度时，关注、理解、认可、记忆和行动这几个方面是否会遇到困难，哪些是最大的困难。如果关注方面是薄弱点，那么我们就需要让这个信息引人注目，要包含简单的口号。如果理解方面是薄弱点，我们就需要让这个信息明确而且能得出确定的结论。如果信息更需要影响的是让步阶段，那么就得将受众的目标同对信息核心思想的接受联系起来。如果记忆是薄弱点,那么重复就是有效的(就像广告的作用一样)。如果行动是薄弱点,那么信息就需要针对规范、角色和感知等使行动"脱轨"的因素。

人们听到好消息时通常会精神振奋,因此好的消息始于好的信息。提出改变的程度不能太大也不能太小,需要一定的技巧。如果要求改变的太多,就可能失去要求的可信性;如果要求改变的太少,就不会得到理想的效果。因此,了解受众的"可接受范围"就至关重要了。

我们不妨结合一个买车的例子来理解这个概念。一个普通的经理去找汽车销售商买车,他头脑中通常会有一个价格范围,例如,15 000~20 000 美元,如果销售商不知道这个范围,直接带这名经理看一辆 14 000 美元的车,这名经理也喜欢这部车,那么销售商就不会获得最大利润。如果展示的是 30 000 美元的车,车就卖不出去。因此问题的关键是知道这个范围,并展示给一部价格略高于这个范围的车,比如 22 000 美元。在感知的过程中有一种被称为"同化和差异化"的现象。与特定种类相似的刺激被同化到这个种类中,同化的含义是因为被同化的刺激与这个种类的接近程度显得要比实际情况更大;相反,与这个种类不同的刺激则被差异化,即它们与这一种类的差距显得比实际的差距更大。因此,22 000 美元的车会显得与 20 000 美元的车没有太大区别,而 25 000 美元的车与 20 000 美元的车之间的差别就显得和 30 000 美元与 20 000 美元的车之间的差别一样大了。这样,22 000 美元的车就被同化到"可接受的范围"内,而 25 000 美元的车则被差异化出去。

另外一个改变"可接受的范围"的方法是改变听众的"调整水平"。调整水平是一个中立点,是"贵"车和"便宜"车的分界点。很显然,一个人觉得贵的车,另外一个人可能就觉得不贵,这个中立点就是在作出特定判断时,所有显著刺激的几何平均数 1。有些刺激由于是最近发生的,会对判断影响大一些;还有些刺激由于经常发生,也会对判断影响比较大。假如我们将所有的刺激都考虑进来,取其几何平均数,就可以得到特定判断的调整水平。因此,假如某人头脑中有 10 个显著的刺激,那么将这 10 个数值相乘,再取 10 次方根,得出的结果就是调整水平。

显而易见,这样就可以通过使一个人受到刺激来影响其调整水平。例如,在前面的例子中,推销员可能会说:"我知道你不想花那么多钱,可是看看这车有多漂亮,简直就是艺术品啊!"这部车的价格是 40 000 美元。在这个价格上,消费者不会买这部车,但是它已经进入了其调整水平的计算。如果开始时消费者想买的车的价值是 25 000 美元到 30 000 美元,则他的调整水平为 27 500 美元。现在,假如除此以外,他还看到了两款分别值 30 000 美元和 40 000 美元的车,并受到了影响,那么现在的调整水平就会是 350 008 美元。这样,现在一辆 32 000 美元的车对他来说就略显"便宜"了!

在提议能被接受的情况下,一个好的信息能将提议和听众可得到的利益相联系。假如一名管理者在申请一栋新办公楼时提到,新办公楼会命名为某某研究中心(以这名领导的名字命名的研究中心),这就是一个好的信息。

有效的信息应预测各种负面因素,并证明这些因素是能克服掉的。作为一个练习,读者可根据第六章中动机分析模型的各个部分,思考一下有哪些负面因素,怎么克服。不过,也许最好的方法就是阅读下面的案例。

5.3　案例：行为科学部的问题[*]

政府研发实验室(GRDL)的行为科学实验室受到了科研主任布朗博士的批评,原因是这个实验室获得资助和所签合同数锐减,事实上是联邦政府不愿意支持此类研究。不过,在由政府研发实验室其他部门的负责人组成的小组对这个实验室进行考察后,发现了一些实验室自身的问题。

---

[*]　取自川迪斯(Triandis)和戴(Day)的档案资料,但人和实验室的名字都是虚构的。

这个实验室过去研究规模相当大,每年能够获得两三百万美元的项目,但是近些年获得资助和合同总计也只有 750 000 美元。帕克博士是实验室的主任,15 年前他建立了这个实验室,对实验室获得的外部资助和合同起了很大的作用。实验室的其他 4 位研究人员来自与行为科学有关的其他学科,林克博士是一名心理学家,研究方向是人工智能;汉森博士是一名社会学家,研究方向是民意(抽样)调查;达夫博士是一名地理学家,研究方向是利用航拍开发经济学地理信息;巴伦博士是一名经济学家,研究方向是市场调查。

除此以外,还有 3 位研究人员在政府研发实验室工作,分别是:克雷博士,政治学家;高尔博士,社会学家;哈登博士,地理学家。实验室为工作人员和他们的助手提供了很好的工作条件:办公场地很大,实验室的计算机同政府研发实验室的主机相连,有全天候的图书馆提供管理系统。政府研发实验室的高层认为实验室目前工作的重要性同其占有的办公场地是不相配的,已经宣布实验室的办公场地应该减少到目前的一半,另一半给其他正在扩张的实验室。

由各部门负责人组成的检查小组发现这个实验室存在许多问题。例如,实验室主任帕克博士和林克博士之间存在冲突。林克博士研究了一个课题 7 年之久,但没有任何成果公开发表。然而,他对此却相当乐观,他认为对此问题的研究最终会取得很有理论价值的重大成果。检查小组估计取得这样成果的概率大约是 0.3。帕克博士发现海军研究局(ONR)的工作与林克博士的研究联系很大,并且对实验室很有利,因此他给林克博士施加压力,希望林克博士结束目前的研究,去争取海军研究局的合同。完成海军研究局工作并有成果发表的概率很高(大约为 0.8)。但由于这些研究工作是应用性的,成果的分量很轻,对作者所从事的研究领域影响很小,只是解决一些实际问题。目前林克博士的研究给实验室带来的收入微乎其微,而海军研究局的合同则可望带来相当可观的收入。如果林克博士能为海军研究局的项目工作,占去他很多时间和精力的出差工作会大大减少(新项目会为其配备助手完成大部分出差工作),尽管这样,林克还是抵制来自帕克的压力。

检查小组还发现帕克和同事之间也存在一些冲突。帕克批评哈登把时间都用在了修理老式汽车上，不做研究。哈登却说他公开发表的成果至少是实验室的前三名，至于他把时间用在哪里就不关帕克的事了。对于研究人员公开发表的成果，实验室在数量上和质量上都没有一个明确的标准。例如，帕克对汉森1985 年取得的成果提出过批评，但汉森认为这些成果已经很不错了，而且在不断提高，在他的研究领域，这个记录还相当不错。不论如何，1986 年的记录要比 1985 年好。帕克还指责汉森和达夫，他们两人在国家教育协会（NIE）合同的投标中互相不合作，而这次投标正需要他们两人的研究能力。由于汉森和达夫两人在工作中不喜欢合作，赢得国家教育协会合同的机会就错过了。

在和高尔的交谈中，检查小组了解到高尔感觉很孤立，同事之间很难合作。他觉得这主要是由于他是个葡萄牙人，而实验室对外国人有一些歧视，至少高尔是这么认为的。

实验室许多研究人员由于工资比较低而士气低落。尤其是克雷，在一所非常著名的学府得到了博士学位，因此他觉得应该拿到比其他研究人员更高的薪水。

许多实验室的研究人员对帕克非常不满，因为他们认为帕克自己对实验室的研究工作投入很少，看不到他们所遇到的各种特殊困难。而且，当他们克服了许多困难，成功地完成大量科研项目时，帕克也并没有感谢的意思。帕克却认为这是因为他太忙了，无法把精力放在这些具体的事上，他需要经常跑到华盛顿去游说那些分管不同研究项目的联邦政府机构，以提出合适的研究申请，来增加实验室的资助和合同，实验室现在的资助和合同都是他这么跑来的。

根据检查小组的调查，这个实验室的问题之一是：实验室的大多数决策都是帕克一个人决定的，其他成员几乎没有机会来表达自己的意见。事实上，汉森、达夫和巴伦三个人几乎从来没有与帕克争论过或提出什么问题。实验室的大多数研究人员认为帕克是为他们提供了一个不用亲自到华盛顿去找钱，就可以做研究工作的环境,因而,他们愿意忍受帕克所施加的种种压力,但同时也对这些压力非常不满。

大家对政府研发实验室似乎没有一种认同感。大多数研究人员认为实验室为他们提供了一个开展研究的比较便利的环境,但是如果有其他选择的话,他们会马上离开这里。

目前实验室面临的主要问题是政府研究实验室的高层想要削减其一半的办公场地。帕克已经召集部门所有的研究人员来讨论如何阻止这一切的发生。对于实验室来说应该怎么做才可以改变高层的态度呢? 对此你有何建议? 在工作程序上作出怎样的改变才能提高内部管理、增强内部联系呢?

5.4 案例分析

在思考这个案例的过程中,试着思考下面几个问题。谁可能是最合适的发起者(例如: 帕克博士,某个领导的朋友,还是某个委员会)? 最好的信息是什么(如前面讨论的,即说些什么来改变调整水平和抢先提出好的消息等)? 如何提出(口头交流、书面形式等)?

还有其他一些有效的方法能够促成态度的改变。一种方法是采用几类发起者,其中一类提出比较极端的提议,以改变受众的调整水平,其他的发起者则提出容易被接受的"适中的提议"。

另一种方法是"铺垫",即先做一些前期的铺垫工作,以获得取得成功的机会。这种策略是先提出一个较小的建议让受众接受,过一段时间后,再提出较大的要求。此外,有人在研究怎样才能把给予惩罚的威胁加到信息中去。一般认为只有适度的威胁才会起作用,如果信息包含太多的威胁,会遭到受众的抵制。

"铺垫"的方法对研究活动非常有用。例如,许多研究项目的最终结果是不确定的,完成整个项目所需的资源也可能相当大。因此,在一开始就要全部资源并不明智。有效的方法是要求能够完成初步或试点研究资源，以此确定研究方法的可行性。这样，就有了获得成功的机会，资助者更愿意继续资助这类研究，而不是资助那些根本就没做过前期工作的研究。

名望高、学识渊博的发起者更容易改变他人的态度，因为他们可以让人注意力集中，在不知不觉中态度发生很大的改变。回到我们买车的例子，假如有一个值得信赖的发起者，如一位全国性汽车杂志的编辑对那位消费者说，25 000美元的车要比他看中的其他车更有投资价值，即使这个价格比他预先的上限多很多，这个信息也很有可能起作用。

通常情况下，面对面地交流要比书面或通过其他媒介的交流更有效。不过，在某些特定的情况下，书面交流会更有效。例如，在提议非常复杂，需要听众逐步进行思考才能明白的情况下，书面的交流会更有效一些。

当听众高度专注于一个问题的时候，很难改变其态度。智力水平很高的人、思维复杂的人、自信的人态度一般也很难改变。这些人会关注和理解那些试图改变他们态度的信息，但是不会认可。另外，智力水平不高、缺乏自信、不专注的受众也许根本就不会注意到这些信息。也就是说，在与不同的受众交流时会遇到不同的问题。因此，各个变量（如专注程度、智力水平、自信程度）与态度转变之间的关系呈 U 字形。变量的值很高或很低，态度几乎不会有什么改变；变量值适度时，态度就会有很大改变。

5.5 沟通方法的选择和效果

在组织内有三类沟通：一类是个人之间的沟通（例如同事之间），一类是团体内部的沟通（例如课题负责人与团队之间的对话），最后一类是组织内部的沟通（例如单位领导试图改变员工的态度）。在个人之间的沟通中，最薄弱的环节是认可；在组织内部的沟通中，最薄弱的环节是关注。在沟通时，应针对其薄弱环节采用不同的策略。

在阅读本章时,可能有人会觉得本章对各种沟通方法的讨论是为了不怀好心地操纵他人。这并不是本章的意图。我们是在和智力水平很高的人打交道,因此,任何想控制他们的企图都可能适得其反。另外,一个人在就一个项目或问题想影响别人时,他的影响力从根本上要受制于这个项目或问题本身的价值。只是管理人员,甚至研究人员有时也会固守某一立场或某一思维定式,不能跳出先入为主的观念来看待这一项目或问题。在这种情况下,有必要使他们从这种状态中解脱出来,关注你的观点。下面的这些沟通方法可能对你的成功会有所帮助。

利用他人的认知习惯 我们可以利用人们已有的认知习惯来影响他们。例如,买东西时,大多数人认为"高价格"就是"高品质"。这种认知习惯很容易推广到对研究的认识,即大多数人可能会认为准备充分、耗资巨大的科研项目要优于小额资金的科研项目。

另一个根深蒂固的习惯性思维是互惠,即人们通常认为,别人给予我们帮助后,我们应当给予回报,或者是当别人作出让步时,我们也应该作出让步。我们可以利用这种倾向性。相反,一个人如果意识到这种倾向性,就能学会抵制别人的控制。假如你的老板想让你做一件你不想做的事,他可能会先要求你做一件更不好的事,这样就降低了你的调整水平,然后他再作出让步,让你做第一件事。通过这种方式,他就能对你施加影响。因为老板作出了让步,你也觉得有必要作出让步。结果是老板控制了你,使你同意做这件事情。假如你能够分析这种情况,识别出这种控制,那么你就能更好地抵制这种控制。

充分地利用信息 人们在做判断时用的是最容易得到的信息。经常用的信息要比很少用的信息更容易得到。就像你会把经常用到的东西放在冰箱前部靠近门的地方,而不常用的东西放在后面。你也可以利用这种原则来影响他人。例如,假设你想做 X 方面的研究,而你的同事或主管对此类研究根本不感兴趣。你可以做一些事情来改变信息的认知有效性,如宣传有谁在做 X 方面的研究、取得了什么成就等。等到要决定一个新的研究方向时，已经造成一种事实，即你的同事在作出判断和认识时，这一类的信息是更容易被利用的，这是非常关键的。

利用类比　我们通过类比来思考。当你想从事的某种研究取得成功时，你可以从中找到相似性，利用这种相似性说服你的同事。被类比的事物只要具有某些一致即可，不一定非要在同一个研究领域内。被用来类比的研究可能是另一个领域的，但与类比的研究有些类似的特征，如时间、地点、人员组成等。顺便提一下，大多数人在接受一个新想法时会遇到困难，也属于同一种现象。在这种情况下，他们缺乏预先准备好的类比。就像我们在前面讨论过的，使用类比和比喻方法的实验室，沟通的效果要好于不使用这些方法的实验室。

利用重复　重复有助于影响他人，因为它有助于让人们获得某些观念和看法，而且可以改变调整水平。例如，假如你的调整水平是 10 个单位，当你受到 3 个值为 11 个单位的事件的影响时，新的调整水平可能会变成 10.74 个单位。因此，在重复以前，11 个单位显得很高，但现在，几乎是"中性"的了。

利用想象力　另外一个广为人知的方法是使用想象力。想象力是对未来可能取得的、使人振奋的结果的描述。如"想象一下，假如我们做这个研究，会发生什么"。这种方法是很令人信服的。当然，要使人相信这个愿景，必须有实质性的内容来支持这个观点。当有人对你使用这种方法的时候，你应该提高警惕。

利用具有正面影响的经验　我们可以再现从前具有正面影响作用的经历。例如，可以向你的同事讲述过去的一个事件，这个事件要对你的同事有正面影响，而且要与你目前的提议有关。

让人们行动起来　一旦你的同事们开始行动起来，他们会更容易改变对成功的主观判断。例如，在提议写成文字并递交给资助者以前，提议能够被采用或接受的概率为 0.5。而一旦工作已经开始，概率可能会提高到 0.7 或者 0.8。一般的规律是，人们的感觉是与他们的当前行为一致的，我们可以利用这种规律来影响他人。

选择正确的有影响的人　选择有影响的人是至关重要的。外表有吸引力，与受众有许多（特别是价值观和一般目标）共同点，并且受众熟悉的人是合适的人选。因此，如果你是一个生物学家，你的主管是个物理学家，假如你想要说服你的主管，那么安排一个有吸引力的物理学家同他谈要比你直接和他谈效果要好。如果这个人又恰好是主管的老朋友，效果就会更好一些。有人可能觉得这种方法听上去有些天真，一个聪明老练的管理者怎么会受此影响呢？正是因为人们对资助研究的许多判断都是主观的，研究结果也很难预料，因而上面提到的一些方法才可能会起很大的作用，让我们能够获得别人的积极响应。试一下，也许你会惊喜地发现，这些方法是很管用的。

寻求帮助　我们在生活中作出的许多判断都不是建立在客观基础上的。当我们处理一些复杂的问题，而且无法运用数据进行客观分析的时候，我们会依赖他人的观点证实我们的判断。选择的人通常与我们很相像、学识相同相当、有着共同的愿景，等等。因此，在很多情况下，可以通过先说服一个人的同伴来说服他本人。与他们的同伴相比，一个居于核心地位的人往往比较自负，比较以自我为中心。因此，尽管他可能会关注和理解这个问题，但未必会像他的朋友那样容易认可这个问题。他的朋友不会那么自负，当听到合理的解释时更有可能认可这个问题。一旦同伴作出了让步和认可，核心人物也就更容易认可和信服。同样，只要了解这种方法的原理，你也可以学会抵制这种控制。如果看到你的朋友态度倒向了一个方向，要弄明白他们受到了什么影响。

强调事件的罕见性　物以稀为贵。假如一件事情很少发生，做这件事就会显得更有价值。例如，假如你能使别人确信这种科学突破是很少见的，那么这种突破就显得更应该去做。自然，在其他问题上也一样，如果你能使别人确信一个问题是很有价值的，你就可以说服他们。

上下沟通　在大多数美国的研发机构中，自上向下的沟通很多，而自下向上的沟通却几乎没有。有许多自下向上的沟通渠道，但这些沟通渠道并不是显而易见的。例如，建议收集制度、质量管理循环和目标管理等渠道都有助于向上的沟通。管理者应对这些渠道提供支持，以改善大多数研发机构中存在的沟通上的失衡状况，是非常重要的。

另一个向上沟通的有效渠道是简报，简报可以放在领导出席的地方送给来访者，或者报送给领导，征求意见，获得素材。在简报中，提出资金或者人手的要求是不明智的。简报的目标应是提供简洁的信息和征求管理层的意见。简报应鼓励各种批评意见，要反映领导关注的问题。领导当然也知道简报会在最大程度上反映他们关心的问题。我们的经验是：采用这种向上沟通的策略，虽然需要事先做一些准备和计划，但还是相当有效的。简报也会给领导一种参与项目的真实感。不过，在使用这种方法时要注意一点，那就是如果一个单位的领导很专制，喜欢改变项目的研究方向，或者不经过周密考虑就对项目提出一些不成熟的限制和要求，那么这种方法就很难奏效。

横向沟通　有关沟通渠道的研究表明，在信息传递中，居于中心地位的人要比那些外围的人有更高的满意度。但研究同时也显示，沟通的准确性并不总是很高，信息在传递的过程中经常会失真。令人遗憾的是，许多组织每天都在重复着"打电话"的游戏（"打电话"是一种著名集体游戏）。失真现象通常有三种：① 遗漏了部分细节；② 某些部分要比其他部分更突出；③ 交流者根据自己的价值观和标准曲解信息，使之向他们希望的方向发展。在信息传递的过程中，环节越多，失真现象就越严重。

对于科学家和工程师来说，特别对从事基础研究的科学家和从事开发工作的工程师来说，最有帮助的沟通方式是不同的。前者获得信息主要依靠学术期刊，而后者主要依赖面对面的交流。实验室同时需要这两种沟通方式，以保持其能运转良好，管理者应当确保两种类型的沟通都有效。非常有效率的实验室都鼓励人们发表成果，因为这是科学家们能够获得其他科学家科研成果的入场券。参加学术会议是很费钱的，但是如果管理者要想省掉这部分旅行费的话，就太不明智了，因为这种会议会激励他的员工。

对变革的抵制　在多数组织中,抵制改变现状的现象非常普遍,也是沟通者必须要克服的一个问题。根据"反对的力量"和"支持的力量"的划分方法,通常会有助于分析抵制改变的问题。通过这种分析,可以提出信息应当发送到哪里,应该发送什么信息来克服这些阻力。研究表明,重大的变化需要一些人作为"民意领袖"来影响其他人。这些人通常是职位稳定、有影响力,而且地位很高。因此,他们有能力承担风险。一旦他们接受了这种创新,其他人就很可能会跟随,最终带动整个变化。

奉承和印象管理　现在有很多关于如何用奉承或印象管理来影响他人的研究,即通过留意把自己什么方面展示给他人并影响他。例如,下属想取悦老板,奉承的方法就会很有效。

奉承他人有几种策略。一种是"说别人的其他长处",这是一种非常巧妙的奉承技巧。这种策略最有效的方法是在背后说老板的好话,要指出老板喜欢但他自己都不十分清楚的一些优点。"观点一致"是要同意老板的看法,特别是在那些其他人不太热情而老板钟情的项目上要与老板一致。如果你让人觉得你是要真正提供帮助,"给予支持"是最有效的方法;如让人觉得只是喜欢帮助人,这种方式的效果就最差。

在使用"说别人的其他长处"的方法时,必须注意一些问题。例如,假如老板对自身评价很低,那么称赞他可能会适得其反。相反地,如果老板对自身评价太高,那也可能会有些麻烦。"什么? 你觉得我本来不会做得这么出色吗?"另外,在老板表现出色的时候称赞他,也可能会让他担心下次还能不能做得这样出色。

"观点一致"也有其棘手的一面。赞同一个标新立异的意见则可能会很有效,但赞同一个大多数人都同意的看法可能看上去很没有创意,而且有控制老板之嫌。我们可以在细节上提出异议,这样就降低了老板对你同意的期望值,然后再在老板很在意的部分表示赞成。这样,老板会觉得这是一个"真正的妙计",因为你已经有了"很难说服"的声誉。

印象管理包括如何提出他人可以接受的断言（claims）（比如，我可以完成这个艰巨的任务）这样的内容。老板通常会对你提出的断言提出质疑。因此，一个成功的断言应该是不会受到质疑或能够经得起质疑的。如果你的断言能经受住质疑，你已经成功了；如果是被证明是不合理的，你就没有成功，你自己可能会觉得丢脸、羞愧、尴尬，甚至会因此被解雇。因此在作出断言的时候，一定要事先分析各种可能的后果和成功的概率，主要是分析作出这一断言的风险和收益。假如你可以估算出各种可能后果的概率和价值，而且结论是肯定的，那么就值得作出这个断言。

如果你作出的断言受到别人的质疑，而且被证明是不合理的，那么你就必须对此作出解释。例如，你可以提出一个适当的理由（如我想检验一下我的能力，看看是否能开发出这个系统），你也可以说这个断言没有表达出你的原意（我的意思不是说要开发出整个系统，而是只提出这个系统的概念框架），你也可以找个借口（如我的同事觉得我能做）。你的断言受到别人言之有理的质疑而造成的困境越严重，你就越需要及早解释你为什么会作出这个断言。所有这些都可以事先考虑，即考虑所有可能的结果和概率，并使收益最大化。

假如你确实有很大失误，你就必须想出一个合适的道歉方法。当然，道歉的方法很多，例如，你可以说明当时的行为有些失常，不是你平日的作风。不过，一个合适的道歉应该包含以下内容：① 承认错误（如，老板是对的，我错了）；② 说明正确的行为应该是什么样的（这样老板就了解到你认错了）；③ 对自己行为的批评（我当时可真蠢）；④ 承诺将来会避免这样的行为；⑤ 提出给予赔偿（假如可能的话）。

另外，如果出现理想的事情，印象管理要做的事情是确保别人知道这件事情，并且努力增加这件事情可预见的好处（如带来新的合同）。自夸是无益的，不过有些策略可以让你达到预期效果（例如你可以说，我知道你本来希望是100个，我制作了150个；如果我再勤奋点，可能已经有200个了）。在研发组织中，人们对研究人员抱有很高的期望，自然也相信他们能够作出成果。因此,这种方法在研发组织中非常有效。在展示自己,并引起领导注意时,有些人可能要比其他人更有经验,也更熟练。有一种可以测定"自我监控"水平的量表(Snyder,1979),那些自我监控水平高的人在展示自己方面做得比较好,因为他们强化了那些能给别人留下好印象的方面。而自我监控水平低的人则只是按照自己的方式行事,不能根据听众来改变其展示方式。自我监控水平高的人都是优秀的演员,与自我监控水平低的人相比,他们更能记住别人的长处,能够随机应变,根据情况的不同来决定自己的角色,也更加了解自己的观众。自我监控水平低的人更了解自己,而不是外部的世界,他们并不在意给人留下什么印象。

讨论

这些奉承和印象管理的策略分别适合什么情况呢? 两个人的地位差距越大,奉承的方式就越要委婉。假如单位领导在会见实验室的主任时奉承他工作如何优秀,就不太明智,而委婉的奉承就不一样了(比如,我在上星期参加的专家会议上听说了你的研究项目)。同样,在地位悬殊的情况下,表达自己的长处时,表达的方式也要委婉一些(例如,今年我费了好大的力气才发表了三篇论文);如果他人没有明确表示要帮忙的话,不要主动去帮忙。意见一致的方法对于地位低的人来说很有效;而对于地位高的人来说,奉承和帮忙是最好的办法。地位高的人可以在谈到其成功事情时,如果加上一些微小的失误,能增强其展示效果(例如,洒出的咖啡)。

5.6 小   结

总之,影响他人的方法很多。请思考本章提到的这些方法,这些方法能够增加你在影响他人时所能采用的策略,提高影响他人的成功机会。

在阅读本章时,有些人可能会感觉到这些内容可以用来操纵他人的行为。这并非本章内容的本意。观点和看法是各不相同的。人们时常会迷恋于毫无道理的理由或从错误的信息中得出的观点。本章所提到的影响他人的方法是希望能够提供了一些工具来克服其中的一些困难和问题。我们不提倡操纵他人这种不道德的行为,这种行为也是不可宽恕的。此外,我们在本章中选择使用这些材料也是因为有些人确实利用这些方法来对别人施加影响,如果这些伎俩能广为人知,那么他们的计谋就不会得逞。

5.7　课堂讨论问题

（1）在个人间的影响中,哪种方法可能会适得其反？哪种方法在研发实验室中最有效？

（2）在看完行为科学部门案例后,你已经学到了更多有关影响的内容。现在,你会怎么修改你刚才为那个实验室制定的建议呢？回过头去,再读一下那个案例,考虑一下帕克博士的困境。他该如何运用你所看到的那些方法来解决问题呢？

第六章

研发组织中的
动机问题

目标决定人的大部分行为(Locke et al., 1981)。达到目标的动机是研究人员绩效和组织效率的一个重要的因素。正因为如此,我们将用整整一章的篇幅讨论这个问题。个人有目标,组织也有目标,将二者统一起来对于最大限度地提高组织的有效性是非常重要的。事实上,这正是管理的重要作用。研发管理人员必须对两种目标有清晰的认识,而且要尽量使它们接近、一致,至少要保证二者之间不存在矛盾。

组织的有效性取决于: ① 个人希望组织高效率的动机(例如,个人目标和组织目标保持一致);② 个人的绩效(仅有正确的目标,并不能必然带来优异的绩效);③ 对个人绩效进行充分协调。

工作绩效不仅依赖于动机,还必须拥有足够的技能和适当的培训,而且个人目标和组织目标必须要相互协调。只有充分沟通才能使目标得到协调,当员工参与到涉及他们利益的一些决策,组织目标和个人目标一致时,协调的效果会更好。

为了更好地理解工作绩效,让我们先来看一个非常有用的模型,该模型把行动(Act)的概率与一些特定的决定因素联系起来。

6.1 有关人类行为的一个模型

为了便于说明,行动(Act)在这里是指最终导致某种结果的一些延续时间很短的行为,例如发表论文或者设计出一套好的研究方案,即"行动"一词有着特定的含义。发表一篇论文或开发一个新产品的过程,必然要通过许许多多这样的行为完成。我们努力想理解的是,什么因素使得这些行动的概率更大或更小。

行动的结果被测度出来,它被视为可能满足个人需求的行动的结果。许多文献对动机模型提供了理论支持(Pritchard & Youngcourt, 2008)。

在这里,有两个变量是非常重要的:以前的习惯和自我指导。例如,当一个人说到"我应该查一下参考书",这就是一个自我指导或行为意向。研究表明,行为意向能很好地预测行为(Triandis,1977,1980)。

因此,这个模型提出一项行动的概率是由习惯和行为意向两类变量决定的。然而,即使人们有了采取某种特定行动的特定的习惯和意向,他们也可能会因为不利的外部条件而不采取行动。我们用"促进条件"(facilitating conditions)这个概念来反映人们具有采取某种行动的所有条件,但仍然不采取行动的现象。个人意向以外的原因可能不允许行为的发生。例如,可能会缺乏足够的设备,或者环境有干扰。促进条件可以通过获得人们"外在"的信息来测度。例如,可以通过询问那些最了解情况的观察对象来判断行为是否会发生,也可以通过测度人们的"自信度"所获得的"内在"信息来测度,如询问一个人"你能做这件事吗",我们可能通过设计一个量表来测度人们在不同环境下,对某些行为能够发生的信心。在设计量表时,环境可以设计得越来越困难。那些认为在最困难情况下也会采取行动的人的自信度是最高的。因此,拥有比较高的自信度就是一种十分重要的促进条件。例如,我们可以问"你能解这个方程吗",回答"不能"的人自信度很低,而回答"能"的人自信度就要高一些。如果问题是"当你在嘈杂的机场等待登机时能解这个方程吗",回答"能"的人具有非常高的自信度。

让我们来考虑一个比较明确的例子。假如一个人说"我要查一下参考书",但这本参考书却没在手边,那么行动发生的可能性就会降低。促进条件会修正由习惯和意向这两种内在因素引起的行动概率,反映行为发生的环境因素。

对于那些偏好用数学公式表达精确结果的人而言,该模型的第一个方程可表示为:

$$P_a = (W_H \cdot H + W_I \cdot I)F \qquad (1)$$

P_a 是一个行动的概率，W_H 和 W_I 是权重，它们是 $0 \sim 1$ 之间的正数，两者之和是 1。H、I 和 F 分别代表习惯、意向和促进条件。

权重取决于个人行为偏好。个人面对新的情况时，意向的权重是 1.00，而习惯的权重是 0。当个人不断重复以前行动的时候，那么习惯的权重会不断增加到 1.00，而意向的权重则为 0。当个人学习一种新技能时（如学骑自行车），起初他的行为受到意向的支配，而最终则完全由习惯支配。一旦行为受习惯所支配，如果不给他人做示范也不观察自身行为，那么就很难向其他人"解释"你的行为。

另外一个让行为受到习惯而不是意向支配的变量是"压力"。当人们处于压力中，例如情况紧急或者有时间上的压力，他们的行为就会受到习惯的控制。这也是为什么在部队或者船上有很多紧急训练的原因。在紧急情况下，个人不能依靠对情况的分析来控制局面，他必须具备长期培养出来的良好习惯。

要让一种行为自动受习惯支配，需要长期的训练（Schneider, 1993）。不过，对于有些工作来说，行为受习惯支配是非常有利的。考虑以下的例子，假如工作需要在两种或者四种选择中作出判断（例如，对一个入侵者的判断，是飞机、导弹、鸟，还是阴影）。面对新的刺激，如果正确的判断不能自动产生，那么在两种选择中作出正确的判断需要 0.7 秒钟，而在四种选择中作出正确的判断需要 2 秒钟。假如能自动作出判断（经过上百次的试验），从两种或四种选择中作出正确的判断需要的时间相同：仅仅是 0.002 秒钟。假如工作量发生了变化，非自发的反应会需要更多的时间，而自发反应需要增加的时间却并不多。当然，要得到自发的反应需要大约 10 个小时的训练。因此，只有在一些非常关键的工作中，如空管人员，这种类型的训练从经济角度上才是合理的。

反应或行为受习惯支配的另外一个好处，就是它们不会被遗忘。一旦你学会了骑自行车，10 年以后你还会骑。总之，自发反应是很快的，并且不会退化，能长期记忆。但只是对一些特定工作，花费时间培养自发的反应才是合理的。尽管在大多数的科研工作中,进行自发反应是没有必要的,但是研究工作包含很多部分,例如,如果学会了某一等式的积分值,就能够使得科学家的研究工作进展更快。

习惯的决定因素

什么样的变量会最终决定习惯呢? 习惯是作为以前强化的结果而建立起来的。我们把这种强化称为"增强作用",因为它们增强了刺激条件和行为之间的联系。行为是其结果的函数,当人们遇到某种刺激而作出某种反应,这种反应又产生了预期事件的时候,那么这种刺激形式使人们在以后产生同样行为的概率就会增加。这种行为慢慢就会成为自发性的,不用经过思考就能产生。我们就说行动已经"烂熟于心",它的发生完全受习惯的控制。在这种情况下,行为的意向就无法解释行为了。

意向的决定因素

现在让我们看一下,是什么决定了行为的意向。有三类变量与行为的意向相关。它们是社会因素、行动的满意度和可感知的结果。

社会因素(Social Factors) 社会因素包括职责、标准、人的自我观念、人与人之间的一致。

(1)行为规范(norms)。规范是关于组织全体成员共同遵守的行为标准的理念,是组织成员讨论的结果。例如,早晨 8 点钟上班就是一种规范,因为它适用于组织的全体成员。

(2)职责(roles)。职责是关于处在某一特定工作岗位的组织成员应该遵守的行为标准的理念。当一个人对自己说"我应该尽责,因为这是我的工作"时,这一点就很明显了。简而言之,职责根植于人们的思维中,并与一些特定活动或行为相关。当人们认为他们是在履行职责时，这些行为发生的概率就会增加。如果研究人员意识到随时向主管汇报情况是他的职责的话，他就很有可能这样做。例如，我们希望研究负责人有什么样的行为呢？在某些情况下，这些期望是可以量化的，如"一年要发表三篇论文"；在另外一些情况下，它们又是定性的，如希望有一项重大的科学发现，或者开发一种可以给公司带来效益的新产品。

（3）人的自我观念（self-concept of the person）。自我观念是人们对适合自己的行为类型的认识。例如，如果一个研究者感觉表达自己的看法是适当的，即使这些看法与他人不同，他还是很可能积极参与到讨论中。

（4）一致认可①（interpersonal agreements）。一致认可类似于目标管理。上下级就下级需要努力实现一个特定的目标达成一致。一致认可通过行为意向（自我指导）提高实现目标的可能性。一些研究项目中使用的"里程碑"就是本文所指的一致认可的具体体现。

行为满意度（Act Satisfaction） 决定行为意向的第二类变量，是和行为自身相联系的行为满意度。许多行为自身就能令人满意，例如吃某种食品、演奏钢琴，或解决计算机问题等。通常，这种行为都是通过经典性条件反射而建立起来的。换句话说，行为自身就和过去快乐的事件相联系，回想起来也是很愉快的。因此，这个因素包含倾向于行为的情感。这种情感驱动着人进行自我指导而采取某种行动，这也就是能引发行为的行为意向。研究一个富有挑战性的科研项目，或者与一位著名的科学家合作，都可以归入此类。

可感知的结果（Perceived Consequences） 最后，行为产生可感知的结果也是非常重要的。当我们做某些事情时，如发表论文，我们会认识到行为会具有某些重要性。发表论文，我们会认为这将宣传自身，获得他人的赞誉或者得

---

① 目标管理认为目标必须被人们认可才可行，强调目标的设定不是由上级单方面指定，而是上下级双方协商确定，强调员工的参与。一般认为，当目标比较困难，需要员工付出一定努力才能实现时，这种目标管理最有效。——译者注

到特别的回报。很明显,由于行为最终产生的重要性是不确定的,因此每一种重要性都有可能和行为相联系。假如科学家发表一篇论文,宣传自身出现的概率可能是 0.6,赢得赞誉的概率可能是 0.9,因此,每一种重要性都与一个在 0~1 之间的概率相联系。因此,人们对自己说:"假如我做了某事,那么 x 会发生的概率可能高(或者低)。"在这种情况下,x 就是一种重要性。对于人们来说,每一种重要性都有某一个值与其对应。例如,有些人可能觉得宣传自身这种结果是他们希望的,但其他人可能不这样认为。很明显,假如认知的重要性是正值,就会增加行为意向产生的可能性;假如认知的重要性是负值,就会降低行为意向产生的可能性。对每一种行为,人们都应该考虑到一系列的重要性。每一种重要性都与一定的概率和一定的值相联系。为了得到这些可能重要性的总体效果,你需要将每一种可能结果的值与发生的概率相乘,再把这些数相加。高智商的人比一般的人能够更好地估计出这些概率和值。

因此,我们可以认为,行为意向是以下因素的函数:① 社会因素,例如职责、标准、自我观念、一致认可;② 自身行为的影响;③ 所有可感知结果的综合值。由于有些人对社会因素的影响很敏感,有些人对可感知的结果很敏感,其中每种因素都赋予一个权重。例如,那些很社会化的人对他人的观点就很敏感,而那些曾经受到过许多惩罚和奖励的人对社会的标准就比较敏感,他们的行为意向更容易受到社会因素的影响。另外,很独立的人很在意他们能从特定的环境中得到怎样的乐趣。因此,他们可能很注重与行为相关的情感因素。还有些人对未来感兴趣,他们更看中的是行为所能带来的"好的结果"。这些人要看到行为能产生某种可感知的结果,并可能对这些可感知的结果赋予一定权重。

可感知的结果包括工作自主性、假期、福利、自由支配时间的机会等。公司要求你必须在办公室工作,在家办公对你来说往往便是一种很高的奖励。设置具有反馈机制的目标,是主管激励员工的方式之一,虽然完成这种目标有一定困难,通过努力也许能够达到。除此以外,研究还发现具有挑战性和多样性的工作也是有益的。设置最后的期限也是很有价值的,比如私人之间的约定,其作用可以看成是一个目标。获得认可、提升、发展的机会,得到更多的工资或者有一份比较稳定的工作都可以构成激励。

考虑一下那些使人们失去工作积极性的情况也是有好处的。当员工感觉到组织对其另眼看待的时候,这种情况就会发生了。失去工作积极性的其他原因,包括与上级主管或者同事之间人际关系处理不好、工资低、被组织所忽视、缺少提升和获得认可的机会、上级主管能力不够等。

对于那些喜欢用数学方法进行描述的人而言,我们上面提到的也可以总结成下列公式:

$$I = W_S \cdot S + W_A \cdot A + W_C \cdot C \tag{2}$$

$$S = R + N + S_C + I_A \tag{3}$$

$$C = \sum_{c=1}^{n} P_C V_C \tag{4}$$

其中,I——意向的值;

A——行为自身所产生影响的值;

C——各种可感知结果的综合值;

S——社会因素、职责(R)、规范(N)、自我观念(S_C)、一致认可(I_A);

P_C——各种可感知结果发生的概率;

V_C——可感知结果的值;

W_S,W_A,W_C——权重值,为 0 到 1 之间的正数,和为 1.00;

c——代表可感知结果的个数,可感知结果的个数从 1 到 n。

如果主管想要改变下属行为,可以改变其中任何一个变量。当然,综合考虑这些变量是最好的。例如,主管可以将令人愉快的事和希望获得的行为相联系,因此,即使希望获得的行为不多,也可能引出令人愉快的事件(点头、微笑、拍拍肩膀等)。对于职责、规范、一致认可,会影响到因素 S。对某种可感知结果发生概率的探讨,可能会影响到 P_C。将员工认为重要的值和希望的行为相联系,可以得到更高的 C 值。假如目标明确,难以达到却又最终能达到,那么这种目标会是最有效的。

促进条件

有许多促使行为发生的因素。其中大多数因素是属于环境方面的,例如有益的环境、适当的设施、完备的获取资源的途径。然而,也有许多个人无法控制的内部条件,如个人的身体状况(如荷尔蒙水平),认为行为可能会发生,并且有可能会成功地达到目标的信念(自我效能感),任务相对于个人能力的难易程度等。无论一位科研人员想发明新产品的愿望多么强烈,以前的发明是多么辉煌,也可能会由于个人感觉沮丧,或者没有新的想法,或者力所不能及,而造成最终没有新的发明。其中一些条件可以进行客观衡量,有一些条件就可能需要管理人员在考虑整体情况后再进行客观估计。在公式 1 中,如果 F 的值为 0,那么不管习惯或意向的值有多大,行为产生的概率也是 0。

理想的行为和工作的挑战性和多样性、认同、提升、个人发展、额外报酬、额外社会保险等之间的联系显而易见,在此不再赘述。我们也可以通过设定最后期限进行激励。

在研发组织中,一个非常重要的问题是,组织对承担合理的风险、创新和创造活动是否给予奖励;组织对出色的工作是否作出反馈和奖励;组织对那些由于天才的个人(研究人员)组成的、表现突出的团队提供过哪些便利条件和环境。

常识告诉我们,对工作的满意度很高会产生较高的生产率。然而,实际情况却并不支持这种观点。一个人在不满意的情况下也可能有较高的生产率(例如,在强制性条件下的奴隶或犯人,假如他们生产率不够高的话,就有可能吃不到饭),而且一个人即使生产率不高也有可能获得较高的满意度(比如管理者允许工人做他们想做的事情)。事实表明,那些工资较高并且有上级支持的员工"外在的"满意度就比较高,同样其工作成绩也较出色。另外,出色的工作成绩会产生内在的满意度,也就是说,这种满意使得人们喜欢工作自身。假如我们感觉工作环境是公平的,也就是说,当我们感觉到我们的努力和其他人一样都能得到同样的回报,比我们感觉到别人得到的回报较他们的努力而言更多或更少时,我们更有可能对工作产生较高的满意度。

科学家渴望能出名并获得认可。在西方国家确实是这样的,但在东亚就不是这种情况。在某些东亚文化中,人们从组织中"脱颖而出"时会感觉很不舒服,即便是能够得到大家的赞扬也是这样。主管还要在私人谈话中首先"试探"一下,"我认为你的成果需要得到人们的认可,你做得太棒了,我真希望让每个人都知道,我打算……"再来看下属的反应是什么样的。假如下属感觉到很尴尬,不想太出风头,主管便改变自己的立场,"我尊重你的意思……"但是,最后这一步是很复杂的,可以把它比作在东亚经常发生的一种情景,例如,中国的宴会或日本的茶会,在那里人们通常会让菜或让茶。在这种情况下,合适的做法是先礼貌地拒绝,然后主人就会坚持,经过几次推让以后,客人最终会接受。因此,可以另外找个时间,在其他场合再次提出这个问题,观察对方的反应。也许,那些比较不太情愿的科学家会改变主意。

尽管如此,一般来说,作为一种奖励,管理人员应该为员工提供出名的机会(如邀请其为重要的用户做报告或者宣传)。有许多关于薪酬的研究,在此我们不进行详细讨论。但需要指出的是,可以通过提供个人奖励、奖金或认可等方式,把科学家的行为与实验室的目标联系起来。

在职业生涯的不同阶段,人们需要不同的奖励。例如,布什(Busch)、文基塔汉姆(Venkitachalam)和理查兹(Richards, 2008)指出,年轻的IT员工希望得到来自老板的正式认可,而年长的IT员工希望在工作绩效方面得到来自同事的认可。要记住,科学家和工程师需要提高技能,学习更多的知识,所以培训和开发、调动到不同的工作岗位都可以看作是奖励;在中年阶段(35~50岁),认可、自尊、被人注意是最重要的奖励;而到了老年阶段(50~70岁),安全、健康和福利、被人认可和关注便成了重要的奖励。

支持这一模型的文献

有大量的研究为这一公式提供了支持(参看 Triandis 的评论,1980)。我们以下面两个研究为例。在一项研究中,领班们在实验者的指导下,故意对工人态度恶劣。有一半的工人从事新的工作,另外一半则做他们已经做了很长时间的工作。只有当工人们从事新的工作时,领班的态度才会影响到工人的生产率。换句话说,当工作受到习惯的支配,主管的行为就与工作不相关了,但是当工作受到意向支配时,主管对待员工态度恶劣就会影响到工作效率。在另外一项研究中(Fiedler, 1986a),领导者的智慧(这同其能够利用意向的能力有关,如我们在下面将会看到的)、工作经验年限(这与领导者行为受习惯支配的程度有关)与团队的效率有关。如果有时间限制、压力,或者在情况紧急情况下(当习惯很有可能支配行为的时候),领导者的经验与团队的效率就有很大关系。在同样的情况下,领导者的智商则与团队效率不相关。然而,在压力很小的情况下,会得出相反的结论。简言之,人们在压力中工作更多的是在利用他们的习惯而不是意向,因此,他们也就不会更多地用到智力。

从上面的例子中,我们还可以得出另外一个重要结论。对于人们来说,可能存在满意度低而生产率高的情况。如果一个员工把高生产率看作是摆脱这份令人厌烦的工作、得到提升的一种方法,那么在这种情况下,即使他的满意度很低,生产率也会非常高。

事实上,决定生产率的因素与决定工作满意度的因素并不一样。生产率取决于人们的努力程度和工作的质量。我们刚才提到的模型表明了,能够产生高生产率的因素有:认为其他人也期望有高生产率;认为高生产率是适当的,自己正是高效率的员工;主管下达的指示,目标虽高但能够达到;明确的目标;存在达到目标的清晰流程;主管关于达到目标情况的反馈;从努力工作中能享受到乐趣；相信这种行为最终会产生预期结果（例如提升）；生产高质量产品的意向转变为习惯——人们不经过思考而完成的自发行为。

另外，工作满意度还取决于个人期望、个人的所得（例如地位、培训、钱、商品、服务）。假如一个人得到的比其期望值稍微高一些，那么就会有高生产率，但这种效果的存在只是短期的。一个人会逐渐认识到他所得到的都是"应该得到"的，"这样才合理"。假如个人得到的比期望少，那么他就会不满意。期望来自人们的感觉，相对于其他人，我为工作作出了什么贡献？相对于其他人，我又得到了什么？因此，如果一个研究人员认为他在国际上的影响力要大于同事，而同事和他的薪水一样，他就很可能不满。注意，我们这里谈到的是感觉，而不是事实，是期望决定了感觉。

也就是说，研发组织的管理人员要想使下属工作富有成效，就必须保证组织的行为规范（即什么样的行为是应该做的，什么是"恰当"的行为）能提倡努力工作和高质量，必须给下属设定虽高却能达到的明确目标。而且，必须要创造一种这样的环境，对实现目标要有清晰的程序，当目标实现时能提供反馈。要采取多种灵活的方式进行奖励，不管是对微不足道的成绩（采用点头、拍拍肩膀的方式）还是重大的成果（采用特殊的奖金或者奖励的方式）。这将使高效率的行为与令人愉快的环境以及相信这样的行为会带来好处的信念相联系。

管理人员如果要想使下属感到满意，就应该尽可能多地、更切合实际地提供奖励（看下面各种奖励方法）。例如，公开实验室的工资要高于平均水平的薪资调查，会让主管处于有利的地位。这时候主管就可以向下属提到，另外一个实验室的著名科学家工资要比现在大家的工资低。另外，有必要讨论一下应该给诸如学历、工作经验、发表文章的数量、职称、在特定杂志发表的封面文章、名誉学位、在科学协会的地位等各种条件赋予多大的价值。这是非常正确的，因为一个员工可能会认为其中的某一个条件，主管所确定的价值要低于他的感觉，这时，这名员工的期望和可能得到的就会不一致。例如，实验室真的认为一个科学家是否有名誉学位很重要吗？通常，这类条件只会提高个人的影响力，对于实验室工作效率的提高则起不到什么作用。或者，总结一个研究项目的著作和发表 N 篇相关的文章一样有价值吗？在下属和主管的感觉中会产生重大分歧，对这种分歧进行探讨是很有益的。

6.2 改革薪酬制度有利于
专业技术人员

汤普森和道尔顿(1976)建议，组织可以采取各种方法增强对技术人员的激励。例如，可以根据他们的工作表现而不是职位来付给薪酬。也就是说，表现出色的技术人员对于整个组织来说至关重要，不管他们的头衔和职位高低，要给其同样的报酬。但是，对这种看法也有很多反对意见。这种变化暗示着，如果一个人的工作表现不好，那么组织就要降低他的薪酬，而这是许多技术人员很难接受的。

另外一种方法是，对那些工作效率高的人员要提高其知名度。许多组织都使用升职的方法来提高其知名度，通常这种升职都意味着提升到管理岗位，但有许多人更愿意继续从事技术方面的工作。组织可以采取多种途径对员工的工作表示认可，不一定必须采取升职这种途径。有许多方法可以达到目的：一种方法是建立三层结构的组织；另一种方法是认可员工的工作，这种认可本身可能很简单，例如，让出色的工作人员出席高层会议，邀请他们会见重要客户，或者给予他们非物质的奖励或荣誉。当然，这些奖励和荣誉也要很有意义，而且还要能够有效地反映出组织对他们工作表现是真正认可。

有一个研究所每年都会通过激烈的同事评议，从研究人员中选出一名"年度最佳研究人员"。在这一年内，"年度最佳研究人员"可获得一个固定的停车位，并且会被邀请参与所有的高管会议。"年度最佳研究人员"还是下一年度选举小组的成员。

另外一种方法是,为那些杰出的专业技术人员提供同级管理职位所拥有的象征身份和地位的条件。例如,为什么一个研究人员的办公室要比一个管理人员的办公室空间要小,这是毫无道理的。另外一种可能是,增加办公室的个人隐私性,或者为研究人员提供良好的办公设施。

在激励有创造性的员工方面,夸中(Cuadron, 1994)指出,科学家和发明家并不总是被传统的激励方式(如头衔和晋升等)所吸引。他们追求的是发明创造的机会、创新的自由,以及他们的科学发现能够被他人认可。当然,对他们来说,最现实的认可就是能够有机会参与到自己所开发设计的新产品的商业化过程当中。在与主要合作者进行利润分配后,研发组织就可以为创新和产品商业化提供奖励(Cuadron, 1994)。

正如我们前面所提到的,在员工职业生涯的不同阶段应该采用不同的奖励方法(Hall & Mansfield, 1975)。对于年轻的工程师或者科学家来说,在他们职业生涯的第一阶段,最重要的奖励是自我实现和发展。当个人感觉到工作带给他们这样的机会时,他们就能最大限度地从工作中得到满足感和成就感。而对于那些处于职业生涯中期的人来说,组织认可和来自组织内的尊重是最重要的因素。对于那些处于职业生涯晚期的人来说,安全、健康、个人福利以及组织的认可是非常重要的奖励。人们应该有这样一种感觉,他们已经为组织作出了贡献,而且组织对他们作出的贡献也表示了感谢。

6.3 建立一个沟通顺畅的组织

如果人们有清晰的目标,并且了解到他们所从事的工作符合组织的目标,他们就会受到很大激励,反之则不同。因此,一个沟通渠道顺畅的组织能够激发员工的动机。

有很多文献谈到,如何让研发组织的成员了解他们工作所需的信息。一个核心问题是,要让人们能够有机会接触到专业文献(Fisher,1980)。为了确保人们能够熟悉实验室的其他活动和熟悉新的技术开发项目,就要重视实验室内部各项目之间的相互联系。

艾伦(Allen,1970)和费希尔(Fisher,1980)认为,在研发组织中,人们应该了解其他部门的活动,因为他们看到他人所从事的工作,就会产生一些新的想法。为了增加人与人之间的交流,促进相互了解,我们可以采用一些方法,如让人们共用一些设施,如咖啡壶、休息室和计算机设备等。

很明显,应该鼓励实验室的成员参与到国际会议和专业协会中去,在专业协会中任职,成为杂志社的编委,这些活动都有利于增进交流,而且可能会给实验室带来新的信息。与相同工作领域内的科学家建立联系,也是很有帮助的(Fisher,1980)。而且,实验室的组织结构应该对信息的传递切实发挥作用。

艾伦(1970)描述过一个化工类公司研发部建立起来的所谓的无界限办公室。在这个例子中,该公司所有办公室的内墙都拆了,每个人都可以选择适合自己工作的地方。这样就可以促进彼此之间的交流,不仅每个人交流次数增加了,而且与他人之间的平均交流次数也增加了。当然,在项目持续时间很长,而且在工作的大部分时间里都要求不被打扰的情况下,这种方法就不适合了。

6.4 奖励和激励

有许多激励员工工作的方法。尽管如此,对个体而言,只与对个人的激励有关。巴度(Baddoo)、霍尔(Hall)和詹吉斯卡(Jagieska,2006)的一项针对九家大型软件开发商的案例研究表明,开发商对绩效的激励措施主要有工资、津贴、认可及获得成就的机会。他们得出的结论是,激励方式的选择依赖于员工本身,并在不同产业中有所变化。因此,在运用激励方法时应考虑个体、公司和产业多个层面。

U. 法(U. Foa)和E. 法(E. Foa, 1974)分析过不同的方法所提供的动机。他们确定了六种方法,用金钱当然是最明显的一种。一个人也可以被组织提供的服务所激励,例如① 丰厚的福利包①;② 在寻找住房或孩子日托上提供帮助。另外还有其他许多项目(其中一部分可能听上去有些家长式作风)可以包括到"服务"当中。

还有一种激励方法就是社会地位。人们通常对社会地位的差别很敏感,例如,在对餐馆的研究中(Whyte, 1948)发现,不同的厨师地位差距很大! U. 法和E. 法也提到,关爱也可以成为一种激励方法。这种激励方法在日本应用较为广泛,而在美国就差一点,这与日本文化的某些方面也是一致的。另外一个因素是知识,如提供培训和发展的机会可能是一种非常重要的激励方法。商品在一些组织内也是非常关键的激励因素。对组织内生产的某些商品给予特殊的折扣,或者在特殊场合发放礼品都可以起作用,至少对一部分人会起作用。

奖励的类型很多,并不仅限于上面提到的这些方法。例如,给一个员工时间也可能是一种奖励。主管要关心员工的问题,当员工家里有急事或者员工需要离开的时候,主管应该给员工一定的假期。允许员工在家里办公,也是奖励的一种形式。

通过对不同类型奖励方式的分析,我们知道奖励是分层次的。马斯洛(Maslow, 1992)讨论过有一些基本的生理需求——食物、水、睡眠等,在较高层次的需求出现以前,这些需求必须得到满足。当基本需求得到满足以后,较高层次的需求——对于遭受危险、威胁和掠夺时提供某种保护就显得更为重要了。接着是社会需求,包括爱和接受的需要。然后是对自尊的需求,根据马

---

① 福利包(benefit package)包含医疗保险、休假、病假等,不同的单位提供的项目会有不同。——译者注

斯洛的看法,包括对自信、成功、竞争和知识的需求。最后,最高层次的需求是自我实现的需求,这是一种充分发挥自身潜力实现自我发展最大化的需求。

马斯洛认为,这些需求是分层次的。尽管有关多层次需求的验证没有多大的进展,但是生理需求却是其他需求的基础。如果生理需求得不到满足,就不会产生其他需求。对第二次世界大战中饥饿人群的研究(Guetzkow & Bowman, 1946)证实了这个观点。在这项研究中,志愿者同意每天仅摄入 900 卡路里的热量来维持生存。这种饥饿极大干扰了参与者的生活。他们的生活不再正常,对发展、性和人际关系毫无兴趣。他们唯一关心的,就是获得食物。食物主宰了他们的思维、他们的梦想、他们每天的生活。这个例子证明了马斯洛的观点,并指出把需求分为至少两个层次是合乎情理的。其他的理论学家,如阿尔德法(Alderfer, 1972)认为可以将需求分为三个层次——生存、联系和发展(ERG 理论),其中生存包括生理和安全的需求,联系包括归属和自尊的需求,发展包括自我实现的需求。

目标的提出可以产生一种需要。事实证明,一个人如果被给定明确的、艰巨的、最终又可以实现的目标,他就很有可能受到更大的激励实现这个目标,但如果不给定目标,或给定的目标太容易或太难,都很难激励他们(Locke, 1968)。因此,目标管理——对研究项目设立明确、有挑战性但能够达到的目标,管理人员和研究人员进行讨论,然后检查要完成的情况——这就是一种激励方法。

另一种激励方法是反馈。反馈有很多形式,包括主管的评价、组织正式的认可、从各方面获得有关工作的信息、与他人的比较及与自身不同时期的比较等。有关预期目标和实际目标完成情况的信息,也可以看作是这种反馈机制。

研究表明,至少在有些组织中,某些种类的反馈要比其他的有效。例如,希尔罗德(Herold)和帕森斯(Parsons, 1985)发现,正式的认可是最有力的反馈形式。其他类型的有效反馈还包括正面的主管评价、正面的和他人比较,还有与下面的自身不同时期的比较等。

有些反馈是无效的，因为它会让人们采取自我保护。例如，负面的和他人比较，被同事负面地评价等，可能会有害无利。

事实证明，管理人员不仅要提供目标，还要提供反馈，二者缺一不可（Becker，1978）。反馈要由最了解员工的人及时做出，才能达到最好的效果。这种反馈应该是积极的、正面的，要与工作相关，要涉及目标，还要经常能够引起员工的重视（Brickman et al.，1976；Ilgen et al.，1979）。设定目标时，如果给定目标太简单，人们很有可能会设定难一些的目标；如果给定目标太难，他们就会设定比较简单的目标（Locke et al.，1984；Murphy et al.，1985）。目标设定要比直接的口头指示（例如，"尽你最大的能力"）更有效。当人们知道他会受到别人的评价，或者从别处得到积极的暗示（如有人说"这个工作非常有意思，有挑战性"）时效果会更好，当一个人同时受这两种因素的激励时效果最高（White et al.，1977）。

6.5　奖励制度的讨论

我们曾经提过这样的问题：组织会奖励什么样的行为？组织会奖励创新活动吗？组织会奖励那些不十分受欢迎的原创性想法吗？我们可以分析组织对特定行为的奖励方式，通过这种分析，我们就可以找出一个组织没有创造性或者不成功的原因。例如，曾格（Zenger）和拉扎里尼（Lazzarini，2004）的研究发现，小型的研发公司往往更容易吸引到研究人员，因为它们能够提供对科学家更有利的合同，其奖励制度是以能力、努力程度和绩效的提高为基础的；而大型公司的奖励制度仅仅考虑员工的资历。组织缺乏创造性或不成功的原因主要决定于奖励的性质和奖励的次数，你可以在每个固定的月份进行奖励，但是这种定期奖励不像那些不定期的奖励效果那样好。事实证明，不定期的奖励通常要比定期的奖励更能激励员工（Saari & Latham，1982）。每次出版之后得到的认可，就不像一系列作品发表之后获得的认可那样有效。

假设研发人员拥有强烈的成就取向和成功的动力，敢于冒风险，能够容忍不确定性，他们高度关注于自己的专业，而对上司具有相对较弱的忠诚度，迈德考夫（Medcof）和鲁姆拜尔（Rumpel, 2007）指出整体薪酬回报，即包含员工期望从雇佣关系中得到的一切的回报应该用于高科技员工。整体薪酬回报包括基本工资、津贴、学习和发展机会以及良好的工作环境，这对所有员工都具有吸引力。找到合适的奖励组合本身高度依赖于公司和员工。

尽管动机是人们取得良好业绩的重要原因，但我们不能忘了适当的技能和充分的培训对于获得良好的工作业绩也是非常关键的。而且，组织对个人的奖励应该与组织绩效相联系。否则，即使某个员工的工作效率可能很高，但是他的表现对于整个组织没有也不会有什么影响。一个员工受到激励，发明了一种产品可以赚 100 万美元。但是，组织既不需要这种产品，也没有利用这种产品的途径。这样的人的优异业绩只是他个人的业绩，而不是组织的业绩，对组织没什么贡献！

奖励最重要的原则是：公正、有竞争力并与工作绩效相联系。公正要求做到能够根据员工的教育程度、优点等进行奖励。要使奖励有竞争力就需要做薪酬调查。让奖励与工作绩效联系起来是非常困难的，但非常重要。工资是奖励的主要方法，但它与工作绩效没有什么联系，相比之下奖金就要好一些。奖励机制需要每过几个月便检查一下员工的工作绩效，然后根据检查的结果提供一个提高的机会，这种奖励机制会将奖励和员工的工作绩效有效地结合起来。

在这种评估中，一个重要的问题是评估者把下属的行为归因于什么。也就是说，下属的这种行为是由于个人能力、努力程度、任务难易程度、个人运气等的哪一个。对于职员和主管来说，能够将失败的原因归结为努力程度不够是很重要的。如果把失败的原因归结为能力，人们就可能会作出放弃的选择。迄今为止，努力程度是评估者采用的最好理由，尤其是在失败的案例中。简言之,就是通常所说的"再努力点,你就成功了"。

奖励包括利润分享计划、工资、额外福利、假期、在家工作等。那么,哪些奖励的组合是最有效的呢? 这主要取决于员工的个性、组织以及组织所处的环境。根据 33 家高科技公司和 72 家非高科技公司的统计数据,博尔金(Balkin)和哥麦兹-梅佳(Gomez-Mejia, 1984)总结出高科技公司要比非高科技公司更重视收益分享。通常,刚成立的公司无力给员工支付较高的薪酬,但是却能够许诺收益分享。当然,可共享的利润多少取决于许多因素,如收益率、销售量、产品生命周期和损耗率,等等。然而,在营利性的研发组织中,利润共享计划会更合理一些,因为这些组织非常依赖创新,研发人员开发出的新产品很容易与组织利润增长联系起来。而且,那些能够获得很大份额的共享利润的科学家也就不必一定要成为管理人员了,做技术工作就可以得到丰厚的收入。因此,如果能够合理地运用利润共享计划的话,就可以解决我们在上一章中提出的一些问题。第二章中考虑了需要采用两层结构或者三层结构的组织形式来激励他们留在技术岗位上。

阿奇逊(Atchison)和弗莱奇(French, 1967)对科学家和工程师的三种薪酬制度进行过分析。一种制度是建立在工作评估基础上的;一种是建立在工作年限和经验及对绩效的判断基础上的;还有一种是建立在贾克斯(Jaques, 1961)提出的"判断力的时间跨度"概念基础上的。根据贾克斯的看法,工作越重要,高层审查工作所需要的时间就越长。因此,判断力的时间跨度(多少时间对一个人的工作进行一次检查)可以用作工作重要性的测度标准。阿奇逊和弗莱奇(1967)发现决定个人报酬时,传统的工作评估方法和判断力时间跨度方法,要比根据工作年限和经验及对绩效的判断确定工资的方法更公平一些。不过,这两种方法可能会造成人们拒绝让他人评估其表现。有关工作绩效评估的研究表明,80%以上的评估者认为他们的工作表现要比一般水平高(当然,在统计学上这是不可能的)。

有很多研究者在非营利组织、政府实验室和大学里工作,他们的工资很难和组织的利润联系起来。没有人真正地了解这些组织中研究人员的薪酬是如何确定的以及应该如何确定。在这种情况下,薪酬最有可能以外部竞争、内部公平及个人的资历和成就为标准来制定。

单个研究人员在协商工资的时候明显处于劣势。少数大学和科研组织中有谈判的部门,由工会代表来谈判薪酬问题。想获得平等工资待遇的个人谈判,其主要手段是威胁要辞职。然而,当开始一个新的岗位的时候,个人会面临很多的不确定性,不论对于家庭还是对于个人来说,变换工作的经济成本和社会成本都会很高。因此,这种情况对组织是有利的。在管理实践中经常会出现这样的情况,即刚开始的时候,研究人员的起薪丰厚,但随着研究人员经验不断增多,涨工资的机会却很少,所以经验丰富的科研人员就会产生不满情绪。

提供同类机构工资水平的调查是谈判的最好方法之一。当这类调查一致表明,在某一研究组织、大学或者政府实验室的工资低于其他同类组织的时候,招聘新员工特别是合格的研究人员就会非常困难。

以美国政府研究组织为例,一个管理人员提到"由于工资降低了 20% 到 25%,近五年来已经招聘不到拥有博士学位的机械专业的研究人员"。这样的薪酬制度也许不会马上影响到工作质量,因为员工都是在工资下降以前招聘的,不会马上离开公司,但是,长期如此会严重影响员工的工作质量。

有些人可能会说,市场机制可以正确地决定工资。然而,德里克·博克(Derek Bok)校长在他给哈佛 88 级学生的开学典礼中用有说服力的论据否定了这一说法。他指出,几乎没有哪类工资是由这种机制来决定的。如果不是这样的话,为什么克莱斯勒汽车公司总裁一年的收入要比丰田汽车公司总裁高出 1 600 万美元呢?

从长远看,为研究人员提供有竞争力且公正的奖励政策,才能吸引和留住那些优秀的研究人员。一些组织甚至建立了基于团队的奖励体系,希望通过这种方式在团队内部建立和保持高质量、高动机和更有效的沟通技巧(McClurg,2001)。在研发组织内,没有什么比研究人员的素质更为重要的了。

6.6　控制感和社团意识

组织的有效性的确取决于个人的动机和个人的效率。组织的有效性要依靠个人的表现，但是也要依靠个人之间和个人与组织之间的交流与协调。某些方法，比如利润分享计划，能够将个人目标和组织目标统一起来，这也是激励个人的一种方法。林肯（Lincoln，1951）设计出了一种最能成功激励员工工作和分配利润的计划。

除此以外，信息的公开也很有必要，使个人能够了解到组织对自己的期望是什么。岗位轮换有助于个人更好地了解组织目标，与个人表现相关的内在激励（从工作中获得乐趣）将有助于把个人的奖励和目标与组织目标统一起来。

在进行工作设计时，要使个人察觉到他能够控制和支配自己的行为。个人必须要感觉到他所做的事情大部分都是与目标相一致的。因此，个人应该有一定的选择权。个人如果认为自己有一定的选择，那么相对那些总被人告知"就是这样"的人，他对工作会更满意，而且拥有更大的控制感，反之，仅有一种选择通常会使人失去动力。

而且，自尊与控制感有联系。换句话说，那些觉得事情在自己控制之中的人，会有很高的自尊心；同样，有很强自尊心的人通常意味着他们拥有控制权。研究表明，那些感觉自己没有控制权的人经常会情绪低落（Langer，1983）。人类对于控制权利的需要是如此强烈，以至于在一些实验中（Thomson，1983），一些人宁愿在他们可以控制的环境中受到惩罚（实验时用噪声很高代表），也不愿意到他们不能控制的环境中，即便是有奖励（用筹码表示，实验后他们可用它来买一些东西）也是这样。也就是说，当与控制权相联系时，像奖励和惩罚这样的基本概念的意义就会发生变化。

汤姆森（1983）也曾提出工作设计是与发展一种控制感有关的，因为在一些工作中,角色冲突和角色模糊的问题非常严重,以至于人们会感到自己没有控制权。这样的工作会造成很低的满意度和绩效。

要想获得较高的满意度、高昂的士气和富有成效的研发活动,让科学家和工程师感到他们能够有效控制周围的工作环境是非常可行的。要给员工一种感觉,即组织欣赏他们,这一点很重要。好的管理应该能提供适合个人目标的奖励,将组织和个人的目标协调起来。在实验室内,采取一些能提高社团意识的措施,会有助于把个人和组织联系起来。例如,允许员工"熟悉内情",很能激励员工,然而信息太多又容易产生混乱。最好的办法是,要给员工需要的足够信息,同时又不能太多。

下面是一个发生在政府实验室的真实故事,反映了主管不能激励下属的情况。6.7 节中将描述这个案例,案例是由川迪斯和大卫·戴(David Day)编写的。

6.7　联邦研发实验室案例

有些人认为,不同部门的管理人员在处理日常事务时,比如假期、弹性上班制度、家中办公以及其他人事问题,会表现出很大的差异。有些管理人员很民主,有些管理人员却截然相反。有些员工发现,组织内其他部门的朋友会做一些事情,而在他们的部门却是不允许的。

但是,人事部门对于这类事情允许有一定的灵活性,只有在做绩效评估时才会进行干预。下面这个案例,是由布兰克博士提供的。他是一位科研人员,主管阿波莱克斯博士要求他做一些不需要任何技术的工作,只是因为这项工作很重要。阿波莱克斯博士向布兰克博士保证,这份工作不会影响他的收入。但是,人事部门在对其进行绩效评估时,认为他的工作缺乏技术性,便降低了他的级别。阿波莱克斯博士表示,他对人事部门的做法没有任何办法。

布兰克博士的降级，还有其他一些原因。首先，阿波莱克斯博士要求布兰克博士做的工作对他发表论文产生了一定的阻碍，而人事部门却认为发表论文是评估工作的一个重要标准。其次，分配给布兰克博士的工作要求他一定要专心，而且不需要下属的协助。因此，布兰克博士既没有技术人员、研究生，也没有助理和其他同事。另外，人事部门认为一个人管理的人的多少也是评估的一个重要标准。最后，研发组织的主任鼓励布兰克博士参加国家级和国际的学术组织。然而，阿波莱克斯博士却不希望布兰克博士在这些活动上花费大量精力，他应该在那些重要的工作上下功夫，因此拒绝为他提供差旅费。布兰克博士也不愿意自己来掏腰包，所以就没有参加任何学术组织。而人事部门却认为参与到学术组织中也是工作绩效评估的一个重要因素。结果是，阿波莱克斯博士分配的工作让布兰克博士陷入了困境，专业上没有进展，而且还没有了影响力——同时还面临降级。在其他方面，阿波莱克斯博士的行为也有问题，其他人也存在类似问题。

在上面的例子中，阿波莱克斯博士做的是非常重要的工作，但结果对布兰克博士的积极性却是一种毁灭性的打击。这份工作在以下几个方面让布兰克失去了积极性：组织目标和布兰克博士的目标缺乏一致性；追求组织目标的结果对布兰克博士来说，不啻是一种灾难；布兰克几乎不可能会喜欢这份工作；这份工作可能只是偶然性的，没有人愿意让这样的工作在其职业生涯中成为重心。

这个案例也说明，由于有些人拥有特权而其他人却没有，阿波莱克斯博士的部门不能使人满意。这种区别对待的不平等，最终导致人们失去积极性。毫无疑问，不平等是不可避免的。但是，当不平等不得不发生时，就应该想想罗氏规则（Rawls' principle）：平等最好，除非不平等有利于那些弱势群体。也就是说，如果额外的特权是给予一些年轻的科学家，让他们来完成论文，这没问题；如果把这些特权给予那些有权的人，就不合适了。无论如何，阿波莱克斯博士都应该让大家对给予特权的相关规定进行讨论，他的下属也应该有机会参加讨论并参与规则的制定。一旦制定出这些规则,他们就应当遵守。

6.8 小　　结

行为依赖于习惯和行为倾向。前者取决于奖励的模式,后者则要取决于社会、情感、认知等因素。社会因素会反映行为规范、职责、自我观念、一致认可。自我效能之类的促进因素对于理解一项行为是否会发生也是非常重要的。

6.9 课堂讨论问题

(1)认真看一下本章提出的模型,考虑一下如何才能为一个研发组织制定出一套能提高研发组织有效性的管理程序。

(2)再考虑一下模型,考虑如何才能为一个研发组织制定出一套能提高工作满意度的管理程序。

第七章

应对研发组织中的
多样性

随着组织在文化方面多样性的日益增加,对管理者而言,有效地应对这种多样性变得尤为必要。在现在的研发团队中,很可能出现这样的情况:一个科学家来自亚洲,一个科学家来自欧洲,而另一个来自北美。和几年前相比,这样的研发团队越来越普遍了。

电子邮件的使用使得广泛而低廉的国际沟通成为可能。人才分布在许多地方,来自世界各地的高水平人才常常很乐意在一起工作。于是在联合研究项目中,由不同文化背景、不同性别、不同年龄、不同性取向、不同学科、不同等级、不同职能的科学家所组成的研发团队也越来越普遍。

此外,许多世界性的难题很难由一个学科的科学家单独解决,所以,要解决这种问题,学科交叉的工作是很有必要的。

在美国许多研究生院中,具有亚洲和北美文化背景的学生数量几乎相等。将来,他们中的许多人将在不同地方相互合作。

空间站是个耗资极其巨大的研究项目,需要美国、俄罗斯、日本和欧盟等的共同支持,需要来自这些国家和地区的科学家共同工作。南极科考队的成员也是来自六个不同的国家。随着女性工程师和女性科学家人数的增长,在许多研发实验室里,女性和男性并肩从事科研工作。年轻科学家常常需要和年长的、经验丰富的科学家共同工作。性取向和身体上的残疾与才能毫无关系。事实上,如果弗洛伊德的升华理论正确,那些竭力抑制其同性恋倾向以避免"出格"的人可能工作会特别努力,而且可能很有创造性。

7.1　同一化与多元文化

在 20 世纪 60 年代之前,大多数西方国家一直在强调同一化。人们都希望来自少数民族的人能改变自己,来与其他人保持一致。

但是,世界是在不断变化的。在许多地方,多元文化的观念已经成为典型的意识形态。在多元文化中,每一个群体都可以保留他们认为是重要的,属于自己的特性。人们可以通过满足其特殊的需要和权利来表明他们的文化特性。人与人之间平等相待,不论他们的种族是否相同、性别是否一样、性取向是否一致或者身体残疾与否。

随着人们逐渐意识到人才并不是和特定的人口统计学因素相联系,要对人力资源实现最佳利用就需要做到所有的人才都要被合理使用,多元文化正逐渐得到人们的青睐。

但是许多旧的观念仍然存在,许多人还有种族主义优越感(Triandis,1994)。也就是说,他们用自己的文化作为标准来判断其他文化的优劣。一种文化和自己的文化越类似,则认为它"越好"。

人们常常被相似性所吸引。在一个实验中,心理学家测试了人们对于大量名字的喜欢程度。他们发现一个名字内的字母和被调查者名字越类似,被调查者也就越喜欢这个名字。简单来说,我们对相似性很"兴奋"。所以,很多人常常认为"不同的东西"是有缺陷的。我们根本不会喜欢一个过于多元化的组织,同时也会认为那些不适应我们价值观的人多少都有点怪(这是程度最低的)。我们感觉和我们一起工作的人应该与我们的行为规范保持一致。我们通常认为公平对待就是用自己感觉公平的方式来对待其他人。在我们的文化或者我们的组织与外界不适应的时候,我们总认为应该改变的就是外界,而不是我们的文化或者组织。

总之,同化和多元化之间总是存在许多冲突。那么科学文献是如何讨论各自的优缺点呢?

一个关于多元化问题的评论(Triandis,Kurowski & Gelfand,1994)指出了多元化带来的一些优点和缺点。对多元化的组织而言,优点是他们更具有创造性,更可能解决难题,而且不太可能出现"小团体思维"现象。"小团体思维"是指团队的领导者通过劝说,让大家认为他的解决方案是最好的。小团体思维结果通常会非常糟糕,正如前面章节中讨论到的,这一章我们会再次进行讨论这一问题。

然而，不是每一种多元化都对团队有利。在一个工作组中，能力的多元化并不是理想的，只有在态度、背景、文化等方面的多元化才是有利的（Triandis,Hall & Ewan, 1965）。在组织内，能力上的多元化可能会导致有些人看不起其他成员。但是观点上的多元化则意味着组织内可能会有很多不同的想法，想法多，便会产生新的创意。在对199家银行高层管理的研究发现，管理团队越是多元化，银行就越有创新性。多样性会增加创新的质量，也会降低组织犯重大错误的可能。通用汽车公司开发了一种新型汽车，命名为"新星"（Nova），并向拉丁美洲市场推广，结果却很不理想。如果团队里有一个说西班牙语的人，他就会发现一个问题："新星"的英文名是Nova，在西班牙语中的意思是"不能走"，用作汽车的名字显然不太合适。

研究发现，那些被同化的人（放弃了原有文化，而接受现有文化的人）和那些孤立的人（保持原有的文化），与具有双重文化的人（保持原有的文化，但是吸收了其他文化中的大部分要素）相比，心理健康水平要差一些。这就好比是拿仅懂得一门语言的人和懂得两门语言的人相比，假如一项工作需要这两种语言，那么懂得两种语言的人就会更好一些。

另外，多元化通常和人与人之间的较低的相互吸引程度有关，而且会使得人员调整更为频繁。团队的凝聚力在多元化的群体中会比较低。整个团队越是多元化，在相互沟通中出现问题的可能性就越大。沟通过少造成人与人之间相互吸引程度降低，对工作不满意的现象就很可能发生，从而导致人员的频繁调整。多元化的组织在沟通中通常会存在延迟和失真现象，语言的差异会引起误解。不仅如此，人与人之间还会有一些辅助语言的沟通。比方说，当人们相互沟通的时候，需要接触还是不接触，人与人要保持近距离还是远距离，需要保持怎样的位置，是要面对面还是要保持某个角度，是否要注视对方的眼睛等。辅助语言行为的差异会导致组织凝聚力降低。而且，人口统计学上那些指标和地域的不同，也会增加压力。

纵观全局,我们会注意到有些团队在多元化管理中很出色,有些团队却无法应对这种局面。那些管理出色的人通常具有某些特性,比如他们有丰富的经验、经常旅行、具备应对不同文化的跨文化技能等。而那些独裁的、不能容忍模糊和不确定性、喜欢分类很细的人通常在多元化的环境下就会表现不太好。有一些测验可以衡量个性特点,例如,可以使用一个测试来分辨一个人的分类标准是细还是粗。这个测试文本包含 10 页,在每一页的顶部都有一个没有实际意义的单词(例如 zupf)和一个没有意义的图形。在这条线以下,画有另外 20 个没有意义的图形。被调查者被告知这个无任何意义的图形叫 zupf,然后要求被调查者标出所有与 zupf 类似的图形。一个分类标准很宽泛的人会标出大部分图形,而分类标准比较窄的人可能仅仅会标出一两个和顶部类似的形状。反复做 10 次就会得到一个比较可信的结果。分类标准比较粗的人会在其他的文化中工作得很好,因为当他们看到一个奇怪行为的时候,他们会在现有的认知框架内去适应这个行为。

一些旨在教会人们如何应对文化差异的特殊培训项目是很有用的(Black & Mendenhall, 1990)。一些咨询人员会提供这类培训,不过有些咨询员并不胜任。我们会在本章的结尾部分来讨论如何识别出合格的咨询员。

7.2 对文化的理解

文化是人们记忆的沉淀,它包括观念、行为规范和其他一些未明确说明的假设,这些假设在一个组织的一定历史时期曾经起过"作用",因此成为感觉、思考和判断的标准。它能促进行为的发生,因为人们不必决定如何做,只要做习惯性的事情就可以了。它包括共同拥有的信仰、态度、自我感觉、行为规范、责任感,以及那些世代相传的价值观。因为他们拥有共同的语言和文化,生活在一处,能够交流和沟通。

组织也有文化。如果提出一个想法，实验室的成员甚至不去考虑它是好是坏，便全部表示赞同，那么这种看法就非常有可能反映出了这个实验室，甚至是这个国家的文化。

文化都有自身的独特性，通常可以由语言表达，但很难翻译成其他的语言。但是它们也有共性，为了理解来自其他文化的人们看待世界的方式，学习他们文化的独特性是很重要的。例如，日本人有个称作"甘え"（amae）①的概念，它既有一个人希望与另一个人有非常近的关系这层意思，也有他认为他能够依赖这个人的意思（Smith & Nomi, 2000）。要理解日本人人际关系的各个方面，理解这个词汇是很重要的。南希·阪本（Nancy Sakamoto, 1982），是一个嫁到日本的美国人，她指出在美国人和日本人的关系中容易出现问题的六个潜在有关什么是礼貌的假设。

（1）在社交活动中，美国人假设"你和我是平等的"，而日本人则假设"你要优于我"。

（2）美国人假设"你和我是亲密的朋友"，日本人则假设"我要对你肃然起敬"。

（3）美国人假设"你和我之间很随意"，日本人则假设"我为了你忙忙碌碌"。

（4）美国人假设"你和我是独立的"，日本人则会假设"我依靠你"，这反映了"甘え"（amae）的影响。

（5）美国人假设"你和我都是独立的个体"，日本人则假设"你和我都是组织的成员"。

（6）美国人假设"你和我都是独特的"，日本人则假设"你和我的感觉/想法是类似的"。

---

① "甘え"（amae）是日语特有的一个词汇，它的大体含义是指一种类似儿童对母亲撒娇的依赖感情或行为。这种心理普遍反映在日本人际关系的各个方面，如在家里孩子对母亲的依赖、在公司下级对上司的依赖、学校里学生对老师以及低年级学生对高年级学生的依赖等。——译者注

语言对于人们的思考方式有一定的影响。在一些国家,语言要求人们对词汇分辨性别(例如在西班牙和德国名词是有性别区分的),孩子们很早就学会分辨男孩和女孩,而在另外一些国家,词汇是没有性别区分的(例如芬兰)。

有些国家语言对不同地位的人使用不同的词汇(例如,法语中的"tu"(你)和"vous"(您)或日语中的一些表达类似意思的词汇),与没有这些词汇的国家相比,人们更加关注地位的差异。有些懂得两种语言的日本人更愿意使用英语,因为使用英语就不用再考虑谁的地位更高了。

不同的文化论述问题的方式也存在差异。例如,对来自不同国家的学生写的论文进行分析,可以发现在英文中,通常是以线型的方式展开,而在其他文化中,论文的结构是不同的(如采用迂回的方式展开等)。

论述方式的另外一个差异是:在有的文化中是先陈述结论,再列举支持结论的论据,而在别的文化中则是先列出一系列事实,然后得出结论。

论述方式还有一个差异,即在一些文化中是先提出最佳论点,而在另外一些文化中则是最后提出最佳论点。西方的作品通常一开始就列出最重要的论点,而日本的作品总是在论证的最后一部分才提出其最重要的结论。

人们在解决问题过程中,是使用直观方法,还是利用语言描述,以及是否使用类比、比喻也存在差异。研究发现,男性物理学家相对女性物理学家来说,通常利用直观的方法比较多,他们通常会画大量的图表或使用几何方法来讨论问题,而女性物理学家多使用语言和解析几何公式,而较少使用图表。使用类比和比喻方法的科学家相比那些不使用的科学家要成功得多。

在沟通中,是否结合语境也是一个很重要的文化差异。日本人偏好使用辅助语言的提示和其他语境来进行口头的沟通,西方的演讲者则更多依赖于内容而忽视语境。

当人们共同工作的时候,这些差异会给人际交往带来一些困难。例如,美国企业领导的决策风格反映了对成就的高需求,日本企业领导的决策以维持关系为基础,而中国企业领导在制定决策时力图维护自身权力(Martinson &

Davison,2007)。识别这些差异,训练人们预测到这些差异,调整自身行为适应组织需要,这些方法都可以让多元文化组织的工作更有效率。

在下文中我们会看到美国人一般都比较信奉个人主义,而日本人则信奉集体主义,上面提到的差异反映了这两种不同风格的文化的差异。

7.3 文化的差异

西方人往往容易出现个人主义者,而亚洲人,特别是亚洲东部,则更容易出现集体主义者。这两种不同风格的文化之间,差异反映在许多方面,这里将列出四个,如果要看更详细的资料,参见川迪斯(1995)的著作。

(1)集体主义者将自己看作集体(家庭、同事、邻居,同乡或信奉同一宗教的人们)的一员。假如你问他们是谁,他们很可能说"我是日本人"或者"我是叔叔"。个人主义者则更有可能说"我很负责"或者"我很善良"(使用一种特性)。

(2)集体主义者的社会行为通常可以根据社会规范来预测,而不用根据个人的态度或心态来预测。相反,个人主义者的社会行为则要根据个人的态度而不是社会规范来预测。简单说,个人主义者通常会做他们想做的事情,而不是他们必须做的事情;而集体主义者通常要做他们必须做的事情,而不是他们喜欢的事情。

(3)集体主义者的个人目标与集体目标是一致的,当两种目标出现矛盾时,他们认为集体的目标"显然是"应该优先的。个人主义者的个人目标则通常和组织目标不相关,当两种目标不一致时,他们认为个人目标应该优先,而且这是很自然的。一个实验室的研究人员既可以花费时间做一些对实验室有益的事情,也可以做一些对自己有益的事情。假如他是集体主义者,就很可能做一些对实验室有益的事情,而不是对个人有益的事情。假如他是个人主义者,他很可能做一些有益于自身而不是有益于实验室的事情。

（4）集体主义者非常关注别人的需求，他们往往希望维持一种别人需要他们的关系，即使他们知道不会从这种关系中得到什么。个人主义者则更计较个人得失。假如他们能从这种关系中得到很多，他们就维持这种关系；假如这种关系的成本超过了收益，他们就会放弃。

在任何文化中，都会既有具有集体主义特征的人（以他人为中心的人），也有具有个人主义特征的人。以他人为中心的人在个人主义的文化中很可能会参与到各个团队中，例如社区、帮会、联盟、工作稳定的大型组织、政府，或者是部队。以自我为中心的人在集体主义的文化中则很可能会试图脱离这种文化，这样他们不会被集体施加压力，不会按自己不喜欢的方式做事。

以自我为中心和以集体为中心的人之间的差异可以追溯到他们早期所受的教育。个人主义者的父母会强调创造、探索和自立，而集体主义者的父母则强调服从、可靠和负责。

大部分文化都强调集体主义，直到他们的成员拥有足够的财富，能够做"他们自己的事情"。那些社会地位很高、受过良好教育和经常旅行的人往往是个人主义者。经常接触大众媒体也会增加个人主义倾向，这是因为大部分节目都强调乐趣而不是责任。即使在个人主义的文化中，也会有人以集体为中心，这些人一直受某一特殊文化传统的影响，他们或者在大家庭里长大，或者在靠经济上依靠他人。

研究表明，总体上说，亚洲东部、拉丁美洲和非洲的文化都是集体主义的，西方文化是个人主义的。然而，在美国、西班牙裔、亚裔和其他少数民族通常具有集体主义的文化。如果一个美国黑人在大家庭里长大，他通常也会有集体主义文化，但是，如果他由单亲母亲抚养，他们就会有个人主义文化。

在人们的认知体系内，既会存在个人主义的部分，也会存在集体主义的部分，他们会根据环境来应用适应自己的部分。因此，如果组织面临威胁时，拥有各种文化背景的成员很有可能尝试集体主义的部分；而当个人与组织内的其他成员竞争的时候，个人主义的部分就极有可能会出现。当环境不确定性很高时，以集体为中心的人将会尝试集体主义的部分，而以自我为中心的人会尝试个人主义的部分，但大多数环境是不明确的。例如，在谈判中，一个人可能被认为是"我们中的一员"，也可能被认为是"他们中的一员"。在集体主义者的文化中，这个人就很可能被看作"我们中的一员"，有一些习惯性的做法能够让这种感觉加深。例如，在集体主义文化中，人们希望在谈判前能够"彼此了解"，能够交换一些私人的，甚至隐私的信息。（比如："你一个月赚多少钱？"）而在个人主义的文化中是避讳交流这类隐私信息的。

个人主义文化和集体主义文化的差异经常会导致误解，当一个来自集体主义文化的人在个人主义文化氛围下工作的时候，通常会有文化冲击，从而感到沮丧、焦虑、睡眠不好、食欲不振，反之亦然。研究表明，一些有关文化的培训可以让人们适应不同的文化，帮助人们减少文化冲击。

7.4　不同文化背景的人在一起工作时会发生什么？

当人们初次相见时，就会明显地觉察出别人的个性。最新的研究表明，人们可能会由于所具有的任何一种使自己显得与众不同的特征，而被分类（Nelson & Miler，1995）。在实验室里，一个和许多男工程师一起工作的女工程师会被看作一位特殊的女性。因此，她会被视为这个团队女性的代表，这样，其他人和她之间的关系就很有可能被看作团队之间的而非个人之间的。这样，她自身的特点就不会很突出了。相对而言，同样是这个女性工程师，如果她在一个由女性工程师组成的团队中工作，与她的关系就很可能被视为个人之间的了。在这种情况下，她突出的将是个人的特性。

集体主义者倾向于看重团队间的关系，而个人主义者更注重个人之间的关系。在各个团队之间有着长期的冲突、团队成员间差别太大或太小，有着完全不同的目标,或太依附于团队等情况下,团队间的关系也可能显得非常重要。

团队之间关系的产生是由于人们喜欢对他人进行分类和典型化。典型化能够降低认知工作,因为我们已经从对一个人的归类中得到了我们想知道的信息,就没必要了解这个人的具体情况了。如果在团队中,我们对其他人进行重新分类,把他归为"我们中的一员"或"他们中的一员",那么,我们已经开始去注重个人之间的关系了。在这种情况下,个人特性就变得重要起来。

7.5 文 化 差 距

两个人的文化背景差距越大,他们就越可能以种族交往的方式,而不是个人接触的方式来交往。当两种文化中的成分非常相似时,文化差距就较小。当人们使用不同语系(例如:中国人的语言有音调,而印欧语系则没有)的语言,属于不同的地区,拥有不同的社会结构(例如:一夫一妻制与一夫多妻制)、生活水平、政治体系等,都完全不同时,人们之间的文化差距就会很大。文化差距越大,具有不同文化背景的人之间沟通和建设有效的团队就越困难。因此,对多样性的理想程度是有限制的,当到达某一水平的时候是理想的,过度多元化就不适合了。

7.6 文化智力与相关概念

最近开展的关于改善不同文化背景人群之间交流的研究者提出了"文化智力"的概念。"文化智力"指的是个体在多样性文化环境中有效发挥作用的能力。这个世界由顶级的数学家、钢琴家、经济学家、哲学家和运动员组成,也少不了一些能够与不同文化背景的人友好相处的人群。

一些其他的相关概念，如情感和社交智力，也变得热门起来，用于明确管理、领导力和挑战。最早的情感智力源头可以追溯到达尔文的工作，他将重点放在了"适者生存"，这是情绪表达和智力的表现。桑代克（E. L. Thorndike）早在 1920 年，使用"社交智力"的概念去描述理解和管理与别人社会关系的技巧。霍华德·加德纳（Howard Gardner）开始使用这种智力维度的概念。他首先提出七种维度，一些人又加了三项，包括自然主义智力、精神智力、存在性智力（Gardner，1983，1999）。丹尼尔·戈尔曼（Daniel Goleman）提出的模型重点在情感智力，这是很广泛的与领导力相关的能力和技巧。他的模型概括了四种主要的情感智力：

（1）自觉意识：认识自己的情感和明确情感对主导决定的影响。

（2）自我管理：控制自己的情绪和冲动，适应变化的环境。

（3）社会意识：感知、理解别人的情感并对之作出反应，理解社交网络。

（4）关系管理：激励、影响、带动别人，并处理冲突的能力。

许多与社交、情感智力有关的概念和组成要素有相当大的重叠。用这些概念去更好地理解人类行为而不是衡量一个人的社交或情感智力是更有益处的。不像标准的智商测试，能力和技能作为这些测试反应的部分通常没有客观正确的答案。科学实证的缺乏招致了对使用情感智力作为衡量能力和领导力的批评。

类似地，文化智力的感念应该作为客观处理事务的手段而不是以此来划分人群的三六九等。当两种文化的跨度很大时，交流就会困难，即使文化智力很高的人也不能在这种场合表现得很好。例如相互之间的信任，在这种情形下可能很稀有。

这些对新的经历保持开放的人，充满想象力、创造性，有冒险精神，还有曾经广泛旅行、与不同文化背景的人交流，以及在多元文化环境下工作的人们，表现出更高的文化智力。一种识别具有很高的文化智力人士的线索是他们通常能讲多种语言,并且在交流时乐在其中。而这并不意味着许多只会讲英语的美国人基于自身特点不能有同样的文化智力。

在昂和万·戴恩(Ang & Van Dyne,2008)总结的经验性工作指出,文化智力高的人通常更广泛地看待环境,从中获取正确的信息,以最优方法组织信息,享受与不同文化人们之间的互动,以及在跨文化环境中表现得游刃有余。例如,他们知道有多种英语,并调整以理解使用的语言。他们享受交流,即使发音与他们自己的并不相同。他们理解在不同环境下的行为规范,以及与不同文化成员有效互动的标准操作程序。他们也有自己的国际身份,是世界公民。他们知道适时澄清一件可能被误解的事情。例如,他们知道人们可能以不同的方式理解一件事情,他们会请求澄清那种解释在特定情况下是合理的。他们通过调整自己的行为以适应跨文化环境。

高文化智力人群在跨文化环境中表现得更有效率,能够很好地适应国际任务,在多元文化团队中工作得更有效率。这个题目是复杂的,因为一项严谨的文化智力研究需要考虑到很多人格和环境的因素。这些问题在昂和万·戴恩的著作中有所讨论。

研发团队中人们代表不同的文化有很多原因。重点研究项目需要各种学科的人员:科学家、工程师、经济学家、商业管理人员。每一种专业,某种程度上来说,都代表一种文化。

重点研究项目,大型研究大学,还有一些国家特别是美国的主要研究机构,吸引着全球的研究人员,他们代表着不同的文化。这种现象在美国的主要大学中显而易见。因此认识到改善跨文化互动的重要性,特别是在大型研究机构中显得尤为重要。

如第三章所讲的科学共同体的伦理规则,当被接受和实践的时候,能作为一种强有力的工具,使人们更多地把重点放在个人成就和能力上,而不是个人的社会地位或种族背景。这有助于在不同民族文化背景的人群中培养更好的合作,以产生大量的科学发明和创新。

7.7 团体之间多元化的模型

图 7.1 所示模型中，我们总结了一些能提高或降低工作团体关系有效性的因素。跨文化团队拥有丰富的素材以产生创新性的方法，其结果是使得组织面临的挑战复杂化，也拥有大量运作模式用以建立解决问题的新途径。创造成功的跨文化团队的核心是"可感知的相似性"。正如我们在前文提到的，我们比较偏爱相似性。相似性是非常有价值的，它可以导致相互吸引。当存在巨大的文化差距，以及各个团队或个人之间历史上就存在冲突时（在南斯拉夫的一些事件中很清楚地显示了这一点），可感知的相似性就会降低。

当人们相互了解的时候，可感知的相似性就会增加。这也是跨文化的训练课程想要达到的目标。而且，当人们地位大致相等或者具有类似性格的时候，他们可感知的相似性也会相应地增加。

假如人们没有机会相互联系，那么可感知的相似性就起不到太大的作用了。假如一个人在 9 层，另外一个人在 35 层，他们永远也不会遇见，不管他们是相似的，还是不同的，都没有什么区别。然而，人们相互联系的机会越多，他们可感知的相似性就越具有重要的价值。当人们有比较高的目标，这种目标只有通过他人的帮助才能达到，那么这种可感知的相似性就具有比较高的价值了。而且，当管理层支持个人之间的联系时，这种价值会更高。例如，若组织有正式的政策支持多元文化，这种相互间的联系就会更令人满意。有益的接触增加了个人之间相互影响的机会，个人之间的相互影响越大，个人之间拥有亲密关系的可能性就越大，就能更多地将自己展示给对方，有更多的时间和对方在一起。这样的行为很可能会增加他们可感知的相似性。此外，人们相互影响得越多，就越有可能成为朋友，而且会产生"网络重叠"的迹象。当网络重叠的现象很多时，人们就会避免使自己独立于团体之外，也会避免显出自己的种族优越性。

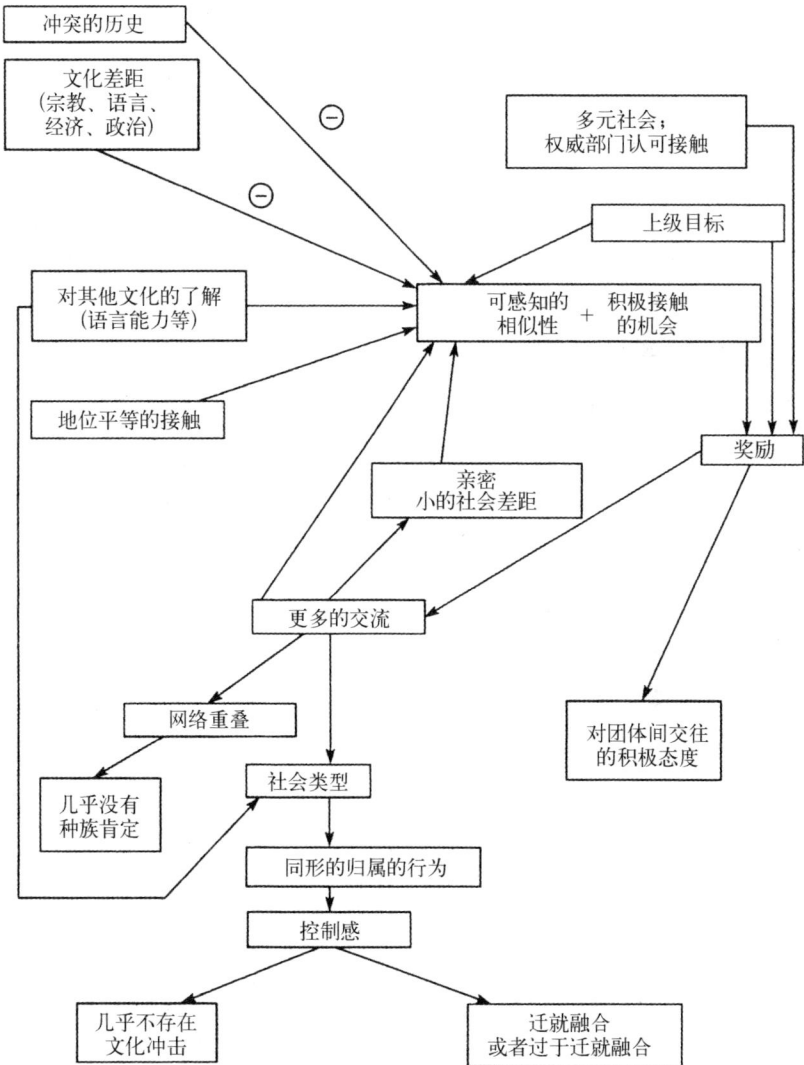

图 7.1　多样性研究的理论模型

(来源: Triandis et al., 1994, p.784)

　　较多的人际交往也会有助于对其他社会团体的准确认识。随着相互影响的增加，一些原来典型化的认识得到了矫正，而成为社会学上称作"社会类型"的对其他团体的正确的典型化的认识。一旦人们能够对其他团体作出正确的"归属行为"（attributions）（能正确地把其他团体归属到特定类别），就能恰当地解释其他团体成员的行为。例如，在有些文化中，人们对别人表示尊敬的方式是不正视对方。然而有些文化中，不正视则表示有所隐藏。因此随着归属行为的不同，对于不看对方眼睛这一行为的解释也就各不相同。如我们可以认为"你不正视我是因为你这个人太狡猾了"，也可以认为"你不正视我是因为你想表示对我的尊敬"。当人们对一个行为作出同形的归属行为（isomorphic attribution）时，意味着观察者的归属行为与行动者的归属行为多少也有一些类似，这意味着每个人都正确理解了其他人的行为。这样，人们对别人行为的预期和人们真实的行为就比较匹配，就使人们感觉他们对社会情形有一种"控制"感。"我知道他为什么那么做"，"假如我用这种做法的话，我会让他的表现与现在不同"。控制感会使来自不同文化的人在相互影响时减少文化冲击。

　　而且，当一个来自其他文化的人感到他能够应对社会形势，他可能会按照其他文化的成员所希望的行为方式来行动。这便会产生"迁就融合"（accommodation）的情况，即来自两种文化的成员都能够接受的行为方式，甚至可能会有超过当时情形要求的"过于迁就融合"（overshooting）的行为，即来自一种文化的成员 X 与来自另一种文化的成员 Y 的行为方式非常相像，以至于做得比 Y 还像。例如，对来自某一种文化的人而言，当人们相互接触时，需要保持比较大的距离（例如日本人）。这个人可能会和来自另一种文化的人接触，而在另一种文化中，人们比较了解对方时，会保持很近的距离，而且身体上可能会有接触（例如墨西哥人）。而当一个墨西哥人与一个日本人初次相见的时候，不会要求对方一定要拥抱。初次见面时，一个研究过墨西哥文化，了解墨西哥的这种习惯（即有控制感）的日本人，会和墨西哥人拥抱，这便是"过于适应融合"。他不仅表现得友好,而且比当时的情形要求得更为友好。

另外,当人们强调自身文化的优点,而轻视其他文化时,便会产生"种族肯定"(ethnic affirmation)现象。这通常发生在一个团体受到拒绝的时候:"假如你不接受我,你会受到损失,因为你根本没有意识到我有多优秀。"

7.8 少数群体在工作团体中的地位

事实证明在单位中少数群体通常不能平等地分享到团队的资源。例如,在大多数国家,妇女即使和男性从事同样的工作,她们的工资待遇要比男性低。引起这种差异的一个原因是少数派在工作中缺乏一个"指导员"(mentor)。

指导员的指导对新员工能够融入组织和社会很有帮助,但是同时也是一个能够把那些与组织文化和传统不同的人排除在外的"精英守护系统"。指导员为人们提供了榜样,被团队接受,为人们提供咨询和友谊,能提供无价的组织内部信息。一个人能否获得晋升,常常决定于他刚进入一个团队时,能否找到一个正确的人,教会他那些细微的行为规范或操作规程,而这些规范和规程在书面的操作规程上根本无法获得。

少数群体常常发现,找一个指导员是很困难的,或许是因为当他们加入组织的时候,在工作单位中没有他们群体中的成员,或许是因为可能的指导员正在指导团队中的其他成员,无暇顾及他们。而且,一个女性会发现要找到一个男性指导员很困难,因为当一个男性同女同事之间关系过于密切时,他们可能会被对方的配偶或者其他人误会。

同指导员类似的一个问题是社会网络的问题。不合传统的人通常被排斥在某种社会网络和各种谈论以外,这些谈论一般会发生在俱乐部、高尔夫球场以及其他只有白人男性聚会的地点。研究表明,男性在工作和休闲方面都离不开社会网络,而女性通常在休闲的时候才和其他女性在一起,只有在谈及与工作有关的事情上,才会和男性联系。这也意味着女性的社会网络相对男性要简单一些。

7.9 与不同学科、不同职能背景以及不同职位的人打交道

不同学科都有自己独有的术语,有时候各个学科之间的沟通会很困难。工程师对于"态度"的定义和心理学家的定义可能会截然不同。大部分跨学科的工作都要先解决定义术语和解释未阐明假设等问题。

川迪斯也许有过这样的经历,所以他论证了这种工作的困难性。由联合国教科文组织组建的一个协会打算开展一个研究项目,这个项目要研究世界各地对于价值的不同看法。专家组的成员在阿根廷的一个别墅中碰面,这些成员包括一个菲律宾人类学家、一个日本统计学家、一个波兰社会学家、一个象牙海岸地理学家、一个乌拉圭法律专家、一个巴西哲学家、一个俄罗斯历史学家和一个美国心理学家。一个法国人提出了研究方案,这个方案被同时翻译成了英语、法语和西班牙语。结果,整个星期都在谈论和理解这个方案,每个人都在解释"价值"的含义是什么。这些人要想在理解这个术语的含义上达成一致,一个星期都不够,更不要说在不同的文化中如何去比较了。

同样地,不同职位的成员(例如高层和基层的管理者)在考虑问题时,他们的思维方式是不同的。那些职责不同的人,例如统计学家、计算机专家、实验室技术人员等,他们有自己的假设,在作出决策时有不同的调整水平,在解决问题时有独特的方式。在大多数情况下,情况可能不像阿根廷的这个例子这样极端,但是,情况也会很相似。

7.10　跨文化培训

跨文化培训是一个相对比较新的专业领域,旨在提高人们跨文化沟通的能力,也可以指导员工从各个方面应对多元化问题。遗憾的是,这个领域现在还不规范,充斥着许多未经过培训的培训员或顾问,他们中许多人的工作有害无益。在选择顾问的时候,需要考察一下他是否能采用一系列方法,首先在一个小领域内开展培训,然后再用多种方法对培训结果进行评估。受训的人喜欢这个课程还远远不够,还应该学到一些东西。所学到的知识要能够帮助他们改变一些行为方式,行为改变的结果也应该是可以被观察出来的,这种结果应当会给组织带来一些有利的变化。一旦实践表明培训适合组织的特殊要求,顾问就可以将这些方法提供给整个群体。我们提到的评估方法对于科学选择适合企业需要的培训是非常关键的。

由顾问所提供的培训组合应该包含以下内容:让受训人员理解自身的文化、理解不同文化的成员为什么会对组织内的群体行为作出不同归属行为、领会不同文化的相同点和不同点后加强相关训练,还要通过一些方法来改变学员的行为方式。

理解受训者的文化。有一种培训方式,一个表演者作出一些与受训者文化相冲突的行为。当受训者与表演者相互接触时,他们的文化特征就会清晰地凸显出来。例如,美国人一般都是个人主义者,他们通常将他们的成功归结为自身的原因——个人态度或是个人能力,而集体主义者通常把成功归结为他人的帮助。当参与者将成功归结为自身,而不是他们的家庭、朋友、同事时,与他们的讨论可以帮助受训者更好地理解美国文化。

理解具有不同文化背景的成员作出的不同的归属行为。有一种方法叫作"文化同化者"(culture assimilator),它可以帮助学员达到这种目的。学员可以借助一本书进行训练，这本书包含 50~150 个"情节"，里面描述了不同文化或不同性别成员之间的相互沟通。

一个男同事称赞女同事身材匀称，而且很迷人，对男同事的这种行为会有下列不同的"解释"（归属行为）。一种观点认为他在对女性实施性骚扰，另一种观点认为他不过是一种恭维。这本书还提出了许多其他的归属行为，邀请学员选择他们认为最可能"正确"的归属行为。

在培训的实施过程中，要给一组参与培训的男性和女性受训者提供特定的情节和可能的归属行为，然后要求他们作出自己的选择。女性更有可能认为是性骚扰，而男性更侧重于认为是无心的赞美，这就创造了一个机会，我们要教男性认识到这种情况通常会引起"误解"，而这种误解应该尽量避免。当学员选择一种归属行为以后，他们需要将培训材料翻到特定的页数。在这一页上他们会得到反馈，例如"在看这个情节的女性中有 80% 的人选择这种原因"。通过这种方式，学员了解到，其他文化中的成员或其他性别的人同他们看待事情的方式是不同的。面对这样的情节和他们相应的反馈，他们会逐渐了解来自其他文化或其他性别成员的观点。

提供在以前培训中得到的知识。假设一个文化同化者对受训者说过阿拉伯人对他人露出脚底和鞋底很敏感，是一种侮辱，暗指"我看不起你"。但是，能理性地理解这个问题是一回事，改变一个人"跷二郎腿"的习惯则是另外一回事。在培训中，当学员的行为方式不当的时候，他们就会受到提醒，并改变自己的行为。经过一段时间，学员便会改变一些习惯、避免能造成冒犯的一些行为，并学会在其他文化中比较合适的行为。

还有其他许多技术，例如模拟、利用计算机视频系统等，可以提供交叉文化的训练。人们在应对多元化问题的时候，可以利用下面的方法，这些方法对于人们能力的提高会起到积极的作用。

- 避免显著区分"我们中的一员"和"他们中的一员"。
- 提高人们对文化多样性的可感知性，即提高人们对文化多样性的认识。

■ 提供来自其他文化成员的积极的经验。

■ 增加人们对不同文化相似性的认识。

■ 减少对不同文化人们之间差异性的强调。

■ 强调那些可以与其他文化成员共享的高层目标。

■ 增加文化多元化的程度(例如,在一个团队多元化的情况下,出现重大错误的概率就会很低,因为有人会看出这种错误,从而避免"小团体思维")。

■ 在意见不统一时,学会寻求双赢的解决方案。

在这方面更多细节的介绍见川迪斯(1994,第十章),其他的细节见兰迪斯(Landis,2003)等的《跨文化培训手册》。

要记住,身处异国的人由于缺乏预测能力,可能会产生对东道国文化的失控感。当他们缺乏预测东道国国民行为的能力时,他们可能会感到焦虑不安。为降低这种焦虑感,一个人必须掌握收集信息和判断是非的方法(Sobre-Denton & Hart,2008),并形成强有力的自我意识及适应性的态度和行为。

7.11 小　　结

在一个研发组织中,要想实现人力资源的最佳利用,就需要:① 识别不同团体或社会集团的相同点和不同点;② 开发适当的培训项目,使这些相同点和不同点都更加突出。组织的所有成员都应该学会如何管理组织中的多样性。这就需要了解来自多元化团体中人们的不同点和相同点,并学会应对这种多样性。

7.12 课堂讨论问题

(1) 从一个研发组织管理者怎样改进员工跨文化沟通有效性的角度,仔细研究一下图 7.1。

（2）对集体主义者和个人主义者而言,组织内对他们有意义的行为规程是不同的。仔细学一下本章"7.3 文化的差异"一节,找出在以下三个方面的不同会有什么含义：① 员工选择;② 动机;③ 评估。这种文化差异对于一个具有个人主义文化背景,而在一个集体主义文化中工作的领导者有什么意义?他应该做些什么?

（3）研发组织具有的哪些特性使得解决组织内的多样性问题变得尤为重要?

第八章

研发组织中的
领导问题

哪种领导风格能为研发组织、部门、团队或项目带来最优绩效？人们至今仍未找到管理知识型员工的最佳方式（Maccoby，2006）。然而，人们尝试了各种各样的方法来研究领导问题。一些学者花费了大量的时间来观察团队的行为，观察领导者是如何产生的。通过这些观察，他们发现领导者的行为可分为两类。第一类行为是注意了解员工的需求，确保团队内部的矛盾不激化，然后支持（maintaining，简写为 M）团队的活动。第二类行为涉及团队必须完成（perform，简写为 P）的工作，工作内容的界定、如何完成以及何时完成。我们可把这两种活动的类型分别称作体谅型（consideration）和安排型（structure）或发号施令型。

体谅型行为注重对人的关注，能够体谅别人的需要和目标，以人为本，关注人性的因素。安排型或发号施令型行为则注重团队将来的工作和发展方向，比如需要实现什么目标，如何才能实现这些目标，以及如何控制员工的行为。

目前比较流行的与此类似的一套新的概念是由日本心理学家三住（Misumi，1985）提出的。他认为一个管理者可能会表现出较多的支持性行为（maintaining，下面简称为 M 类行为）。例如对人的关注，能够体谅别人的需要和目标，让人们感到自己的价值，帮助人们重视学习和竞争，让人们感觉到他们是实验室团体的一部分，以及激发他们工作的动力等。也可能会表现出较多的事务性行为（perform a task，下面简称为 P 类行为），包括制定工作计划，确定目标，告诉人们如何实现目标，确保人们做的正是他们应该做的事情。不过，三住发现优秀的领导者通常既会表现出许多 M 类行为，同时也会表现出许多 P 类行为。

针对不同的工作环境，三住定义了相应的 M 类和 P 类行为。适合一个实验室的行为可能对其他实验室不适合。三住与工作岗位上的员工交谈，要求每个员工描述领导者的行为并将这些行为划分为 M 类和 P 类。三住使用 M 和 P 来代表具有这种行为的领导，用 m 和 p 来表示几乎不具有这两种行为的

领导。这样,对于每一种环境,他都确定了四类的领导行为:

mp = 很少支持性行为、很少事务性行为

mP = 很少支持性行为、很多事务性行为

Mp = 很多支持性行为、很少事务性行为

MP = 很多支持性行为、很多事务性行为

一个有意思的发现是,M 类行为和 P 类行为都很强的领导者通常被看作善于提供"计划",或者拥有"专门技能",而那些 P 类行为很强而 M 类行为很弱的领导则被认为经常"强制别人工作","强制别人工作"会受到抵制。简言之,P 类行为会由于出现的环境不同,给人的感觉也不同。

在不同的文化中,人们对 M 类行为的认识会有很大的不同。研究表明,在办公室里私下直接批评一位员工在西方被看作是一种高 M 的行为,而在日本则被看作是低 M 的行为。在日本,人们普遍认为应该间接地批评员工——可以让同事把经理的批评传达给他——这样下属就不会很没面子了。

尽管两种行为都很重要,但是由于具体情况和人们的性向(natural inclination)的不同,人们一般只会倾向于其中的一种,或者倾向 M 类行为,或者倾向 P 类行为。一个人如果做 M 类行为时非常不自然,却硬要做,会被看作是在作秀。对这类人来说,需要调整工作环境,以此使自己的领导风格与之相协调。费德勒(Fiedler)的领导理论解释了如何做到这点。费德勒把有许多 M 类行为的人称作高 LPC(意为"稍后会有解释")的人,把有许多 P 类行为的人称为低 LPC 的人。他有方法确定出你的性向,并给出相应的建议,你应该如何改变你所处的情景或环境来与你的领导风格相协调。

一些研究团体问题的学者指出,领导既可能比较擅长这两种领导方式中的一种,也可能对两种都擅长,或者像一些"领导大师"那样,能够熟练地运用两种方式。

在本章中,我们首先会介绍一些领导的基本理论,然后集中于研发组织中

的领导问题,这一章的内容包括:

- 领导理论和领导风格;
- 研发组织中的领导问题;
- 研发活动的领导——一个相互影响的过程;
- 领导风格案例(这一部分会提出缺位型领导的问题);
- 创造性研究环境中的领导问题。

8.1 识别你的领导风格

在对领导的行为分类时,员工们使用的概念是类似的——例如,专横的或者官僚的,对应的还有以人为本的或体贴的。同样,当领导者被问及这类问题的时候,有些人表示他们比较注重人的因素,而有些人则表示他们考虑的主要是工作或任务。

然而,事实上这种区别是很难划分清楚的。费德勒所做的大量研究(1967,1986a)表明,一些人在放松时是任务驱动型的,在有压力时是员工驱动型(注重人的因素)的;而另一些人则正好相反——放松时是员工驱动型的,在有压力时是任务驱动型的。确定出你自己的领导类型可能会对你有益。你可以按照后面的辅助材料中费德勒设计的"识别你的领导风格"量表(Fiedler et al., 1977)来确定你的领导风格。

你可以为你自己的"最难共事者"(Least Preferred Co-worker,简写为LPC)测试打分。依照费德勒的结论,假如你给他的分数是 64 分或者超过 64 分,则说明你在压力下是员工导向型的,在放松的情况下是任务导向型的。如果打分小于等于 53 分,说明你在压力下是任务导向型的,而在放松的情况下是员工导向型的。假如你的打分超过 64,就说明你是一个高 LPC(最难共事者);如果你的打分不到 53,则说明你是一个低 LPC。假如打分在两者之间,费德勒就没有作出说明了。

费德勒认为,人是很难改变的,改变人所处的情景或环境要比改变人本身容易得多,至少人们是不会对那些通常受习惯控制的日常行为或常规进行过多控制的。因此人们应该改变他们的领导环境而不是改变自身。费德勒为我们提供了一些方法来衡量这些情况,在附录中你会看到领导—员工关系量表,工作结构等级量表和职务权力等级量表。回答量表提出的问题,然后按照说明得出分值。最后是情境控制量表,按照说明得出分值。分值在 51~70 说明你有很高的控制力;分值在 10~30 说明你的控制力很低。费德勒和其他人对 LPC 和情境控制量表和组织的有效性(利润、生产率、完成工作的速度、准确性)之间关系做了几百次的研究,并根据这些科研结果得出了一个模式,即低 LPC 的人在控制能力较高或较低的情况下表现都很好,而在控制力中等的情况下表现不好。另外,高 LPC 的人在中等控制力的情况下表现出色。因此首先需要找出你在特定工作情况下的控制力有多少。

现在你已经了解了 LPC 分值和对情境控制分值(取决于你的特定领导情况,你的团队、工作组、部门)。它们相互匹配吗? 也就是说,你是个高 LPC,那你的情境控制分值是在 31~50 的范围内吗? 或者你是个低 LPC,那这个分值是在 51~70 或者 10~30 的范围内吗? 假如它们相配,你就不用再做什么了。但是如果它们不匹配,费德勒就建议你作出一些改变。例如,你想提高领导—员工关系量表部分的分值,就应该下大力气来和你的下属沟通,减少矛盾,更平易近人。假如你想提高工作结构等级量表部分的分值,就应该下大力气为这一工作开发一套工作程序。假如你想增加职务权力等级量表部分的分值,那么你就应该从上级那里得到更大的权利。同样,假如想要降低工作结构等级量表部分的分值(设计任务,这样下属可以决定如何开展工作)和职务权力等级量表部分的分值(让下属能作出更多重要的决策),你可以训练下属,让他们参与到其他的工作,等等。重要的是要改变你周围的环境,让它和你的领导方式相匹配。

我们着重介绍了费德勒领导理论，是因为他采用了一系列的方法在各种贴近现实的假设条件下验证了他的理论，在这方面，他做得比其他任何一个研究者都要好。例如费德勒等人（1984，1987）在一个研究报告中，根据他的理论为几个矿井特别制定过一个管理培训方案（Fielder et al., 1977），并将这个方案同其他广泛使用的旨在培养领导技能的组织开发方案进行了比较，那些广泛使用的组织开发方案咨询费用大约在80 000~150 000美元，而费德勒的管理培训方案预计费用只在4 000~10 000美元，而且在提高生产率和矿井的安全性方面，要比其他方案更为有效。

不过，费德勒的研究并不是迄今为止最好的领导理论，我们还要提到一些其他的理论。

辅助材料

识别你的领导风格*

你作为领导者的表现主要依赖于领导风格与你对工作环境控制两者之间的正确匹配。这一部分将帮助你识别你的领导风格和促使工作最有效的条件。仔细阅读下面的说明，完成最难共事者（LPC）量表。

说明

生活中，你可能会与各种不同人所在的各种团体共同工作，这些团体包括工作团体、社会团体，教会的成员、志愿者团体，体育运动队，等等。有些共事者可能很容易共事，而有些人则很难。

在曾经与你共事过的人中，想出一个现在或者过去最难共事的一个人。这个人不一定是你最不喜欢的人，而应当是你与其共事遇到困难最多，而且工

---

* 此页以及以下几页的资料来自 Fiedier F.E., M. Chemers 和 L. Mahar 的"提高领导效率：领导权变概念"。

作过程最不顺利的人。这种人就叫你的最难共事者(LPC)。

在下面的量表中,在正确的位置上标注"X"来描述这个人。量表包含成对的词义相反的词汇,例如很整洁和很不整洁。在每对词组中,有八个空格组成量表。

很整洁 $\overline{8}$ $\overline{7}$ $\overline{6}$ $\overline{5}$ $\overline{4}$ $\overline{3}$ $\overline{2}$ $\overline{1}$ 很不整洁

将这八个空格看成从一个极限到另外一个极限的中间值。假如你认为同事比较整洁,那么就在标有数值 7 的空格标"X",如下所示:

很整洁	X 7	6	5	4	3	2	1	很不整洁
	8							
	很	比较	有些	有点	有点	有些	比较	很不
	整洁	整洁	整洁	整洁	不整洁	不整洁	不整洁	整洁

然而,假如你认为这个人只是有点整洁,你就应该在标有数值 5 的空格上标"X"。假如你认为这个人很不整洁(不整洁),那就在空格 1 上标"X"。

有时候量表的数值有可能向另外一个方向延伸,如下所示:

没有帮助的 $\overline{1}$ $\overline{2}$ $\overline{3}$ $\overline{4}$ $\overline{5}$ $\overline{6}$ $\overline{7}$ $\overline{8}$ 有帮助的

在你标"X"以前,仔细看直线下边的词汇,答案没有对错之分。用最快的速度完成,因为你的第一个答案可能是最准确的。不要遗漏任何细节,马上标出相应的词语 先不用管后面选项的分值。

现在看 项,描述你最难共事的同事,然后继续下一页的量表。

最 事者量表(LPC)

									分值
令	8	7	6	5	4	3	2	1	令人不愉快 ——
	8	7	6	5	4	3	2	1	不友好 ——
绝	8	7	6	5	4	3	2	1	接受 ——
紧张	8	7	6	5	4	3	2	1	放松 ——

	8	7	6	5	4	3	2	1		
远	—	—	—	—	—	—	—	—	近	—
冷淡	—	—	—	—	—	—	—	—	热情	—
支持	—	—	—	—	—	—	—	—	敌对	—
乏味	—	—	—	—	—	—	—	—	有趣	—
好争吵	—	—	—	—	—	—	—	—	和睦	—
沮丧	—	—	—	—	—	—	—	—	高兴	—
坦率	—	—	—	—	—	—	—	—	警惕	—
背后诽谤	—	—	—	—	—	—	—	—	忠诚	—
不值得信赖	—	—	—	—	—	—	—	—	值得信赖	—
体谅他人	—	—	—	—	—	—	—	—	不体谅他人	—
下流	—	—	—	—	—	—	—	—	正派	—
易相处	—	—	—	—	—	—	—	—	不易相处	—
不真诚	—	—	—	—	—	—	—	—	真诚	—
善良	—	—	—	—	—	—	—	—	不善良	—

总分＿＿＿＿＿＿

领导—成员关系量表

对下面的每一条陈述标出代表你反应的数字。

	强烈赞同	赞同	中立	反对	强烈反对
1. 我管理的人员在相处过程中总有摩擦	1	2	3	4	5
2. 我的下属都很可靠而且值得信赖	5	4	3	2	1
3. 在我管理的人员之间似乎总有一种友好的氛围	5	4	3	2	1
4. 我的下属总能与我很好地合作完成工作	5	4	3	2	1
5. 在我的员工和我之间存在一些摩擦	1	2	3	4	5
6. 在工作中，我的下属给了我很多帮助和支持	5	4	3	2	1
7. 我管理的人员在工作中相处得很好	5	4	3	2	1
8. 我同管理的人员建立了良好的关系	5	4	3	2	1
总　　分					

任务结构量表——第 1 部分

在适当的列中标出对应的数字	总是正确	有时正确	很少正确
目标明确或广为人知吗?			
1. 已完成的产品或服务有相应计划、图表、模型或详细的说明。	2	1	0
2. 有专人对已完成的产品或者服务,或者工作应该如何进行提出相关建议或详细的说明。	2	1	0
只有一种方法可以完成任务吗?			
3. 有一个详细的、可遵循的、分阶段的工作程序,或者标准的操作程序。	2	1	0
4. 有一个特定的方法将任务分解成独立的部分或步骤。	2	1	0
5. 有一些方法被大家公认在执行任务的时候要比其他方法好。	2	1	0
只有一个正确的答案或解决方案?			
6. 很容易完成任务并且找到正确解决方案。	2	1	0
7. 有一本书,手册或者工作说明能指出任务最好的解决方案或者最好的结果。	2	1	0
检查工作完成情况很简单吗?			
8. 对于特定产品或服务必须要达到或者认为应该达到的标准有比较一致的理解。	2	1	0
9. 对于任务的评估通常建立在量化基础上。	2	1	0
10. 领导和团队能随时掌握任务的进展程度,并有足够的时间作出改进。	2	1	0
小　计			

任务结构量表——第 2 部分

培训和经验调整

注: 当得分小于等于 6 分时不需调整。

(a) 与在相同或相似岗位上的人相比较,领导的培训状况如何?

3	2	1	0
没有培训	很少培训	中等培训	大量培训

(b) 与在相同或相似岗位上的人相比较,领导的经验怎样?

6	4	2	0
没有经验	很少经验	中等经验	大量经验

将线(a)和(b)上的数值相加,然后从第1部分的小计中减去这个数。

从第1部分中得到的分数小计

减去培训和经验调整值

任务结构表总分值

职务权力等级量表

标出最能代表你答案的数字

1. 领导是否能够直接或者建议对下属实施奖励或处罚?

2	1	0
可以直接地或 建议非常有效	可以建议, 但结果不一定	不能

2. 领导能直接或者提出建议来影响下属的晋升、降级、聘用以及解雇问题吗?

2	1	0
可以直接地或 建议非常有效	可以建议, 但结果不一定	不能

3. 领导有必要的知识来给下属分配工作,并在任务完成过程中指导下属吗?

2	1	0
有	有时或者在某些方面可以	没有

4. 领导的工作就是评估下属的工作吗?

2	1	0
是	有些时候在某些方面是	不是

5. 组织给领导一些正式的头衔吗？（如领班、部门负责人、队长等）

$\dfrac{2}{是}$ $\dfrac{0}{不是}$

总分 ☐

情况控制量表

将领导—员工关系量表、任务结构量表、职务权力量表的数值填写在下面的空格里面，将三个数值相加，将你的得分与表中给出的范围比较，决定你的情况控制是哪种类型。

1. 领导—员工关系量表分值 ☐

2. 任务结构量表分值 ☐

3. 职务权力量表分值 ☐

    总分 ☐

总　　分	51~70	31~50	10~30
情况控制量	高控制	中等控制	低控制

8.2 领导理论和领导方式

没有一个领导者能承担得起忽视 M 类和 P 类领导方式的代价。理想的情况是，领导者能熟练地运用两种方式。不过，有一些理论提出，在某些情况下，领导应该只重点运用其中的一种。

对领导的另外一种理解是给其他人提供必要的支持，帮助他们实现目标的人。这种方式也称为路径—目标领导理论（path-goal theory of leadership）。这种理论的观点为，领导的行为方式应该由下属的需求决定。例如，下属不知道如何着手做一件工作，那么上司的领导方式就必须是事务型；下属还有一些需求还没得到满足，那么领导就应当对这些需求加以特别关注。

让我们来看另一个例子。假如工作本身非常单调，那么领导就必须提供一些刺激或作出一些改变。很显然，假如工作本身就很多样化，就没有必要再这样做了。研究表明，当工作非常复杂，并且人们知道自己应该如何做的时候，体谅型的领导会特别有效。

还有一些其他因素会同我们刚刚提到的因素相关。如果任务很复杂或非常有创新性，让员工自己决定如何去做就比较好一些，因此，体谅型的行为是很重要的。如果员工的能力非常高，领导最好什么都不管，让他们自己做去。另外，如果他们能力不足，领导就有必要为他们作出一些安排。还有其他因素能使得那些很少发号施令的领导更有效率，例如，下属对独立性的需求很高、愿意承担决策的责任、能够容忍模糊和不确定性、对问题有兴趣以及能认识到问题重要性等。当组织目标和员工目标一致、当员工拥有完成工作的知识和技能和当员工希望参与决策的时候，领导者应该主要运用体谅型行为而不是安排型行为。

领导者与员工之间关系的长短也会影响到领导方式的有效性。霍斯（Hersey）和布伦查（Blanchard, 1982）认为，开始时，领导者应该告诉员工怎么去做，过一阶段后，应该说服员工接受他的建议或安排，然后应该是让员工参与决策，最后是授权。

假如一个领导者必须作出一个非常重要的决策，他就会有意识地控制自己的行为。他会留出时间来考虑如何做。这是和领导者行为受习惯控制的情况不一样的。假如有时间，他会改变他们的行为。佛农（Vroom）和耶顿（Yetton, 1973）对领导者改变行为的过程做过深入的研究。

考虑下面几种不同种类的领导风格：

命令风格　在这种情况下,领导作出决策,告诉下属如何去做。

协商风格　在这种情况下,下属将决策所需要的信息提供给领导,然后由领导作出决策。

咨询风格　在这种情况下,领导征求下属关于如何开展工作的建议和信息,然后根据这些建议和信息来作出决策。

参与风格　在这种情况下,下属提供信息和解决方案,领导同他们一起协商,最终作出一个双方都能满意的最优决策。

授权风格　在这种情况下,领导为下属提供关于问题的信息,提出备选方案,把最终决策权交给下属。领导甚至不需要下属向自己汇报究竟采纳了哪种解决方案。

佛农和耶顿(Vroom & Yetton, 1973, p.13, p.194)提供了一个能够判断出在什么情况下这五种风格的领导方式比较适合的决策树。在决策树中,包含一系列的问题,根据对这些问题的回答,推荐出适合的领导风格。

这个方法要回答七个按一定顺序排列的问题。第一个问题是:"有没有一些定性的要求可以判断出一个方案比其他的方案更合理?"根据对这个问题的回答(是或否),继续看第二个问题:"我是否有足够的信息来作出一个定性的决策?"根据问题的答案,接着是第三个问题:"这个问题是不是结构化的(可分解的)?"这个过程一直持续下去,直到领导发现最好的领导风格。

我们有必要分析一下费德勒与佛农和耶顿在分析方法上的差异。费德勒的方法假设领导的个性是固定的。假如他们发现所处的情景与自身风格不一致,他们就需要"设计情景"使其与自己的领导风格一致。相反,在佛农和耶顿的方法中,每个人都可以根据环境的不同运用不同的领导风格。在一种情况下,他可以决定授权,在另外一种情况下,他也可以选择命令风格。通过对情景的分析,和对一些特定问题的回答结果,来决定采用哪种领导风格。

两种方法都认为没有最"好"的领导风格。领导的有效性是由情景或环境来决定的。费德勒的方法事实上也叫作"权变模式",因为这种方法认为最有效的领导方式是由情景决定的。佛农的方法也是一种权变理论，但是费德勒的方法是以个性分析为基础的，而佛农的方法则是以对情景的合理分析为基础的。

在某些方面，费德勒与佛农的观点都是正确的。在讨论动机的第六章中，我们讨论了作为行为决定因素的习惯和行为意图的重要性。当工作非常熟练时，在出现紧急情况或时间非常紧迫时，习惯就很可能是行为的主要决定因素。当习惯起主要作用的情况下，费德勒的理论更有可能是正确的，因为他假设领导的行为是不变的，也就是说，他们的行为受到习惯或者根深蒂固的个性的控制。当意向是行为的重要决定因素时，佛农和耶顿的理论可提供更好的指导。这时，我们就可以采用决策树，并学会采用正确的决策风格。

领导的许多工作是一些日常决策，这是一类每天都要做的常规活动。对于日常决策来说，费德勒的观点似乎更准确地描述了领导行为的现实。另外，当领导刚刚开始一项工作或者决策本身非常重要，且有充足的时间去仔细考虑时，佛农和耶顿的方法可能更适用。

正如我们前面所提到的，如果习惯起重要作用，领导的经验就非常重要；如果是行为的意向起重要作用，那么领导的才智就非常重要。研究表明，领导的才智与组织的有效性是不相关的，更准确地说应该是相关性很低，没有什么实际意义。当然，也存在领导的才智与组织的有效性相关性很高的情况，不过这时需要具备一个条件：领导很有权威，能够得到下属的尊敬和爱戴。费德勒（1986a）在报告中指出，在这种情况下，相关性大约是 0.7，而在其他情况下，相关性为 0.1 左右。这个结论非常适合研发机构的情况，因为研发机构的员工通常具有很高的才智。假如员工的智商为 130 左右，领导的智商就是 140 左右（当然这是很少见的，智商为 140 的人出现概率只有 3‰），再加上学术上的成就和个性，从而受到下属的尊敬和爱戴，他也就有了威信。如果领导的风格是参与型的，那么他就可以借助下属的智慧提高组织的有效性和效率。

总之，专制或家长式的领导方式只是在某些场合下才会有效，而民主或体谅型的领导方式应用的范围则宽得多。与其他单位和部门相比，这种情况更符合研发机构的情况。研发机构一般员工的才智很高,有着自治的愿望,让他们放手做事时,他们能很好地完成工作。

对于领导来说,还有其他的重要工作。如贝尼斯(Bennis,1984)提出,经理需要具备四种能力:吸引别人注意(让人们关注组织的目标),赋予目标意义(利用一些象征的语言或口号来形象阐明组织的目标),建立信誉(能让别人预见到自己的行为、可信和言行一致),下属自我观念的管理(要让他们感觉到自身的重要性,从工作中获得享受,感觉到自己是团队的一员)。更为优秀的领导应该是能够鼓舞人心的(是员工的榜样),能给下属更多关怀(对那些看上去被忽视的人给予更多的关怀),经常奖励他们并且能够激励他们充分发挥自己才智(能够让员工用新的方法解决原来的问题)(Bass,1985)。

下面我们来看一下研发机构中的一些具体问题。

8.3 研发组织中的领导问题

对领导来说,P 类行为是必不可少的,大多数的领导者做得最多的是 P 类行为,M 类行为不够,而 M 类行为在研发组织中是特别重要的。在研发组织中,员工仍然需要从管理者那里得到一定的指导,否则他们的行为就很有可能与组织需求不一致。派兹和安德鲁斯(Pelz & Andrews,1966a,b)的研究表明如果自主权过多或过少,研发人员对于研究组织的贡献都会很小。适度的自主权才能提供最合适的条件,只有这样,科学家对组织的贡献才能达到最大化。

有些研发管理人员认为管理只不过是纸上谈兵,而技术才是真正的工作。这样他们没有认识到关心是为员工提供的最好的工作环境。而且,有些经理感觉"牵手"①之类的关心职工的行为有损个人形象,认为这种行为太软弱、太

---

① 牵手(hold hands),有合作和员工参与的含义。——译者注

女性化了。然而，心理调整的研究表明心理调整比较好的人不仅具备男性的优点也具备女性的优点，也许了解这些知识可能会对管理人员们有帮助。也就是说，他们能够独立自主，但同时充满热情、乐于助人、诲人不倦。一个人如果同其他人之间存在矛盾，那么他最好按费德勒的建议改变环境以与自己的领导风格相适应，或者他可能会发现自己从事技术工作更好一些。

这种观点可以理解为：好的管理需要"有控制的自由"。这个观点同安德鲁斯和法瑞斯（Andrews & Farris，1967）、费雪（Fisher，1980）、史密斯（Smith，1970）的研究是一致的。下面是几个与研发组织有关的例子。

派兹和安德鲁斯（1966b）认为，在研发组织中，最有效率的科学家是那些除了应用研究外，还被允许做一些基础研究的人。对于科学家来说，最令人沮丧的是他们提出一个想法，需要做基础研究，但由于这种研究同组织的需求明显不一致而被禁止。如果一个管理者能够让他的下属避免受到这种挫折，那么他就是一个好管理者。

一个好的管理者还应该确保他的下属不要过于专业化或专业面太窄。在许多实验室中都存在这样的问题，有些人专业面太窄，一旦专业过时，人也就过时了。派兹和安德鲁斯（1966b）对此做了深入的研究，他们认为，一个科学家的效率，会随着他们涉足专业领域的增加而增加。

根据派兹和安德鲁斯的研究，那些花费50%的时间在研究上，另外50%在其他事情上的科学家，往往要比那些将所有时间都用于科研的科学家效率高。对这些问题比较敏感，并且在分配工作时能考虑这些问题的管理者也有可能更有效率。

在科研工作中，对科学家高度授权是非常必要的。另外，表扬、认同、反馈也非常重要。那些对好的工作能够奖励、赞扬、认可的领导，要比那些看到良好工作表现只是微笑却什么都不说的领导更有效率。好的管理者应该能够识别出那些不合格的工作，并且确保这样的工作不获奖。好的管理者应该鼓励下属利用公休假去开发和应用新的技术，应该能够为员工设定一些有挑战性但能实现的目标。他应该对目标的完成情况每六个月做一次检查,并根据情况适当奖励。

　　另外一个比较特殊的问题是,在许多研发组织中,一个人通常有两个上司,一个是职能部门的领导(某一领域的专家),另一个是项目的领导(主要集中于一个需要解决的特定问题)。虽然经典组织理论反对这种有两个上司的结构,但实际上工作中经常是这样的。

　　这种情况下,科学家的效率通常要依赖于两个领导影响之间的平衡(Katz & Allen, 1985)。卡茨和艾伦的研究发现,当项目经理主要负责项目与外界的联系,而职能部门领导主要负责内部工作时,项目会取得最好的业绩。正如他们说的:"当项目经理具有较高的组织影响时,项目的业绩最高。"这是一种外部导向。因此,他们应该主要关注为项目争取资源和使项目得到认可,并使项目同组织的其他活动联系起来,以及确保项目的方向同组织的总体规划相一致。卡茨和艾伦认为,职能部门的领导应该关注技术的先进性和完善性,即保证项目技术上合理,并采用了当时最先进的技术。这是一种外部导向,主要关注项目的技术方面。技术上的决策应该由那些对科学和技术最熟悉的人作出。

　　职能部门技术决策的这种定位意味着,项目经理起着非常重要的整合作用。不同职能部门的技术目标往往是相互冲突的,项目经理要负责保证分别由不同职能管理者作出的技术决策能够相互协调,以取得尽可能好的结果。很显然,项目经理在组织内的影响力越大,对各个职能部门领导的协调和谈判也就越容易。

　　从这项研究中我们可以得出,项目经理应该比职能部门的领导更有组织经验,在组织内的地位也应更高。所以一个不错的办法是让一些能干的青年专家担任职能部门的领导,负责项目技术方面的工作,而让一些年长的人担任项目经理。

　　在一项对66个企业的研发项目小组的研究中,凯勒发现,许多研发项目业绩出众是由于采用了改革型（Transformational）领导方式（Keller，1995）。什么是改革型领导呢？在凯勒看来，改革型的领导者通过以下方式努力达成超过一般预期的结果：① 激励员工用新的方法来思考问题或任务，激发研发人员认识到项目使命的重要性；② 强调组织目标。然而，在开发项目中，更家长式的领导有利于项目取得好业绩。伯森（Berson）和林顿（Linton，2005）追随了凯勒关于研发背景下改革型领导者的研究。一项针对 511 名研究型工程师和科学家的研究表明改革型领导者对高质量的工作环境的形成是至关重要的，不仅改善了研发组织的工作本身，也提高了员工的满意度。类似地，居米什吕奥卢（Gumusluoglu）和伊尔塞夫（Ilsev，2007）发现变革型领导者在个人和组织层面都是有利的，并与创造力进而与创新正相关。

8.4 研发活动的领导：一个相互影响的过程

根据对研发组织的研究，法瑞斯（1982，p.344）曾断言：

在非常具有创新性的组织中，管理者更多地参与到非正式的组织中。他们协助员工完成工作，特别是对关键问题的评估，提供管理支持和帮助员工思考技术难题。而员工则会为管理者提供更多的帮助，特别是提供技术信息和创新的思想，并在解决技术难题和作出重大评估时提供支持。

研发管理中领导的实质是管理者与员工相互影响的过程。知识型员工为实现某一项目标而工作，并不是因为别人已经设定了这项目标，而是因为他们相信这项目标是正确的。要将知识型员工送到胜利的彼岸需要运用多种领导风格（MacCoby，2006）。因此，法瑞斯提出了四种领导或管理风格（1982，p.344）。

■ 协作：管理者和成员在决策的时候都有很大的影响力。

■ 授权：在决策中,成员被授予很多权力,而管理者的影响很少。

■ 控制：管理者有很大的影响,而成员几乎没有。

■ 缺位：管理者既没有把某一特定的任务分派给员工,自己也没有做。在这种情况下,管理者和员工对特定的决策都没有影响。

一些研究清楚地表明,协作方式在制定计划方面,以及在非正式的组织中,最有利于创新取得良好的业绩。不过,在一些特定情况下,就必须使用其他的领导方式。例如,如果决策的时间有限,就可能来不及从员工那里获得充分的建议,也就不可能采用协作方式。视具体的情况,授权或者控制都可能是比较好的方法。在某些情况下,也会有研发管理者缺乏能力来提供必要的领导的情况。在这些情况下,使用高度授权或者缺位的方式非常普遍。

尽管大多数组织不愿意承认,但是缺位的现象还是经常会发生。当管理者在技术方面和学术方面都缺乏能力的时候,他们就会发现自己被更有实力的人所"包围",这些人可能是比自己地位高的(更高级别的管理人员),也可能是比自己地位低的(基层的研究人员),此时,就很可能出领导的缺位。在官僚或等级制的组织环境中,研发组织内很容易出现这样的情况：一些能力低下,不能有效履行领导职能的人却占据非常重要的管理岗位。当组织成长或者发生变革的时候,也会发生这种情况。

总之,法瑞斯的研究(1982, pp.345–346)表明,协作要比授权更能够提高创新的绩效。创新业绩低下的团队的管理人员常常认为他们是在授权,事实上是领导的缺位。

8.5 一个有关领导风格的案例

政府实验室或者规模较大的非政府研究组织(工业实验室或高校的研究

所)通常是等级制的,缺乏有效的领导,领导缺位的现象非常普遍。一个组织应该如何应对这种情况呢?

让我们来看一个研发实验室的实际例子①。刘易斯先生是一个实验室的部门主任,管理 7 个学部②,下属有 150 人。刘易斯先生没有受过研究方面的培训,只有一个工学学士学位,而且他并不打算在技术上继续深造,在组织内一直不太活跃。人事档案表明,他一直是一个表现优秀的人,实验室每次扩张或者变革时,他都得到一些新的职务。当组织精简时,一些比他更有能力的部门领导都被解职,他还能保留在原来的位置。

刘易斯先生有个很好的习惯,他知道自己缺乏技术能力,因此在讨论复杂而重要的研究项目时,他不发表评论。在制定研究项目计划和方向时,他从不担当领导角色。他发表关于积极响应项目赞助商,尤其是响应实验室主管,他的顶头上司科尔博士的一般性的言论。刘易斯先生忠诚地接受和执行科尔博士提出的任何建议,从不反驳或不满实验室主管制定的任何政策。相反,一有机会他总是用极为夸张的方式表达对主管的赞美之情。

这个部门的研究绩效远远低于其他部门,项目赞助商也对该部门的研究绩效不满意。所有的绩效问题归因于其他因素,例如新的雇员、研究人员之前缺乏协作和变化的研究需求。在实验室主管科尔博士的亲自参与下,解决方案不断地被提出,部门的资源也不断增加以解决这些难以预见的问题。结果绩效在未来 18 个月或更长的时期内得以改善。总之,刘易斯先生对自己的授权能力感到自豪。他并没有完全参与到工作中,也不知道谁在做什么,他自己也没有从事任何研究或学术性工作。他将自己的工作视为管理者而非执行者。作为一个管理者,他尤其关注于相应科尔博士的全部建议、指令和政策。分析这个案例,并思考以下问题:

————————

① 根据真实事例改编,但全部人名和事件是虚构的。

② 为不引起混淆,本案例中的部门(Devision)是实验室的一个部门,学部(Department)隶属于这个部门。——译者注

■ 这个部门主任的领导风格和行为模式是什么？

■ 组织的业绩如何？

■ 从哪些方面可以看出这个组织存在很多领导问题？

■ 组织应该如何处理这些问题？

领导风格

这个案例中的领导风格是缺位和授权的结合。所有技术方面的责任都授权给了学部负责人，在部门层次上的协调很少，通常应当在部门层次上作出的决策交给了更高级别的管理人员——实验室主管希穆勒女士，部门水平上的领导缺位。这个部门主任作出决策时会征求她的意见，实际上，本应当由部门主任作出的决策都是她作出的。这个部门主任行为模式的特点是：乐意承认自己缺乏技术能力，与几个其他部门建立牢固的联盟，对一些业务上成绩卓著的部门主任则进行贬毁，实验室主管希穆勒女士让他做什么，他们就做什么，下达希穆勒女士的命令给下属，不承担任何风险。

组织业绩

组织的业绩差强人意。研究内容上越来越强调技术支持，而不是研究，创新性的研究项目永远不会有结果，它已经降格为提供技术支持的行为。

领导问题

刘易斯先生（部门主任）的领导风格和行为模式，以及部门长期以来非常缺乏创新等现象，已经说明这个部门存在问题。

问题的解决

解决这类组织问题有很多方法。在讨论以前，先看一下这些问题是如何产生的。

刘易斯先生原来管理三到五个技术人员，他们对已有的材料进行分析。随着公司逐渐发展壮大，对科研的需要越来越迫切，刘易斯先生建立了一个小型的技术支持团体。不久以后，一个拥有三个部门的独立实验室就建立起来了。很快，实验室又进行了选址，还添置了大量科研设备。由于刘易斯先生个性和善，又不存在什么威胁，他就不断承担越来越重要的管理职责。在组织精简的时候，刘易斯先生之所以能够保全他的职位，是因为他无法在较低的岗位或者研究领域内作出有价值的贡献。

那么现在，如何处理这种情况才是最好的呢？

把刘易斯先生解雇或者降职也许是一个选择。不过，在官僚的等级制组织中，采用这种方法经常会造成更多的麻烦，得不偿失。人事的处理过程可能很麻烦而且浪费时间，即使事情能够顺利解决，把刘易斯先生调整到一个较低的岗位或者研究岗位上，但他显然也并不胜任。刘易斯先生从来没有认为他在技术上很有能力，也从来没有伪造或者夸大自己的成果。他是一个敬业的、努力工作的员工，如果考虑到他缺乏技术和学术背景，工作成绩也算不错了。问题好像并不是出在刘易斯身上，而是出在"系统"上，因此采取任何对刘易斯先生不利的行动似乎都是不公平的。

当然还有其他的选择，可以为刘易斯先生派一个级别较高、技术水平较高的助手来执行必要的协调管理工作；给刘易斯先生的部门分派一些技术支持任务，而不是创新性的研究项目；或者指派刘易斯先生到组织的另外一个部门，薪水保持不变，利用他长期与研究活动打交道的经验，让他在人员调配和研究联络方面发挥作用，这对组织也会有利。

8.6　创造性研究环境中的领导问题

在研发组织中,处于重要领导岗位的人通常会有一些重大研究项目。美国政府部门和企业中,有些人尽管并不直接从事研究项目,但他们却有监管研究组织的职责。因此,研究一下那些直接参与重大项目管理和执行过程的领导和管理行为是很有意义的,这些重大的研究项目一般需要许多科学家和工程师的参与。

敏兹伯格(Mintzberg,1975,p.61)提出过一些非常重要的领导和管理技巧,包括与员工建立伙伴关系,进行协商、激励员工、化解冲突、获取和发布信息、在高度不确定性的情况下作出决策、分配资源等。在研发组织中,其他活动也很重要,例如建立信息网络,以此加强与范围更大的共同体之间的联系,以及吸引和招聘高素质的人才,等等。

有资格管理重大科研项目的人往往没时间去深入、广泛地考虑项目所有事情。在研发组织中,大多数管理人员都无法亲自去做那些需要认真思考的、原创性的或理论性的工作,大多数人工作时间很长而且很繁忙。他们必须同各方面的人打交道,包括一些典型的个人或者团体,例如研究组织内的主管、研究项目的赞助者、顾客团体(他们可能会是科研成果的用户,并对获得研究资金有一定的影响)、团队内的研究人员、科学共同体内的同行、非科研性的行政单位(如审计、人事、合同管理等部门),等等。经验丰富的研发管理者知道,哪个照顾不到都可能会有麻烦。科研项目的正常有效开展和满足这些人的要求就够管理者忙的了。但正如索洛(Thoreau)所说的:"仅仅忙是不够的,问题是,我们要知道自己究竟在忙什么?"

管理者应该做什么? 一个处于重要领导岗位的管理者必须完成分内工作。此外,他必须关注那些有关组织长期发展的需要,必须考虑组织的战略和政策问题。用前面讨论个人绩效和组织有效性时的话说，就是管理者在看问题时，不仅要关注那些过程和结果指标，还要关注那些战略性指标。关注战略问题需要创造性思维和认真的思考，因为战略问题往往具有高度的不确定性和风险性，以及回报的滞后性（如果有回报的话），这些因素相互交织在一起，非常复杂。这种集中精力的思考，可能会比其他的方法更好地使研发组织在长期更有效率，也更可能实现领导者自己追求的卓越目标。仅仅忙于日常事务是不够的，有效率的研发管理者要能集合众人的力量，要能高瞻远瞩，同时也能在专业领域作出成绩。

8.7 小　　结

对于每天的决策和行为，你的个性可能决定你如何行动。为了确保你的行为有效，你可能会改变你的工作环境来适应个性（Fiedler et al., 1977）。

假如你是高 LPC（见 8.1 节），作为领导，你就要避免太容易（你拥有太多的控制力）或者太困难（几乎没有控制力）的环境。换句话说，培养一种你有适当程度控制和影响的环境，这在研发组织中是很普遍的。你的领导风格应该是参与型或者关系导向型的。

假如你是低 LPC，理想情况则可能是你的下属之间没有冲突，有明确的任务，你要有很大的权力。另外，如果你没有权力，而你的下属不喜欢你，以及你不知道他们应该做什么时，不要着急，要取得出色的工作成绩，你应该依靠任务导向和命令式的领导方式。

既然你是在和非常聪明并独立性很强的人打交道，就不应该过多地给他们安排任务。既然你想最大限度地降低压力，就是想你的团队喜欢你。既然在一个有效率的研发组织中你的权力和影响力应该是适度的，那么你就非常需要使用关系导向型领导方式。

对于一些重要的决策,假如你有足够的时间就回答一下佛农和耶顿推荐的那些问题,仔细地完成他们提出的决策树的所有问题和步骤,然后采用决策树推荐的领导风格。

假如其他一些因素非常关键,那么上面的建议就只能部分相信了。如果出现下面的情况,你就需要更更侧重参与式领导风格:

■ 你信奉平等主义;

■ 你尊重下属的技能;

■ 你几乎不了解他们的工作;

■ 你能容忍不确定性;

■ 你认为下面这些问题很重要:下属喜欢你、他们能够和睦相处、他们对工作很了解;

■ 工作很有意思,需要用许多办法来解决,质量要求很高;

■ 不存在危机,工作中不涉及利害冲突、允许人们想到交流和联系,环境变化很快。

假如没有上面这些条件,你就应该更加侧重于命令式的领导风格。

当员工是新招聘来的,你还可以用指示式或命令式的领导方式,告诉他们如何做;如果员工比较成熟,说服式的领导方式比较好一些;如果员工更为成熟,参与式的领导就非常理想了;如果员工懂得很多,来的时间也很长了,那么授权式的领导方式可能是最理想的(Hersey & Blanchard, 1982)。

检查一下你下属的工作情况。同理想的工作环境相比还欠缺什么? 假设他们不知道要做什么,就告诉他们。假设他们感到无聊,就想办法使他们快乐起来。换句话说,你的工作就是帮助他们实现目标,并提供他们所需要的资源(路径—目标理论)。

还有其他的因素会对我们刚刚提到的那些情况进行调整:假如你的时间或资源有限,或者大家希望你更专制一点(这种希望可能来自文化、组织、你的上级、下级和同事等),或者你的员工能力和经验不足,那么你可能就需要变得更专制一些。

最后,有一些同研发组织相联系的独特情况。因此领导的概念和风格是与一个研发组织的具体情况有关的。

8.8　课堂讨论问题

（1）在什么情况下,费德勒的领导理论才能提高研发机构的有效性?

（2）在什么情况下,佛农的理论才能适用于研发机构?

（3）有哪些正式和非正式的流程能够帮助你实验室的研发人员培养他们的领导技能? 如何对这些流程进行改进?

（4）科学共同体的价值信念在研发组织领导概念的形成中起到了什么作用?

第九章

研发组织中的
冲突管理

在这一章里,我们需要讨论三种冲突——个体冲突、人际冲突和团体间冲突。第一种存在于个体之中,第二种存在于个体之间,第三种则存在于团体之间。

9.1　个 体 冲 突

个体自身存在着许多种冲突,我们讨论的第一种冲突是角色冲突。角色是在一个社会系统中,对处于某一职位的人应有的正确行为的观念。例如,总工程师的职位明确说明了这一职位应从事什么样的活动。在分析角色时,指定角色、主观角色、扮演角色是三个非常重要的概念。指定角色是指由其他人所指定的角色,比如,老板、下属、同事通常都对总工程师应该承担的工作有各自的理解,把这些看法总结成一个概念,这个概念就包含了总工程师应该承担的工作。又如,当总工程师说:"我做这些,是因为我是总工程师。"——这就是对主观角色的理解。最后是扮演角色,即这位总工程师真正履行的角色,或者说是他在工作中表现出来的真正的职责。

如果扮演角色与主观角色或指定角色一致,就达到了一种较为理想的状态。相关研究表明,这三种角色——指定的、主观的、扮演的它们之间经常会存在冲突,不能相互匹配,即指定角色事实上可能会与主观角色、扮演角色都不一致。

存在角色冲突的情况下,各种指定角色一般是很不同的。也就是说,许多人都为他指定角色,而且给他指定角色的人内部也对"某一特定角色到底应该是怎样的"存在分歧。这种情况会导致人们的主观角色混乱或相互冲突——因为老板是一种说法,下属是另外一种说法,而同事们也会有第三种说法。另外,当一个人的主观角色与指定角色不匹配,或是所扮演的角色与指定角色不匹配时,也会产生角色冲突。

卡恩(Kahn)的研究结论可在卡茨和卡恩合著的文献中看到(1980)：在他们所研究的各类组织中,大约有50%的人员曾有过角色冲突,这些冲突大多数与组织的等级结构有关。也就是说,个人对主观角色的定义与老板指定的任务角色不一致,或与高级管理人员交代给老板的不一样。

第二类的角色冲突和工作量有关,即这个人应该做多少工作？对一个特定的角色,其工作量会有许多种定义。

第三类冲突与员工的创造力相关。确定由谁来发起或应该由谁来从事创造性的工作,会由于确定角色主体的不同而变化。

最后一种冲突与组织边界的设定和应该由谁来对工作负责的问题有关。例如,应该由谁来决定某个实验室的成员是否需要参加某个会议。

卡恩的研究同时显示,随着以下情况的发展,冲突会愈演愈烈：① 个人的满意度下降;② 员工表现出来的体征越频繁;③ 员工去医院次数的增加;④ 人们对组织的信任度降低。

当一个人属于一个开发某一新产品的团队时,开发一个新产品既需要研发人员,也需要市场营销人员,研发组织中角色冲突的一个形象生动的例子就是在一个负责开发某一新产品的团队中工作人员的角色冲突,新产品开发与研发人员和市场营销人员都有关系。团队的组织结构不同,冲突的程度也会不同。在有关工作设计的章节中,我们探讨了斯奥德(Sounder)和查克拉巴底(Chakrabarti, 1980)提供的一个很有意思的案例,他们着重探讨了发生在研发团队和营销团队中的三种关系：阶段主导型、过程主导型和任务主导型。我们确定出了一些影响组织模式的环境。在任务主导型的组织中,角色冲突的问题最严重,因为在那种特殊的组织结构下,成员既要承担科研工作还要负责市场方面的任务。在阶段主导型组织中,冲突较少,因为这种组织结构对于科研团队和营销团队的任务划分得很清晰。过程型模式的角色冲突则处于这两种情形之间。

技术人员和研究人员之间的冲突

当某些技术人员与组织的其他成员看待彼此的方式间存在问题时，会发生另外一种个人冲突。法尔曼（Fineman，1980）提供了一个很好的例子，他探讨了一些大型研发组织中技术人员的作用问题。技术人员经常起到支持的作用，换句话说，他们被认为应该协助科研人员工作。这样经常让技术人员有种"二等公民"的感觉，他们仅仅被科研人员当作服务人员，而不是合作者。同时，他们的工作看上去缺乏创造力，仅仅是提供技术支持而已，而科研人员却承担了全部的创新性工作。很自然，这些人经常会感到他们的技术技能和水平被埋没了，管理者也没有考虑到他们的需要。在研发组织中，技术支持人员经常感到无助，缺乏权力和影响力。管理者必须找到适当的方式，提供一个普遍的目标，将技术支持人员和科研人员的工作结合起来。

在研究型组织中，人们的晋升与其技术能力的相联系远超过与管理水平的联系。因此，管理人员倾向于具有较强的技术能力，而其管理技能却很低。那些只关注技术问题的管理者通常不会考虑到下属的需要，在这种情况下，他们的下属通常会感到沮丧、难受，组织中的冲突就会有越来越多。

法尔曼（1980）提出过一些能够减少这类冲突的建议。比如，组织应给予技术支持人员足够高的地位，并改进晋升政策，以更好地让人们融入组织中。另外，可以采用工作丰富化或多样化的方法。组织也可能会认识到应该在研发管理人员的培训方面加大力度。最后，选择那些"脸皮比较厚的"支持人员与那些管理水平低下的人一起工作，这也可能是一种较为合适的处理方式。

上级和下属期望不同造成的冲突

在大多数组织中，经常会有上级和下属对同一个事件的期望存在很大差异的问题。当上级和下属在教育背景等方面存在差异时,解决这个问题就非常困难。比如,在一些营利性组织中,高层管理者一般都受过 MBA 教育或拥有法律或会计的学位。研发部门的管理者可能会向一个有 MBA 学位的人报告工作,而他的下属却可能是物理学家或是工程师。这些教育背景不同的人对同一件工作可能会有完全不同的期望。因此,管理人员常会发现他们的上级希望他们做一套,而他们的下属则希望他们做截然相反的另一套。这种"角色冲突"将会带来健康问题(如溃疡,即角色冲突的压力使人茶饭不思)、工作不满、情绪低落等反应。

对那些处于角色冲突中的人,首先要认识到自己面临角色冲突的问题。第二步是将有关人员召集到一起,共同协商各自应该扮演的角色。如果人们能够按照这种思路进行工作,便会发现一些解决这些冲突的办法。同合作者探讨希望领导"多做什么"和"少做什么",是一种比较有效的方法。例如,下属可能希望加强对他们测评的次数,而应减少指示他们如何去做工作的情况。在经过这样的探讨后,角色冲突的问题就会变得清晰,使大家能够达成共识。如果组织的成员有机会探讨这些问题并且寻找到解决方案,就可以减少这类冲突。

工程师的地位与组织冲突

凯南(Keenan,1980)分析了工程师们面对的压力。他认为,在现实生活中,尽管工程师有较强的专业技能并为社会作出了较多的贡献,但他们的社会地位低(这种现象在美国比较明显,但是在德国和日本则不同)。他的研究同时还表明,很多工程师对自己地位状况表示了不满,并因此情绪低落。由于这些人的工作价值观和组织的目标存在差异,他们常常感到有压力而且会发生角色冲突。这些冲突会严重影响工程师们的工作热情和工作效率。

发生这种冲突的一个根本原因在于,技术人员喜欢从事与他们专长相关的项目工作，而组织主要考虑产品的商业化能力。凯南的深入研究表明，在各种各样的组织中，技术专家和工程师面临着很大的压力。他们经常抱怨，在工作中缺乏自主权、缺少展示工作技能的机会，这种现象在年轻的科学家和工程师中尤为明显。还有一些证据显示，有些组织能够给科技人员提供一定的研究自由，根据技术能力提升个人的职位，并且允许个人参加科学会议来提高他们的专业知识水平和整体素质，在实施这种政策的组织中，科学家和工程师的满意度要比没实施这些政策的组织中的同类人员高得多。

角色模糊

除了角色冲突，一些科学家和工程师还存在角色模糊的问题，即他们不能明确理解从组织内各种"其他的重要人物"接收到他们该做什么的信息。大约有60%的科学家和工程师遇到过此类问题。换句话说，他们并不知道上司想要他们做什么。

角色负荷过重和过轻

在某些情况下会存在角色负荷过重现象。也就是说，承担工作的人员很难完成这项工作，他不具备完成该任务的能力、技能以及相关经验。在凯南（1980）的一篇文章中指出，弗莱奇（Fvench）和卡普兰（Caplan，1973）发现科学家和工程师经常会面临难以完成工作的情况，相反管理者面临这种情况的时候会少一些。存在的另外一个问题是工作不足，某些人员的工作任务不能有效地发挥其潜在的能力和水平。他在论文中还提到，那些经受过专门训练的科学家和工程师的学识无法在工作中充分利用。另外的一项研究表明，大约一半以上的工程人员抱怨，没有经过特殊训练的人员都可以完成他们的许多工作。

角色边界划分不清导致的冲突

角色边界划分不清是给员工造成压力或个体间冲突的另外一种原因,这个问题与组织的外部环境有关。有证据表明,处于这种环境的工程师比其他人员具有更大的压力,而且会经常抱怨工作压力大、从事自己喜爱的工作的机会少、提升的机会少等。他们还宣称他们的技能并没有受到足够的重视也没有发挥出应有的水平。

如何应对冲突和压力

牛顿和凯南(1985)探讨了工程师如何应对与工作相关的压力问题,他们指出:这些人可以采用不同的方式解决这些问题。例如,人们可以同其他组织人员进行沟通、采取直接的行动、逃离现存的局面或者仅仅是自己生气。究竟采取哪种做法要取决于:① 个人差异(例如,那些被定义为 A 型的人更容易生气);② 职位的变动(例如,在组织缺乏支撑氛围的情况下更容易发生跳槽现象)。在工程师群体中发生的跳槽现象要比其他的领域中多很多。同时,人们对压力的看法也决定了他们的选择,他们可以与别人沟通,也可以采取行动,例如跳槽。人们并没有总结出对每个人都适用的可以有效解决这种冲突和压力的办法,因为对于不同的人和不同的组织,这些办法的差异是很大的。解决的办法也在某种程度上取决于人们在冲突中的相对位置。不仅如此,在培训工程师和技术专家时,我们可以让他们对人际冲突变得敏感,也可以教会他们一些能减轻工作压力的方法(如生物反馈)。让人们认识到在组织中角色冲突和角色模糊是"常有的事情",会使这类问题更容易管理。能够就人们的角色进行"谈判",正视冲突,是解决角色冲突问题的最有效方式。

员工参与管理是降低角色冲突和角色模糊的最佳方式之一,认识到这一点很重要。在员工参与管理的环境下，员工可以决定他们应该做什么，他们应该在什么时间去做以及怎样去做。杰克森（Jackson）和舒勒（Schuler，1985）指出，当这些决定是由管理者或外部决策者作出时，会引起很多角色冲突和角色模糊问题。这项研究分析了 29 种与角色冲突和角色模糊有关的因素，他们发现大量的实证研究都表明，在那些员工能够参与管理和有较为全面反馈系统的组织中，这类问题要少很多。换句话说，当员工能够和管理人员一起确定任务，并且管理者（或任务本身）能够将相关的信息反馈给雇员时，冲突将达到最小化。这项研究还显示，当员工处于压力之下，满意度很低，对自身评价较低时，将会发生较多的冲突。

9.2　人 际 冲 突

张（Chan，1981）在研究过四个研发组织内管理者和非管理者的冲突后，他发现，人们大多认为冲突会产生负面影响。大多数冲突来自薪酬、目标控制、权力或是对服务不满。大多数的被访者都认为，冲突对工作业绩和满意度有负面影响，但是也有一小部分人认为，冲突会激励人们提升工作业绩。人们对待冲突的反应有很大差异。人们一般认为竞争和逃避会给团队的工作效率带来极大的危害，而合作是解决冲突问题最有效的方式。

总而言之，解决冲突的最佳方式是要富有创造性并努力达到双赢效果。例如，如果一篇论文的作者身份有争议，可以将参与过额外工作的某一个人的名字添加上，以证明共同作者的合理性，从而实现一种双赢的结果。

埃文（Evan，1965）提出过一个对发生在组织内的个体间冲突或人际冲突的分类方法。他把组织内两个不同领域内的人际冲突分为了三类：与同事的冲突、与上级的冲突和与下属的冲突。这些冲突既可能发生在技术领域，也可能发生在人际交往领域。在技术领域内的这三种冲突会涉及技术目标、里程碑、技术路线和数据解释等方面。在人际交往方面与同事或是下属发生的冲突包括个人喜好、彼此间的信任，以及担心其他人对自己所做工作的误解等；同上级发生的冲突通常与项目管理或权力问题有关，这可能引发由谁、如何，以及依据怎样的原则作出决策方面的冲突。

相关的研究显示：那些具有不同教育背景和价值观的人之间很容易发生冲突。例如，某个人认为在上级和下属之间保持一定的距离是件很重要的事情，而有人则认为这两者间存在较大的距离很不合适。类似地，一些人需要对工作原则确切地界定，而另外一些人认为根本没有必要作出这类清晰工作定义。同样，一些人认为大家应该各自独立地工作，而另外一些人则认为在工作中应该合作、加强联系，而且最重要的是保持好同事间的关系，这两类人很容易发生冲突。

当冲突双方或是一方的认知水平比较低，喜欢对任何事情要分得"一清二白"时，容易用典型化或脸谱化，或非常简单的方式看问题时，这类冲突会更加尖锐。通常来讲，人们的认知能力较强，这类冲突就变得无所谓了。人们认为某些冲突是由于个性间的不相容造成的，这就超越了本书所要探讨的冲突的类型，但是当这些冲突发生时，管理人员应该采用适当的办法来解决。

权力上存在重大的分歧引发的冲突一般很难避免。如果某个人可以完全控制他人，那么他的下属则可能会想，即使将关系搞得一团糟，他们也不会有什么损失。当管理能起到平衡权力的作用时（换句话说，下属拥有一定的权力），就可以降低这类冲突了。显然，如果两个人有过交往关系不佳的记录，那么这种关系在未来也会很难改善。

缓解这类冲突的一种有效方式是使他们处于共同追求一个我们前面所说的高级目标的情形下，这个目标是他们都希望实现，而且只有彼此互相帮助才可能取得成功。班克（Banker）、好莱特（Houlette）、约翰逊（Johnson）和麦格林（McGlynn，2000）发现高级目标可以通过非范畴化、再范畴化和相互差异化实现。非范畴化包括创造表达自我和人际交往的机会，使个体之间相互了解并成为朋友。再范畴化重新定义了个体的群体意识,使其在相互交往的过程中意识到其他群体的成员也是自己所在群体的成员。相互差异化是指只要各群体隶属于共同的相互合作和依存关系,应鼓励各群体之间的独特性。通过单独或共同运用这些战略可以减少偏见,增强群体之间的相互协作。增加交流的机会、从专业顾问那里获得帮助和组织重组都应成为减少冲突的备选方案。

9.3　团体间冲突

在组织中,团体间的冲突是非常普遍的。下面我们将简单介绍一些与团体或社会集团有关的社会心理学方面的主要研究成果(Worchel & Austin, 1985)。

内集团和外集团

首先,在内集团的人和外集团的人之间很容易产生冲突。内集团是集团内每个人都愿意协作,成员之间都相互信任的团体;而外集团则包括了他们不相信的人的团体。

内集团与外集团很容易区分。例如,在一项通过用一些十几岁的孩子所做的试验中,一些孩子被告知"你们属于黄队",另外一些孩子则被告知属于"红队"。在没有任何区别的情况下,有人对被告知属于黄队的孩子说,"这里有一叠钱,请把这些钱分给你们队和另外一个队"。这样一个简单安排就足以让负责分配的人产生照顾自己的内集团的心理。他们会将60%的钱分给自己的队,而将40%的钱给另外一个队。他们很自然会想到"既然我属于这个队,而另一队是我的'对手',我自然要多分些给我的队,而不相信另外一个队"。研究还表明,相对而言,内集团要比外集团更具有同质性。换句话说,属于某一个内集团的人"全部"被看作与别人不同。这些倾向意味着,我们是在典型化或脸谱化地看待外集团的人,可能会不如我们认识内集团的成员那样准确地认识外集团的人。

正确区分团体间关系和个体间关系是很有必要的。在个体间关系中,个人很清楚地认识到另一个人是谁;而在团体间关系中,个人往往认识不到另外一个人的性格特征。例如:在战士们向敌人开枪射击时,没有人会关心对方到底是谁。这只是对另一方综合性的反映或判断,他代表着他们的团体。在以下五种情况下,更可能会出现团体间关系而不是个体间关系:① 存在激烈的冲突;② 两个团体间长期存在冲突或有冲突的历史;③ 人们对内集团有强烈的归属感;④ 不熟悉外集团成员的情况;⑤ 团体之间不可能流动。

我们以研究人员同营销人员之间的关系为例说明以上情况。当营销人员的思维方式同研究者不同时,那么研究人员很可能就会认为所有的营销人员所持观点,想法都是一样的。相反,如果二者之间冲突甚小,研究人员则会看到营销人员当中不同个体的意见的差异。再者,如果两者之间曾经出现过冲突,他们将从两个团体整体角度上而不仅仅局限于个人角度来看待问题。同样,如果研究人员很强烈地感觉到自己是研究人员(团体),或者营销人员很强烈地意识到自己是做营销的(团体),那么他们将认为对方团体内的成员根本没有什么区别。例如,匿名意味着你并不真正知道对方到底是谁。一个销售委员会会作出否定决定或者写信给研究人员,宣称"我们决定不接受或不支持你们的提议"。人们无法了解这一切到底是谁作出的决定,这样更会让人们认为销售委员会的所有人都是一样的,而不是独立的个体。最后,在没有可能从一个团体调换到另一个团体时,人们更有可能从团体间的关系出发考虑问题。例如,整个组织结构是这样的,工程师和科学家根本不会在销售部门工作,而销售人员也绝不会在研究部门工作。

有趣的是,排除掉这五种情况,"内集团偏袒"(in-group favoritism)的现象仍可能发生。换句话说,内集团偏袒是一种非常普遍的和很基本的观念(只要你是我所在的内集团的成员,我就必须偏向于你),以至于人们不会对自己集团内成员的行为提出批评。只要目的是表示偏袒,就不需要存在紧张或冲突、有冲突的历史、对内集团有强烈的归属感、不熟悉外集团成员的情况、团体之间不可能流动五种条件。

外集团的团体成员被看作是同质的事实表明典型化或脸谱化的思维模式的增加。典型化的思维由多种因素决定，因为至少存在两方面的因素：① 把其他人看作多少会存在共同点更为容易接受一些（需要更少的认知性工作）；② 将他们视作同一团体，打交道时更为简单。研究表明，人们更喜欢把一个外集团成员行为从一个消极的方向（批评的方向）划分到整个外集团，对内集团一般则不会这样做。在我们的实例当中，研究人员更可能根据销售部门某一成员的行为来典型化或评价整个营销部门，而不会因为某个研究人员的行为而改变对整个研究部门的看法。

带偏见的信息加工

一个有意思的带偏见的信息加工的例子是：当内集团有成员办好一件事情时，人们归因于他们成员内在的品质（如：他们是诚实的），却把外集团成员办好的事看作外因的作用（如：他们是被迫那样做的）。换句话说，设想营销人员无意中做了件对研究人员非常有利的事情，那么研究人员会说营销人员是由于外部因素被迫那样做的。相反，如果他们做了什么糟糕的事情，那研究人员就会认为是他们本性的反映。也就是说，当营销人员做了不好的事情时，就认为他们是故意这么做的（他们是令人厌恶的）；相反，如果研究人员（内集团成员）做了一些好事，将会被认为是他们的本性，但做了一些糟糕的事情时，则被认为是外部因素作用的结果。

组织中的冲突

最近关于组织中冲突的实验研究（DeDreu & Gelfand，2008）表明许多企图缓和冲突的情形可能激励创新和激发创造力。当一个研究团队中存在成员看待研究问题的方式与其他成员显著不同,即使这个成员是错的,这种意见分歧也可能会增加信息搜索度并发现研究团队中其他成员想不到的解决方法。因此,当工作开始时,如果研究团队中没有任何一个成员能找到明显最优的解决方案,团队的工作就可能从分歧中受益。当然,分歧并不是没有成本的。在存在分歧的情况下,作出决策将可能花费更长的时间,研究成员可能对提出不同意见的成员表示反感,并在情感上阻碍最优方案的实施。另外,如果研究团队具备"科学界的精神特质"(第三章)提到的行为准则,即使个体对他人提出的观点持批评意见,这种意见分歧所带来的负面影响可以被最小化。舒尔茨-哈尔特(Schultz-Hardt)、莫伊日什奇(Mojzisch)和福格尔格桑(Vogelgesang,2008)讨论了意见分歧激发创造力的方式的复杂性。

团体间冲突的解决

前面我们所介绍的如何解决个体间冲突的方法同样可以应用于团体间冲突。如果有更高级别的目标(属于两个团体的目标,缺少任何一个团体的帮助,目标都无法实现),就可以改善两个团体之间的关系。

解决团体间冲突有两种取向:一种是赢—输,另外一种是双赢。前者指组织成员在竭力为内集团获益的同时,而使集团外部成员受损,后者指双方都能获益。考虑冲突问题的另一种方法是应用布雷克(Blake)和姆顿(Mouton)(1986,p.76)的冲突网格分析图(图9.1)。双赢对应着图中的9.9;赢—输为表中的1.9和9.1;另外两个取向——折中和全输,都不如双赢令人满意。

假设研究人员所做的某个设计能满足很多技术和生产的标准,但是营销人员发现在市场推行中这种设计几乎是不可行的。在赢—输取向中,要么是研究人员坚持执行设计方案,要么是营销人员竭力反对这个方案。而在双赢的情形中,研究人员会改进其设计,使之具有新的视觉效果以满足市场需求。

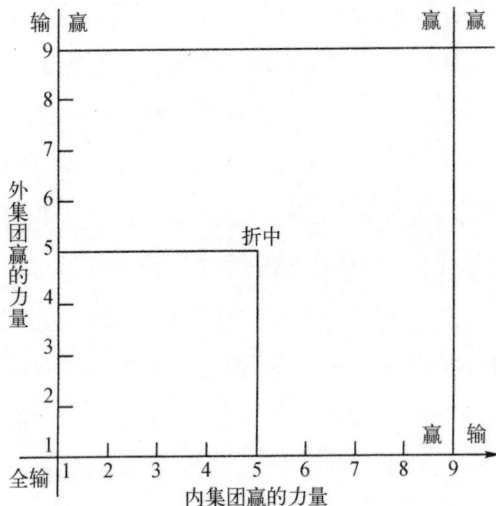

图 9.1　团体间的赢—输取向

其他取向则为输—输和折中，在输—输情形下不会有任何设计被采纳，折中区域中会存在一些（并非全部）冲突双方都关注的有利因素，在这些有利因素范围内的设计方案会被采纳。显然，双赢是最令人满意的。但是，如果想得到这种设计方案，人们必须具有很强的创造力，并且有很新颖的观念。这种观念需要具备以下条件：要么没有科研人员最原始方案的影响，要么没有市场营销人员最初观念的影响。在冲突产生并最终成功解决以前，双赢方案要求人们不能"识破"这个结果。这样，在这个例子中我们就谈到了"生产性"或"建设性"冲突，与"破坏性"冲突相对应。

　　研究表明赢—输取向是与认知失真（cognitive distortion）有关的，认知失真会使冲突的结果对双方都不利。由此冲突导致的后果（如通过谈判达成一致）往往会不尽如人意。在这些情况下，内集团的立场要比外集团的立场好得多。内集团成员非常明白他们的立场，但并不知道或不能完全理解外集团的立场。内集团的立场看起来要比他真实的情况要好得多。两种立场间的"共同基础"被看作是属于内集团的方案，内集团的人用一种非常"狭窄的眼光"来看待其他团体的立场或方案,认为只有他们自己的立场或方案才是可以接受的。换句话说就是,在赢—输取向中,各个团体都以一种歪曲的、过于简单的方式来看待问题。

在双赢取向中,冲突的结果(同样,如通过谈判达成一致)常常会有许多创造性,经过深刻的思考,因而也更有效。内集团的人不会像赢—输倾向中那样歪曲地看待自己的立场和方案的理想性,能很好地理解对方的立场和方案。人们可以完整地认识到事情的复杂性。换句话说:在双赢方案中很少会歪曲事实,相互冲突的各个团体中所持的立场和价值观都能真实地被认识。

当采用双赢取向时,双方往往容易相互接受。在这种情况下双方相互信任、相互依赖、相互沟通;往往没有威胁,没有认识上的失真,所有的人都明白内部和外部的立场有着共同的基础。同时双方都在寻找,并采纳一个具有创造性的方案。换句话说,所有人共同解决一个问题,会以一种先前从未使用过的解决方案来使双方都满意。

当没有一个客观的方法来评价一方提供给另一方的信息时,信息加工的失真就会很严重。当对方的行为可预料时,信息失真会减少到最小。对方行为的可预料性也会影响双方的相互信任程度。我们往往更相信那些行为可预料的人。

当集团或团体间存在冲突时,常会提出这样一个问题:谁去参加谈判或协商会议? 研究表明,当只有代表参加协商会议而不是双方全体参加时,就很难达成满意的协议。换句话说:代表们感觉到他们代表大家,不能轻易地让步,其伸缩性也就很小,他们僵化于一种特定的立场,双方陷于僵局;相反,当所有成员参加会议讨论时,通常就会有一些弹性。因此,最好是让各个团体的所有成员都参与协商会议。

如果能够选派一个人员作为团体的全权代表(也就是说他们不需要回去说服其他人,就能让他们确信某个决定是最好的),并根据自己认为合适与否来达成协议时,就可以避免僵局。他们代表个人及集团表态,当他们认为协议可行时,便达成一致。把集团间的会议转化为两个人的协商过程是一个值得采取的方法,两人各代表自己的集团寻找一个他们认为可以达成的最好的协议。在这种情况下,取得建设性解决方法的机会就会增多。这种解决办法的缺点是一个团体往往会认为那个代表没有获得"足够好"的协议。

某些特定条件可以使得冲突更具有建设性,而不是破坏性。① 当人们认识到合作是最理想的时候;② 当外集团被看作异质的,而不是同质的时候(即当我们使内集团的成员都能够认识到外集团的成员之间的观点也是不同的);③ 当双方具有共同的目标时;④ 当集团间可以互相流动或一些内集团的成员过去曾是另外一个集团的成员时。

这就是研发组织中的岗位轮换原理。通过机构内部人员职位调动,从一个部门转换到另一部门,在发生冲突时他们就可以很好地处理与这些"其他部门"的人员的关系。此外,创造一个能够使内集团不会把与其他团体间的冲突作为加强领导权力的理由的环境是非常有益的。有时,一个团体内部缺乏凝聚力,管理者就想通过领导团体的成员同其他团体的斗争来改善这种情形;然而,事实上,这是一种最不好的办法,经常会使冲突激化到不可收拾的境地。

在冲突的一方或双方片面地强调问题的一个方面时,冲突可能会变成破坏性的。通常,当冲突是由于几个问题引起的时候,每一方都会就某些问题作出让步,但是当只存在一个关键性问题时,每一方都不会作出让步。

布雷克和姆顿(1986)曾经详细描述了他们解决冲突的方法。他们的实验是把20~30个企业管理人员聚到一起共处了两周,在这段时间里让他们就个体间关系(或人际关系)和团体间的关系展开讨论。实验开始是在一种控制的实验条件下进行,然后公开实验的结果,在这种环境下继续下面的实验。

在第一时段,组成一些内集团(组),并使内集团的内部具有凝聚力。每个组成员都会担心其他组可能做得更好,这种担心会在喝咖啡时以开玩笑的方式表现出来。此时,给每组都提出了一个同样的有关人际关系的问题。然后,研究人员对比各组提出的方案,并明确说明哪种方案比较好及原因。这样就创造了一种竞争关系和赢—输取向。在一些实验中,他们使用一组外部人员来对方案作出外部评价,在另外一些实验中让所有的组都参与方案的外部评价。当一人小组对自己的方案和别的组的方案比较时,典型的情况是,人们主要关注方案之间的不同之外,关注自己组提出的方案的优点,而忽视别的组提出方案的优点。

布雷克和姆顿讨论了赢—输取向中阻碍合作的因素。这项专门对可能会与会计、财务专家、销售专家发生冲突的研发管理者的研究表明(还有其他一些研究,如戴维斯和川迪斯的研究(1971),当团体中所有的人都参加协商时,与各方选择代表进行协商相比,可以更好地解决冲突。总之,让集体中所有有关的成员与相关的会计人员、市场营销人员见面等,让他们一起协商讨论是较为理想的方式。

冲突双方自己找到解决方案往往比由第三方强加给他们一个解决方案要好。了解自己认知中的失真是很有用的,当一个人目光比较短浅(一个人在压力之下很容易短视),或当人们认为他们团体的成果是最理想的和质量最好的,而事实上并非如此时,或认为他们团体的方案才是双方提出的方案的共同基础时,常常会发生认知失真的情况。这种情况下由第三方介入,来听取双方的观点,一般来说是有益的。

如果双方具有相同的高级目标,这将有助于减少冲突。正如前面提到的,高级目标是在缺乏对方的帮助的情况下,任何一方往往都无法独立完成的目标。一些实验和实地调研以及一些咨询专家的经验都证明这样的目标是很符合要求的。对那些存在团体间冲突的组织中的管理者来说,努力寻找并培育这些目标会使他们的工作非常有效。

9.4 文 化 冲 突

在团体间冲突中,不同文化间的冲突是一种特殊的情况。这儿所指的"文化"是在一个讲同种语言、生活在特定的时期和地方的团体或社会集团内所具有的一些未明确说明的假设、信仰、规范、价值观。因此，不同的语种（包括方言，例如黑人英语）、不同的生活地域，或处于社会的不同时期（例如老年人和青年人），或具有不同的宗教信仰、不同社会阶层和种族，都能够造成不同文化间的冲突。

生活在一种特定的文化中人们会形成一种特定的"世界观"。包括未明确说明的假设（例如一个人没有找占卜家占卜，他就不能开一家新公司）、风俗习惯和思维方式（如归纳和演绎、分析与综合）上的不同，会产生比真正存在的分歧多得多的个体间或团体间的冲突。这是因为对思考者来说，按未明确说明的假设思维是非常自然的事。存在文化争执的冲突要比不存在文化争执的冲突对人际关系造成的伤害更大，因为理性的争论在此时没有用武之地。

在研发组织中，常会有具有不同文化背景的人在一起工作的情况，因为研发组织的用人标准一般是以能力为基础的。例如，美国设在智利的天文台内，工作人员主要是智利人，但许多科学家来自北美。因此，考虑到存在文化冲突的情况下，如何改善团体间的关系是很重要的。

有许多旨在改善不同文化团体间关系的方法，其中大多数需要用培训的手段来实施。川迪斯（1977）在一些文献里对这些方法做过详细描述，川迪斯和布里斯林（Brislin，1983）、兰迪斯（Landis）和伯哈卡（Bhagat，1996）也做过类似的研究，描述得更详细一些。这些文献是针对那些培训他人的社会科学家的。不过，研发实验室的管理者所关心的是，这些技术是否存在及如何运用这些技术。

以下是跨文化培训的四种基本方法：认知、感染、行为训练和向我感悟。

认知法（the cognitive approach）

认知法是教会人们其他文化的世界观。诺曼（1998）在其文章中指出，那些促使冲突发生的因素不可能自行消失,因此,必须有有效的管理而非解决这些因素。

这种方法是通过一系列"关键事件"完成的,在这些"关键事件"中,有一些对具有 A 文化和 B 文化背景的人之间人际交往行为的描述,通常是一小段故事。每个事件完成后,都会有对参与这个事件的人们的行为的四种解释。当训练一个具有 A 文化背景的人去理解一个具有 B 文化背景的人的观点时,就让具有 A 文化背景的人给出三种解释,具有 B 文化背景的人员给出第四种解释。把这个事件和前面给出的四个解释,用多项选择题的形式,交给受训人员选择。受训者选择其中的一种解释后,就翻到相应的页码,接受对他选择得正确与否的反馈信息。如果该受训者选择了"正确"的解释,就会看到大约一页纸的有关这个特定文化观点的解释,以及在这种文化中出现这种情况的可能的原因的解释(例如在那种文化中,具有某种观点经常是正确的,或管用的)。如果受训者选择了"不正确"的解释,就指示他再用一些时间回顾那个情节并选择另一种解释。这样,受训者最终会获得另一种文化的观点。这些培训材料的结构经过简化,对答案的选择也是凭经验作出。关于如何设计这样的培训材料,阿尔伯特(Albert,1983)给出了详细的解释。有研究表明:用这种材料进行培训后,人们会感觉与具有其他文化背景的人们的关系会变得好一些。

感染法(the affective approach)

感染法是让受训者处于某种环境,在这种环境中,在与其他文化背景的成员相互交往时,使他们的情感受到激发。这种培训方法是在一种特定环境下,让人们与具有其他文化背景的人们交往,当人们情绪低落时,就让他们处于一种能抵消这种消极的情绪的积极环境下。大多数情况下,仅仅做一下深呼吸或做一些体操就能有效地减小那些引起消极情绪的压力。另外,还可以安排一些令人愉快的活动,例如美餐一顿、听听音乐或用一些令人惬意的香水,都会使人们有个好心情。

行为训练法(the behavior approach)

行为训练法包括塑造和规范受训者的行为,以确保该行为能融入到其他的文化中。例如,在一些文化中,跷着腿露出鞋底是非常不礼貌的,但是许多美国人不由自主就这样做了。仅仅简单地告诉他们不能这样做(认知法)是没有用的,必须通过奖励和惩罚的方式改变他们的习惯。最好的方法是奖励与其相反的行为,如嘉奖那些不抬起脚跟的人。

自我感悟法(self-insight)

自我感悟法的目的是使受训者明白文化对行为有多大影响。给受训者一个分析其自身文化的机会,使受训者明白让自己的行为受到与自身文化不同的规范、习惯或价值观的影响是非常有益的。这种培训所需的方法,只是让受训者同一个与受过训练的示范表演者进行交往,这个示范表演者作出一些与受训者所处的文化背景里不会作出的对立行为。通过与这种人的交往和讨论自己的心得体会,可以使受训者非常清楚一个人的行为与情感是由文化决定的。当人们认识到文化如何影响行为时,就会对作为影响行为及沟通的因素的文化更为敏感。

这四种培训方法并不是不相容的,相反,他们可以相互补充。一种好的培训方案应该综合使用这四种方法。怎样开发这种培训方法超出了本书的讨论范围。对管理者来说,最主要的是他们应该知道有这些培训方式。这些方法能够改善团体间的关系,减少团体间冲突的方法就让那些专门研究人际交往及不同文化相互影响行为的社会科学家来开发和完善吧。

第七章中关于文化智力的部分可以为这个话题提供更深入的见解。

9.5　解决冲突的个人风格

每个人都有解决冲突的特殊风格。你想知道自己的风格是怎样的吗？如果想,请回答表9.1中陈述的问题。不同的回答对应不同的分值,如下所示:非常同意(5分),同意(4分),不同意(2分),非常反对(1分),如果你并不确定,得3分。在空白处需要填入老板、下级或同事等词语。你可以重复3次,得到你自己对这3种人的看法。在对待你的下级或同辈时,你的方法可能有些不同。请你在读下一段之前先完成这些。

现在,对照看一下图9.1。图形中双赢方式与综合的风格(integrative style)对应,也就是说,你想要得到所有的信息,并对这些信息做综合考虑研究,提出一种能满足所有相互冲突团体的有创意的方法。把第1、4、6、15、28、29和35条的得分加起来除以7,就是你的最终分数。

在图9.1中,输—赢与谦和的风格(obliging style)相对应。当你习惯对别人作出让步时,用这种方法评估,把你第2、12、13、17、25和30条的得分加起来除以6,会得到你的最终分数。

在图9.1中,赢—输与独裁的风格(dominating style)方式对应。适用于你喜欢把你的观点强加给其他人的情况。把第10、11、18、24、27和31条的得分加起来除以6,将得到你最后的分数。

图9.1的左下角同回避的风格(avoiding style)相联系,适用于你倾向回避冲突。该评价方法是,把第3、7、22、23、32、33和34条的得分加起来除以7,将得到你最后的分数。最后,图9.1中妥协的取向同折中的风格(compromising style)相联系,通过把第9、20、21和26条的得分加起来除以4,将得到你最后的分数。

赖姆(Rahim,1983)对冲突解决风格调查表做了进一步的改进(表9.1)。

他证实了各个条目的有效性，并说明了不同的团体对这些条目是如何作出反应的。例如：和男性相比，女性更趋向综合化的、回避的和折中的风格，而谦和的风格比较少。

表 9.1 赖姆冲突解决风格调查表
1. 我会尽力和我的_____研究一个问题并寻找一个我们都可以接受的方案
2. 我通常会尽力满足我的_____的需要
3. 我努力避免使自己"处于难堪地位"，尽力不让_____知道我和_____的冲突
4. 我会设法把我的意见与我的_____意见结合起来，提出一个能同时反映我们两人意见的决定
5. 我付出是为了获得
6. 我会设法和我的_____一起努力，以寻找能满足我们期望的解决方案
7. 我通常避免与我的_____公开讨论我们的分歧
8. 我通常会坚持自己解决某个问题的方案
9. 我会尽力寻找一条能打破僵局的中间道路
10. 我会凭借我的影响力使我的意见得到接受
11. 我会利用我的权威作出有利于我的决定
12. 我常常会考虑我的_____提出的愿望
13. 我常对我的_____提出的愿望作出让步
14. 我得到了一些，也失去了一些
15. 我和我的_____能交流准确的信息，共同解决某些问题
16. 我有时会帮我的_____作出对他有利的决定
17. 我常常对我的_____作出让步
18. 我会就我的事情和我的_____争论，表明我的观点的优势
19. 我尽力减少我的分歧来达成妥协
20. 我通常会提出一种中间的道路来打破僵局
21. 我会与我的_____商议以便能达成妥协
22. 我尽量避开与我的_____争执
23. 我避免和我的_____发生正面冲突
24. 我凭借我的专业知识作出有利于我的决定
25. 我经常赞同我的_____的意见

（续表）

26. 我坚持"互让"的原则，以达成妥协
27. 我通常坚定支持己方的意见
28. 我设法把我们关心的所有问题公开讨论，以便该问题能得到更好的解决
29. 我与我的_____合作，以作出一个我们都能接受的决定
30. 我尽量满足我的_____的期望
31. 我有时会利用我的权威来赢得竞争
32. 我尽力不让我的_____知道我不同意他的观点，以免造成不愉快
33. 我尽力避免和我的_____进行不愉快的交流
34. 我一般会避免和我的_____发生争执
35. 我尽力和我的_____一起工作，以更好地理解问题信息来源

资料来源：M. A. Rahim, A measurement of style of handling interpersonal conflict, copyright 1983, *Academy of Management Journal*, pp.371 - 372, reprinted by permission.

赖姆冲突解决风格调查表是赖姆于 1983 年开发出来的。他对这些表进行验证，并发现了不同群体的分析。如女性会比男性少使用命令，更经常用求同、避免和妥协的方式。

9.6　研发机构中冲突的一些特殊问题

对一个研究机构来说，某些道德问题既会造成一些特殊的冲突，同时也为解决冲突提供了一种不同的框架。下面主要介绍的是研发机构中一些特定的个体冲突、人际冲突和团体间冲突。

个体冲突

为了获得一个能挑战智力的研究环境和所需的研究设施，甚至仅仅是为了一种最基本的需求——工作，许多科学家被迫在一种有组织的环境下工作。此外,科学家依赖于组织和社会,因为他们需要从组织与社会中获得研究项目,这种组织与社会的需求与科学家的道德信仰及信念是不一致的。近来发生过一些科学家反对开展与国防工业有关的研发事情。然而,让我们看到世界各国的国防部门的研发投资后,就不应该对大部分科学家做的事情都与国防工业有关感到惊奇。当美国一些著名的研究型大学里一些优秀科学家对战略防御计划(即所谓的星球大战计划)提出质疑时,他们可能正在经历一种冲突:一方面,是他们希望为科学作出贡献;另一方面,他们又反对从事看来是消耗大量资源、但对人类需求毫无意义的科研项目。在一个开放的民主社会中,经常会有这种冲突。

人际冲突

在同一个研究组中,一个科学家可能会在晋升、地位(如首席科学家与副职)或其他奖励(如参加会议、办公场所等)与另一个科学家竞争。因为对于个人来说,这类事情中很多都被看作是一种"零和博弈"①,所以在这种情况下,就会经常缺乏那些作为科学共同体精神特质基础的品质,如重视合作、普遍性、成果共享等。这种"零和博弈"的竞争反过来会在组织内造成冲突,降低组织的效率。

莫勒-瓦伦丁(Mora-Valentine)、莫诺尔黑-桑谢斯(Monoro-Sanchez)和格拉斯-马丁(Guerras-Martin)(2004)对西班牙研究机构的研究表明,当过去存在适当的联系、交流、贡献、信任及对荣誉的认可时,更能轻而易举地达成一致意见。一旦被识别出来,人与人之间的冲突将被减弱,从而建立相互合作的关系。

团体间的冲突

在研究机构中,各个团体之间经常会为项目、资源相互竞争。这就不可避

---

① 零和博弈,一方所得必定意味着另一方的等量损失,双方总数不产生增加。——译者注

免会产生冲突。可用资源及一些可满足需要的东西(如实验室空间)是有限的。如果一方取得一定比例的资源,另一方就可能感觉到自己没有得到应得的部分。这种情况下,冲突不可避免,而且可能给两个团体间的合作带来麻烦。一些研发机构会让不同部门在同一时间竞争性地开展同一个研究项目。通常情况下,这种做法能够加速创新的过程,因为这种竞争能使人们的工作非常努力,在各个团队内部也可能会加强合作。在研发机构中,不同研究团队间的竞争是不可避免的,这样,冲突也就是不可避免的。这些竞争和冲突有一些实际上是有益的。因为它们可能会激励人们追求卓越,从而提高人们的工作业绩。组织从冲突和不同团体之间较低水平的合作中所获得的收益,可能会超过它们带来的负面影响。

但当冲突使各个团队之间不能知识共享或合作,冲突也被看作一种"零和博弈",一方的发展是建立在另外一方受损的基础上时,我们可能就应该关注一些与冲突有关的重要问题了。

我们应该尽量避免"零和博弈"的冲突,并找出解决的办法。切记,如果能够让人们充分发挥想象力和创造力,大多数冲突都可以转换为双赢模式。如果竞争者认为现在这种正面冲突是由于缺乏创造性(而同冲突本身无关),那么缺乏创造性变成了"我们的问题",就不会再把对方视为"敌人",而是作为一个合作者积极地寻找一个能够使双方都满意的具有创造性的方案。

在组织中,经常会遇到的一个问题是"公共的悲剧"(tragedy of the commons)这一概念所描述的问题,即存在公共物品时,如果每个个体都自私地行事,个人可以得到短期利益,而社会将遭受到损失。我们怎样才能说服个人不自私呢?集体讨论可能是解决这一问题的有效方法,在讨论中规定适当的行为标准并在实践中加以检验。个人可能被告知"你没有按照我们大家要求的行为方式做事"。对少数不改正或违反行为规范的人可能得用一些报复或"处罚"的手段,但对大部人来说,他们会十分在意自己的名誉,从而会自动按照规范行事。

管理人员也可以同他们的下属讨论，让他们明白彼此间应该是相互帮助而不是进行竞争。做这些工作时，可以考虑一下我们下面分析的一个研究成果，这个成果可能不能适用于所有的人，但还是比较令人信服的。在这个研究中，研究人员把一个"精英"组织中的所有社会心理学家作为样本。能够加入这个组织的成员必须得有几篇被索引收录的论文，这个组织的委员会根据这些论文来判断申请者是否具有相应的水平。试验时，这一组织有 200 个成员，又从"普通"社会心理学家中随机抽取 200 人参与试验。这 400 个人通过书信的形式进行了个性测试，约 60% 的参与人员完成了测试。其中有一个测试项目是"竞争力"。试验数据表明，"精英"组织中的心理学家的竞争意识要显著地低于那些随机抽取的心理学家。对这些结论的一个解释是：那些具有较高竞争意识的社会心理学家，是因为过于在意自己是否做得很好，而不能作出那些"精英"社会心理学家的重要成就。换句话说，管理人员给下属的忠告应该是："尽心尽力，努力工作，不要关心别人在做什么。"

不和其他科学家竞争的一个重要好处在于增加了联合发表成果的可能性。当研究者同其他人谈论工作时毫不保密，这就意味着可能会联合发表成果。一些联合发表成果的质量可能会较高，因为它们是合作的结果，汇集了众人之长。总之，无争、公开及合作是非常有益的。最后，我们强调联合发表成果是因为这样的论文包含了一个冲突各方共同追求的高级目标（请参阅前面的内容）。

9.7　道　德　规　范

在实验室中应该强调两个道德规范原则：互惠和照顾弱势群体。

无论东方还是西方，互惠在道德规范系统中都是一条传统的原则。有这样一句格言："如果你想让别人为你做什么，你就更应该先为别人做什么，因为这是先知的律法和圣言。"(马太福音,7：12)换句话说就是"我为人人,人人为我"。

照顾弱势群体的原则并不被人们所熟知。这个原则的基础是,在任何社会体系中,总有一些人要比另外一些人有权或有权威。在实验室中,领导要比其下属有权;主任或首席科学家要比没有这些头衔的研究人员有权;握有大量研究资金的人要比研究资金很少的人有权,等等。当权力不相等的人们发生冲突时,有权的一方越是有权,就越应该学会容忍,度量宽宏(即所谓的"高尚的人应有的品德")。在拿不准应该倾向哪一方时,则应尽量照顾弱势群体。因此,如果对合著者身份分辨不清时,首席科学家应该确保那些权力较小的能够成为合著者。

9.8　小　　结

个体冲突通过角色冲突、角色模糊等形式广泛存在,了解这一点的人可以采取一些方法改善这种冲突。人际冲突也是广泛存在的,提出一个可以作为共同目标的高级目标对于减少此类冲突是非常有益的。团体间的冲突更为普遍,有很多方法可以减少这类冲突,如采取双赢取向、强调解决问题和创造性、制定能够减少冲突的行为规范和道德规范等。

9.9　课堂讨论问题

(1)在研发组织中可能会有哪几种形式的角色冲突?

(2)减少团体间冲突的主要方法是什么?

(3)通过什么样的方法可以避免文化间的冲突?

第十章

研发组织中的绩效评价/员工贡献

在本章中,我们将探讨研发组织中科研人员、管理人员的工作情况,并以此来判断他们的工作效率。我们的探讨将更注重于员工对组织的贡献,而非"评价"(评估、判断)本身。

众所周知,一个组织的高效运营依赖于员工对组织目标的正确理解,并肯为之付出努力的工作。从管理人员的角度来看,根据员工对组织的贡献对其进行奖励是一种明智的做法。从逻辑上讲,设计的工作业绩评价体系要能起到激励员工改进其工作绩效的作用,最终为提升组织的生产效率作出贡献。

但是,在实际操作中会遇到许多问题。事实上,几乎没有什么有效的管理措施能够像工作业绩评价那样起到对员工的监督激励作用。对一些人员来说,评价让管理者像"罗马皇帝"那样参加到判断过程中;而对其他一些人而言,工作业绩评价仅仅是控制员工的一种手段,强行进入到他们的生活中。

10.1　工作业绩评价的消极作用

工作业绩评价可能存在一些消极的因素。评价意味着对个人工作表现的评定和判断。为了作出这种评定和判断,评价人员首先会依据评价标准对员工的工作业绩有一个主观的衡量。那么,应该如何比较以下这两种情况呢?——一个员工为自己设立了较低标准,但他较好地完成了自己的目标;另一个员工为自己设立了较高标准,但他的执行效果未能如愿。评价标准的尺度应该是可变的,许多有效的评价尺度都是主观决定的;但是雇员或管理人员常常不能很好地理解并接受这些尺度。

将问题的焦点从"工作绩效评价"转移到"对组织的贡献"会产生不同的效果吗?会促使管理者减少评价中的消极因素,转而强调员工对组织的贡献吗?这会使管理人员今后常常提到"你对组织的贡献是……"吗?这种探讨下一步关注的焦点将是:组织如何为这种贡献提供合适的环境、支持、资源等,加强员工和组织目标之间的一致性、和谐性。

我们常常谈论个人的成功,个人工作的成功形成了组织的成功。我们发现自己常常把成功同组织的效益、生产率或是有效性等联系起来。难道仅仅定义成功而不定义失败是合适的做法吗? 一个组织某年中没有产生利润就算失败吗? 一个组织每季或每年没有持续获利,它的员工就是失败的吗? 现实中,许多组织都过于强调一时的成功或失败。工作业绩检查常与时间阶段紧密联系,一般以半年或一年为一阶段,对研发组织而言,要想真正观察到其成果是需要很长时间的,一般是 3~5 年。

我们来讨论下面这个例子:员工 A 做了 10 件事,成功了 8 件;员工 B 做了 5 件事,全都成功了。相关经验表明,失败的分量要远远大于成功的分量。因此,管理者给员工 B 的评分很可能要高于员工 A。这种结果可能部分源于对判断和评价过程的强调,而忽视了员工对组织贡献的大小。事实上员工 A 比员工 B 为组织作出了更大的贡献。在研发组织中,工作本身的性质决定不可避免会有一些失败。这个例子显示了员工评价体系中存在的一些重大问题:那些回避风险、工作业绩低的员工可能比那些勇于创新,但会发生失误的员工得到更高的评价。

意识到以上这些问题,对于增强员工对组织的贡献至关重要。我们第一点探讨将集中于"员工评价的难题"。人们经常说工作业绩评价必须同管理行为和管理体系联系起来,必须同组织的发展阶段紧密联系。这些将同工作绩效评价、组织生产率一起进行讨论。许多技术型研发组织都是由工程师、科学家等组成的。由于工程师、科学家们在工作目标、工作志向等方面存在差异,对他们而言,"员工贡献"的定义是不同的。

在渴望财富、以消费为导向的现代社会,金钱物质激励会被看作检测员工对组织贡献水平的试金石。正如在接下来讨论中我们会看到的,物质激励有时并不会取得预想的效果。例如,帕尔博蒂亚(Parboteeah)、赫格尔(Hoegl)和斯季博尔斯基(Styborski)(2005)发现,在一家研发信息技术公司中,专业开发活动、会议和客户联系有利于提高员工的贡献度。因此，经过对实践中的绩效评价和大学案例的讨论，我们提出了基于员工对组织贡献的绩效评价实施战略。

10.2 员工评价工作中的难题

当管理者评价下属时，评价过程可以分析如下：首先，这位管理者必须已经观察到一些工作业绩。在研发案例中，如果管理者仅仅观察到一个简单的操作就进行判断，这种观测通常是无效的；研发工作是很复杂的，并非所有事情都会同整体工作绩效紧密联系，因此，管理者与其观察个人独立的工作绩效，还不如观察组织中某部分整体的工作绩效，比如某个研究计划的阶段性成果或某个项目的完成进度。通常情况下，这些是团队合作的而非个人的工作成果。但是，这样一来，就很难确定各个科学家对团队成果的贡献大小了。

其次，观察必须被合并为某种"模式"。遗憾的是，这种模式的形成过程中常存在一些偏见。比如，研究表明第一印象是非常重要的，如果科学家有良好的声誉，那么许多模棱两可的行为将被评价为积极的行为；同时，近来发生的事件会比发生在观察中期阶段的事件具有更重要的影响。

在判断过程中，消极的事件会比积极的事件更有影响力，这将加大评价结果的偏差。如果管理者看到了 10 个事件，其中 8 个是积极的，另外 2 个是消极的，消极事件会具有更大的影响，其原因在于它们是作为 8 个积极事件的反衬出现的。在我们的生活中，我们通常不会遇到太多的不快事件，但是遇到了则多是非常不快的事件（比如，失去爱人所带来的悲痛）。另外，尽管我们会遇到很多高兴的事情，却很少会遇到非常高兴的事件（比如，结婚、赢得百万美元等）。因此，我们对不快的事情极为敏感。进一步来说，忽略消极事件的管理者要比忽略积极事件的管理者处境更难。毕竟，如果管理者对重大的错误没有采取任何措施,高层将会指责这种管理者,但管理者并不会因没有赞扬好的工作而受到指责。

不管观察基于什么基础,模式都会受到许多偏见的影响,而且这种模式一旦形成就会长期牢记于心。还有其他起影响作用的偏见。较消极事件而言,人类更倾向于记住积极的事件。同时,先前的模式会成为我们的习惯思维,这种思维定式对我们也有一定帮助。这也意味着,为了同我们的思维定式取得一致,我们倾向于歪曲记忆。

当作出这样的判断时,我们经常会发生错误。例如,我们通常不重视事件的基础比率。假设某个部门项目失败的比例是15%,当判定某项目失败时,我们却通常并没有把这种前提条件考虑进去。

在薪金管理中所用的职工评价会受到诸多问题的影响,比如"光环效应"(如果一个员工在某方面是优秀的,则通常认为他在其他方面也是优秀的)。评价结果通常和工作难度、年龄、薪水、资历等有关,并倾向于每年都呈现上涨趋势。这种联系表明,评价结果将受到其他因素的影响。

为了解决这些难题,心理学家已经提出了一些方法。包括在下属间强制性进行对比(在 N 个员工中,如果进行两两对比的话,管理者将会对比 $\dfrac{N(N-1)}{2}$ 次)。这也许不能有效解决这个问题,因为如果所有的人都很优秀,他们都将得到高分。另外一个方法是要求管理人员用行为定位标准检查特定的描述,或是让他们在描述员工的两种行为中进行强制性选择,但仅有一种是高工作绩效的。通过这种方式,只有那些"正确"的选择才能使员工获得高分。这些问题已经超越了本书研究的范畴,在这里提到只是希望管理者能够对一些方法敏感起来。这些方法可能会在工作中用到,并且可以通过简化等级等措施进一步改进。

有大量的研究成果显示,观察者把其他人的行为归结为内部因素(如能力、态度、个性、努力程度)。而行动者会把他们的行为归结为外部因素(如工作环境、外来压力、特定环境下的结果）。这种偏差的存在主要是由于两者考虑的角度不同。观察者着眼于行动者，会很自然地将行动者的行为归于内因。行动者着眼于环境，了解其他条件下行为效果的差异，因此，他认为这种条件下的特定环境才是行为的决定因素。

这种归因方法给行为的结果带来了深远的意义。如果失败是由于任务的难度大造成的，这是可以原谅的；如果失败的原因是懒惰，这是不能谅解的。人们也倾向于用自己的行为作为一些行为的标准。他们对基础比率使用不当，并且认为行动者应对导致先前失败的行为负更多的责任。进一步来说，如果他们喜欢行动者，他们将把好的行为归因于个人，而把坏的行为归因于环境；但是如果他们讨厌行动者，则把好的行为结果归因于外界环境，而坏的行为结果归因于行动者个人。

如果牢记这些偏见，你就会提高自身的判断水平。但是，不管怎样，同下属讨论你如何看待他们的行为方式，将促进双方对不同行为的归因方法达成一致。如果双方在归因方法上达成了一致，下属就会认为这种评价是合理的。

组织管理部门执行的工作业绩评价，经常和研究人员的需要不相容。对大多数研究人员而言，这种工作业绩评价的弊大于利。威尔逊（Wilson，1944）提出了一种两层面的方法：管理层不直接干涉组织中大部分的管理评价工作，而应由资深顾问负责。顾问所做的评价工作集中于职业的成长和个人领域的贡献两方面。

10.3　工作业绩评价和管理体系

业绩评价必须和管理活动、管理体系紧密相关。柯宁汉姆（Cunningham，1979，p.657）已经将这个管理体系划分为管理过程和管理功能两部分：管理过程包括计划、组织、控制、预测、人员；这些过程的关键点集中在综合、决策、收集信息、激励、协商方面。管理功能包括采购、生产、适应等。功能的侧重点是适应性、生产率、效率、协调。

当管理功能体现在投入产出比上时,管理过程就会同投入管理紧密相关,这点对于组织而言是很重要的。管理需要面对每天发生的问题,并且要不断地解决这些已经发生的问题。另外,管理的功能同既定的条件下操作、过程以及一定水平下的投入产出标准密切相关。

管理功能共包括4方面的重要管理行为:适应性、生产率、效率、协调。管理过程包括21方面的因素,概括地讲有以下几方面内容:综合、信息收集、制定决策、激励。在评价管理绩效时,可能会考虑到管理者完成特定过程的效率和上面提到的功能因素。

10.4　业绩评价和组织的发展进程

业绩评价的一些目标是和管理控制、获取组织目标和个人目标的一致相关的。管理控制和一致性目标战略依赖于组织的发展阶段以及诸如组织目前的技术状况等一些其他的客观条件。

萨特(Salter,1971)曾依据"运营单位结构"和"产品—市场关系"将公司的发展划分成四个阶段,其中"运营单位结构"是自变量,"产品—市场关系"是因变量。整体而言,在第一阶段,组织仅有一个单一的运营单位,以较小的规模生产单一的产品。在第二阶段,运营单位逐渐壮大,而且产品开始大规模生产,但仍然是单一的产品生产。在第三阶段,运营单位可能变得分散和多元化,每个单位的生产都不同,而且使用多种分销渠道。在第四阶段,各个自治单元生产不同产品的数量迅速上升。当组织从第一阶段发展到第四阶段时,其自治运营单位的数量不断地增长,而且这些单位在地理上变得分散起来,管理阶层开始根据不同的地域关注不同的技术发展,或是根据不同的市场需求运用分销渠道的优势提高其整体产出。当处于这种发展进程时，同组织的产出、管理中心、市场相关的变量都在急速地增长。同时，组织的规模也在迅速扩大，员工越来越多。从某种程度上讲，这将带来资产和利润的上升。

在这几个阶段中，每阶段的管理控制都是有差异的。在最早的阶段，组织规模很小，所有者或是管理者可能考虑到所有的问题；在接下来的阶段，组织规模和产品扩大，同时带来了地域的分散化。随着权利逐渐分散，业绩评价所需考虑的因素也要根据不同发展阶段的具体情况重新设计。例如，在早期有一些无效的因素，到了后期可能会逐渐得到量化。萨特将这种方法成功地应用于四个电气公司中，许多管理者制定自己的评价体系时也采用了他的这种方法。在实际执行中，应该以分析自己的具体情况为起点，设计一个适合自己的体系。

10.5　工作业绩评价和组织的生产效率

我们可以将投入产出比定义为组织的生产效率。将资源的所有投资视为投入，把收入减去成本的剩余值视为产出。对于营利性组织而言，收益率是衡量组织生产效率的很好尺度。我们有必要形成以下观点：依据结果可以评判行为情况。如果我们期待发生特定的行为，我们就需要制定一套激励体系鼓励此类行为的发生。

对于研究组织而言，产出的评价可以是主观的也可以是客观的，定量的或是非定量的，分散的或是分等级的，甚至是定性的（Anthony & Young，2002）。尽管这种定性的评价需要额外的工作，有时需要人为的判断，但我们却不能忽视这种定性的评价。

由于研发组织目标多元化，产出经常不确定，因此产出的评价常常是非定量的和主观的。在对各种因素进行定量评价时使用的单位常常不同,因此在不同定量产出间的精确比较是很难的。安东尼和杨(2002)建议使用复合的评价方法综合考虑,这或许是个可行的方法。

他们提出的分类产出度量方法包括:

■ 过程度量(与组织中的相关执行行为相关,用于评价当前或短期业绩);

■ 结果度量(根据目标导向原则进行);

■ 社会指标(同组织的整体目标而非特定行为相关、有利于战略规划)(Anthony & Young, 2002)。

基于以上这些产出度量,人们可以构建所需的业绩评价因素体系。

10.6　工程师和科学家的目标

工程师和科学家推动了大多数技术性研发组织的发展。在建立业绩评价体系的进程中,有必要将工程师和科学家的不同目标和期望协调起来。

整体而言,在工程导向型组织中,其影响很大程度只局限于管理梯队中的一个职能部门,然而,在科技导向型组织中,其影响是基于科学家在外部科技环境中的声誉。类似"本土的"和"全球的"这类术语,已经被广泛地用于有差异性的工程师和科学家。"本土的"工程师,能够对商业化应用的技术产生更多的兴趣,他们以公司内在的标准来衡量工作行为和成功系数。"全球的"科学家的兴趣却集中于新概念以及基础研究(仍着眼于组织的商业目标),他们自由地在广阔的科学领域中交流各种观点,并以此为标准衡量其工作行为和成功系数(Ritti, 1982, p.372)。

这些差别并不是要严格地将一种行为模式从另外一种模式中排除出来,它们只是被两个团队作为典型特征描述出来。两个团队都希望能在组织中获得发展和提升。人们应该注意到在实验室里进行研究工作的科学家们,已经在扩展他们的工程实践经验,并且能够跨越这两种分类的边界。

致力于基础科学研究的科学家和工程师们对科学作出了杰出的贡献,正如布鲁克斯(Brooks, 1973, p.125)所陈述的那样,他们的这些工作推进了科技的发展:

> 没有一种简单客观的方法用以衡量科学共同体的社会进程之外的科学进程。因此,为了对科学进程进行评估,我们不得不依赖于各领域科学共同体的共识……高度结构化的相互批判的系统;学术刊物;研究项目的同事的评估;以及通过奖品、奖金和学术职务所获得的个人认可构成了一种智力市场,从而形成一种几乎客观的方式对科学贡献进行评价。

因此,在评估许多科学家和工程师的工作绩效时,会主要参考其出版物、因获得荣誉或嘉奖而形成的对个人的认可等,这些因素决定他们对科学贡献的大小;同时,他们对科学、社会活动的贡献也被视为是正确的评判依据。因为这些贡献对公司而言具有外在性,"本土的"通常不会有什么成绩。人们是依赖组织的目标而建立业绩标准的,工作中需要将组织目标和个人能力发展目标协调起来——无论是"本土的"还是"全球的"。

大多数的研发组织都会在他们的领域开展研究、开发工作,基于市场需求改进工作,以及为了完善产品所进行的创新工作都是工作业绩的重要表现。在实践中,这些却常常发生矛盾。那些从事开发项目并且取得成功的科学家们,常常感觉他们对科学作出的贡献好像比不上那些从事基础研究的科学家们,因为许多实际项目都需要科研团队共同努力,我们可以根据个人研究能力和研究兴趣,对团队工作进行分工来解决这种既存矛盾。荣誉和成果应该属于整个团队所有。这种方法建议,研发组织建立团队的最好方法就是将本地人才和外来人才有效地整合在一起。

10.7　业绩评价和金钱激励

从逻辑上讲,对那些作出杰出贡献的人给予金钱激励好像就足够了。在以消费和索取为导向的现代社会中,高额薪酬能满足人们基础的或是更高的需求。对个人而言,高额薪酬可能不仅仅满足了基本的生存需要,而且还能够给员工带来安全感、被认可感、自尊感,等等。

整体而言,激励模型,也通常被称为期望模型,该模型表明如果人们认为所付出的行动能够获得很高的评价,那么他们就乐意为此付出努力。

事实上在许多结构复杂的研发部门,将薪酬与绩效完全结合起来的做法是不恰当的,也是不合情理的。

■ 在研发组织中,所取得的大部分成就都是需要许多人共同付出努力的。单独给某一个人金钱激励,对于其他人员是不公平的。

■ 对于高层管理人员来说,业绩评价的目的是调整既定的薪酬决策;而对于雇员而言,则是将自身和周围的其他同事进行比较,不断超越他人,改进自身。

■ 由于不同的业绩评价结果将带来不同的薪酬,同事间的合作也就大大减少了,这种整体金钱激励被视为一种零和博弈。

■ 在业绩评价时,雇员很可能为了谋取高额薪酬而夸大自己的成果。这点使得评价的初衷无法实现,不利于为评价创造良好的环境和反馈信息。

因此,应该在某一时间进行关于工作业绩评估的讨论,以后在不同的时间再讨论涨工资和物质奖励问题。通常来讲,探讨次数由以下因素决定:项目的周期、雇员的任期以及组织的相关政策。如果项目的周期很长的话,将会每半年或一年开展一次这样的探讨活动;对于短时间就能完成的项目,则在项目结束后就进行这种探讨。新进入的员工都很急切地想知道自己究竟干得怎样,在开始工作一个月后所进行的反馈,通常是让他们坚定自己工作的信心。享有终身职位的员工,对于这种严格执行的、对制定薪酬有所帮助的评价工作也表示满意。

一些薪酬决策在某种程度上主观的成分居多。尽管所有的体系都不能提供完全公平的薪酬,但降薪或是减少其他的奖励会让员工失去动力,极大影响他们的工作表现。外在公平(看专业协会的数据或其他部门的工资调查)和内在公平(看这一个人对研究机构相比较其他人而言的贡献)都是很重要的。人们应该努力探寻所有能够缩小这种不公平的机制。学术机构经常采用委员会来共同评价职员的工作业绩。这种做法可以避免由于某些人存在个人偏见而造成的评价不公平现象;但是这种做法通常无法在企业或政府部门里实施。许多管理者发现,这种委员会的做法会削弱他们的控制权。周期性地从外部独立的评价研究机构获得建议,可能是一种可行的方法。管理者有可能根据这些外部研究机构的观点,调整自己的薪酬政策。

10.8　实践中的业绩评价

通常来讲,人们应该很明确自己所处的位置,而且管理者应该周期性地同下属交流。然而事实上,无论雇员还是管理者都不愿意参与到业绩评价的过程中。

麦克格里格(McGregor, 1972, p.134)所举的实例可以阐明这个问题。在一家公司内(该公司具备精心策划的评价程序),举行了一次关于业绩评价体系的雇员投票活动。大约90%的问卷结果表示同意进行业绩评价活动,大约有40%的答案显示他们从来没有在该公司经历过业绩评价。然而,调查结果也显示了超过80%的员工曾经填写过业绩评价表,并表示自己曾经与管理人员就评价工作交流过。这样的结果是很有意思的。人们没有必要对调查问卷撒谎,也没有理由认为管理者在业绩评价过程中伪造结果。导致这种现象最可能的原因是,管理者不情愿从事业绩评价活动,因此,他同下属就这个问题交流时并没有明确主题,以致员工们对这些活动没留下什么印象。

难道这是由于这一事实:在实际工作中,焦点集中于对员工的"评估""评价",而并不关注员工对组织所作出的"贡献"吗?

作为对上述问题的补充,对于业绩评价而言,很难对所有的影响因素进行评价。当使用严格的定量措施时,这种评价过程中的严厉性将带给组织整体目标极大的毁灭性。那些尽管可能是不可或缺的主观性的业绩因素,由于具有与生俱来的偏见性可能会受到强烈的批判。同时,人们可能会讨论在大多数组织中,员工和管理人员本应具有的良好环境和相互间的信任也是不存在的。因此管理者和员工对于业绩评价问题总是举棋不定。在业绩评价工作实际执行过程中,存在许多潜在的困难。所以,组织的有效性、雇员和组织目标一致性的融合也是很重要的问题。

10.9 某大学系的实例

在某大学的一个系里,每位教员要编写自己的年度报告,它包括以下内容:教学、科研、效果、服务性工作。在"教学"一栏里,包括教学工作的数量和质量信息,如上课人数、讲义、课程作业等。在"科研"一栏里,包括本人正在研究的课题内容及其进展情况,并且需要附有近年来再版的两篇论文。在效果部分里需要说明:那些和你在同一研究领域里的专家们如何评价你的工作,你所发表的论文被多少人所引用,你曾经受到过多少次重要会议或论坛的邀请,等等。服务性工作则需要显示你在一些期刊杂志上所担任的评委的情况,或是在高校、国家以及国际委员会中的任职情况。这些信息被划分为两大类。例如,受到邀请并成为杂志的编委可以算作效果,但是所承担的具体工作可视为服务性工作。

基于上面的论述,这种为全体教员设计的年度报告,已经由从这些教员中选取的九个人所组成的委员会开始具体操作了。至少这个委员会的许多委员们认为,这种形式可以避免单一判断带来的弊端,可以平衡不同观点,并提供一系列专家观点。

这四种标准各自的分值可以通过以下公式折算出来：

$$z = X - \frac{\bar{X}}{\sigma}$$

其中平均值为0,标准差为1。这四项标准的分值构成了教授评价的依据。然而,人们可能会使用任何标准化的分数(详情请参阅第三章)。如果在一个既定的年份里,大学的某个部门受到5%的提升,那么那些以上述公式测算得分是0的人会得到5%；那些得分是1.0的人会得到10%；而那些得分是-1.0的人将一无所得。当然,将所得分数转变为百分比的公式,实验室可通过员工参与的方式得到。这个例子的意义在于这个模型可以用于许多实验室。应该鼓励实验室成员参与探讨。例如,人们可以将工作评价视为计算分数的因素来探讨。同时,人们还可以采取其他一些方式。在实际中,可能需要根据实验室的业绩情况对例子中的5%进行适当调整。

既然不同的雇员对金钱、安全、地位、职业等的需要不同,人们就可以针对具体情况提供具有弹性的措施。由于并非每个人都希望获得金钱,有些人可能更为关注休闲、保险等,所以人们应该有权利作出选择。

10.10　执行战略应关注雇员的贡献

在上述探讨中识别的某些潜在问题,是和业绩评价体系紧密联系在一起的。戴尔顿(Dalton, 1971, p.1)对于业绩评价的说法是："对于管理者来说,最

让他们心烦的事情就是建立可行的业绩评价指标,对员工实施控制,引导员工
与组织目标保持一致。"

人们应该认识到在执行有效的业绩评价体系时存在着许多复杂问题,而
且,我们将注意力集中在以下三个方面还是很有意义的:

■ 个人业绩由什么决定?

■ 为什么业绩评价是必需的?

■ 建议的解决方案是什么?

业绩依靠

研发组织必须面对的问题是,个人业绩依靠什么? 对于技术导向型的研
发组织而言,罗伯茨(Roberts,1978,p.7)作出了如下的论述:

> Y理论是很有意思的,麦格雷戈和马斯洛也很优秀。但是如果你寻
> 找影响技术人员生产率的外在措施的话,那么所有老板们(人际)的关系
> 技能都将被视为无关紧要。那么,究竟什么是关键因素呢? 在一流的科
> 技公司里,如果你真正想通过雇用科学家或工程师们来获得更高的生产
> 效率,那么核心因素是一流的管理带来的技术能力。

这并不是说管理者反应迟钝,不会使用有效的激励措施来刺激研究者们
的工作热情;它是强调,在生产率等方面,管理者的技术能力所能起到的关键
作用。

关于研发组织的研究表明,专业的多样化和美国科学家技术的多样化都
有助于提高业绩水平。工作在多样化的研发机构中的科学家们作出了巨大贡
献,其对组织发展所提供的推动力要远远大于那些同一化的科学家群体。此
外,那些将部分时间用于教学或是管理工作的科学家的贡献要远远胜过那些

专门做研究的人员。不同领域专业化知识的融合将会比单一的研究取得更高的工作业绩。

劳勒(Lawler，1973，p.9)认为个人业绩并非仅仅依赖激励或依赖能力。这点可以用以下函数来形象地描述：

$$业绩 = f(能力 \times 动机)$$

在这里，

$$能力 = f[天赋 \times (教育 + 实践经验)]$$

$$动机 = f(外在报酬 + 内在报酬)$$

研究人员的业绩将依赖于诸如天赋、教育(学校教育和工作中的培训)、经验(如与通过讨论和案例分享知识的同事一起工作)、外在报酬(组织给予的报酬，如提升、额外津贴、参加会议等)、内在报酬(成就感、归属感等)，等等。对于内在报酬而言，所有的组织都可以创造条件(如良好的工作环境)，使得个人能够在组织内部得到这些回报。

当我们在第六章中探讨动机时，将动机分解成影响人行为的几种社会因素，有些因素可能被视为内在报酬，而其他的则被视为外在报酬。

由此可以看出个人的工作业绩是依靠许多因素的。组织及其管理者也只能影响部分因素。个人的天赋、教育水平、先前的工作经验都是一些既定的条件，这里面仅有一些因素会随着时间发生变化。即使在缺乏动机造成业绩不佳时，管理者也可以致力于外在报酬，并努力为个人实践创造条件以实现内在报酬。在分析的最后部分谈论的是，人们如何培养自己的能力以及如何看待外在报酬和工作环境提供的满意度，投入全部精力高效地工作。

对于内在报酬而言，研究者必须对他们的工作负责，他们必须将自己的研究兴趣和为社会服务的目标结合起来。人们有这种印象：研究者和使用者交流并参与技术转移会为研究的实用性提供必要的反馈，并将进一步巩固内在报酬机制。如果研究者的根本目的与研发组织的整体目标相违背，那么就很难真正地投入到工作中。在这种情况下,最好的方式是个人在别的组织中寻找合适的职位。

业绩评价目标

根据麦克格里格(1972,p.133)的提议,业绩评价有以下几项目标:

评价 为员工工作情况提供一套系统的评价方法,以此来支持加薪、提升以及惩罚,等等。

反馈 该评价可以作为一种告诉员工如何去工作的有效途径,并对其行为态度的调整提出建议。反之,如果员工已经实现了管理者所推崇的,但并不是很容易就可以实现的行为,就将会受到鼓励。如果管理者认为有必要,还会就相互关系进行沟通。通过这种方式,员工就不会把这类问题都归结到管理者身上。同时,管理者也会要求员工为其工作提出一些建议,以此提高组织的工作效率。

咨询 业绩评价体系也可以用于员工的咨询,用来识别员工所需的培训及其他发展需要。

作为对上述的补充,提出以下建议:

■ 增加员工的动机;

■ 制定组织控制和目标的协调体制;

■ 提升组织的效率和优点。

一项针对韩国55家组织的1 200名研发员工的深入研究提供了一种寻找适合于研究密集型组织的绩效评价体系的视角(Kim & Oh, 2002)。主要的研究结论如下:

工作满意度和对研发绩效评价体系的满意度 研究人员对组织研发绩效评价体系的满意度越高,则对自身工作的满意度越高。

评估者 研究人员通常更倾向于基于研究人员自身、同事、下属和外部顾客参与度高,而研发项目经理和研发中心主管参与度低的绩效评标体系。

标准 研究人员更喜欢使用更多行为特征的绩效评价体系,包括整合资源及建立和领导团队的能力。

建议性战略

既没有特定的业绩因素,也没有严格的战略步骤能够包括研发组织和其他专业性组织中所固有的复杂性。接下来的业绩因素分类方法,是同下面的建议联系在一起的,它提出了在不同水平的组织中发展业绩评价体系的大体框架和整体思路。认识到在业绩评价体系实施过程中存在哪些问题,理解科研人员和管理人员的业绩依靠什么产生是很重要的。

按照强调雇员对组织贡献的观点,可以将所有的因素划分为以下三大类:

过程度量: 日常工作,短期内的产出。

结果度量: 目标导向的行为,实际的、重大的产出。

战略指标: 集中在组织内外的认可、奖赏以及声誉。

这些类别的标题同第三章("创建一个富有成效的研发组织")保持了一致性,注意到这点很重要。这些类别又包含不同的项目,然而项目各有不同的侧重点;这些侧重点是同员工对组织的贡献联系在一起的。组织的效率最终是通过个人的业绩实现的。换句话说,为了获得连续的个人业绩和组织效率,应该将个人目标同组织规划协调统一起来。

评价体系中的部分特殊因素可能依赖于个人在组织中所处的位置。例如,第一线的管理人员或是主要的投资者可能将"项目规划中领导团队的质量"作为评价中的主要因素;然而对于合作投资人或科研助理来说,可能将"在既定时间和预算下完成既定项目"视为其评价的主要因素。为了有效地作出判断,可以使用员工职位描述的方法。

因为研究工作需要许多参与者共同努力,这就导致许多参与人员存在大量相似的业绩因素,即使组织存在不同的阶层,这点也很容易理解。业绩评价可以给部门某些员工主要的责任,给其他员工支持性的或是相对次要一些的责任,用这种方式来进一步加强这种合作。例如,当"项目规划"作为主要投资者的重要职责时,辅助投资者可能将其视为次要职责。既然有效的项目规划对于项目的整体成功是关键的,这将鼓励辅助投资者为项目规划提供投入并推动合作进程。

从更深的角度来看,具体的细节操作以及评价因素还是依赖于组织本身的。对于商业营利性组织而言,科研产出的最终利益是其关注的重点。即使对于非营利性组织,来自第三方的投资研究报告同样为员工业绩以及组织效率提供了重要信息。

本章结束部分(附录 10.13)给出了一个例子,这个例子中提到了阿尔贡(Argonne)国家实验室业绩评论体系的三个文件。一个文件描述的是有效业绩评价的主要步骤;另一个文件描述的是典型的职位描述,职位描述中包括的有效性度量也是建立评价要素的基础;第三个文件是使用该套文件实施业绩评价的实际形式记录。

我们将其他有助于推进业绩评价过程的建议整理如下:

■ 雇员和管理者不应将业绩评价看作是评判和评估员工的过程。人们重点关注的应该是员工对组织的贡献。作为补充,还应该关注类似的反馈信息、讨论、动机、目标融合等因素。很大程度上,需要克服雇员和管理者不愿参与评价过程的问题。

■ 一般来说,管理者很难给员工划分诸如卓越、优秀、良好、一般、差这些等级。在确定员工分类之前,管理者应该考虑这样做的目的以及实际效果将会怎样。这样做的直接结果就是员工了解到在工作中自己和同事的业绩信息。在实际操作中,每个业绩相关因素都将以定量的形式表现出来。同时,每个因素也会被设置成不同的级别或是赋予不同的权重,所有的主观因素也将被绝对地量化。在一个典型业绩评价案例中,包括 20 多项因素。减少这些因素的数量是提高效率的好方法,但是实践表明,因素的数量却是在逐年递增的。即使数量比较少,这些因素的量化过程还是主观的,还会带来许多问题。

管理者很快就发现在一个 15 人组成的团队中,排在第 6 位的人感觉他要比排在第 5 位的人强得多,应该和第 3 位的人差不多。排在第 3 位的人不明白自己为什么没有排在第 1 位,而被排在第 1 位的人却不明白排在第 3 位的人为什么得到了那么高的评价,等等。在既定的等级划分(如优秀、良好、差)情况下,也会产生许多类似问题。

有些组织业绩因素能够清楚地陈述出来,而且,委员会式的工作模式使个人偏见达到了最小限度。在这样的组织中等级划分方法可能会取得较好的实施效果,正如我们例子里所描述的高校中的情况。通常在能力所及的范围内应该尽量避免划分等级的做法。在有效沟通管理者和雇员方面,这并不是一种好方法。对在研发组织中起到重要作用的支撑环境而言,这种做法很可能起到反面影响。只对个人业绩因素分配等级,而不对整体情况和个人进行分级,将是更为可取的做法。

许多研发组织要求其管理人员设计一套全面的等级制度来评价员工。管理者应该怎样做呢? 一种方法是对整体的等级划分不予重视,而是关注于个人业绩因素。实践表明,这种方法能够取得较好的效果。该方法可使雇员放松,而且可以获得更多的反馈和讨论信息。

当评价体系同薪酬制度相互影响时,将评价结果直接同奖金联系起来的做法是不大合理的。这些建议看起来和高绩效高薪酬的做法似乎相悖,而这种做法已被人们习惯和认可。因此,我们有必要探讨一下这个问题。

工作效率高的员工确实该得到较高的薪酬,需要指出的是,正如早期所探讨的一样——在业绩评价讨论中谈到金钱等报酬方式,可能会降低反馈信息的质量,降低探讨的质量。组织的政策应弘扬对项目建设有实际效果的做法,而不要过多地集中于金钱方面。如果报酬激励员工的假设成立,人们很快就会发现,事实上金钱是在抑制员工的积极性。解决这个问题的方法很简单,即没必要将薪酬同绩效紧紧联系在一起。当然,在业绩能够以很清晰的方式呈现出来,并且采用委员会或其他有效渠道使个人偏见最小化的情况下,这种方法可能会有较好的工作效率。

■ 在建立业绩评价标准和目标时,管理者需要同雇员一起工作,只有这样,员工的个人需求才能同组织目标紧紧结合在一起。这样做有助于目标的统一。事实上,员工首先根据自己的理解而建立起个人业绩目标的办法是很好的。在这样的基础上,管理人员评价相关的业绩因素,并帮助员工实现他们自己的目标,也就同时实现了组织目标。

■ 在可能的范围内,业绩评价因素应该覆盖所有的老板期望雇员所开展的工作,正如雇员对整体所作的贡献可能已经超越了其在业绩评价期间的工作。

■ 同雇员一起工作,管理者可能将会制定明确的、有难度的而又很现实的目标。他们会安排特别的活动庆祝目标达成,并认可那些已经取得成功的人员;然后将所有信息公开。同时,他们将提供并交流提高组织效率和生产率的观点。

■ 有时,很难处理那些表现不佳者或其他特殊问题。这类问题可能是由雇员的能力、组织的环境,或是管理人员和雇员间的冲突引发的。有时,解聘员工是对整体来说最为有利的。但是这点并不容易实现,例如终身聘任的雇员,就需要其他方法来处理。

有这样一个例子,一个新的实验室主任发现,研究组织的环境已经呈现出了对抗而非合作的趋势。此时,研究者在研究资金、设备、实验室以及办公环境等问题上相互竞争。低工作业绩和低组织效率是导致这种组织现状的直接原因。

还有个例子,新的实验室主任发现曾被称为"模范执行者"的研究部主任主要关注某些过程指导。于是他只进行了前任主任要求他所承担的工作,从不采取主动,从不提供技术和管理方面的领导。这些年来部门工作表现平平。

这样的组织和个人行为导致的相关问题并不能急躁或轻率地加以改变。要增强积极行为,进而带来方法的改变,确实需要一些时间。在业绩探讨进程中,管理者可以关注以下这些问题:

(1) 员工贡献的积极性因素;

(2) 行为对组织有效性、雇员对组织贡献的反面影响;

(3) 通过人员调动设法克服这些困难;

(4) 用同事的压力和奖励而非"大棒"或告诫作为变革的策略,如向雇员展示,他的同事是如何解决他无力解决的问题,或者如何高效地完成难以继续的服务;

(5) 管理者坚定地达成一个劳资双方共同认可的战略和变革时间表,如果变革是系统且逐步的,那么,这种双方达成的协议就可以较容易地实现。

10.11 小 结

在研发组织中,不排除业绩评价体系有时会发生的各种问题,但是可以肯定地说,关注员工对组织贡献的评价体系,事实上必定能够提高组织的生产率和效率。好的业绩评价体系可以促使形成良好的组织和个人目标的融合体系,并使组织具有卓越的工作效率。令人烦恼的绩效低下问题或员工不得力的问题,可能是由于雇员缺乏能力或组织的结构设计不合理,当这种情况发生时,就很难解决了。

我们在此针对研发组织业绩评价相关的问题,提供了一些观点,这样就可以解决一些前面提到的问题。本章根据研究者对组织贡献,讨论了个人研究者业绩依赖、业绩评价目标、业绩评价战略等问题。

10.12　课堂讨论问题

（1）研发组织中有益于创造力的良好体系是怎样的？

（2）应该按照怎样的原则设计业绩评价体系？

（3）选取某个研发组织的实例，对投资者和其管理者的职责进行说明，为这两个职位建立主要的业绩评价因素。

10.13　附录：阿尔贡国家实验室业绩评价信息[*]

评价以及改进职位描述

在效率度量标准方面达成一致，作为业绩评价基础的职位描述。

每个雇员都应有一个关于目前所处职位的描述。收集上来的这些描述性信息应该使用标准格式列出，包含以下内容：

基础目标——对于工作职能的简要解释。

典型行为——关于本项工作的 6~8 项关键行为的列表。每种行为按照既定的格式进行陈述：职员应该做什么，如何去做，为什么去做。通常情况下，这些就可以包含工作日 85% 的内容了，而且涵盖了在工作中容易重复发生的、典型的、重要的工作内容。

---

[*]　来源：阿尔贡国家实验室。

工作环境——开展工作的具体条件描述，包括工作时间、工作期限、工作的健康标准等。

知识、技能以及经验——对于该项工作所需的知识、技能以及经验的简单描述。

效率的度量标准——员工业绩评估的标准。下面是评价时所用到的标准。

关于效率度量标准的解释

由于业绩评价存在多种标准，因此有必要明确一下。诸如"保持良好质量"是一种常用的所谓标准，但是这样的标准并没有很清晰的表述；实际上应该对标准有明确界定。在考虑效率度量标准时，管理者应该思考以下内容：应该在什么时候、什么情况下履行自己的职责。

每个管理者的主要责任是为每一位下属界定并调整其工作描述。对当前工作职位的定位显得尤为重要；当其工作内容发生改变时，工作描述也应该进行相应调整。在进行工作业绩探讨以前，管理者应该先检查职位描述，以决定效率评价是否仍然具有相关性，进而选择正确合适的业绩评价形式。年度的业绩探讨也应该产生服务于未来讨论阶段的职位描述。

管理者自己是不能够单独界定职位的，这应该是一项包括公司和员工在内的工作。在职位描述问题上，较为理想的状态是公司各个阶层取得一致意见。同样，职位描述的修订也应该同个人的责任统一起来。

提供工作绩效文件

业绩评价表的填写可能是一项难度较大的任务。如果管理者已经和他的员工在探讨阶段就建立并坚持执行评价员工业绩的体系，那么这项工作就会容易很多了。因此，这项工作一个必不可少的前提就是，在探讨阶段同雇员们一起讨论的内容，应该将积极的和消极的因素都考虑到。这些都会为设计高效评估形式提供有力支持。

通过这些资料的收集工作,可以有效减少违背客观性原则的现象。根据员工的个性特点来进行的业绩评价将导致更大的劳资双方关系恶化。在过去的几年里,人们已经关注并着手解决这些重要的工作了。

业绩评价表(如下所示)根据效率等级评价,进行合适的等级划分

评价
权重等级: 低 | | | | | 高

支持等级级别判断的相关业绩文件:

上述可以为业绩测评提供 6 个等级的评定。这些评定应该可以根据职位描述就直接得到相应结果。每次测评的权重都是可以更改选择的。这里的例子,其等级级别是用从"低"到"高"的办法加以区分的。在支持等级级别判断的相关业绩文件中,管理人员应该了解自从上次测评后到目前为止,影响员工业绩测评结果的所有资料。缺少相关资料的测评等级,将是残缺不全和令人难以信服的。在有关检验未来管理活动的例子中,这类资料的作用显得更为重要。

在这类表格的最后部分——"全面相关的业绩测评"里,将会简要地为效率的每种测评进行分级设置,并将其与员工的优点紧密结合起来。

员工成绩综述

每个员工要准备一份他在该测评阶段所取得成绩的相关资料,这是一项很重要的工作。虽然对这份资料没有具体要求,但是这些资料要从员工自身的角度,为管理者提供自己业绩完成情况的整体观点。

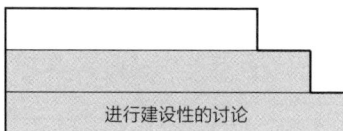

进行建设性的讨论

业绩评价讨论 业绩探讨阶段的自由交流,是形成业绩评价结果的基础。如果以上工作都开展得很顺利,就可以客观、准确地评价出员工对业绩的贡献,以及他们优点的增减,这就为进一步改进业绩评价提供了基本参考资料。如果这些工作开展得不如意,就可能恶化管理者和雇员之间的关系,并减少彼此间的信任度。

在每次讨论以前,应参考下面的业绩测评探讨列表。

准备——好的讨论需要良好的准备工作,要有前期计划。首先是通知雇员;然后是准备探讨相关的资料;再次是探讨职位描述以及完善测评形式;接下来是制定探讨目标。在仔细思考过后,最后是明确主题和关键性问题。

选择合适的时间和合适的地点——要在合适的时间内,轻松愉悦的环境中,和员工充分地交流。

推动支持性工作的开展——在开始和员工探讨这些问题前,首先应该把探讨的目的告诉员工,使该项工作能够在一种愉快的、相互配合的气氛下进行。这里需要重点强调,职位描述和效率测评的重要性。

这些工作的目的都是使业绩测评的阻力最小化。当员工的期望受到威胁时,就会给工作带来阻力。那些阻碍这项工作开展的员工,将会尽量陈述自己所付出的努力,而非考虑管理者的观点。当劳资双方发生种种不愉快的冲突时,有效的交流才是解决问题的最好办法。

鼓励探讨——讨论开放性的问题有助于交流的深入。总之,直到你完全理解别人说话的全部含义,然后进一步和其进行充分交流,将对提高工作效率非常有益。

探讨业绩测评表格——逐一描述其涉及的全部内容,并允许雇员加入合理的补充。一旦雇员在表格上签字,就表明他们已经读过这表格了,而不必考虑他们是否同意其中的内容。如果需要的话,雇员可以将表格进行复印。

雇 员 辩 驳

对业绩测评很不满的员工,在测评后一周的期间内可以提出辩驳。而且,辩驳的相关内容将被附在业绩测评的表格后面,成为永久性记录资料。

阿尔贡国家实验室 EES 0515

9700 南卡斯大街 工作代码

阿尔贡 伊利诺斯州 60439

职 位 描 述		工资代码
标题		日期
海洋研究者/物理学家(描述)		1985.1.22

基本目标

通过描述、定量评估海洋物理研究(或其他物理研究)的过程,为能量资源和技术发展提供支持,包括担任项目领导者的职能等。

典型行为

这个职位的人,要求能够收集分析有关对物理海洋会发生影响的相关因素、资源、技术发展等数据。这些数据可能已经存在,但是在一些情况下,需要由这些人亲自进行实验等工作去获取相关的数据资料;还需要经常同其他研究学者进行交流。该职位还可能要求其职员具有环境评估或是环境协同方面的相关知识。这个职位的主要责任是获得相关数据并撰写相关分析报告。

工作环境

典型的办公室环境;经常需要加班;参加相关方面的会议和交流。如果作为项目的参与者,要给项目的领导者提交报告;作为项目的领导者,要给物理工程协会的领导提交报告。

所需知识背景和经验

该职位要求具备以下条件:
1. 丰富的沿海水域海洋地理知识
2. 丰富的物理水纹资料知识
3. 丰富的水域测量技术知识
4. 对上述提及内容具有良好的分析能力
5. 对海洋物理、水文测量设备具有良好的操作技能
6. 良好的能量资源、技术开发所需的环境知识
7. 良好的语言、写作交流能力
8. 具有良好的团队精神
9. 具有对定性、定量资料进行分析的较强技能
10. 具有较强的物理测度能力
11. 使用海洋物理、水文测量设备的工作技能
12. 解释海洋物理数据的工作技能

这些知识和技能,一般都来源于正规的、相关领域的教育,以及在同类领域中的实际工作。

效率测评标准

1. 工作的数量和复杂性,出版物的数量和质量;侧重出版物、杂志以及正

规的阿尔贡报告。

2. 研究活动方面：工作的质量和数量；包括采用的方法、技术应用及其改进（包括专利），在正常技术和特定项目研究期间对取得成果的解释。

3. 探讨活动方面：工作的质量和数量；包括如何看待相关的文献，批评论点的清晰程度，等等。

4. 评估活动方面：工作的质量和数量；包括采用方法的相关性、专业团队，等等。

5. 在既定的时间和预算情况下，为合理安排项目阶段性目标，提供令人满意的、具有竞争性的任务安排明细。

6. 对正在进行的工作提供新的或改进的方法。

7. 有效的项目交流和成员组成，高效完成组织目标并提升团队的研究能力。

8. 研究、探讨测评活动及其结果，进行充分沟通与交流。可以采用口头和书面两种形式，范围可以扩大到其他项目成员、具有相关专业知识的人群以及其他相关机构。

9. 当指定一个项目负责人时，要考虑计划工作目标的领导层素质，在既定资源条件下执行计划的能力，以及在发展新的或扩展的支撑方面的成功情况。

阿尔贡地区实验室业绩测评优点的探讨 （包括全体职员和支付薪水的其他雇员）					
人员姓名		工资编号		工作分类	
部　门		评　价　者		探讨期间	

1. 效率测评标准（依据当前的职位描述）

A. 测评
权重等级级别：低 ｜　　｜　　｜　　｜　　｜　　｜ 高

支持等级级别判断的相关业绩文件：

能够加强员工在该领域内业绩资料的相关列表：

B. 测评
权重等级级别：低 |_____|_____|_____|_____|_____| 高

支持等级级别判断的相关业绩文件：

能够加强员工在该领域内业绩资料的相关列表：

C. 测评
权重等级级别：低 |_____|_____|_____|_____|_____| 高

支持等级级别判断的相关业绩文件：

能够加强员工在该领域内业绩资料的相关列表：

D. 测评
权重等级级别：低 |_____|_____|_____|_____|_____| 高

支持等级级别判断的相关业绩文件：

能够加强员工在该领域内业绩资料的相关列表：

E. 测评
权重等级级别：低 |_____|_____|_____|_____|_____| 高

支持等级级别判断的相关业绩文件：

能够加强员工在该领域内业绩资料的相关列表：

F. 测评
权重等级级别：低 |_____|_____|_____|_____|_____| 高

支持等级级别判断的相关业绩文件：

能够加强员工在该领域内业绩资料的相关列表：

2. 安全执行情况（职员培训、个人保护设施的使用情况等）

在工作区内相关安全规则的陈述：

3. 积极的行为（用于管理者）　管理者如何支持阿尔贡地区实验室积极行为的推进工作：

4. 发展规划　帮助员工改进业绩或是为其提升做准备工作：

5. 业绩的全面相关测评：

低 ├──┼─┼─┼─┼─┼─┼─┼─┼─┼─┼─┤ 高

其他评论及反应：

_____　____　_____
测评人员签字　　　日期　　　员工签字（仅仅表明已经看过表格）

第十一章

技术转移

本章主要探讨使命导向型研究组织的技术转移问题。使命导向型组织目标是根据组织长期目标定义的,而不是根据某一具体技术目标定义的。这类研究组织的工作是纵向一体化的。换句话说就是,它们既从事基础研究,也从事应用研究,有时还要为生产和制造提供技术支持。而非使命导向型组织的目标则主要是从科学的角度定义的,如高能物理、核能、毒性物质、大气物理和生物声学等研究。学术研究通常是非使命导向型的研究,一般由大学的学术性部门(院系、研究所)从事的小规模研究。非使命导向型研究组织的许多技术得通过一些类似于使命导向型研发组织的"缓冲组织"才能实现转移,并在社会上得到应用。因此,在下面的研究中,将重点关注使命导向型研究组织。

对于研发组织而言,技术转移或技术转让可以定义为:科学和技术从个人或团体转移到另外一些个人或团体,并由这些个人或团体将这些新知识投入实际应用的过程。

在一项新技术被社会广泛接受以前,它必须具有相当大的比较优势,并且能为用户带来明显的价值。新技术可能会比旧的昂贵,但是有质量、灵活性和灵敏性等各个方面的优势用户有时必须采用这些新的技术。

在利用新技术方面,会有更多的管理难题。对企业而言,持续改进是未来竞争优势的基础。哈沃德(Howard)和吉尔(Guile, 1992)对采用新技术提出了一些建议。这些建议包括:

■ 不要只承认其现在表现出来的性能,应该关注持续的改进。

■ 不要只是为了使原有的某一性能小程度的改进(如稍微快一些、便宜一些或实现自动化等)而重复原来的工作。再次仔细检验产品及工艺的设计,才是作出重大改进的根本。

■ 把一项创新引入企业时,必须承认并学会应对人们不愿意接受变革的天性。比如,在组织里经常会听到以下的谈论:

"我们的制造工艺没有任何问题,问题出在产品的设计上。"

"我们没有时间和精力来整合这些改变,这会降低我们的工作效率。"

"我们只需要降低工人的比例就行了。"

"如果禁止外国竞争者在我们的市场上倾销他们的低档产品,在国内没有我们摆平不了的。"

"在美国我们已经建立了太多的影响生产效率和技术实施的规章制度。"

本章涉及的内容包括技术转移假设和建立技术转移战略的各个阶段。

11.1 技术转移假设

下面是与技术转移有关的一些假设:

■ 使命导向型研究组织要想有效地完成任务,就必须把其研究成果转移出去。

■ 技术转移的有效性是衡量使命导向型科研组织生产率的一个重要标准。

■ 有效的技术转移可以增加用户参与创新进程的程度,用户参与程度提高,反过来又会对研发的效率产生积极影响,这会使组织获得长期的利益,如从资助者那儿获得科研资金。

■ 制度和组织方面的约束,以及对技术转移不当的规划,都会阻碍技术转移过程。

■ 可以开发出一些能够促进技术转移的技术和方法。

11.2 技术转移的各个阶段

将技术从实验室转移到制造部门,到市场,再到最终用户手中,是一件非常重要的事情。组织的各个部门都能在成功实现这个目标中发挥自己的作用。看一下如何把这些不同的人员和部门最好地组织起来,会有助于我们理解技术转移的各个阶段。

罗杰斯(Rogers，1983，1995)提出了采用新技术的五个主要阶段：

- 知晓；
- 说服；
- 决策；
- 实施；
- 证实。

当一个潜在用户了解到这项新技术，并对其能力和功效有一定理解时，知晓阶段就开始了。在这个阶段，用户想了解创新是什么，具有怎样的功能，其原理是什么等。当用户对创新抱有欣赏或是厌恶的态度时，就进入说服阶段。此时，潜在用户正在观察创新的比较优势和缺陷。当用户决定采用或不采用创新的阶段，就是决策阶段。当用户决定把创新投入到实际的应用中时，就进入了实施阶段。证实阶段是用户试图证实采用这项创新的决策是否正确，同时还在继续采用这项创新的阶段。人们常常不能很好地理解这一阶段，这是许多创新首次被采用但不久又被放弃的原因。因此，在实施阶段发生以后，还需要继续采用一定的措施强化用户对创新的接受。

采用一项创新有着相当大的风险性和不确定性，因为采用一项创新的收益并不是非常清晰的。在实施阶段也会经常遇到许多生产和制造的问题，从而增加成本，降低收益。通过一些示范项目和试点，可以减少部分不确定性因素。那些对审慎的冒险都不鼓励的组织，很少会采用创新的决策。

典型技术创新采用的过程是一条 S 形曲线。罗杰斯(1983，p.247)描述过五种创新采用者。早期的采用者一般是一些审慎行事的冒险者，他们往往信息灵通，受教育程度较高，是组织中的"民意领袖"。早期采用者的作用在于，他们通过改进创新来不断满足组织的需要，这样从组织角度而言，就降低了采用创新的不确定性。然后，早期采用者会把有关这项创新的信息扩散到组织内的其他潜在用户，或组织外边的同行。

采用创新通常需要一定的资源支撑,如人力、资金、时间;还要进行专门的培训,有些时候甚至要求对组织的运营方式进行调整。这意味着无论是组织还是个人,都需要接受创新并且勇于承担责任。组织的结构以及日常运转使其具有稳定性和连续性,而采用新技术似乎会威胁到这种稳定的连续性,这样,一项创新总会遇到一些抑制也就不难理解了。

一些创新需要经过制造过程才能为最终用户使用。比如,某项创新是一种耐用的灯泡或一台能够监控有毒废物的精密仪器,首先必须制造出来才能应用。另外一些创新,如计算机系统,改进的分析程序或设计标准,则可以不经过一些主要的中间阶段就可以直接转移到用户手中。不过,在这两种情况下,在实施一项创新前,制造商或用户必须了解到这项创新,并且已经说服进入下面阶段:决策和实施。

在技术转移的早期阶段,即了解和展示(说服)阶段,市场营销部门可以起到重要作用。举例来说,营销人员可能利用包含产品信息的宣传材料或演示来吸引用户的注意力,刺激他们进一步了解更多的信息。当用户进入决策和以后的几个阶段时,研发部门和其他与这项创新联系密切的人员就应该起重要作用了。

11.3 技术转移的方法和影响因素

罗伯兹和费洛姆(Frohman, 1978, p.36)描述了企业研究组织经常用来促进研究成果利用的三种方法:人事手段、组织联结杆法和程序化方法。

人事手段

人事手段包括人员调动、联合团队、研究成果的生产者和使用者之间高强度的人际交往等内容。假如某个研发部门或团队开发出了一种能单机使用的智能空气污染监控器,这种监控器含有一个内置的微处理器,能够进行实时分析。这项创新是非常复杂的,在制造过程中需要对其进行调整或调试。研发部门的一些核心成员可能被派到制造部门工作,协助完成这个过程。这样,研发部门对热情和敏锐的洞察力就能够转移到制造部门,从而增加了技术有效转移的可能性。

组织联结杆法

这种方法是,成立一个专门的技术转移团队,成员包括工程师、市场营销人员、财务人员、一个"集成员"(第三方的技术转移协调员),以及新创企业的组成团体等。

在一个组织内,人员流动会带来一些让人无法接受的人事问题,或者说是资源浪费的问题。于是,就成立了专门的"技术转移小组",专门负责研发成果从实验室到演示和制造,再到最终用户的整个过程。需要强调的一点是,应该认识到技术转移小组不应仅仅包括销售或公关办公室(PAO)。在我们研究的一个例子中,公关办公室主导了"技术转移小组"工作,可想而知,效果并不理想。在知晓阶段进行完介绍和演示后,其他后续活动越来越弱。公关办公室的人缺乏相应的技术知识来成功地完成其他技术转移活动。甚至在了解相关知晓和说服阶段,也可能会误导用户,有时甚至会把错误的信息提供给用户。这种情况使得下一步的工作更加难以推进。对于一些以技术为基础的创新,在技术转移的所有阶段都得让那些知识渊博的工程师和科学家扮演主要角色。当技术转移进入决策及以后的阶段时,公关人员的作用便降到最低。

程序化方法

这种方法包括由制造部门和市场部门的人员组成的研发团队及用户团队

来进行联合的计划和申请资金,以及对研发项目进行联合测评。

包含联合作出计划和用户参与创新过程的程序化方法是非常有效的。用户团体可以按重要的研发产品组织,成员包括制造和营销部门的人员、现场用户、赞助者以及研发部门的人。值得指出的是,这些用户团体的参与员仍然会从事他们原有的工作,参加用户团体只是一个额外的义务。这种用户团体的作用非常有效,我们经常会听到研究人员说,他们如何与用户团体沟通中产生了许多新的想法。尽管这种方法需要有组织的大力支持,但这种努力是非常有价值的。在许多情况下,由于组织结构的影响或出于成本方面的考虑,进行人员调动或成立专门的技术转移团队是不可行的。而程序化方法,不需要人员调动或拨付专门的资源,成立一个专门的技术转移团队后,通过成立一个用户团体就能为有效地实施技术转移服务。此外该方法也可以作为对其他两个方法的有益补充。

技术转移的影响因素

博索姆沃斯(Bosomworth,1995)在对 26 家公司的研究中发现,大公司的主要研发活动在组织、目标、研发投资战略的实施步骤以及技术等各方面都存在很大差异。一个重要发现是,正式的技术转移方法往往能缩短技术从研发到商业化的必要时间。

一项对开发高性能计算机的公司和项目的研究发现,不同的绩效同人们的技能和以技术集成为目标的日常管理相关。进一步讲,项目业绩优秀与旨在解决关键问题的方法密切相关,并且在对新技术应用的环境有充分了解的情况下,能够把不同的复杂技术集成起来。

塞冲(Cetron,1973,p.11)为我们指出了一些影响技术转移的主要因素:

■ 国家政策、法律、法规(比如,税收、减免税、关税、劳保安全法则);

■ 公司政策;

- 市场需求；
- 国家和产业的科学水平；
- 研发水平；
- 教育水平；
- 资金可得性。

11.4 用户的作用

顾客逐渐被视为创新过程的伙伴而非消极的接受者。在产品概念产生的早期阶段及开发的整个过程中都可以将顾客考虑在内。他们的输入有助于将技术转移过程中的障碍暴露出来并克服这些障碍，从而降低创新的风险。

希普尔(Evic von Hippel)是行业内和顾客服务公司中主张将顾客参与到新产品开发的早期设计阶段的主要倡导者，尤其是那些服务于面向多样化需求的市场的产品。希普尔(1988，p.107)指出让顾客参与到创新过程中有以下几点优势：

(1) 用于理解详细的顾客需求的试错期缩短，因为试错过程由顾客来完成。

(2) 顾客输入实际上能够带来直接面向制造的设计。

(3) 小的顾客利基可以被满足，如果没有强调顾客参与，满足利基市场需求的成本是十分高昂的。

希普尔(1978，p.31)对用户在创新过程和技术转移过程中所扮演的角色做过深入的研究：

> 我们发现，在我们抽取的工业产品中，有60%~80%的工业产品(包括工业设备和科研设施)，在由生产商业化以前，是由创新用户发明、开发出原型并使用的。

希普尔(1978, p.12)在一个科学仪器的例子中作出了如下阐述：

> 我们发现，在所有研究过的创新例子中，有81%是用户最先觉察到需要对仪器进行改进，并发明出相关的装置，制造出原型产品，进而在实际应用中改进原型，提高其价值，并传播与这种仪器的价值和这个原型如何被复制的信息。最早商业化地推出这种仪器的制造商只是在所有这些工作都完成以后，才开始进入创新过程。制造商的贡献一般是产品的工程化工作，即在完全保持产品的基本设计和运行原理的基础上，提高产品的可靠性和使用的方便性，及以后对这种经过改进的产品的批量生产、市场营销和销售。

这些发现对某些产业具有非常重要的意义。企业应该制定一些管理战略来发现和利用用户开发出来的创新。制造商在产品的工程化、购置必要的设备进行批量生产和产品市场化方面的贡献也是非常重要的。不过，在投入资源生产和营销这类的创新产品以前，必须得弄清这个新产品的专利权或商标等产权关系。

为顾客设计一种工具箱的主意在希普尔的理论中占中心地位。例如为雀巢和联合利华供应特别原料的国际口味与香料组织(IFF)，建立了一个工具箱以满足顾客培养自己的口味，后来 IFF 对之加以升级。需要特别指出的是，IFF 提供给顾客一种口味的数据库，以及将这些口味组合或改善时需要的规则。在测试数量中生产样品的机器也提供给顾客。当顾客在电脑显示器上设计出一种口味之后，就迅速发给机器，顾客可以测试和实时地作出调整。由于一些特殊的化学合成不对外公开，IFF 的这项知识产权已经受到保护。希普尔也提供了一些其他的案例，表明顾客变成了发展创新的合作伙伴，例如通用电气和3M 公司，以及软件行业。

在快速发展的高科技领域，希普尔提出与领先用户合作是明智之举。领先用户能够在产生大规模市场之前预见需求。而且，领先用户处于一个通过获得满足这些需求的方法以迅速收益的有利位置。然而有一点需要注意的是，对通常创新过程中吸引用户的重视可能会掩盖突破性科技中的基础研究。例如哈里森（Harrison，2008）指出工业与大学研究者的合作关系在创新过程的探索阶段是最有效的，因为他们帮助决定最后的应用以加快该项目的商业化进程。

设计过程和设计师们在把基于技术的产品变得贴近用户、提高其审美性上发挥着越来越重要的作用。苹果公司通常聚焦在用户界面上，iPod 和 iPhone 的面世，展现出了对美学设计和用户亲和力方面令竞争者们都试图模仿而不得其法的高超技艺。电子产品生产者 Bang & Olufsen 同样通过科技与艺术的结合使其在行业中卓尔不群。然而设计不仅限在电子产品上。在年度国际设计大奖中广受赞誉的技术产品包括商业和工业设备，这些都不是在工业化国家中设计广泛客户群的。这个"每个孩子一台笔记本电脑"的计算机包括了一些使其更有弹性的设计元素，更加容易上手和更有娱乐性，特别是面向从未使用过电脑的孩子们。

IDEO，一家坐落在硅谷的公司，与不同公司合作以设计新的产品，在客服市场占主导地位。除了商务和技术上的考虑，IDEO 还将人类行为、需求、偏好等方面列入其考虑要素。"以人为中心的设计理念，特别是基于直接观察的研究，将捕捉到意想不到的洞见以产生更加满足客户需求的创新产品，"布朗（Brown）如此说。在 IDEO，在方向确定之前思想者处于创新过程的最开始阶段。这些人可以从传统设计的背景中选择，也可以从目前高校新兴的交叉学科项目中选择。

11.5 创新的特征

罗杰斯（Rogers，1983，1995）从潜在采用者的角度，描述了能够影响采用

率的五种创新特征,这些特征包括:

相对优势 创新相对于以前技术的优越程度。

相容性 创新同用户现有价值观、过去的经验和需求的一致程度。

复杂性 理解和使用创新的相对难度。

可试用性 在有限的条件下,创新能够被试用的程度(即用户的使用习惯不需要完全改变)。

可观察性 使用创新后,能够看到的效果,以及同用户或其他决策者交流的容易程度。

一项创新的这些特征无疑在技术转移过程中具有很重要的作用。例如,在用户选择新技术以前,他们一定会采用新技术所需的额外工作和投资,然后与新技术的比较优势间作出权衡。一旦现存的技术经过较小的改进就可以达到同新技术类似甚至更有效的结果时,那么也就证明新技术确实拥有更多优点,远远超过现存技术,只有这样才有可能吸引潜在客户选择采用新技术。

相对优势包括降低生产成本、提高获利性、提高便利性、减少生产所需时间,提高能力,以及相应的社会地位等。当成本保持不变或是有所增长时,有些创新可以降低生产所需时间或是提高产品质量来获得自己的相对优势。比如,对于军用装备而言,相对优势能够带来战略或战术上的优势,因此能够促进潜在用户采用。

那些与用户现有的价值观和过去经验相容的创新更可能吸引用户采用。比如,如果用户过去采用过某个实验室的创新,并对这个实验室有良好的影响,那么用户以后自然更可能采用该实验室的新产品。在采用创新的过程中,用户扮演着重要的角色。有时候外部的压力同样可以创造对新技术的需求。例如,一旦政府法规发生变化,就很可能会引发采用先进污水处理技术的需求。

一些创新由于效果很难被了解,或是需要特定的培训,采用特殊的设备,以及使用者要具有特殊的技能等,而使其采用过程变得更加复杂。对于这类创新,需要就技术能力进行充分的交流,并给用户提供必要的培训、所需的设备,通过这些措施来提高采用比例。

由于一些显而易见的原因,用户经常是乐意采用新技术却不乐意采用新技术的全部,或不愿完全改变操作习惯。这可能是由于采用新技术的风险所造成的。因此,当技术在一定范围内可以进行试用,而变化也是渐进性的(可以试用)时,创新的采用率就可能会提高。许多办公自动化的创新,已经采取了这种模式来促进其发展。

如果采用创新带来的利益可以让人们很清楚地看到,并且让其潜在采用者了解到的话(可观察性),那么采用率自然会高一些。我们知道,软件所带来的利益(程序、方法、计算机系统)并不是很容易被潜在用户了解,因此具有相对较慢的采用率。

罗杰斯的经久不衰的框架为基于技术的产品的市场扩散提出了挑战。市场营销人员应该考虑如何将这些因素融入到创新过程的早期以尽可能实现迅速而有效的扩散,并使扩散所受到的挑战尽早浮出水面进而受到重视。例如,正如韦克(Weick)、瓦赫利(Wachli)和艾森巴特(Eisenbarth, 2005)指出的那样,如果在开发转基因工程的农作物和食品的过程中考虑了这一系列因素,在扩散阶段可能不会遭遇如此多的抵制。

11.6　一些特定人员的作用

人们已经了解一些人员在技术转移过程中发挥着的作用。技术看门人起到了和外界交流科学技术知识的作用,这点已经由艾伦(1977, p.141)所证实。罗伯兹和费洛姆(1978, p.37)描述了两个其他类型的看门人——市场看门人和生产商看门人,他们对技术转移也起着重要的作用。

市场看门人是一个"通信员",他了解竞争对手和追赶者正在做什么,市场会发生的变化等信息。这些人为研发组织提供重要的信息,使组织的研发活动关注目标,关注那些可能会被采用和实施的活动。

制造看门人或产品使用看门人非常了解产品制造的实际环境和限制因素,以及用户对产品的使用方式。他们可以让研发人员能及时了解产品的制造和使用、运行方面的需求。看门人要确保研发人员提出的创新概念,既能方便制造,也能与用户的使用习惯相容。

正如先前所讨论的一样,在技术转移进程中,这些关键性的人物起着重要的作用。罗伯兹和费洛姆(1978, p.37)曾断言:"世上没有比看到或与一个对新想法非常有信心、充满热情的人一起工作更能激起人们对技术转移积极性的事了。"有时,对研究人员进行调动,使他们能与制造和市场部门的人员更紧密地共同工作,就会克服许多事先无法预料的技术转移方面的困难。许多人都提出过这样的观点,不过这样做在具体应用时可能会比较困难,也会引起一些财务和组织方面的问题。

当调动人员时,非常有必要制订一个有效的计划用一些人来代替那些被调走的员工,让他们来完成那些仍然需要继续开展的研发工作;但这种人员调动和替换可能会让组织付出很大的成本。同时,还要考虑人员的个人目标,需要分析这种调动对员工激励、未来工作的机会以及潜在的晋升机会(组织内或组织外的)的影响。总之,我们认为,采用这种方法时,最好是有选择性地调动一些人员,期限要短,起到催化和缓解人们对人员调动的疑虑。

11.7 跨 界 活 动

在技术转移中,一个主要的也可能是最关键的因素是跨界活动。这个问题需要详细地论述。

工程师应该能够有效地和其他工程师进行交流,同样,经济学家也应该能高效地和其他经济学家沟通。进一步说，假设一个空气污染控制专业的工程师同另外一个研究空气污染控制的工程师，要比与一个擅长地下水文地理学的工程师，更能有效地沟通。随着科学和技术复杂程度的提高，专业化变得越来越重要；但是这种专业化的深入给不同领域间的交流带来了障碍。正如前面所讨论的，提高科学家和工程师的沟通水平对创新过程是非常关键的。这种专业化程度的加深对技术转移的影响是，沟通网络必须突破研发的界限，而要包括用户团体、市场营销和制造部门。这就要求进行跨边界的活动，即跨越与一个人学科最近的那个界限开发活动。

仅仅增加这个最近的界限或研发团体范围的沟通水平，自然是不够的。要想使沟通更有效，这种沟通就必须能够真正理解"用户的需要"，还需要不同的团体（如研究、市场、制造、最终用户）在促进技术转移上开展创新性合作。在使用前面提到过的任何一种用于技术转移的方法（人员、组织联结杆、程序化法）时，吸收那些能够进行跨界活动的人参与都会产生很好的效果。

跨越部门边界或把门的责任不能够在形式上指派给一个人。在研发组织中，这将是研发成员在创新过程中作为基本部分所需承担的责任之一，尽管有些人会比其他人做得更有效。当使用技术转移中的任何方式时（比如，人事上的，组织结构上的，程序上的），能够跨越边界的人员的参与很可能产生最好的结果。

管理承受了巨大的挑战，包括执行和引导创新的实施过程，精心编排不同技术工种之间的交互作用，以及随着时间变化的方法。而面对创新过程所需要的不同技术工种人员，管理好这种跨学科的团队合作，对于成功来说是至关重要的。在第三章中，针对科学家和工程师在目标与方法上的不同，我们进行了比较。管理更广泛的创新过程则涉及更多的行业领域——市场人员、设计师、金融、会计和法律的专家。管理者面临的挑战，是使所有的天才都能够支撑创新，并确保差异能促成问题得到创造性的解决，而非分歧。"当不同的想法、看法和处理判断信息方式相互碰撞，创新就会发生。"伦纳德和施特劳斯（Leonard & Strauss，1997）写道："而这也反过来，需要以自身固有的不同方式看世界的各种类型的玩家之间的合作。由于与生俱来的理解的缺失,建设性的冲突可能变得徒劳无益。争吵变得个人化,而创新过程也就此停止。"

对于较大的研发与销售之间的接口问题,一直以来就集中了大量研究。因为这两个组广泛地代表了创新中的两个维度——技术和市场——它们提供了管理训练有素的创新队伍之间挑战的洞察力,以及搭建沟通桥梁的方式。表11.1 比较了研发人员和市场人员对目标和意愿、需求和动力这些方面的主要不同(Griffin & Hauser, 1992)。

表11.1 研究开发与营销的偏见	
研究开发特性	营 销 特 性
目标与期望	
知识作为对人类价值的来源	组织的生存与发展
为了发现科学原理	为了企业的目标
同行评议与认可	组织的认可
需 求	
自主	计划,程序,政策和规则
同行认可与创造性环境	组织认可
持续的教育和发展	团队工作
支持社会中知识的进步	不断提高组织中的地位
动 机	
服务人类	在组织内部的奖惩
发表	
专业认可	
署名的专利	
解决问题的自由	

资料来源: Saxberg & Siocum, 1968,来自 Griffin & Hauser, 1992 的转引。

那么,技术与业务人员之间的相互交流、相互理解和团队合作,怎么样才能够加强? 格里芬和豪泽(Griffin & Hauser, 1992)提出建议:

■ 设计物理上的设施，去减少不同组之间的物理距离；提供不划分各自区域的空间，让人们得以非正式的接触。

■ 调遣介于两个功能组的人员，即便是仅起到临时性顾问的角色，雇用具有研发和市场两方面能力的人，他们可以跨两个领域，并促进现存两类员工的训练（比如在高校技术类项目的管理）。

■ 提供通过晚宴、野餐、娱乐和诸如此类活动的社交平台。

鼓励交流和合作的机制的目标，并不一定必须是一派祥和，而是要能够管理冲突，并将之引向问题的创造性解决。在"投入全公司的才智到工作中"（Putting Your Whole Company's Brain to Work）一文中，伦纳德和施特劳斯（1997）关注了管理者们将不同观点引向创新的建设性磨损所能够做的事情。他们建议使用一个诊断的工具——例如，迈尔斯-布里格斯类型指标或者大脑优势思维模型（Brain Dominance Instrument，HBDI）。任何一种工具都会有缺陷，要注意避免使用 MBTI 或者类似的测试，把人们划分为创新者和非创新者的角色。然而，这些工具的使用提供了一个基点，即对思考风格的方式、促进自我认知与理解他人间的交流的共同探索。这些信息指导着管理者们，以智力上的差异性来组成队伍，帮助成员们事先认识到不同，并"通过使摩擦变得有创造力，来积极地管理创新的过程"。

在理解和治理不同的认知方式之外，经理们在不同的队伍之间交流也很关键，它们的每个功能领域将覆盖项目的生命周期，从冒出来新的想法到最终的投放市场。尽管在项目的生命周期里多功能领域的存在是明智的，但考虑到项目的类型和阶段，对于不同功能的节奏安排和重点强调应有所区别。例如，在第十二章中提到，所需的技术和市场投入的类型与侧重，将在项目进展过程中有所变化，同时也将取决于创新的类型。渐进型创新暗含着市场人员的强势角色，他们要确定消费者喜好、目标市场、扩散潜力、环境趋势和市场营销策略的发展。类似地，设计者把精力主要集中在美学设计与用户体验的衔接，技术与市场问题之间的综合。然而，早期的破坏性技术倾向于在早期强调研发活动。市场人员应当从技术和想象力中得到他们的线索,并抵制把努力引向已存在的消费者和市场需要的趋势。最可能的是,他们会成为很好的倾听者,并把其想象力用到应用和市场的创建上,而这将在不久之后变得更加明确。

"在可信任的关系内,"迈尔斯(Miles,2007)写道,"个体在创新的过程中自由合作,分享缄默的知识,从不同的组合中创造新知识,以及对每个人获得知识提出新的解释。"要使来自不同学科的人之间产生信任,花时间理解其他人的目标和认知方式。这种创新的更柔性的一面可能会诱发抵触情绪,尤其来自那些更加定量化的技术领域——硬科学和工程等更专业的领域,甚至是财务、会计等商科领域内受过训练的人。然而,最终管理者的最重要的角色是使这种交流变得合理化(Maccoby,2005)。员工表现出自我反省的意愿是使这个过程获得可靠性的重要的一步。获得可靠性的前提是管理者对整个团队毕恭毕敬。在一个跨学科的技术创新团队中,最好的管理人员一定是最好的科学家或工程师吗? 一方面,罗伯特(Roberts,1978)指出最富有成效的研发团队一定是由在技术方面能力强的人所领导。而坎特(Kanter,2006)则反驳道,技术背景和能力使领导者更容易获得接受过技术教育的团队成员的尊重,但最优秀的技术人员不一定是最好的管理者。管理者能够为知识员工之间的交流提供便利,所有的员工都需要为这种交流贡献力量,但只有当来自员工自身的信息能够与来自他人的信息实现有效整合时,这种贡献才是足够的。

11.8 技术转移的组织问题

在一篇标题为"应用新技术"的文章中,雷纳德-巴顿(Leonard-Barton)和克劳斯(Kraus,1985,p.102)确定出了会影响技术转移组织的许多问题。下面是我们对其中部分内容的分析和总结。

负责技术转移的管理人员(一项新技术的实施人员)必须将研发人员和用户的观点、需求集成起来。技术转移的重心是一项新技术的营销，而不是简单地销售，必须充分考虑用户的需求和偏好。和其他学者的观点一样，雷纳德-巴顿和克劳斯认为让"民意领袖"参与组织是技术转移成功的关键。

他们指出，应用新技术仅有热情是不够的。在组织内实施一项新技术通常要求组织有一个支持性的基础设施，并且为实施这项新技术分配稀缺的资源。新技术的实施团队应该包括以下一些人员(Leonard-Barton and Kraus, 1985, p.105)：

■ 资助者(在组织内地位较高，能够帮助团队获得足够的资金和人员)；

■ 倡导者(销售人员，解决问题的人员)；

■ 整合负责人(对各种相互冲突的重要事件进行管理)；

■ 项目经理(负责管理具体事务)。

除此以外，他们还建议应该赋予实施团队内某一个成员足够的权力，来调动必要的资源(包括研发部门和用户团体)完成工作。

在组织内部，人们对于变革具有自然的抵制性。雷纳德-巴顿和克劳斯(1985, p.108)认为，"人们心照不宣的抵制不会消失，反而会深化为骚动，进而发展为怠工，最后失去耐心，会完全表露出来"。有时，人们对那些由新技术引起的真实或假想的问题抵制的原因有：

■ 失去工作；

■ 失去控制；

■ 失去自主性或权威；

■ 组织有利，但对个人没什么好处。

除那些抵制者，还有另外一类组对技术转移有负面影响，即"骑墙派"(Leonard-Barton and Kraus, 1985, p.109)。"骑墙派"不明确反对创新，这样其他人就能反对，但是当他们是一项新技术实施的关键性人物时，就会影响这项新技术的未来。为了克服这样的问题，高层管理人员应该采取一些具有象征意义的行动(备忘录、演讲等)来全力支持技术转移。这些高层经理一般应该属于用户团体。

影响技术转移的另外一个关键因素是新技术带来的风险和不确定性。采用者必须在期望收益或回报(如果能采用成功)与可感知到的风险之间(如果采用不成功)作出权衡。在那些不鼓励创新,并且对失败严厉批评的组织中,新技术的采用是不可能深入人心的。

在某个组织中,一个员工宣称想得到晋升的正确做法是:"不要捣乱,保持低调,不犯任何错误。"自然,这样的组织一定会抵制变革,采用新技术也会很难。相反,当员工渴望了解和学习新技术,管理人员能够认识变革的过程会犯一些错误,以及组织鼓励人们进行审慎冒险,新技术的采用就会非常活跃。

11.9　农业技术推广模式

过去,美国的"农业技术推广局"在技术转移方面做得非常成功。这一政府机构采用的方法通常被称为"农业技术推广模式",主要包括以下三个方面(Rogers, 1983, p.159):

■农业研究的子系统研究。这是美国农业部同 50 个州的农业实验站共同努力的结果。

■各个州的推广专家。他们分散在各个"政府赠地"大学或州立学院里,在研究子系统和县级推广机构中起联络作用。

■县级推广机构。他们是一个变革的宣传机构,与当地的农民和其他农村人口打交道。

一旦某项农业技术创新经由县级推广机构达到个人,这样技术就会通过同级的推广网络实现横向转移。

"农业技术推广局"成立于 1914 年,目的是"向美国人民传播和国内经济有关的农业实用技术,并鼓励他们使用这些技术"。因此,农业推广局有着悠久的技术转移的历史。该机构的特点之一是,推广服务的资金来自联邦、州以及县郡政府(Rogers,1983,p.160)。

因为一些联邦政府机构和产业部门十分关心是否有好的机制把来自研发组织的技术转移到用户,有人建议在其他部门推广"农业技术推广局"的做法。然而,将这种模式应用到其他领域的做法,至今还没有取得很大的成功。

究竟是什么原因造成了这种情况呢?这就必须得分析农业研究和推广模式的独特性。在农业推广模式下,农民是研究的明确的、唯一的目标,能够一直获得联邦、州、县郡政府的资金支持,而且有着70年的成功实施经验。这些特征是转移其他技术所不具备的。

11.10 美国国家航空航天局的技术转移活动

近年来,国家航空航天局(NASA)调整了它的技术转移项目,把商业技术转移也集成进这一机构的使命。这一使命是,NASA的每一个项目在一开始就让企业预先参与。通过这种方式,每个航空和空间项目开发出的技术,都可能与商业应用直接联系,具有很好的转移潜力。

最近有一篇文章(Comstock & Lockney,2007)描述了NASA如何培养与私营部门的关系以促进NASA开发技术的转化从而更好地服务于社会。下面的内容介绍了NASA创新伙伴计划,这些内容在该机构的网站上也有说明。

创新伙伴计划通过对产业界、学术界、政府机构和国家实验室进行投资并与之建立伙伴关系,从而为NASA计划与项目任务委员会提供其所需要的技术和能力。作为NASA使命项目支持办公室之一,创新伙伴项目支持所有的使命办公室并在每个航空航天局中心设有项目办公室。除了获得技术融资、建立双重的技术合作伙伴并为 NASA 制定技术解决方案,创新伙伴计划也促进了成本的降低并加速了技术的成熟过程。创新伙伴计划也努力成为技术转化和派生产品的推动者和催化剂,以为参与 NASA 开发技术的私营部门和其他政府机构提供解决方案,从而产生公共利益。创新伙伴计划通过在 NASA 的十个领域中心建立的办公室网络达成了这些任务目标。

创新伙伴计划包括以下几个要素:技术注入,包括小企业创新研究(SBIR)/小企业技术转移计划(STTR)和创新伙伴计划种子经费;创新孵化器,包括世纪挑战机构和一些新的尝试,例如,为从新创的商业化的空间部门购买服务提供便利;伙伴发展,包括知识产权管理和技术转移以及新的创新伙伴。这些要素共同促进了 NASA 与外部机构中新兴技术的联系,实现了 NASA 在特定领域的技术组合的目标定位,并保障了 NASA 的知识产权获得市场通道以及支持 NASA 的战略目标。通过双重伙伴和许可而实现的技术转移也同样在更广泛的群体内创造了许多重要的社会经济效益。

11.11 IBM 案例研究

科恩(Cohen)等人(1979,p.11)对 IBM 的 18 个项目做过研究,这些项目中有的是成功的,有的是失败的,科恩等人研究的重点是从科研到商业化过程中的技术转移问题。他们提出了一些如何将一项创新从研究阶段转移到开发阶段的非常有价值的指导原则。人们可以把这些成果当作一个原型,制定适合自己的技术转移指导原则。

这项研究确定出了一些影响技术转移的因素。按重要程度排分别是:

技术的可理解性

■ 研究人员在进一步传递转移技术以前必须对技术知识有全面了解。这点虽然看上去显而易见,但实际情况却并非如此。

■ 让新技术同现有的技术以及其他竞争性的技术相比，就其所能带来的利益进行评估。

■ 必须清楚生产线对这项技术的要求是什么，必须满足什么要求。

■ 必须展示该技术可行的一种制造方式。

项目的可行性

■ 研究者和采用者双方必须对项目的可行性有一致的意见，并确定需要作出怎样的安排。

■ 必须估算成本的有效性。

■ 在某些情况下，可行性是指产品能被终端用户接受的程度。这就需要确定出哪类研究项目应该实行与真正用户的合作研究，以建立这种可接受性。

交叉的后期开发

■ 当技术转移出去后，研究部门的人员还应该参与技术的开发，提供支持，或探索更先进的技术及其他相关技术，即研发活动需要有一定程度的重叠和交叉。

■ 对一些系统性工作（如计算机软件）来说，后期开发一般是为了解决技术放大和经济的可行性的问题。

发展潜力

■ 当项目只能应用于某个较窄的领域，技术没有可发展的路径，也不能应用于其他领域，技术转移就非常困难。这是由于现存的技术"扩展"了它们的性能，而新技术的有限优势还不足以吸引人们采用。

倡导者的存在

■ 在技术转移进程中，需要非常强大的宣传和倡导活动，克服技术转移中的障碍。

开发部门的后期开发

■ 一项新技术从研究部门转到制造部门后，还需要经常在开发部门进行后期开发（在一些研发组织，研究部门和后期开发部门的人员经常是在同一个团体中工作)。

外部压力

■ 在某些情况下,竞争者的同类活动可能是技术转移的动力。在另外一些情况下,有关法律、法规的要求也使技术转移成为必然——例如,先进的废物处理技术转移。

联合项目

■ 尽管与采用者联合开发是好的,但仍然无法保证创新肯定成功。

影响技术转移的其他次要因素包括:时间要求、内部用户、政府合同、高层介入、公司使命、不同部门的接近程度等。不过,对于 IBM 的研究项目而言,开发实验室与研究实验室接近与否并不是技术转移的重要因素。接近可能会方便且节省成本,但技术转移的失败并不是距离造成的(Cohen,1979,p.15)。

在考虑技术转移时,我们必须注意不要只用某一个技术标准或某个看起来合理的标准。下面的这个真实的例子能解释这点。在印度,一个农业组织试图说服一些农场主采用新种子,但其结果却非常有戏剧性。农场主在采用新种子后,收获约是以前的 10 多倍。可是农场主在谈对这件事的想法时,回答却令人惊讶:农场主不愿继续使用新种子了。当一个在城市长大的农业技术员问他为什么有这种想法时,农场主回答:"因为我没有足够大的储藏室放这么多的粮食,我的牛也吃不完那些庄稼,在收完粮食后只能把庄稼扔在地里;而且,我也没有办法把这些过多的产品运到市场上去。"换句话说,在这个案例中,工程师仅仅把生产率作为唯一的标准,而没有考虑到社会和与这种作物有关的其他间接活动。

11.12　技术转移战略

在了解了上述相关知识以后,人们可能会感觉到有如此多的因素影响技术转移，从而觉得这个过程难以控制。为了有效地进行技术转移，我们要找一些人专门来做技术转移工作，要得到高层领导的支持，要获得必要的资金，要预见所有的问题（如"骑墙派"问题），等等。所有这一切都使技术转移看起来是一件非常困难的，甚至是不可能完成的事。因为技术转移的每一步都具有不确定性，同时，找到合适的人和资源也非常困难，从而使技术转移的成功好像只是让人捉摸不透的梦幻。在现实中，除了那些组织生存必要的特殊项目，几乎没有人能够获得技术转移所需的所有资源。

通常，技术从研发部门转移到用户，只有一些很小的变动。技术转移的规模各不相同，对于一些大项目来讲，有效进行技术转移所需资源可能会非常大。对大多数项目而言，人们只能在现有的资源内完成，需要清除那些反对或仅仅是不愿意采取新技术的怀疑者，也不能得到组织高层领导的全力支持。

技术转移没有什么万能的方案或公式，也不能说某个方案更好。根据我们对技术转移的长期实践经验，以及对其他研究人员提出的一些非常有洞察力的见解，我们认为下面的一些方法可能会对人们制定适合自己组织情况（需要充分考虑组织的历史、文化、技术等方面的客观情况）的技术转移战略有一些帮助。图 11.1 是一个一般化的技术转移战略制订计划，这个图描述了进行这种规划的一些主要活动。要想完全了解这种方法，并使其具有可操作性，必须具有真正从事过研发项目和组织的经验。那些假想出来的例子很难反映出影响技术转移的组织和个人行为的具体背景。不过，尽管这些例子可能无法应用于所有的情况，我们还是在一些可能的地方加了一些案例。

1. 技术转移的工作和文档

在对研发组织中员工和用户团体了解的基础上，准备一个鼓励和加强技术转让的工作安排清单和相关文档。对于较大或较为复杂的项目，做此事可能会需要做大量的调研工作。对于较小的项目而言，通过电话征求一下参与者的意见就足够了。一般的方法是根据项目的规模和复杂程度,或资源的可得性分配资源,根据资源的可得性分配资源是一种比较谨慎的做法(请参阅前面几章的讨论材料)。

下面是技术转让工作安排和文档的一些例子:

■ 用户参与研究项目的鉴定;

■ 用户参与研究的执行过程;

■ 较高级别的资助者;

■ 小册子、视听材料等有效的宣传材料;

■ 用户手册;

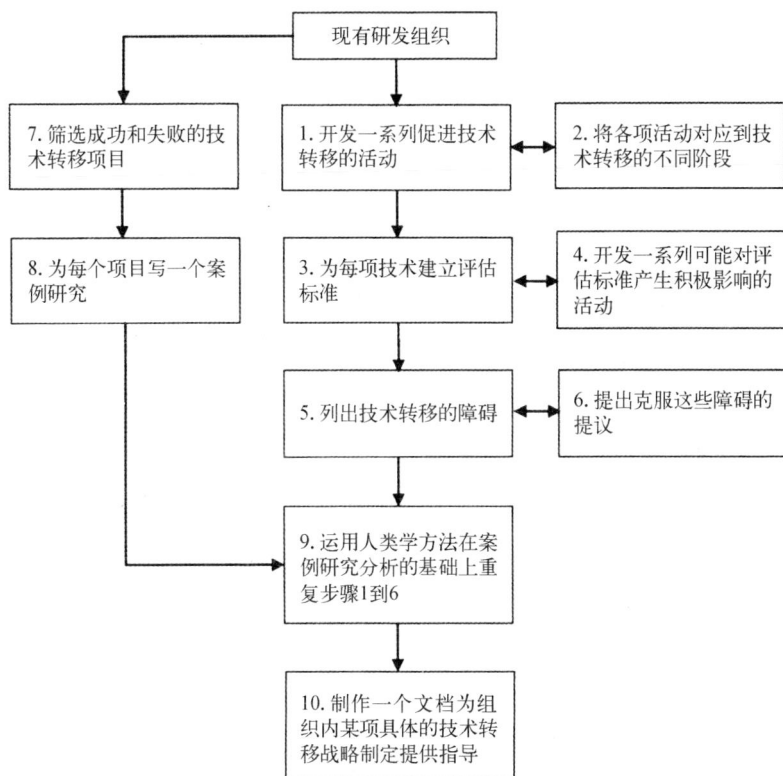

图 11.1 技术转移战略制订计划

- 设计标准；
- 专利；
- 制造许可证；
- 操作和维护文档；
- 培训中心等；
- 答疑热线；
- 示范项目；
- 针对目标的用户成功地实施这些活动。

2. 活动和技术转移各个阶段的关系

我们在前面已经谈论了同技术转移密切相关的五个阶段（知晓、说服、决策、执行和证实）。把上面的这些活动与这五个阶段联系起来，采用一些适当的量表。例如，可以采用矩阵图的方法，将与特定阶段最相关的活动确定为 A；相关性较小的可以定为 C；其他没有相关性的可以不予考虑。

3. 技术测评标准

我们必须认识到，从根本上讲，新技术的转移能力是由技术本身的效用决定的。效用包括相对优势、可销售性、经济可行性和用户接受性几个方面。那些试图推出一个效用很低的新技术是注定要失败的。有时人们会遇到这样的情况，一项需要大量研发资源投资的新技术，研发人员认为非常有价值，但用户却认为效用很小。在这种情况下，如果研发团队及其高层管理人员，在没有真正了解和克服用户团体反对意见的情况下，就热心地推动一项应用价值非常小的技术，是一种极糟糕的战略。付出的努力徒劳无功，而且还会对未来真正有价值的工作产生负面的影响。在这种情况下，反思一下技术转移的重点应该是营销而不仅仅是销售,不失为一种谨慎的做法。因此,技术转移必须适当考虑到用户的需求和偏好,技术转移工作的重点也应该是前面讨论过的那些提高用户接受能力的活动,尽管这并不总是一个简单的行动过程。

还应该制定出一个测评标准的清单。在对创新的特征和技术转移中的一些关键问题探讨的基础上,我们认为测评标准应该包括下面一些内容:

■ 相对优势。与现存的技术相比,新技术有多大的相对优势?它可以节约成本,减少生产时间,还是提高质量?

■ 相容性。新技术是否与现有的价值观、经验、功能、感知到的需求,以及组织和文化等相容。

■ 复杂性。创新的复杂程度怎么样,用户的采用难度如何?在采用创新以前需要怎样的专业培训?需要什么样的专业设备?

■ 可试用性。人们可部分试用这项创新的程度有多大?

■ 可观察性。对创新的决策者和使用者来说,创新带来的优势有多少可以交流?

■ 对技术的理解。研究人员对整个技术的理解程度如何?

■ 资源要求。应用这种新技术需要什么样的资源?所需要的资源同用户以前的资源相容性如何?有采用这项新技术的资金吗?

■ 后期开发观念。研究活动是否一直持续到技术的调试和以后的实施阶段?

■ 发展的潜力。技术是否具有发展的潜力?能应用于其他领域吗?新技术能够超过现存技术"扩展"后的水平吗?

■ 倡导者。在组织高层有人倡导吗?能得到用户支持吗?

■ 市场拉动。市场的拉动力量如何?

■ 外在压力。外在的压力(比如法规、竞争者的开发活动等)有多大?

通过与这些标准相比,可以制定出一些定量或定性的重要性等级量表,来对新技术作出测评。

4. 提高测评标准

测评标准的目的并不是一定要决定某个项目是否要转移，而在于了解如何才能提高技术转移能力。如果测评的标准仅仅被用来作出"转移或不转移"决策的话，很容易造成研究人员缺乏对这些标准的主观判断现象。在实践中，这是一个很重要的问题，应该引起重视。比如，如果测评结果显示出一项成果（一个新概念、新工艺、新系统或新的设计等）与现有技术或过去的经验不能相容，那么，重点就应该是如何对创新作出改进以提高其相容性。

5. 技术转移的障碍

制定一个阻碍技术转移因素的列表，这个列表应该包括组织问题、资源需求以及与人行为有关的一般问题等。在本章的前面，我们已经讨论过很多这方面的内容，这些内容可用来制定一个工作列表，这个工作列表应该是可以扩充的，并且以组织的经验和项目的特性为基础。

6. 克服技术转移障碍的建议

对每一个阻碍技术转移的因素，都积极地提出能够克服这些因素的建议，是比较有用的。举例来说，如果级别较高的管理层对新技术的直接收益并不热心，那么向他们提出各种有形和无形的证据，还有预期的收益，就可能会有所帮助。技术转移可能会给组织带来以下几个方面的收益：

- 改进产品质量；
- 由于质量的改进，扩大市场份额；

■ 新技术能够很容易用于其他方面,而不只局限于当时设计的几种用途;

■ 如果新技术能够使主要生产线更灵活,面对竞争对手时会有战略优势;

■ 降低必要工作时间。除了通常的降低成本外,节省时间经常还可带来另外一个重要的优势(如在军事上)。

7. 成功和不成功的项目的选择

根据研发组织过去的经验,分别选择一些技术转移成功和不成功的项目。选择多少项目,要依赖于研究范围、种类和做这项分析能够得到的资源。我们认为,每类项目至少应该选择三个,如果选择超过三个案例时,可以选择较多的成功案例。

8. 案例的历史

为每个项目准备一个案例的历史记录。做这件事情时,我们可以借鉴 IBM 的经验(Cohen,1979)。

9. 重新定义 1~6 项工作的内容

在分析完这些案例后,需要对 1~6 项工作的内容进行修正。做这件事,可能会需要大量的工作。需要听取研发人员和用户的意见。工作的重点是定性的人类学分析,除非可以得到充分的数据,否则,应该尽量避免进行定量分析。

10. 技术转移的指导文件

在前面分析的基础上,制定出一个技术转移的指导文件,为人们提供有关的信息。文件的重点是为技术转移提供可行的一般性指导。刚硬的和强制性的要求只会适得其反。因此，这类文件只是给研发管理人员提供了一种制定有利于技术转移的政策和实施战略的指导性框架。文件的具体形式和详细程度取决于技术、研发组织、用户及其他各种因素的特性。

我们应该认识到，并不是所有的研究成果都能，或必须实现技术转移。原因是在研发过程中，技术和需求已经发生变化，研发活动无法产生出计划阶段预期的成果。一个组织要想承担一些具有挑战性的项目，就必须接受这类不确定性。没能成功地实现技术转移，不应该看作是一种损失，或必定是研发项目的投资失误所致。这些暂时没有成功实现技术转移的项目可能会是未来进行其他相关研究的基础。它们对其他正在进行的研究可能会有一些意想不到的利益，虽然在当时我们无法清楚地看到这种联系。

11.13　小　　结

在制定一个有效的技术转移管理战略时，非常重要的一点是要能够理解技术转移的各个阶段和一些根本问题，以及那些影响采用或拒绝新技术的因素。本章集中讨论了所有这些和创新、和采用者、和组织有关的影响因素。

本章简要描述了美国农业技术推广局和国家航空航天局的技术转移案例。成立于 1914 年的农业技术推广局非常成功地实现了农业技术向农民的转移。近年来，国家航空航天局为了促进空间技术与产业的转移以及生物医药技术的应用，也采取了一些措施。

在高技术产业，及时有效地将技术从研究部门转移到制造部门是在这一行业保持竞争优势的关键。科恩（1979）对 IBM 开展过的 18 个或成功，或失败的项目进行了研究，并详细讨论了影响技术转移的一些因素。

最后,本章提出了一种允许制定技术转移战略的方法,这种方法允许人们根据自己组织的具体情况制定合适的技术转移战略。

技术转移是许多研发管理人员和其他与研发有关的人员比较感兴趣的话题。他们说过许多非常有意思的、非常有用的、耐人寻味的话,比如:

"人天生就是保守的,因此,人们不愿采用新技术是可以理解的。"

"由于采用新技术会有一些不确定性,所以人们几乎不会轻易接受创新。"

"改变和创新会给一些人造成麻烦,因此会受到抵制。"

"技术转移逐渐成为一些重要人物的事情。一些人抵制改变和创新,因此,确实需要开展一个级别足够高的倡导者来支持你完成新技术的采用。"

"有些组织表示他们鼓励采用新技术,但是实际工作中,它们并不怎么看重创新和冒险,或给创新行为、冒险行为以奖励,而且发生错误很快就会给予处罚,能够得到晋升的仅仅是那些小心谨慎、创新精神很低或没有创新精神的管理人员。"

"常常有一些最初听起来和看起来具有较大优势的新技术,但是实施后才发现,收益非常低,而且成本超过预期。技术的转移存在许多不确定性和间接成本。"

"没有什么因素能比竞争者的外在压力更能促进创新了。如果不变革,你就会死掉。"

"时间非常宝贵,所以新技术应该便于采用,新技术的优势也应该让人一目了然。"

11.14　课堂讨论问题

(1)根据你有采用或使用一些新技术的经验,你认为是什么因素促使你采用这些新技术?哪些因素会使你抵制它?

（2）在你已经了解技术转移的有关问题后，以一个研发组织为例，制定一个能够促进技术转移的指导文件。

（3）在一个具体的技术产业或领域为新产品或系统建立一套普遍适用的技术评估方法。

第十二章

渐进式创新模式和
突破式创新模式

在我看来，"创新"这个词已经变得陈腐且被过度使用而失去原有的意义……我憎恨这个流行（风靡一时）的机制，因为它们总是说起来容易做起来难。

安迪·格罗夫（Andy Grove）（MacGregor, 2007, p.54）

"创新"这个词已经在许多环境中被频繁地加以使用，该词现在正面临着失去其原有意义的危险。尽管如此，是否能够从新奇的想法中获益从而成功地创造价值，可以说是当今各个组织和国家所面临的最强大挑战之一。将研究与发展（研发）引导向市场的技术创新，已经日益成为经济发展的命脉以及解决世界上一些最紧迫的社会问题的希望所在；这些问题与能源、食品、卫生、水和环境相关（Silberglitt, 2006）。自从爱迪生在 20 世纪初催生了现代商业研发实验室以来，许多行业的领导人认为，科学和技术是获取成功的关键投入。然而最近，不仅是那些传统意义上的研发密集型行业，所有其他行业的公司高层管理人员也已经将科学和技术抬高到具有战略重要性的位置（Burgle-man, Christensen & Wheelwright, 2009）。与此同时，全球以往主要致力于执行研究的一些政府、私人非营利机构以及大学实验室，如今都更加关注于将科学和技术应用到有用之处，有时甚至是使用科学技术来达到商业目的。

以研发为基础的创新要求一个允许创造力蓬勃发展的环境，然而现阶段创新却是为了满足社会及经济需求而存在。什么样的战略选择、过程、结构和技能对于实现相关平衡是至关重要的？对于这个问题没有一个现成答案可以借鉴，但是创新非常重要以至于不能仅依靠运气；如卡尔森和威尔莫特（Carlson & Wilmot, 2006, p.13）所建议，需要成为"整个企业 DNA 的一部分"。本章着重阐释可以使渐进式创新和突破式创新在组织内部得到精心管理的方式。强调了与创新相关的广泛战略目标、引导新见解生成和发展的过程以及平衡创造力和价值捕获的领导方法。本章摘要中提供了一个评估工具，使用该评估工具可以有效地诊断一个组织在创新中的优势和弱点，读者也可以根据实际情况加以借鉴,并将其应用到自己所在的组织中去,以求改善组织的可持续和可衡量的创新能力。

12.1 创新的界定

创新(innovation)一词是源自于拉丁语中的 innovatus,意为更新和改变。虽然新颖性和改变是关键,但在当代的定义中,通常更强调新思路的应用。然而在商业意义上,却并非总是如此。彼得·德鲁克(Peter Drucker, 2002, p.96)将创新定义为"致力于在一个企业的经济或社会潜力中创造有目的的、集中的变化",并强调了引人注目的顾客价值、机遇和影响。在《经济发展理论》(1934)中,20 世纪经济学家熊彼特叙述了与创造经济价值相关的几种途径,包括:

■ 引入一种新商品,即,尚不为顾客所熟悉的商品,或引入某种商品的新的特性。

■ 引入一种新的生产方法,这并非是指该方法的建立需要以一个具有科学意义的全新发现为基础,也可以以一种商业化处理商品的新方式存在。

■ 开放新的市场,即,所在国家的特定制造部门在以往所未能进入的市场,不论这个市场以前是否存在过。

■ 为原材料或半制成品获取新的供货源,同样地,无论这种来源是否已经存在,也无须考虑是否需要首先将其创造出来。

■ 任何行业新组织的产生,如垄断地位的建立(例如,通过信托形成)或垄断地位的打破。

索内(Sawhney)及其同事们(2006)在熊彼特对创新的分类的基础上,进一步纳入了市场创新,即信息技术的使用;以及支持和货币化现有产品的新颖方法(表 12.1)。

表 12.1　业务创新的十二个方面（源自 Sawhney et al., 2006）

范　畴	定　义
产品*	开发新的产品和服务
过程*	重新设计核心操作流程以提高效率和有效性
平台*	使用常见的组件或构建模块体系以创建衍生产品
解决方案	为解决端对端客户问题创建集成和定制的解决方案
客户	发现未满足的客户需求或识别服务不周到的客户分区
客户体验	为所有接触点以及所有接触时刻重新设计客户互动
价值捕获	重新定义该公司获得回报的方法或创建创新型新收入来源的方法
组织	改变形式、功能或组织的活动范围
供应链	从不同的角度思考如何供应产品/服务
展示	创建新的销售渠道或创新点,包括客户可以购买和使用产品的地点
网络	创建以网络为中心的智能和集成产品
品牌	利用一个品牌进入新的领域

* 与以研发为基础的创新最直接相关的方面。

表 12.1 中所列的所有十二个创新的来源均十分重要,这些分类与包括新产品、相关过程创新以及由平台衍生而来的产品的技术创新密切相连。这些类别以密集型研发为基础,因此构成了独特的管理挑战,这也使其与众不同。德鲁克(2002, p.100)指出,"以知识为基础的创新与众不同之处是其出现的时机、其伤亡率、对未来的预测能力及其施予创业者的挑战……它们可能性能不稳定、反复无常、难以引导"。德鲁克还指出在各种创新中,它们的酝酿周期最长——可长达 50 年,并需要多种知识的产生和整合。技术创新,尤其是来自基础研究的技术创新,通常只能被回顾性地加以理解;最终研究的应用可能会与初始意图相距甚远。

以科学和技术为基础的创新要求接受商业不确定性之外的与政治和经济变量相关的不确定性。正如弗里曼和泽特(Freeman & Soete, 1997, pp.243‑245)所指出,商业不确定性通常是通过使用贴现率来计算与某一创制相关的未来利润和开支。按照定义,技术创新具有试验性,受制于与技术开发和市场接受程度相关的其他不确定性。这些均不能被"当作一个可保类型的风险来进行贴现、消除或评估",并且它们不受制于合理估计和概率测量值。除了技术和市场的不确定性以外,还需要考虑其他的人为因素。此外,创新者的热情,即经济学家约翰·梅纳德·凯恩斯(John Maynard Keynes)所说的"动物精神",在推动创新过程中起到至关重要的作用,但是这一因素不能进行精确计算。总而言之,研发资金和重点可以被引导;但是该过程在本质上不可预测。虽然,随着时间的推移,不确定性可能会得以减少,但是歧义和迭代均为创新过程的一部分。

弗里曼以及泽特(1997,p.244)提出了创新连续体,该创新连续体大致以其周围存在的不确定性程度以及暗含的风险为基础(表12.2)。基于基本或基础性的研究以及创造的突破式创新尤其具有风险性。相对而言,在涉及现有产品逐渐改进过程的创新中,不确定性以及由此而带来的风险有所减少。该连续体可以帮助组织作出与创新有关的战略选择,并且如下述所讨论,它在使创新具有可行性方面也具有一定影响力。

表12.2　基于不确定性的创新类型(源自 Freeman & Freeman,1997,p.244)

超乎寻常的不确定性	基本研究 基本创造	基本研究	突破式创新
程度非常高的不确定性	突破式的产品创新 公司外部突破式创新过程		
程度较高的不确定性	主要产品创新 公司或系统中的突破式创新		
一般的不确定性	新"生代"成熟产品	发展	
较小的不确定性	许可创新 模仿产品创新 产品或过程的变更 既定过程的早期阶段		
轻微的不确定性	新模型 产品差异 既定产品创新机构 公司中的既定程序创新以及特许经营的后期阶段 微小技术改进	应用研究	渐进式创新

12.2 技术创新中的战略选择

从最广泛的程度上而言，一些战略选择作为创新的通用指南而存在。其为创新过程提供方向指导，以使所做的工作可最终支持组织的整体目标。这些战略性选择包括：

- 创新程度；
- 需要强调的创新类型；
- 市场整体策略；
- 资源投入。

技术创新程度

与目前的核心业务活动相比，组织需要进行何种程度的创新？安德鲁（Andrew）及其同事们（2007）提出了一系列与技术创新相关的常见措施。这些投入措施包括：财政资源和人力；资源的使用效率、投放市场的实际时间与计划时间以及里程碑的合规性。增产措施包括：新推出的产品和服务的数量、市场份额的增长、新产品的成功率、专利申请数量和出版物的产出指标。选择最合适的措施将取决于组织的环境和目标（例如，营利或非营利状态）。使用一组指标而不是单个指标是十分明智的。综合来看，这些标准将不仅反映研究投入，也能反映研究投入的应用所在，即创新。例如，在一个公司里，研发作为销售的百分比，本身并不是一个创新度量值，因为创新意味着研发使产品可在市场上销售。博兹·艾伦·汉密尔顿（Booz Allen Hamilton）在对创新型公司的年度调查中，将一些为研发投入最大比例资金的公司与将其投资用于一个特定市场的一些公司区分开来，该特定市场是以每投资一美元研发资金的营利能力来加以衡量的(Jaruzelski & Dehoff, 2007)。例如,2007年,世界排名前20位的公司中只有诺基亚和三星对研发的投入最大,这两家公司亦对该类投入很好地予以利用。同样地,强调创新的政府、非营利组织或大学中,衡量标准不仅应当关注对研究的投资,也应当关注许可和附带活动的成功,或其他衡量研究成果如何应用于商业或非商业用途的合适方法。对于强调过程创新的组织而言,需采取一些适当的方法,这些方法包括:提高效率、降低成本以及改进周期时间或资源利用。

对技术创新程度的探讨可能包括以下广泛性的问题:

- 来自现有的核心业务的收入(或利润)百分比为多少?
- 何种程度的投资应当被引入核心业务之中?
- 来自创新的收入(或利润)百分比为多少?
- 何种程度的投资应当被引入创新之中?

创新类型

除了强调核心业务和创新以外,应追求与创新类型相关的另一个重要的战略选择。正如之前已经讨论的一样,以研发为基础的创新可以被大致划分成渐进式创新和突破式创新,根据不同的风险和预期回报而有所不同。理想情况下,存在不同风险的投资项目是最好的。例如,安东尼及其同事们(2008, p.47)曾提议,针对核心改进/核心业务的逻辑扩展/新增长举措进行比例为50/30/20的分配。

此处的关键问题包括:

在创新的收入(或利润)中,来自组织当前市场产品的渐进式完善的创新收入(或利润)所占的百分比为多少?

- 对现有产品或服务的改进;
- 现有产品或服务的衍生品;

■ 使现有的产品和服务更高效的工艺技术。

涉及突破性产品或过程的创建及开发的突破式创新。

市场准入的整体方案：时机以及地位

两个与市场准入相关的主要战略考虑：

■ 市场时机选择：组织计划第一个进入创新市场，还是想追随他人的脚步？

■ 市场地位：组织计划主导市场份额，还是想创建小众市场？

请注意，如果组织决定追随市场，这并不意味着其不能成为市场主导者，因为追随者可以从先导者的错误中汲取经验教训，从而采取不同的途径，避免不必要的损失。IBM 的兼容个人计算机业务落后于苹果公司的相关业务，但是最终却获得了市场的领导地位。同样地，选择关注利基市场并不一定意味着会使一个组织降至次要地位。如果能够向利基市场不断提供多样化产品，其收入将会达到相当可观的水平。就英特尔公司而言，该公司基于个人电脑的微处理器在市场上占据着主导地位。另一个例子是丹麦著名音响制造商 Bang & Olufsen，该公司有意识地选择追求一个消费者电子产品的高端利基市场，而其在性能和设计方面的声誉至今无人可比。

资源投入：资金投入和时间将如何支持创新战略？

强调核心业务还是强调创新、如何进行渐进式创新和突破式创新之间的投资分配、作为市场的先导者还是追随者以及关注主导市场或关注利基市场，凡此种种，均是根据各自所持有的态度以及资源来决定。强调突破式创新的一种方法是组织率先进入其欲主导的市场，这需要大量的内部研发投入以及工程、设计和营销方面的投入。这种激进的方式要求有较高的风险承受能力、较长的周期以及在创新方面能够进行最终可获取丰厚回报的、明智和幸运的押注的能力。如果希望这些战略选择能够带来预期结果,则需要为与战略目标一致的不同类型的创新举措准备包括人员和资金在内的各种资源。

12.3　使技术创新具有可行性

战略选择为组织所要追求的创新程度、类型和方法提供了广泛的指导方针。然而,如使这些选择具有可行性,需要过程的设计和实施能够收获想法,并决定哪些想法能够获取进一步的投资,然后发展这些想法并将其付诸实施。一个创新过程将会在组织内部和组织及其所处环境之间将研发和价值创造整合起来,并在该过程中使不同顾客的交流更加便利。该过程需要一定的纪律性但无太多约束;需要包容性,而不是僵化的决策。大部分的想法通常是临时产生而并非在组织内部寻获的。当前面临的挑战是选择并倚重最符合组织战略选择的想法。

虽然,为了增加商业成功的概率,新方法评估的重要性获得了广泛认同,但是,却没有一个大家公认的最好的方式来实现该类评估(Wind & Mahajan,1997;Rangaswamy & Lilein,1997;Ozer,1999;Hobday,2005)。大多数方法中均包含以下几个因素:生成并初步筛选想法、想法评估、研究和发展、范围扩大、融资、市场开发和产品上市(Rogers,1995;DeSouza et al.,2007)。然而,这些因素的组织和管理方法却有所不同。表12.3从这些项目的审核方法、审核人员的构成及其所扮演的角色以及项目发展过程中所涉及的各方面着手,比较了两种创新过程模式。其中,一种模式的特点是在一种想法的发展过程中引进序列反馈;另一种模式的特点是在想法的发展过程中应用整合多样化视角的迭代过程。在理念发展的过程中,当论及可以允许多少项目进行重定向/重构时,这两种模式具有重要启示性。

	序列反馈模式 （阶段门，漏斗）*	综合迭代模式 （风险评估，学习计划）**
表 12.3　两种创新过程模式		
审查程序	重点在于逐渐减少不确定性	重点在于通过迭代讨论来重构相关想法
	遵循主要与功能相关的、明确的标准序列阶段。虽然在各阶段中可能发生不同的反馈，但是每一个阶段均被视为为了实现不断地发展，项目所必须逐步克服的障碍或通过的门槛	讨论应在审查委员会成员以及贯穿整个项目的项目团队中进行。阶段与项目发展程度有关，且自始至终具有跨学科性。各个阶段均被视为设置和审查里程碑的机会；还包括对假设和风险的识别以及对项目想法的适当指引、重新设计以及讨论
审查标准	审查标准是清晰明确的，通常根据相关功能来决定，并在整个项目过程中会视具体情况的不同而有所改变	审查标准具有跨学科性，是为项目发展的类型和水平量身定做的。对于着重强调新兴技术的项目，重点需放在定性措施或里程碑性质的事件上
审查人员	审查人员通常是组织内部基于各种功能而设立的管理人员，审查人员的组成随着项目的进展而会有所改变	在对新创企业发展的经验和洞察的基础上，审查委员会成员可以从内部选取也可以从外部选取。委员会组成在整个项目过程中基本上保持不变。项目主管和团队为迭代/再形成作了投入
项目团队	团队成员名单随着项目的进展而会有所改变	团队可以保持不变，但根据项目需求可以进行相应的添加/删除
优点	过程相对系统化和标准化。相关标准是，过程必须清晰明确、容易沟通	相较于受制于规范化的外部标准而言，该过程允许项目有机开发。虽然在一个项目的推进过程中可能根据相关需要而强调不同的方面，但是自始至终，评估具有跨学科性
缺点	在实际操作中，过程可能会变成以功能为基础，而不是跨学科的。获得反馈和迭代的机会可能会丧失。外部审查过程以及成熟的标准可能会更倾向于能够融入组织既有业务的项目，从而导致过于支持可以获得短期回报的渐进式创新，并压制突破式创新	在实际操作中，过程可能会付出巨大代价，并且耗时。迭代可能会演变成决断力的缺乏
	通过管理外部审查可能会使创新者丧失信心	

*Cooper & Kleinscmidt，1986；Davila et al.，2006.
**Davila et al.，2006；Rice et al.，2008.

序列反馈模式

序列反馈模式是由一系列的相继步骤组成的。随着时间的推移，各种概念在不同的技术和商业准则的基础上被逐步淘汰。虽然思路想法是在独立的、连续的或功能相关的阶段(例如,市场、金融等)中不断进步,但是在各个阶段之间可能会有一些迭代发生。库珀(Cooper)和克兰施米特(Kleinschmidt)提出的包含 13 个步骤在内的过程为我们提供了一个被广泛认可的例子(表12.4)。序列反馈模式清晰且较为标准,因此,得益于其明确性,人们获得了判断一个项目的标准。该模式在实施新想法时是精简高效的,并关注于在发展过程中减少不确定性。虽然序列反馈模式是以相关功能为基础,但是在整个过程之中,它可以随时纳入市场因素。事实上,库珀提出的模式也推荐了这一点。

表 12.4 库珀和克兰施米特的新产品开发模式(源自 Cooper & Kleinschmidt, 1986)

(1) 通过正式的清单或非正式的讨论对想法进行初步筛选

(2) 通过二级趋势数据而得到的初步市场评估,对竞争性产品的审查,以及非正式的客户联系

(3) 进行初步技术评估,以确定优点和挑战

(4) 使用正式的收集数据和分析技术,例如市场调查,来进行详细的市场研究

(5) 业务/财务分析会导致可行与不可行的决定;基于正式或非正式的销售及成本估算、现金流量分析、ROI 分析以及回报期

(6) 产品开发形成的样板原型

(7) 控制条件下的内部产品测试

(8) 领域内客户产品测试

(9) 针对一些客户的市场测试/销售实验

(10) 测试制造方法的试生产

(11) 进行上市前置作业,为营销、生产、组织以及业务提供深入的计划

(12) 商业规模下的生产启动

(13) 投放市场

当然,风险也是不可避免的。在实际操作中,这种方法更有可能落入功能序列评估的陷阱,从而导致发展过程中缺乏多学科性和相关反馈。在过程的早期,管理人员可能会表现得太过严谨,并将太多精力投入到外部审查之中,这样做会破坏创造力。如阿马比尔(Amabile, 1998)所警告,如果在新的举措

中使用太过耗时的评价层,就会因外部的评价和恐惧而破坏内部回报。基于无法保证回报的新兴技术和突破性技术,明确的细分市场等都可能被更多的确定性项目所取代。因此,实际上该过程更倾向于采用渐进式举措。一旦某个项目被确定,并增加了投资,人们往往会更加注重对于商业化的强调,从而忽视为项目的技术或市场方面作出更改的机会。

在保证项目早期评估人员能够意识到此类概念不应受到同样严格要求的制约情况下,这些缺陷可以部分克服。例如,发展更为充分的项目应当采用诸如现金流量贴现之类的严格标准,由此向欠发达、风险性更高但是具有更大潜力的项目开放(Utterback, 1996, p.226)。此外,由于产品和市场均得到了开发和澄清,该过程应当仍然允许接纳新的信息。

综合迭代模式

综合迭代模式与创投板块模式以及学习计划模式一致。与序列反馈法相比较,这种创新方法更为有机。审查过程是"进化发展的",而不是"被淘汰的";该过程自始至终具有多功能性。与明确的技术和市场标准相反,在综合迭代法中,团队项目是基于风险团队的经验和本能来加以评估,该风险团队为早期投资作出了贡献,侧重于讨论和集解(Davila et al., 2006; Anthony et al., 2008)。该风险团队通常由内部专家和外部专家组成。虽然为了成效评判在早期建立了里程碑,但是该过程的重点仍在于通过迭代讨论建立和重构想法。

对于存在极端不确定性的长期项目,赖斯(Rice, 2008)提出了"学习计划",这一模式适合有突破性进展的项目,在这些项目中,技术、市场、组织以及资源方面的结果具有高度不确定性。对于生命期为十年甚至更长的项目而言,甚至里程碑也难以设定。他们的框架强调,团队保证一个持续性的过程,该过程必须能够系统地研究不确定性的来源以及在项目过程中对各种假设进行测试。回顾已有的研究成果时,方向应当相应地进行调整。委员会中具有对各方面的高度不确定性项目具备丰富经验的专家。

随着项目的进展,综合迭代法通常允许更多的迭代发生,同时也允许更多的来自风险团队的持续投入。此外,虽然风险委员会自始至终都是涉及多学科的,但是特定目标市场通常是在随后的发展过程中得以确定,金融措施也是在随后的过程中被加以应用,这就是该方法特别适合突破式创新的原因所在。因为在这种创新过程中,技术发展刚刚起步,市场不甚发达甚至尚属未知。成功的创新开发和实施过程中,该风险模式强调项目主管和成员的意志力和决断力。综合迭代模式同时也对外部网络开放程度最高,这是因为委员会通常会吸纳外部人员加入。

综合迭代模式亦存在着不利之处。它可能会极为耗时并且成本高昂;也有可能会陷入迭代和多样化的循环之中,导致相关过程没有明确的方向,从而得不到有效的实施。在某种情况下,为了投资可以继续进行,必须降低项目中的不确定性。因为该过程须满足项目的独特需要,而所使用的标准并不明确,并且对于一些项目为什么会优先于其他项目发展,人们可能并无一个清晰的理解。为了克服上述缺陷,评估委员会可以协助指导项目团队作出正确决定而不是支持一个无休止的迭代循环;委员会还可以鼓励项目团队识别并明确市场目标以及技术方法,因为这些已经变得日益明显。此外,组织中的成员需要学会如何使用迭代过程并为之作出贡献。

哪种方法是最佳方法?

简而言之,序列反馈模式强调价值捕获优于创造力,而综合迭代模式强调创造力优于价值捕获(Davila et al., 2006)。两种模式的主要含义是,一旦被选中,序列反馈模式对于项目重新定向的开放程度就会降低,并随着时间的推移,上述开放程度仍会进一步降低。而对于综合迭代模式而言,在整个发展过程中将一直强调对于项目重新定向/认知重构的开放。

问题不是哪种模式最好,而是哪种模式或哪几种模式最符合组织的创新战略目标。对于想要鼓励渐进式创新,但同时又想鼓励可能会给渐进式创新带来破坏的突破式创新的组织,安东尼及其同事们(2008)建议在创新过程中使用两种方法。渐进式创新中适合采用序列反馈模式,而突破式或破坏式创新最适合采用综合迭代模式。(图 12.1)

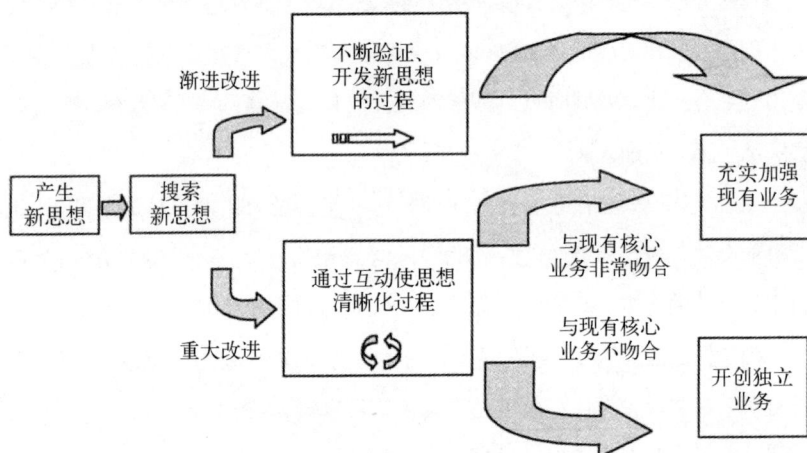

图 12.1 渐进与实进性创新路线图(改编自 Anthony et al., 2008)

最初的筛选毫无疑问是创新过程的一个关键决策点。如果一个潜在的破坏性创新通过序列模式来发送,则可能会被过早扼杀或被迫进入现有核心模式。因此,在最初筛选阶段,新的项目理念应该可以大致分为渐进式"核心改进"(一种改进或逻辑扩展),或潜在突破式"新增长"(项目理念处于初期阶段,尚未确定,并存在破坏核心计划的危险)。核心改进理念通过一个与序列反馈法一致的确认和缩放过程来发送,不确定性在早期就开始减少。综合迭代法更适合于用来发展新的增长机会。一旦一个新的增长理念由一种商业模式来表现(例如,一旦技术和市场方向更为明确),如适合,它可以被带回到现有的组织中;反之,就需要创造一个独立的、允许新创企业在组织约束之外发展的实体。

12.4 市场、市场营销人员以及
技术创新中的市场调研

根据市场规模和客户细分以及所涉及技术发展水平的清晰度,技术创新中的市场作用在重要方面存在着不同。在项目发展过程中,澄清程度对市场营销人员、他们所从事的相应市场调研以及可预期的客户输入类型均存在一定影响。(表 12.5)

表 12.5 市场营销在技术和市场存在不确定性的创新项目中的作用

	技术不确定性	市场不确定性	市场营销人员的作用	所强调的市场调研方法	客户输入
通过渐进式技术改进而实现的现有需求(例如,新的移动电话模型)	低:需要一些研究,主要是发展	低:需求和市场细分定义明确	指导;从目标客户处提供所需特性、设计、定价等方面的改善数据;建立收入和收益目标;位置提供与竞争对手;计划市场投放(促销、经销等)	次级趋势数据;竞争分析;焦点小组生成现有产品改进方法;使用用户观察结果来测试和识别不明显需求;更广泛地确定客户偏好	需求清晰但未充分满足竞争产品要求;在研发项目确定时引入
通过现有技术创立新的市场(例如,气凝胶作为绝缘材料)	最低:技术得以发展但是尚未投入应用,发展聚焦于具体化	高:需求和细分定义不明确	应用和体现识别新技术的潜在用途;细分市场和确定目标市场	创造力会议;焦点小组为技术应用和发现不明确目标生成想法;通过用户观察结果来发现不明显需求;通过调查来更为广泛地确认应用	需求不明确;在技术开发后引入
通过突破性技术实现现有需求(例如,新型药物、混合动力型车型)	高:强调密集型研究,可能包括基础研究	低:需求和市场细分很明确	通知和建议;在已知的客户群体中监控趋势;最终实现交付系统优化,并在市场中跟踪竞争对手的进展	次级趋势数据;焦点小组,调查和用户测试,据此预先建立客户优先级;分析竞争对手的进步	需求明确但尚未被满足;在项目确定时引入研究和开发行为聚焦于建立需求和通过新产品满足这些需求

（续表）

	技术不确定性	市场不确定性	市场营销人员的作用	所强调的市场调研方法	客户输入
通过技术突破创立新的市场（例如，网页的搜索引擎和便携计算器）	最高：强调密集型研究，包括基础研究	高：需求和细分定义不明确	倾听、迭代、创立；随着项目的技术性发展，为应用和市场细分生成可能途径；根据项目发展最终进行市场测试	次级趋势数据——描绘一幅未来蓝图；创造力会议；通过用户观察结果来测试和确认不明显需求；焦点小组生成潜在应用的想法；通过调查来更广泛地确认客户偏好	需求不明确；在研发过程中技术得以发展的情况下，适当引进市场输入；较少关注竞争对手

市场营销人员的作用

在具有较低技术不稳定性的创新最初阶段，市场营销人员在以下方面扮演着最重要的角色：① 技术和市场的不稳定性都较低的渐进式创新；② 通过既有的技术创立新的市场。在这两种情况下，一旦选定项目，市场营销人员即应当扮演积极主动的角色，尽管这些角色各不相同。在渐进式技术创新的情况下，市场营销人员主要与既有顾客进行互动，以便决定需要作出何种改进；他们还需要与技术团队进行交流，以便为既有产品作出改进。如果一种技术已经被成功开发但是尚未找到市场，市场营销的作用就是确认新的市场和划分，以及创造性地在一种适当的产品中体现该技术因素。

在技术不确定性很高的项目中，至少在一个新项目的初始阶段，市场营销人员扮演着一个影响较小的角色。当市场对于技术创新的需求非常明确时（例如，市场不确定性较低），市场营销人员为创新过程提供信息以及建议；在取得技术进步后，他们会在引入突破点时发挥更加突出的作用。当市场不确定性较高时，市场营销人员扮演积极聆听者的角色。在创新过程不断推进的过程之中，市场营销人员通过迭代法以及其他方法，帮助项目创建多种可选途径。随着项目的进展以及明确化，市场营销的作用得以加强，最终迎来了突破点。

虽然这些角色并未严格定义,但是当考虑到错配时,是否具有进行区分的智慧就变得一目了然了。例如,如果期望肩负指导技术应用的市场营销人员涉入营销和技术确定性较低的项目之中,那么他们不仅会面临工作效率大为下降的问题,还有可能对工作带来一定的损害。

市场调研

市场调研的不同方法适用于不同类型的创新。在市场需求以及客户细分业已获得明确定义的领域,调研可以借助于次级趋势数据,以及通过焦点小组、调查和用户观察结果而得来的主数据采集。市场调研方法是经过分析、明确定义且具有系统性的方法。竞争对手分析在渐进式改进以及需求满足中的作用更为明显。相反,对于那些市场需求以及细分不甚明确或根本不存在的项目而言,早期市场调研侧重于确定甚至创造客户所无法表达甚至想象的需要和需求。这类市场评估必然会更加模糊、更带有试探性,并对市场营销人员的创造力和想象力有更高要求。

市场以及破坏性创新

由于可能最终导致整个新市场创建的早期技术突破受用户输入影响较小,因此突破式创新或破坏性创新对市场营销人员构成了独特的挑战。哈迪森(Harryson,2008)建议,对于创新的商业化阶段,或定义最终应用程序和加速扩散而言,与用户进行合作堪称最有价值的方式。克莱顿·克里斯滕森(Clayton Christensen,1997,p.208)补充说道:"我们不能指望客户引导我们进行他们现在所不需要的创新。因此,虽然拉近与客户的距离对持续性创新而言是一个很重要的管理典范,但它也可能为处理破坏性创新提供具有误导性的数据。"克里斯滕森(1997,pp.209-210)建议,将破坏性创新引向欣赏其独特性的新市场以及客户，而不是引向既有市场。破坏性创新的市场信息并不存在，它必须通过一定的方式来创造获得，具体而言，即："快速、廉价、灵活地向市场和产品进军……并（预留）尝试、失败、快速学习以及重试的空间，（可以）在开发客户、市场以及技术理解力方面取得成功，该过程对于破坏性创新的商业化非常必要。"

在《飓风内部》一书中，杰弗里·穆尔（Geoffrey Moore，1995）也认为，扰乱市场的突破式技术创新需要特殊对待。用户不一定能够认识到借鉴采用的价值，这就需要创新者去说服其他人新产品的利大于弊。在他的技术采用周期里，早期传播方式是在爱好者心中播下兴趣的种子，这类人群的内心通常对技术以及向他人宣传科技所带来的好处方面怀抱浓厚兴趣。要求高端性能的远见者，通常是下一批用户，追随其后的是实用主义者、保守派以及怀疑论者。成功的关键是要具有"跨越鸿沟"的能力，该鸿沟存在于远见者和实用主义者之间，并成为市场准则。这么做要求使用"将所有鸡蛋放置于一个篮子"的方法，该方法中主流市场100%实现了一个特定的利基市场。这种完全的成功会进一步推动更为广泛的主流市场的成功。

12.5　领先的创新型组织

旧模式如何使人们为组织的目标而服务？今天我们不得不问："你如何创建一个欣赏创造力和热情以及首创精神的组织？"你不得以命令的方式获得这些人类的能力。人们每天去工作时都会选择带上或是不带上想象力以及承诺。

加里·海模尔（Gary Hamel）（Barsh，2008，pp.27－28）

所有组织的领导者均面临平衡创造力和价值创造这一挑战。即使是诸如微软的比尔·盖茨、通用电气的杰弗里·伊梅尔特(Jeffrey Immelt)、3M公司的乔治·巴克利(George Buckley)以及伊士曼柯达的安东尼奥·法勒斯(Antonio Perez)(Herbold,2002;Brady,2005;Hindo,2007;Hamm & Symonds,2007)之类的商业巨擘,也不能避免这一挑战。

确保创造力和创新成为根深蒂固的组织价值暗示着领导者已经清楚地就创新的重要性、该组织与创新相关的广泛目标和评估方法以及现有的可以支持创新的过程和资源等方面进行了沟通。他们需要在整个组织中传播创新机会和责任,加里·海模尔还认为应当指导创造性表达,而不是采用命令的方式(Barsh,2008)。安东尼及其同事们(2008)曾建议高级管理人员直接参与不断创新的过程:例如,想法的筛选、开发以及从外部资源引进洞察力和机会。举例而言,通用电气公司就将创新列为高级管理者课程的一部分(MacGregor,2007)。

奖励和激励措施必须符合组织文化并能够反映组织有关创新的整体目标。虽然这类措施可以通过诸如现金奖励以及股票期权的金钱方式来实现,但是其他类型的奖励对于成员而言可能价值更大。例如,可以使用职业发展,即升职来作为创新成功的奖励;也可向员工提供其他形式的奖励,例如,给予他们从事一个特殊利益项目的机会,或通过分拆使之投身于进一步的商业化当中去。公众认知可以通过某个奖项来进行奖励。达维拉(Davila,2006)等人推荐将渐进式创新与突破式创新中的奖励与激励措施区分开来,渐进式创新风险更低,周期通常较短,且绩效评估更容易描述和衡量。在突破式创新中,无论成功或失败,人们需要因他们所承担的风险而获得奖励,并分享通过诸如分拆或股票所有权而生成的价值。

支持创新的行动有时非常基础。Genentech公司的CEO就深入到了各个基础点。"如果你想获得一个创新环境,那么就需要雇用创新型人才,聆听他们所想,并付诸实施。"(MacGregor,2007,p.54)英特尔公司的安迪·格罗夫(Andy Grove)提醒我们,"作为管理人员反省一下,你是否时常打破常规,支持极端不同的新想法,或表扬那些迈出第一步的人。"(MacGregor,2007,p.54)"做到这一点,你才能够促进变革。而这项工作无须花费任何成本。"

12.6 小 结

创新要求在组织内部进行深思熟虑的管理。这意味着要设计与创新相关的广泛战略目标,设立一些程序为新颖想法观念的生成和发展保驾护航,并确保领导者们可以创立一个可以平衡创造力以及由创造力而来的价值捕获的环境。

创新可以聚焦于多个方面;然而,由于内在的不稳定性、对管理的抗拒性以及较长期的开发过程,基于研究和开发的创新带来了独特的挑战。与技术创新有关的战略性目标需要为组织量身定做。定性和定量目标通常强调组织所期望达到的创新程度、需要强调的创新类型、整体的市场准入方法以及组织倾向于作出的有关资源方面的承诺。

欲使创新具有可操作性,需要准备好一个创新程序,并在组织内部进行广泛沟通。该程序的设计十分重要,因为它可以影响组织所进行的渐进式或突破式创新。涉及逐步评估的序列模式是清晰的,且具有系统性;它们倾向于为既有的产品带来渐进式改进。而在项目的整个过程中,迭代模式显得更有机以及多学科性;它们更适合较为激进的创新。一个双通道允许一个组织同时进行两种类型的创新。

市场营销人员的角色、市场调研的类型以及客户输入将依据市场及技术不稳定性程度而有显著不同。虽然市场营销人员在技术和市场不确定性较低的案例中扮演着积极且直接的作用,但是他们还需要在技术以及市场高度不稳定的案例的最初阶段充当聆听者以及市场创造者。

创造一个持续创新的环境要求领导者明确地就支持组织的创新战略进行

沟通,并保证创新过程向整个组织开放。高级管理人员应当精通创新过程,并考虑积极参与到该过程中去,例如参加评估小组。尽管对于渐进式创新和突破式创新的奖励会有所不同,但是无论何种情况下均应当奖励创新。最后,通过雇用有创造力的员工、根据自身需求来设计相关组织以及认同员工在每天工作中的创造性贡献,领导者可以在持续的基础上支持创新。

表 12.6　创新环境的诊断工具					
	强烈反对			完全赞同	
组织的使命支持创新	1	2	3	4	5
在大范围内就支持创新的广泛战略目标进行良好沟通	1	2	3	4	5
领导者分配足够的资源(时间和金钱)来鼓励创新	1	2	3	4	5
鼓励承担风险	1	2	3	4	5
鼓励新想法的生成	1	2	3	4	5
组织有一个或多个普及的创新程序可供捕获以及开发新的观念想法,这与渐进式创新以及突破式创新相关的目标一致	1	2	3	4	5
创新工作得以有效开展	1	2	3	4	5
衡量创新绩效	1	2	3	4	5
为创新(甚至是不成功的创新)颁发奖励	1	2	3	4	5
组织自创新中积累经验	1	2	3	4	5

表 12.6 提供了可用于诊断一个组织创新环境强弱的十个方面,该表格根据本章中所提供的信息来进行制作。

12.7　课堂讨论问题

使用总结中的工具来诊断一个组织内部的创新。请特别思考薄弱环节应当如何改进。

思考一个具体的突破式/破坏性创新例子。讨论一下如果使用序列模式或迭代模式,创新将会分别是何种局面? 然后对一个明确的渐进式创新实例进行思考,重复上述步骤。

除了本章中所推荐的方法以外,是否还有其他方法可以鼓励一个组织内部的创新?

第十三章

研发环境中的
组织变革

本章的主要读者是正在考虑将变革引入自身所在组织的人士,旨在使他们对组织的变革是怎样进行的以及如何看待这种变革有一个全面的、总体的认识。当需要进行重大变革时,管理者需应当从来自组织内部或外部的咨询专家处获得所需的帮助。

组织变革可以聚焦于个体、双边对话(如上司和下属)、团队或是整个组织。也可以聚焦于改变认知能力(如何分析问题)、情感变化(如何看待自己的竞争对手)或行为变化(在一些特殊情况下如何正确表现)。因此,存在着 $4\times3=12$ 种潜在的组织变革问题。然而,为了简化本章,我们将只选取这些方法中的一部分来加以讨论:个体改变(认知、情感、行为)、团队的变革和整个组织的变革。

在决定一个组织的哪些方面需要改进之前,需要正确分析该组织的优势和劣势。需求评估是非常可取的,它可以通过在组织各层次之间进行开展广泛调研来实现。参与调研人员须聚焦于探讨哪些方面已经得到很好处理,而哪些方面尚不完美、亟待改进。

事实上,这样的需求评价应该每隔几年就做一次,因为很少有研发组织会在今天还在做着他们五年前所做过的同类研究。研究项目、技术以及客户需求在不断变化,为了适应这类变化,组织需要进行相应变革。

对变革而言,首先应当明确决定需要改变的内容。一些行为可以直接改变;而在某些情况下,与行为相关的态度和价值也亟待变革。组织的战略计划必须与组织各个部分的行动相协调。接着,需要制订出需求评估和变革计划,它们能够帮助确认是个人、团队还是组织需要作出变革,并说明所进行的变革是主要针对认知、情感还是行为。最后,针对环境的变化,组织的行为规范和操作规范可能也需要改进。

在学术性研究机构中进行组织变革尤为困难。科尔(Cole)及其同事(1994, p.9)曾说道,在大学中,"我们既没有进行组织变革的相应规定,也没有可以用于指导这些选择的有效的概念框架"。在非学术性的研究组织(无论是企业的研究所,还是政府实验室)当中,变革可以通过两种方式来实现:人事调整,或者让员工为管理的业绩和一些组织与员工共同确定的目标的实现负责。在大学里,这两种方法都是行不通的(Kennedy,1994)。大学中的每一个研究单位均有其固有的历史以及传统。因此,无法实施一个同意的变革模式,尤其是资源的重新分配(教职员工、实验室、学生助手等),以此来发展新的知识领域并逐渐削弱那些失去研究意义的领域。

13.1 为何要进行组织变革?

全球化和动态经济格局要求不断地对组织结构进行重新评价。企业已经习惯于变革,但是在当今社会中,我们所需要关注的不是进行了何种变革,而是变革是以何种步调进行的(Prastacos et al.,2002)。变革的开展可以归因于多种因素,以下所列为一部分最常见的因素。

组织发展阶段的变革 组织可能已经相当成熟,可能变得过于庞大,或者也可能停滞不前。针对上述情况的变革要求有新的小组、工作团队、多元化的视角或新的管理架构。

项目变动 在一个动态的研发组织当中,项目变动是司空见惯的事情。如果一个项目中存在大量相关因素的增加或减少,则可能会催生重大变革。

新的研发重点 同样地,目前正在从事不同项目的研究组当中,没有一个组织可以预测未来的研究重点或热点是什么。正如在任何一个动态组织当中,相应的管理阶层必须响应不断变化的要求一样,研发组织也应该随着研发重点或热点的变化,调整组织的结构来作出反应。此外,为了提高从刚刚浮现出来的新需求中,发现新的研究领域和研究重点的可能性,进行结构性变革和在组织内调动人员是非常必要的。

与用户的界面存在问题 当与赞助者存在界面问题时，研发组织通常会重新构建组织架构，以求达到消除这些问题的目的。

人员变动 即使整个项目以及研究组织的关注焦点仍然保持不变，但一些人事上的变动（例如，关键人员的流失）可能会促使组织进行结构重组。

绩效问题 如果一些个人或单位绩效不理想，那么他们的组织可能需要进行一些结构性调整。

团队与组织的关系 如果研发组织内部的某个团队需要调整与主要组织之间的关系，则可能需要在团队内部进行重大变革。

研发以及变革齐头并进，这就要求设立一个灵活的组织结构，以便不断地促进研究者的创造力和革新力（Dabbah, 1999）。

13.2　组织变革的步骤

赫里茨（Hritz, 2008）在其名为《变革模式：三步通向成功》的文章中提道：实施组织变革的最佳途径是通过个人、团队以及组织对改革的适应来实现。组织变革可能会涉及以下步骤的实施和理解：

诊断 组织面临的问题是什么？是否可以解决？

阻力 谁对既定的现状感兴趣？如果我们进行变革，那么需要变革的内容是什么？谁会提出反对意见？

过渡 引入培训、态度变革或者其他的新程序。

评价 根据经验来判断变革是否已经成功。

制度化 设立新的规范和程序，进行工作重组，并变革时间表以便适应新的规范。

传播 告诉其他人变革非常成功。培养舆论导向人，以求增加对成功方法的使用。

13.3　问题和行动步骤

组织之中存在与实施重大组织变革相关的一系列问题。对这些问题不敏感并试图以独裁的方式来进行组织变革的管理者们，将会发现他们正在将庞大的成本强加给所在组织、相关个人以及他们所希望实现的每一个目标。奥凯斯屠拜（Oxtoby）、麦克吉尼斯（McGuiness）以及摩根（Morgan）（2002）提出，人们通常不会破坏自己的创造。这也说明了为什么需要从内部进行变革，而不是从别处为组织变革照搬一个模式。

管理部门应当提供一种表明存在组织变革需求的相关解析，并在其中清晰地说明该变革所应当达到的目标。在一个组织中实施重大变革会造成重大影响，必须妥善处理，以使对组织效率的不利影响降至最低。

纳德勒（Nadler，1982，p.449）确定了在实施组织变革过程中会发生的三大主要问题：

拒绝变革　由于变革代表着不确定性，那么改革自然而然就会对相关个人的稳定性和安全性产生一定影响。对于个人而言，这意味着他们需要找到新的方法来应对新情况、适应新的环境。

变革可以使人们进入六种应对状态（Hritz，2008）。这六种状态分别为：

淡漠以对　处于这种状态的人认为无须进行变革。这可能会表现为漠视变革、不乐意变革。

拒绝变革　处于这种状态下的人不愿意进行变革。这可能会导致害怕变革、拒绝变化、质疑变革商业案例以及对变革带来的其他方面产生失望情绪。

持怀疑态度　处于这种状态下的人喜欢将目光停留在事物不利方面。相关表现可能包括质疑变革、对变革踌躇不前甚至存在质疑。

中立立场　处于这种状态下的人愿意参与变革,但是不大可能主动发动变革。他们可能会被视为犹豫不决、没有责任感。

实验过程　处于这种状态下的人可以为变革提供动力,但是在不知不觉的情况下进行的。他们可能会被视为愿意参与并推动变革。

责任承诺　处于这种状态下的人能够敞开心胸拥抱变革。此类人表现为渴望学习以及积极参与变革。

组织控制　组织变革可能会改变现有的管理控制系统和一些既有的权力分配。组织变革也可能使绩效难以监控,并且在过渡期进一步作出修正。

权力　由于组织在某种程度上是一个由不同的个人、团体和联盟组成的政治系统,这些组成元素之间会争夺权力,而组织的变革会改变先前的权力分配,引起一些政治问题,造成管理层的变动。

克服困难的说明和具体行动步骤可参见表13.1。情况各有不同,并且每一个组织的历史、有关个体以及变革所强调的具体问题均具有独特性。因此,以下所提议的一般行动步骤只能够作为制定组织变革计划和战略的指导。

表 13.1　组织变革的管理以及行动步骤

问题：抗拒变革。建议：需要激励变革

行动步骤
- 确认促成变革进行的问题和事项。相关个人需要意识到当前的满足和安稳状况将会有所改变。
- 鼓励受影响的个体参与到变革之中。在参与者当中集中构建一种主人翁意识,以使其能够由衷地接受变革,并帮助变革更顺利更高效地进行。
- 为过渡时期以及实施阶段所需的行为设立激励机制。调整奖励(例如,薪酬、升职、酬金、职务任命以及其他形式的认同)用以支持过渡方向。
- 就变革给相关个人带来的损失预留一定的处理时间。给予充分的理解并提供必要信息,用于帮助克服变革可能会产生的问题。

问题：控制。建议：需要对过渡进行管理

行动步骤
- 关键的一步是需要提供一个清晰的未来图像。相关人员需要意识到过渡期和已经实现的状态仍然属于动态系统。管理者需要提供相关书面信息,这些书面信息必须说明进行变革的原因、变革后的新组织将会是什么样、过渡如何进行以及个人会受到何种影响。
- 纳入所有必要的变化以适应新组织的需要。这可能会包括结构变化、任务变化、社会环境变化等。
- 过渡期组织管理需要纳入诸如过渡计划、过渡管理者以及过渡所需资源等事项。有时,在过渡期间,可能还需要用到一些诸如"突击队"或"试点单位"的过渡的管理结构。

（续表）

问题：权力。建议：需要对影响变革的政治力量作出调整。

行动步骤
- 开发多样化、高效的机制（例如，调查、感知小组、咨询采访、关键里程碑的正式报告和其他非正式渠道），以求为管理部门生成关于过渡期的各种反馈信息。
- 调集和动员支持变革的关键权力群体。安抚在变革中遭受不利影响的个人，并且想方设法对变革所带来的负面影响进行调查。
- 利用领导行为激发支持变革的热情和能量。
- 利用积极的符号和语言激发支持变革的热情和能量。
- 构建稳定性，最大限度地减少焦虑情绪，提供一些稳定性的来源（例如，实体位置、人员、一些程序），使其保持不变。

资料来源：源自纳德勒相关著作（Nadler, 1982, p.446）。

13.4 个 体 变 化

在个体变化这一条目下进行讨论的是个人认知、情感和行为变化。为了说明这些类型的变革，我们还会提供一些研发组织相关的例子。

认知变化

个体通常需要新的思考方式或新的认知技能。例如，如何分析特殊的技术问题。在研究背景下这尤为普遍，因为新的实验技术或数学方法，以及新的学科，都需要有学习的过程。研讨会、选修课程或学习班等常常是学习这些知识的途径。演讲或讲课是传播这些新的认知信息的一种主要方法。而有指导的阅读、使用包含新技巧的工作模式、讨论、做题或撰写研讨会论文同样是十分有效的方法。为了满足特定需求，相关人员必须仔细思考上述行为的最佳组合模式。

考虑到计算机的普及性，一种特别有用的方法就是在程序化的学习模式之中来展示相关信息。例如，可以演示一个问题情境，然后给出五种可能的行动方案,受训者必须选取其中的一个方案。方案选定后,受训者接收相关反馈信息,说明该选择所具有的优势和劣势。如果受训者没有选择最佳方案,则建议他在可供选择的行动方案中再次选取另一种进行尝试,然后继续接收相关反馈信息。依照这种模式不断进行尝试,直至受训者找到最佳方案为止。这样做之后,我们即可获得最为广泛的反馈信息。可以用一种类似于参与游戏的方式来实施此方法,这样做可以减少受训者所肩负的压力。例如,如果受训者选择了一个不理想的行动方案,那么仍可以以一种有趣的、富有挑战性的方式来接收反馈信息,受训者不会因为该不理想的方案所带来的反馈信息而倍受打击。

计算机的使用并非必不可少。我们也可以在一本书中来展示该程序化的学习模式。这种模式甚至还传授了领导技巧,详见《针对领导者的领导力培训项目》(Fiedler et al., 1977)。该项目教授管理者如何分析其自身的领导风格以及如何改变工作环境使之适应他们的领导风格。该项目已经进行了评价并且被认为是不无裨益的(该项目增强了安全感并提高了生产力,源自 Fiedler et al., 1984)。此项技术还被用于:① 指导身在异国的管理者如何在其他文化背景下开展工作;② 学习一些当地风俗以及行为习惯,以便提高管理者在异国的工作绩效(Triandis, 1977, 1994)。

收文篮技巧(in-basket technique)在认知培训当中同样适用。一位管理者被分派负责一个案例和一系列通信,例如,来自研究项目赞助方有关响应能力的投诉信、请求提供正在进行项目有关信息的信件、采购文件、编程文件、即将召开的会议的相关信息和要求立即采取行动的访客、个人信息档案以及电话信息记录。管理者必须决定上述文件中哪些需要首先处理,并决定如何迅速有效地处理。

这要求对每一事项进行分析、作出分派某些事项的决定以及进行程序开发,以求对所有相关事项进行有效的跟进。

管理者或主要研究者所收到的很多书面形式的交流均存积在收文篮中。

管理者如若无法对这些反馈信息作出有效的回应,将会导致工作效率低下、拖沓延期。组织也要求高效的信息传播,这就需要管理者勤于电话沟通或是信件沟通。这样的行为可以构成对收文篮式培训的正确响应,尤其可以有效地帮助管理者决定收文篮中的哪些文件需要紧急处理、哪些还需要有更多的相关信息、哪些文件可以被分派下去,而哪些文件又需要设立跟进程序以便未来审核工作的开展。组织中存在的一个普遍问题是未建立有效的跟进机制,导致一些处于组织不同级别的事项容易被管理者所遗忘(忽视)。这样通常会给组织带来负担,并且使人对管理者的工作表现心生质疑。如果管理者不能够对行为事项积极跟进以及作出相应回应,那么他自己的工作负担就会大大增加。新上任的管理者可能还无法意识到这一点,因此收文篮式培训是一个可以使他们认识到跟进工作重要性的机会。

收文篮式培训方法有其优势,其与管理者在实际情况下的工作十分相似。因此,该项培训具有有效性并很容易为管理者们所接受。以出色的管理方法而闻名的经验丰富的管理者可以在该项目中充当指导者的角色。

情感变化

如欲改变人们对特定活动、同事或者项目的看法,则必然将随之发生情感方面的变化。第五章为该主题提供了更多的相关信息。其中一个尚未进行讨论且可以用于改变情绪的程序是敏感性训练。参与敏感性训练的小组鼓励人们就其认知他人的方式提供坦诚的评估。小组成员通常会在一起进行为期两至三天的碰面,或者是选取一个周末进行会面,就各自的感受进行集中交流。这在希望逃避孤独感、自他人处获得温暖以及支持的个人当中大受欢迎;这种方式可能会教会人们忍受焦虑、更好地理解自己、改变人际行为以及解决争端冲突。对于这些小组所进行的评价通常会怀抱着人们将变得更好的期望。机构有成文规范,而人们的习惯根深蒂固,因此仅花费一个周末的时间进行这类培训,并不能克服人们长期以来所形成的习惯。为了改变原有的行为规范,就要求人们以团队或部门为单位工作,而不是以个人为单位,并进行全员培训。还有这样的情况,即有的领导这些工作组的咨询专家也并不总是受过很好的培训,当成员因为发现了一些与自身相关的不愉快的事情而崩溃时,小组领导通常并没有能力为他们提供所需的帮助。因此,这些培训缺课的人数会很多,在这种情况下是否能真正获得收益是值得我们怀疑的。

行为的变革

一些咨询专家已经开发出一些能够改变人们行为的有效的方法。不过,这些改变需要大量的面对面的工作,价格也非常昂贵。举例来说,坎费尔(Kanfer, 1988)已经开发了一种"自我调节"的方法,该方法的培训方法是:在咨询专家帮助下,受训人员产生变革的动机,接着让受训人员理解某些外部环境、激励、人员是造成不受欢迎行为的重要因素。受训人员必须学会避免出现这些情形,并把不受人欢迎的行为减少到最低程度。

受训人员自己必须为一些安排好的偶然事件负责,也就是说,如果把受训人员放在一个不会出现能引起那些不受人欢迎的行为的环境下,那些需要抑制的行为就不可能发生;如果把受训人员放在一个能引起那些受人欢迎的行为的环境下,那些好的行为就会发生。一旦作出了理想的行为,受训人员应学会奖励自己。咨询专家帮助客户设定目标并定义其相应的理想的反应,以及在达到目标后如何进行奖励。客户通过这种方式学会了如何控制自己的表现并将其与事先制定好的标准进行比较,以及如何自己奖励自己。同时,客户必须得学会如何抵抗诱惑,也就是说,避免那些短期看来使人有所收益但从长期来看却是危害较大的行为。要想做到这点,就需要学会在作出选择时,"取消"那些在以后会有危害的行为。对一些重大的改变,采用这种方法大约需要咨询专家花费 40 个小时,因此,成本大约得几千美元。然而,如果一个重要的管理人员的工作效率由于那些令人讨厌的行为而降低了的话,组织就会意识到这种花费是值得的。

13.5　团队变革与团队建设

团队建设,是一种为各个组织所频繁使用的变革。此处团队的定义非常简单,即"为了完成某项任务而联系在一起的一组人员"。团队建设是一个鼓励团队成员组建高效工作关系、消除那些影响团队成员有效合作障碍的过程,同时也是一个不断减少团队成员有效合作之中所存在阻碍的过程。不可否认的是,很多团队的表现都差强人意。一些人员没有很好地进行整合,团队成员也不能共同协作制订相关计划。他们不会使用已有的资源来获取所需的交流,成员之间缺乏相互的理解和信任。这时就需要团队主持人来帮助成员进行交流和沟通,以发现他们之间有多少共同之处。比如,一些高级目标(一些必须经过合作才能实现的目标)就可能会变得比较明显,组织的成员也会逐步意识到他们彼此间的不信任是错的。

由于团队建设经常涉及同事之间的互动交流,所以这是一个敏感的问题。如果改革的最终结果与原定计划相距甚远,则同事之间的关系可能会因此变得比以前更为恶化。只有在获得组织整体文化支持的情况下,团队建设才能够有效实现。事实上,今天团队建设的重点与40年前所流行的对敏感性群体的强调形成了鲜明的对比。这是因为大家已经认识到:如果需要进行有效的组织变革,个人必须和整个组织一起努力开展相关工作,仅依靠与几个小组之间的合作无法获得组织变革成功。

当组织试图进行变革时,管理者所面临的问题之一是变革可能仅会影响孤立的个体。在过去,单位是从不同部门选出一些员工,送他们去培训。然而,当这些人回到单位,他们发现单位还是老样子,单位自身并没有发生他们所接受的培训中所倡导的那些变化。结果，他们又重新捡回先前的陋习，培训的东西全都抛到了脑后。与这种对某些个人的培训相对，团队建设应该是对组织中的每个成员都进行培训；同时，也确保组织中的其他团队也一起进行这种培训。

让团队成员相互讨论或交流他们喜欢、讨厌或无所谓的行为，也是一种有效的方法。其中的一种技巧是所谓的"从我到你"。每一个团队成员在一张纸上写下一条针对团队中另外某位成员的信息，该信息明确了应当继续保持的行为（"请继续该行为"）、应当停止的行为（"请停止这种行为"）或者应当开始的行为（"如果你能这么做那就太好了"）。这些行为之中有些可能与工作相关，而有些可能与社会相关。例如，一位下属可能会要求上司对自己的工作表现提供更为频繁的评价，或者要求获得每年一次去上司家里拜访的机会。所有这些信息根据团队成员愿意交换隐私信息的程度，可以采用匿名的方式发送，也可以采用公开的方式发送。这种交换的结果，可能会是一个经过谈判的协议。例如，"如果你更多地做……我将会更多地……"之类的话语可能会成为协议的一部分。

与此相关的一种技巧是角色澄清。团队培训师要求每一位成员确定在工作中与自己互动最为频繁的四个人到五个人。然后，成员对这些人进行逐个"拜访"，并请他们就自己的工作表现进行评价。"你认为我应当怎样做？应该以何种频率来做？何时、何地、如何进行？"诸如此类的信息可以定义信息提供者对于"发散性工作岗位作用"的看法。在顺便谈及其他相关个人（上司、下属以及同行）时，该名成员可以就众多的"发散性作用"进行确认。通常不同的人将对所论及的角色进行不同定义，如此一来即可探讨他们作为一个小组的不同成员所存在的差异性，相关角色由此也可以得到澄清。这种方式对于改善工作关系十分有帮助。团队成员可以商定一个不同的角色，并使主体作用和发散性作用一致。对每个人而言，主体作用因此变得更为突出和明确，而实际作用可以成为另一个版本的主体作用。

团队建设的一个常用方法是以一个诊断阶段作为开始,在此阶段,团队成员会完成一份关于团队存在的问题和所面临困难的调查问卷。该问卷通常会就下列 12 个方面分别提出 10 个问题(Francis & Young, 1979):

■ 有效领导。例如,"团队成员不能确定自身与团队相关的个人角色"。

■ 合适的团队成员。例如,"我们需要新知识以及新技能的输入,以求使团队更加完整"。

■ 团队承诺。例如,"没有任何人为了使这个团队成为一个成功的团队而付出努力"。

■ 团队氛围。例如,"有太多压力被施加于整合之上"。

■ 团队成就。例如,"在实际操作中,团队很少达到过目标"。

■ 相关企业角色。例如,"我们的工作没有清晰的战略指引"。

■ 有效的工作方法。例如,"团队成员很少计划或准备相关会议"。

■ 团队组织。例如,"我们不检查团队如何支配自己的时间和精力"。

■ 批评。例如,"团队不善于从所犯的错误中汲取经验教训"。

■ 个人发展。例如,"团队没有采取措施促进相关个人的发展"。

■ 创造能力。例如,"好想法没有得到有效运用"。

■ 团队间的关系。例如,"我们团队和其他小组之间的冲突时常发生"。

如果一个团队在某一特定区域遭受到很多负面评论,这就意味着该团队急需进行团队建设。也可以提供上述的 12 个方面相关的特别练习。例如,上述"从我到你"的练习可以用于改善团队氛围。

团队建设同样也涉及沟通交流练习,对上述以变革为目标的方面所取得的进展进行审查,最后,使用以上提到的调查问卷方式进行第二次评测。在进行第二次评测时,如果团队检查到与上述 12 个方面相应的负面事项数量有所减少,那么我们就可以认为已经发生了一些积极的变化。然而,我们仍然推荐一种多元化方法来进行团队变革评估,该方法必须包括广泛的测评方法。

团队建设的不同阶段可以包括认知、情感以及行为的变革。值得一提的是,在类似于之前已经提到过的方法得以实施后,必然会产生一些认知变革,例如,"我们的团队不善于从所犯的错误当中吸取经验教训"。不同类型的团队建设练习不仅改变了情感(成员对于自身以及团队同事的看法),也改变了行为(成员之间如何彼此响应)。团队所作出的制定新运作标准的决定将会带来行为变化。当然,一些行为较之其他行为更容易改变。如果某类行为是自动发出且由习惯所决定,那么就需要线索—行为序列的大量介入以修正该类行为。例如,如果发现某个令人不乐意去完成的任务从广泛的角度而言不符合要求,则很可能会导致相关变革。

13.6　组织变革

有时候,调查反馈以及网格组织发展对于理解组织问题以及寻求相应的解决之道十分有用。这些技巧要求展开一个问卷调查,并与不同层面的管理者进行合作。这意味着需要一位经验丰富的顾问来帮助将这些技巧运用到实际工作中。

调查反馈

在这个案例中,咨询专家向组织的所有人分发了一套调查问卷,把收集到的数据通过各种不同方式汇总出来,并反馈给组织,然后组织会开几次会议来进行讨论。大多数的讨论实际上是技术性的:对于一些特定问题提出质疑,并说明这些问题可以用不同的方式进行解释。组织可从这些工作中获得一些收益,特别是当管理者意识到某些部门确实存在士气低落的问题,缺乏自下向上的沟通时,以及对下属所面临的问题缺乏关注,研究人员的目标与组织的目标不一致时。管理者可以根据调查的结果来重点关注这些问题,并通过使用一些诸如团队建设之类的技术方法来引入变革。

组织开发方格

这种方法是从组织的最高管理层开始,一直应用到组织管理结构的最低层,目的使管理人员对人的因素和良好关系敏感起来。管理人员一般是任务导向型的(否则他们就不用做这种训练了),因此对人际关系的强调会使他们对这一以前常常被忽视的领域变得敏感起来。这种方法还包括冲突管理的相关培训,同时也为政策和目标评价、计划制订以及对已完成的变革进行评估等提供了一个机会。在好的咨询专家的指导下,这种方式是非常有效的。

13.7 组织变革的测评

组织应该对前面重点讨论过的一些变革进行评估,了解某一特定的变革的成本是否合理,以及哪些方法是有效的、哪些是无效的。由于每个组织均存在一定的独特性,并有自己与众不同的文化,因此一个组织所认同的行之有效的技巧并不一定适用于另一个组织。

管理人员对组织变革最为关键的态度是要意识到每一种变革都是一种实验。我们在做实验时经常要调整一些自变量来测度一些因变量。同样,当我们进行一次组织变革(我们的自变量)时,我们就必须测度这一变革对整个组织的影响(我们的因变量)。我们进行实验的目的是了解自然的秘密。组织也是自然界的组成部分;事实上,它们是自然界中非常复杂的一部分。为组织设计一种能够使组织作出改进的变革要比做一个化学实验复杂得多。因此,我们对变革的期望应当适中,不能期望太高,不能期望出现奇迹。但是,通过系统实施的变革和仔细的测评,我们应该能够把那些有效的变革从那些无效的、对组织有害的变革中区分出来。

遗憾的是，一些高层领导经常对组织变革抱有错误态度。由于他们是赞同变革的，他们会感觉这种变革与自己有关；因而，他们就希望这种变革能够成功，这样就很难采取客观的、开放的、实验性的方法。但是，正确的方法恰恰是变革成功与否的关键。管理者自身心态应该调整为既能积极地支持，也能批判性地看待变革，这是非常重要的。如果一项变革失败，就再试一次。换句话说，看待变革的正确态度应该是把变革视为一种实验，它既可能有效，也可能无效。假如所有的实验都产生了我们预期到的结果，那么做实验又有什么意义呢！正是由于得到了没有预期到的结果，我们才不断地进行实验。类似地，我们不能假设每项创新都会对组织有益，也不应该责备那些在开展一项创新时没有取得成功的同事或下属。事实上，如果一个人从来没有失败过，这可能是由于他太不愿意承担风险了。勇敢的创新者所经历的失败要比成功多得多，但是正是这些少数的成功改变了世界。

总之，我们不要认为我们对组织变革的最初想法肯定是正确的。要不断地尝试和测评，最终你会找到最好的方法。

在对组织变革后的研究活动进行考评时，我们应该采用各种不同的方法，这些方法的差异应该较大。例如，在决定一项特定的变革是否取得成功以前，有些人可能会希望测评一下工作的满意度、资金周转率、生产率、发表的成果的质量或是其他一些因变量。

在评价变革时，我们也必须考虑到任何一个特定的变革都是随着时间不断发展变化的，因此不能总是只在某一时间点上进行评价。事实上，一些研究研发活动测评的专家已经把评价方法分为了成长性评价和总结性评定。成长性评价是对变革在发展阶段的作用的检验。因此，人们会根据评价的结果来对组织变革作出调整。总结性评定是在变革已经完生，并经过一段时间后，对已经完成的变革进行评价。

评价专家们已经使用了一系列方法来进行他们的评价工作。例如，有些人建议使用自学作为使小组感受到变革影响的方法,由此对某一特定变革对小组成员的影响进行评价。另外一种方法包括成立一个蓝丝带委员会,该委员会通常由进行变革的组织管理部门以外的人员组成。这些人员进入组织,询问大量相关问题,并对某一特定的变革是否行之有效作出评判。另一种方法依然是对作为有效变革标准的特定数据组进行观察。这些数据组可能包括用于支持该项研究的专项拨款以及合同数量、论文的数量和质量的评判、作为变革一部分的相关人员以及小组被关注的程度或者小组的声誉。其他的可能性包括引进一位持有反对意见的专家人员,该专家所扮演的角色是证明变革未能产生预期效果。这位专家通常是变革的批评家,他经常会发现变革参与者们所未能发现的问题。还有一种方法是"无目标"的测评,使用该方法的评价者仅仅是努力查明"真正"正在发生什么或者已经发生了什么状况。这种方法的思想是,一个不存在偏见的观察者能够给出最合适的测评结果。当然也存在传统的评估专家,他们利用"实验性的"和"控制性的"小组或是变化中的变革结果来进行相关评估工作。他们使用特定工作组在开展变革之前的绩效历史作为对该组引入变革之后所发生的变化进行评估的依据。另一种方法为人类学家所使用,他们观察正在发生的事件并对其尽可能地从"原住民"(组织成员)的角度来加以描述。这种方法是在没有任何前例或相关观测基础上进行的。

通常情况下,对于变革影响取得深入理解的最理想途径是将这些方法结合起来加以应用。

评估研究的另一个问题是弄清谁的观点更受到重视。例如,在一个部门的某个特定组织中,部门成员可能会持有一种观点,高层领导者可能会持有另一种观点,部门监管者可能会持有第三种观点,而其他部门的同僚则有可能会持有第四种观点,那么,在这种情况下,由谁来决定谁的观点更重要、更值得认真对待呢? 有哪位人员可以权衡这些不同的观点以求获得一个能够最充分反映该特定变革的指数?

13.8　组织变革案例研究

——汉克撼动技术阶梯

盖尔·卡特勒,研究技术管理：2007 年 5~6 月

在担任 XYZ 的研发副总裁 20 年后,汤姆·埃弗斯退休了,这使得公司的管理层不得不从外部寻求人员来接替他的工作。他们最终选定了汉克,一位来自公司某供应商的资深研究员。汉克拥有引以为豪的一系列卓越成就,其中很多都曾造福于 XYZ,所以管理层指望他来振兴公司的一些研发活动以及改善、开发新的或业已改进的产品,而这些方面在过去几年均发展非常滞后。汉克迅速开始着手工作,他尽快使自己熟悉了研发部门的技术人员组成。汉克与研发部门的人事主管皮特·格廷斯一起仔细研究了编组表以及人员记录。他最后评论道："我注意到有一些人,他们看起来资历相当深,因为他们均有着诸如'研究员''主管工程师'以及'首席研究员'等头衔。他们是谁,负责哪些具体的事务?"

皮特解释说这些是 XYZ 技术阶梯的两个最顶端阶层,即该公司的顶级技术人才。汉克又问："他们是如何晋升至技术阶梯顶端的? 又向谁汇报相关工作?"皮特回答说："他们当中的绝大多数是技术顶尖的人员,并且他们当前的任命已经超出了公司薪酬级别范围。因此我们新划出了两个名为'员工'以及'首席研究员'的薪酬级别,以为其提供更广阔的薪酬空间。但是也有个别担任某个部门管理者的资深研究员不能够很好地履行其相关职责。然而由于他是一名出色的研究人员,所以我们并不会因为他管理方面才能的缺乏而对其进行惩罚。我们只是将他从管理者的位置上撤下来,并将他送上技术阶梯的最高职位。这使他可以保持与原来担任管理者时相同的薪资水平。"

皮特进一步解释道："我们所使用的技术阶梯很大程度上是为了表示对相关人员杰出技术表现的认同，就像一种长期的奖金。技术阶梯组成人员继续向他们之前所在的部门汇报工作。"汉克说："在我看来，这些人并没有组成一个有凝聚力的团体。他们只是不断地进行相同的研究工作，并在与以前相同的结构内部进行工作汇报。"皮特回答道："你说得对。正如我所说的，技术阶梯很大程度上是对以往工作的一个奖励，我们希望他们继续担任优秀研究人员的角色，同时也希望他们能够花费一些时间注意新生技术以及可能会威胁到我们业务的任何技术。然而，大多数情况下，他们往往仅关注于继续从事与自己研究任命相关的工作。"

滥用人才？

汉克反驳说，他并不认为 XYZ 合理地利用了技术人才。他说："贵公司强调的是对于人才的认同，而我认为应当强调对于人才的合理利用。你们仅仅是对员工过去所做的努力予以回报，而我是将技术阶梯顶层看作是一个单独的部门，该部门由拥有一定特性的人员所组成。"汉克列举了上述人群的以下几点特性：

- 通过自身的技术贡献为公司提供持续价值创造的来源；
- 在所在的技术领域中是被认可的创新者；
- 在其所在的领域中，人们如果遇到较大挑战以及严重问题时，便会向其寻求帮助；
- 是年轻研究者以及工程师的导师；
- 一个擅于将新技术项目与卓越业务结果联系起来的战略商业思想家；
- 在组织内部能够独当一面的思想领袖。

汉克继续说道："我认为将一流的技术阶梯成员在组织内部随处安插是错误的，他们需要一定的自主权，应当能够接触到相关资源并与高层管理人员进行互动。当我们能够实事求是地做到以上所讲之后,我希望立刻将这些人员单独地组成一个部门,并且希望他们直接向我汇报工作。"汉克告诉皮特,他希望这些人能够继续在其相关专业领域从事研究工作,但是同时也希望他们能够:

■ 是一位在技术、相关业务运作以及战略方面能够挑战管理阶层想法的企业良知;

■ 无论是在公司内部还是在外部研究界都是一个有影响力的技术沟通者;

■ 成为具有重要商业潜力的新兴技术举措的技术带头人;

■ 成为一名通过促进员工发展和战略思维发展以帮助强化技术阶梯的领导者;

■ 成为关键技术和业务流程中的守门人。

皮特思考片刻回答道:"这真是一个重大的组织变革。你预计多久之后加以实施呢?"汉克说他将先与部门主管进行商讨,然后再与整个高层技术阶梯小组进行会面。"他们将继续进行现有的大部分工作,但是将主要扮演科技带头人这一角色。这是对于我们研发工作的一大强化措施,尤其是在新兴技术方面。我们现在认为适合于顶尖技术阶梯的人员可能迟早会被发现并不适合该定位,因此,他们将被重新安排从事常规研究工作。当此刻来临时,我们需要思考如何消除可能会存在的各种障碍。"

利用工业同行网络

汉克进一步解释说,他需要将 XYZ 公司的高层技术阶梯成员组织起来,使之与内部以及外部的关键研究/工程团体相关联。他听说过行业对等网络,即国内其他地区和国外的非竞争性同行所组成的网络。该网络不仅是一个商贸协会,它还包括非竞争性同行所组成的小组。这些人将定期会面进行信息交流,他们必须在一种亲密和信任的氛围中开展此项工作。他们主要帮助解决组织活力缺乏和目光短浅问题。在 20 世纪 80 年代,对于来自日本的汽车、相机、复印机以及电视机,美国制造商们未能作出有效的响应,就是一个太过关注于本地情况、使企业无法及时辨识具有破坏性的外部事件的主要例子,也就是所谓的目光短浅。而活力的缺乏源自认为事情将会始终以现状持续下去的理念。

"如果我们能够使高层技术阶梯成员与某种行业对等小组挂钩,那就可能会刺激我们进行一些绩效改进相关的变革,"汉克说道,"我对于将我们顶级技术阶梯人员用一种最优的方式进行部署并使他们发挥出最大作用十分有信心。他们可以在四个领域作出较大的贡献,即:挑战管理阶层关于技术和战略的想法;构建公司内部和外部研究部门有效的技术网络;支持有重要商业潜力的技术创新;以及通过加强员工队伍建设来改进技术阶梯。皮特,我很期待与这些人员的会面并向他们传递我关于顶级技术阶梯人员的相关想法。"

问题

(1) 很多(可能是绝大多数)公司使用将相关人员升迁至技术阶梯的最高职位作为对他们卓越技术表现的奖励。他们是否能够真正从汉克所建议的有关技术阶梯成员的重组过程中获益?

(2) 大多数技术阶梯成员没有丰富的商业经验或是培训经验,是否能够期望他们成为将新技术项目与卓越的商业结果相联系起来的战略商业思想者?

(3) 在竞争度较高的行业里,可以想象一个行业对等网络在不泄露、需要进行保护竞争信息的前提下,是否可以运行?

(4) 对于一个在科学和技术基础之上建立起来的企业而言,怎样的技能对于身处管理者位置的人来说最重要?

(5) 多样性因素(种族、性别、国籍)对于高层技术人才排名有多重要?

13.9　小　　结

组织通常需要进行变革。相关人士必须对组织变革有关的问题有所了解并掌握可以帮助解决这些问题的行动步骤。一些个体变革可以通过培训来完成，而其他的变革则可能需要广泛的一对一临床工作。一些小组变革可以经由团队建设技巧的帮助来完成。其他的组织变革技巧则需要涉及调查反馈和网格组织发展。这些个人以及组织变革的各个方面在本章中进行了相关讨论。变革的评价对于确定既定目标的实现十分必要。本章对评价变革的不同步骤进行了概述。如果将这些方法结合起来使用，即可兼顾各种不同观点视角并减少偏见。

13.10　课堂讨论问题

（1）设想如果要在研发实验室进行一些"团队建设"的研究，你会为相关工作的开展设定哪些步骤？

（2）避免对团队建设产生不利影响有哪些需要注意的事项？

（3）你会使用怎样的标准来评估团队建设的有效性？

（4）回顾组织变革的相关评价方法，你是否能够为不同的具体情况选用适当的方法？

第十四章

管理技术
创新网络

技术创新网络的主要参与者是产业部门、政府实验室、大学以及非营利机构，他们通常有着不同的目标和背景。然而，他们一致强调要确保科学和技术造福社会以及/或者经济。成功的创新有赖于利用这些组织之间的跨界关系以及相互交流。此外，贯穿整个创新链（从研发到市场）的行为日益全球化，因此必须对国际网络进行评估和管理。本章阐述了产业部门、政府以及大学这些关键领域内部和相互之间的研发与创新的模式。我们将就开放型创新这一概念进行探讨，同时也会讨论与区域性和全球背景下创新相关的新兴趋势。

14.1 各部门内部以及相互 之间的整体趋势

2006 年美国的全部研发的投入为 3 400 亿美元。如果从 2002 年算起，那么这就代表了计入了通胀因素调整之后 2.5% 的年平均变化（国家科学委员会，2008）。研发资金的大部分被用于发展（60%），剩下的部分被分配至应用研究（22%）以及基础研究（18%）领域。产业部门为全部的研究和发展以及实施提供了绝大部分资金来源；产业部门同时也是应用研究和实施的主要资金来源（表 14.1）。联邦政府主导资金使之用于基础研究以及发展（主要是与军事相关的）；而大学则主导基础研究的进行。

表 14.1 美国技术创新网络的主要参与者		单位：亿美元			
		全部	基础	应用	发展
		3 400	620	750	2 040
产业	资金	2 230	105	440	1 690
	绩效	2 420	93	480	1 840

（续表）

		全部	基础	应用	发展
		3 400	620	750	2 040
政府	资金	940	366	250	330
	绩效	380	100 ** （包括投入 FFRDC 的 50）	120 ** （包括投入 FFRDC 的 43）	160 ** （包括投入 FFRDC 的 43）
大学	资金	120	62	24	5
	绩效	460	347	100	18
其他 非营利性机构 **	资金	110	84	34	17
	绩效	140	75	47	20

** 包括非营利研究机构，以及国家和地方政府。
注释：FFRDC 为联邦资助研究发展中心。
资料来源：国家科学委员会，《2008 年科学与工程学指标》。

美国的研发资金模式在过去的三四十年间经历了显著改变。1979 年时联邦政府为研发投入了大量的资金，但是到了 2006 年，政府的投入仅占研发资金总额的 28%。在 20 世纪 60 年代末期，联邦政府是产业部门研发资金的主要来源，但是时至今日，政府投入在该项资金中仅占了不到 10%。虽然与产业部门和联邦政府相比，来自学术机构、非营利性实验室以及国家和地方政府的资金只占了整个研发资金的一小部分，但是这类资金却以每年 6% 的速度在不断增长：1986~2006 年，这类资金来源的增长速度超过了其他资金来源的增长速度（国家科学委员会，2008）。这些资金的大部分被用于学术机构所进行的研究当中。

虽然为研发投入资金和开展研发工作十分必要，但是仅仅这两方面对于创新而言还不够，因为创新意味着在市场上创造社会和经济价值。产业部门以利益为导向，通过资助以及开展研发，在经济利益的创造过程中扮演了极为重要的角色。从传统意义上来讲，政府和大学所进行的创新更多地关注于社会价值的创造，例如，联邦政府支持农业推广服务、美国国家航空航天局（NASA）以及军队发展；大学注重知识的生成以及公民的教育；而土地授予机构则与政府在很多领域进行了合作，最明显的就是农业推广。诸如巴泰尔-哥伦布研究所以及斯坦福国际研究所之类的非营利实验室，从政府与产业部门吸收资金为客户进行利害关系研究。然而，在过去的二十年，政府、大学以及非营利性实验室扮演了一个更为重要的角色，即直接和间接地通过与产业部门的互动以及建立新创企业，使研究实现了商业化，这些新兴企业的建立是以实验室自己开发的技术为基础的。表14.2列出了主要的正式机制，通过这些机制，各部门在研发和创新层面都进行了互动。其中的一些机制涉及一个部门到另一个部门的技术"传递"或转移，鲜有互动。其他技术创新机制则涉及各部门之间的合作，程度有高有低。具体情况将在本章以下部分中进行更为全面的阐释。

表14.2　研发和创新领域之间的正式合作机制

	公　司	政府实验室	大　学	非营利实验室
关注研发的部门互动	FFRDC 合约/联合研究 试行商用研究 联盟	FFRDC	FFRDC 合约/联合研究 试行商用研究 联盟	FFRDC 合约/联合研究 试行商用研究 联盟
涉及技术创新的部门互动	专利许可 SBIR STTR ATP CRADA 新兴企业/分拆	专利许可 SBIR STTR ATP CRADA 新兴企业/分拆	专利许可 新兴企业/分拆	专利许可 新兴企业/分拆

FFRDC：联邦资助研究发展中心。
SBIR：小企业创新研究计划。
STTR：小企业技术转移。
ATP：先进技术合作。
CRADA：合作研究与发展协议。

14.2　商业领域研究、发展以及创新的趋势

产业部门是科学和技术商业化的主要场所，在当下，它还主导着全部研发

资金和研发工作。不仅美国如此,欧盟、英国、日本、韩国以及中国都是如此(美国艺术和科学研究院,2007)。

在美国,产业部门所雇用的大多数个人,都有科学和工程方面的最高学历(国家科学委员会,2008)。2003年,这些人才中有将近60%都为产业部门所聘用,包括33%的理工博士学位持有者以及44%的四年制大学毕业生。在不同规模的公司中科学家和工程师所占的比例也有所不同。例如,趋势显示,规模非常小(只有十位或更少的员工)的公司以及有超过25 000名员工的大规模公司中都倾向于雇用博士级别的科学家和工程师。

产业部门的研发工作在创新网络当中扮演了什么样的角色?公司从联邦政府获取资金用以开展研发活动,同时,产业部门也为大学以及非营利机构提供研究资金。2006年,产业部门从联邦政府收到了226亿美元的研发资金,并从行业FFRDC获取了另外一笔24.2亿美元的资金。同年,产业部门为大学和学院的研发组织投入了23亿美元,为非营利研究组织投入了14亿美元。然而,由企业提供的研发资金大部分都被用于内部发展或是与其他企业一起进行的合同研发。2006年,仅有不到2%的商业研发资金流入了大学以及其他非营利性组织。产业部门只为所有的大学研发提供了5%的资金。

表14.3显示了从产业部门而来的资金是如何在基础、应用以及发展方面进行分配的。

表14.3　2006年产业部门研究和发展资金以及绩效　单位:亿美元

		美国 3 400	基础 620	应用 750	发展 2 040
产业部门	资金	2 230	105	440	1 690
		2 420	(4.7%)	(19.7%)	(75.8%)
	绩效		93	480	1 840
			(3.8%)	(19.8%)	(76.0%)

（续表）

产业部门	资金	美国 3 400	基础 620	应用 750	发展 2 040
		产业部门： 2 196	产业部门： 81	产业部门： 430	产业部门： 1 684
		大学： 23	大学： 17	大学： 6.2	大学： 1.37
		非营利性机构： 14	非营利性机构： 7.5	非营利性机构： 3.4	非营利性机构： 2.58

资料来源：国家科学委员会，《2008 年科学与工程学指标》。

企业将研发转化至创新的效果如何？所花费的研发资金数量并不见得与使研发商业化的能力有紧密关联。斯图特（Studt，2007）的相关研究报告中对这一点进行了阐释。企业的创新排名是由下列指标来加以定义的：研发占销售的百分比、所获专利数量、新产品占销售的百分比、研发部门人员编制的变化、准备中的新产品数量以及组织对于新产品和开发的整体投资。IBM、通用电气以及杜邦公司雄踞该排名表榜首之列，紧随其后的是 3M、丰田、谷歌、苹果、微软、基因泰克和陶氏化学。然而，这些排名前十的企业当中，只有丰田公司在研发投入总额方面亦排名榜首之列。这十家创新型公司研发预算的平均支出排名第 50 位，它们这方面具体排名则分布在第 2 名到第 105 名之间。

成熟企业和初创企业

不管是表 14.4 中所列的大型成熟企业，还是初创企业，对于技术创新而言都极为重要。"初创资本主义和大型成熟资本主义的独特混合"多年来一直被认为是美国产业的一个令人羡慕的竞争优势（Baumol et al.，2007，p.90）。弗里曼和恩格尔（Freeman & Engel，2007）建议正确认识成熟公司和初创企业各自不同的长处和局限，并通过伙伴关系来取长补短，以从创新中全面受益。倾向于可预测型创新的风险规避型大型企业可以与容易接受突破性技术的、较小的、更灵活的企业进行合作。

技 术 领 域	1991~1993	1994~1996	1997~1999	2000~2002	2003~2004
全部小企业	3 122	4 176	3 862	2 197	1 136
工厂自动化	241	187	125	141	175
生物技术	151	138	148	133	69
化工产品	68	48	23	23	12
计算机硬件	305	301	201	159	112
国防	20	14	10	6	14
能源	106	85	65	65	70
环境	121	101	51	32	14
制造装备	171	177	115	82	109
尖端物料	134	86	58	32	76
医疗	195	162	136	85	54
制药	66	79	90	67	26
光电	85	63	58	44	41
计算机软件	608	789	980	569	117
组装部件和元器件	222	177	111	102	105
测试与测量	93	67	46	51	30
电讯和互联网	486	1 674	1 619	590	71
交通	50	28	26	16	41

表 14.4　美国小型高科技企业的形成（按技术领域划分）：1991~2004 年　　单位：个

注释：小型企业是指员工数量少于 500 人的公司。公司是公司合作伙伴联合建立或私有或公有的企业，不是其他公司或合作伙伴的附属单位。技术领域是由企业科技信息服务公司（Corptech）定义的。

资料来源：Corptech，http://www.corptech.com/index.php，特殊表格（2007 年 6 月 15 日）。国家科学委员会，《2008 年科学和工程指标》。

如表 14.4 所示，小型企业的形成对于各种以技术为基础的行业而言是非常重要的，值得注意的是，在 2000~2001 年网络泡沫之后，新建企业的数量有所减少。

风险资本和技术创新

风险资本的投资,包括来自风险资本家和天使投资者的投资,为初创企业的蓬勃发展创造了必要环境。在联结初创企业和大型企业的过程中,风险资本还扮演着重要的社交角色。美国已经使自己成为风险资本的全球领导。恩斯特和杨(Ernst & Young, 2007)指出,美国风险资本家所青睐的主要投资领域集中在前沿领域基于技术的解决方案,例如:

■ 清洁技术:能源、空气和水治理、工业效能、新材料、废物以及管理。

■ Web 2.0:便于通过用户创建内容参与的动态界面、网络以及合作;播客、标签、博客、社交网络、混搭式应用以及维基百科。

■ 医疗保健:生物技术、制药和设备。

与风险项目有关的投资金额以及风险水平与整体经济趋势是一致的,有关信息详见表 14.5。在 1997~2006 年,风险资金资助的初创企业数量在 2001 年达到了顶峰,但是随后却急剧下降。虽然很多初创企业以失败告终,但是获得成功的那 10% 都会走两条路:首次公开发行股票或者被其他更成熟的公司兼并/收购。兼并或收购是风险企业退出的一种最常见的途径。

表 14.5　美国风险投资的企业数量和融资阶段：1997~2006 年

阶段	1997	1998	1999	2000	2001	2002	2003	2004	2005	2006
数　量										
商业	2 536	2 973	4 410	6 340	3 787	2 619	2 416	2 574	2 646	2 910
投资(百万美元)										
所有阶段	14 903	21 099	54 206	104 983	40 697	21 830	19 685	22 138	22 779	25 923
种子/初创	1 316	1 769	3 254	3 119	722	297	338	412	795	1 146
早期	3 580	5 549	11 910	25 672	8 708	3 904	3 546	4 032	3 689	3 951
扩张	7 728	10 554	30 182	59 867	23 088	12 383	10 047	9 261	8 678	11 479
后期	2 279	3 227	8 860	16 325	8 179	5 246	5 754	8 433	9 617	9 347

（续表）

百分比分布(%)									
所有阶段	100.0	100.0	100.0	100.0	100.0	100.0	100.0	100.0	100.0	100.0
种子/初创	8.8	8.4	6.0	3.0	1.8	1.4	1.7	1.9	3.5	4.4
早期	24.0	26.3	22.0	24.5	21.4	17.9	18.0	18.2	16.2	15.2
扩张	51.9	50.0	55.7	57.0	56.7	56.7	51.0	41.8	38.1	44.3
后期	15.3	15.3	16.3	15.6	20.1	24.0	29.2	38.1	42.2	36.1

注释：企业包括从有想法的企业家到合法存在的运营中的公司。种子/初创包括概念验证（种子）、研究、产品开发或初期市场运作。早期包括诸如初期扩张、商业制造以及市场营销的行为进行投资。扩张包括行为的初始扩张，或为预计在 6~12 个月内上市的公司做准备。后期包括收购融资、管理以及杠杆收购。
资料来源：汤姆森金融，2007 年全国风险资本协会年鉴、全国风险资本协会、国家科学委员会，《2008 年科学和工程指标》。

2001 年后，风险投资转而投资扩张和后期现有业务的投资，而不是投资于风险更高的种子/初创企业和早期投资。另一类投资者——天使投资者，转向于投资处于初始阶段的企业（表 14.6）。全球经济衰退在 2008 年变得明显，大幅减少了天使投资的金额，并导致早期投资者变得更为谨慎。

表14.6　天使资金的投资、企业数量、投资者以及运用：2001~2006 年

年份	投资（十亿美元）	企业接收投资（数量）	天使投资者（数量）	总就业量	平均每个就业数	平均每个企业投资额（美元）
2001	30.0	不适用	不适用	不适用	不适用	不适用
2002	15.7	36 000	200 000	没有数据	没有数据	436 111
2003	18.1	42 000	220 000	没有数据	没有数据	430 952
2004	22.5	48 000	225 000	141 200	2.9	468 750
2005	23.1	49 500	227 000	198 000	4.0	466 667
2006	25.6	51 000	234 000	201 400	3.9	501 961

资料来源：国家科学委员会，《2008 年科学和工程指标》。

14.3 联邦政府研究、发展
以及创新的趋势

联邦政府资助研发的主要目的是完成政府在国防、健康和能源、社会福利以及经济增长方面的使命。1964 年,联邦政府提供了美国全部研发资金的 67%;2006 年,联邦政府对美国的研发投入仅占该国研发总投入的 28%,即 940 亿美元。政府投资在国家研发投入总额中所占比例下降这一趋势在很多其他主要国家中也表现明显,其中包括整个欧盟、法国、英国以及加拿大。1990 ~ 2002 年,在日本和德国,政府投入在研发总体投入中所占的比例保持了较为稳定的态势(《2006 年科学和工程指标》)。

联邦政府是美国大学和学院研发工作的主要支持者(国家科学委员会,2008)。2006 年,30% 的政府研发资金投向了大学,这笔资金占了大学研发总投资的 57%。940 亿美元中的 26% 投向了联邦机构,24% 投向了产业部门,6% 投向了非营利性研发实验室。剩下的 14% 流入了与产业部门、大学或非营利性机构有关的联邦研究和发展中心(FFRDC)。联邦政府为整个国家的研发贡献了 11% 的投资。

七大机构获得了投向联邦机构的 240 亿美元中的 96%,大约一半用于国防部门。卫生与公众服务部(HHS),主要是美国国立卫生研究院(NIH)在 2007 财政年度获得了 56 亿美元的研发投资。美国农业部(USDA)和美国国家航空航天局(NASA)分别获得了超过 10 亿美元的研发资金投入。而联邦研究和发展中心(FFRDC)则获得了 130 亿美元的联邦投资。这些中心始建于第二次世界大战期间,均为由美国政府支持和资助的独立的非营利性实体,目的是为了汇聚政府、产业部门以及学术界的专家人士,解决复杂的技术性问题。当前大约有 40 个不同政府资助的联邦研究和发展中心。它们经营着国防、能源、航空、空间、卫生和人类服务以及与税务相关的机构。此类中心中大约有二分之一与能源部（DOE）相关。

技术商业化工具

　　长期以来，联邦政府都在支持其资助或开发的技术的应用。与联邦机构相关的，尤其是美国农业部相关的推广服务，已经按照传统向用户提供了政府资助的技术。根据沃尔什和基尔霍夫（Walsh & Kirchhoff，2002，p.137）的观点，美国相关机构"已经不再仅仅是使用投资资金从事国家安全方面的技术研究了。它们已被赋予了新的目标，转向更为关注为商业用途创造技术，并使相关技术转移到私营部门"。为了使这一过程得以顺利推进，基福斯和贾因（Chifos & Jain，1997）开发了一种方法，用它来对联邦实验室所开发的最有潜力获得产业许可的技术进行选择。

　　除了美国国防部资助的研究以外（通常被分类），联邦政府逐步加大了对联邦机构和大学以及非营利性实验室的鼓励力度，鼓励它们对政府资助的研发项目进行商业性开发。自20世纪80年代初开始，联邦政府就实施了一系列举措，积极鼓励将其资助或开展的研究项目商业化（表14.7）。《1986年联邦技术转移法》，也被称为《贝耶-多尔法案》，通过允许向企业颁发联邦资助的研究专利成果许可，促进了技术转移。它还订立了合作研发协议（CRADA），该协议不仅牵涉到许可授权，同时也通过人员和设备的交换，增强了技术发展过程中产业部门之间的合作。其他方案则支持创建与联邦正在资助的研究相关的企业。

表14.7　联邦政府为鼓励研究实现商业化所采取的行动[*]
（1）1980年：斯蒂文森-魏德勒法案使技术转移成为政府研发机构使命的一部分，该法案还创立了相关机制以促使转移的发生。该法案还要求建立技术转移办公室。
（2）1980年和1983年：《1980年贝耶-多尔法案》以及1983年政府专利政策总统备忘录，授权政府机构向商业企业颁发政府技术许可。

（续表）

（3）1984 年和 1986 年：1984 年的商标明确法案和 1986 年的联邦技术转移法案,消除了技术转移过程中潜在的障碍,并为政府机构加入相关协议中去提供了激励措施。

（4）1986 年：联邦技术转移法案要求科学家和工程师将技术转移当作个人责任,并规定绩效评估将技术转移行为的评估包括在内。该法案还使政府所有以及运作的实验室加入《合作研发协议》（CRADA）,以协商授权许可协议在实验室和非联邦合作方之间进行人员、服务以及设备交换。

（5）1987 年：第 12591 号行命令规定,如果某项专利的发明使用了联邦经费的资助,那么相关实验室必须将专利转让给承包商使用,以此交换政府对该项专利的免版税使用许可。

（6）1989 年：国家竞争力技术转移法案将合作研发协议的使用扩展到政府和承包商运作的实验室。

（7）1995 年：《国家技术转化与促进法》使得合作研发协议对于联邦实验室、科学家以及私营产业而言更具有吸引力,因为它承诺授予企业充足的知识产权以推动 CRADA 发明的快速商业化;它也使企业可以对来自 CRADA 的发明拥有专有许可或非专有许可。

* 资料来源：Franza & Grant, 2006。

　　表 14.8 显示了与政府实验室开展的研发项目相关的专利动态趋势。由美国政府资助的专利数目在不断减少,1994 年政府资助的专利数为 1 258 项,到了 2007 年,这一数目已经减少至 724 项。这主要是因为联邦政府当下正鼓励联邦投资的接受者将研究成果申请专利并发行相关许可。值得注意的是,授予美国企业和外国企业的专利数目历史性地超过了授予美国政府的专利数目。（表 14.9）

表 14.8　联邦对特定美国机构的技术转移指标和知识产权措施：财政年度 2002～2005 年　单位：项

机　　构	2002 年	2003 年	2004 年	2005 年
美国农业部				
专利发放	53	64	50	27
有效发明许可	267	270	296	320
新发明许可	26	27	29	33
美国国防部				
专利发放	617	619	559	430
有效发明许可	350	361	364	406
新发明许可	39	49	360	60

（续表）

机　构	2002 年	2003 年	2004 年	2005 年
能 源 部				
专利发放	551	627	520	467
有效发明许可	1 327	1 223	1 362	1 535
新发明许可	206	172	168	198
国立卫生研究院/食品和药物管理局				
专利发放	88	86	122	66
有效发明许可	不适用	不适用	不适用	不适用
新发明许可	231	209	276	313
美国国家航空航天局				
专利发放	128	136	157	不适用
有效发明许可	290	295	345	不适用
新发明许可	52	66	90	不适用

资料来源：国家科学委员会，《2008 年科学和工程指标》。

表 14.9　授权联邦政府的美国专利数量													单位：项
年份	1994	1995	1996	1997	1998	1999	2000	2001	2002	2003	2004	2005	2006	2007
美国政府	1 258	1 028	924	944	1 028	984	928	957	913	882	842	698	792	724
美国专利总数	101 676	101 419	109 645	111 984	147 518	153 485	157 494	166 035	167 331	169 022	164 291	143 806	173 772	157 283

资料来源：美国专利商标局。

技术创新的协同模式

　　知识产权的许可和技术的"共同开发"之间的区别十分重要，说明技术转移的当代模式已经变得不那么线性并且增加了互动性。

　　举例来说，美国联邦实验室合作体将技术转移定义为"把联邦研发部门开发的现有知识、设施或能力用于满足国内公共或个人需求的过程"。在这个意义上，技术转移意味着将技术从组织传递给客户端，并反映了一个顺序技术推动模式，始于基础研究，然后被应用和开发。虽然使联邦资助开发的技术获得授权许可依然很重要，但是其他互动性更强的机制业已出现，在技术发展和商业化的过程中，这些机制使个人和政府资助的实验室以及产业部门联合起来。此外，私人政府实验室现今也鼓励它们的科学家和工程师参与企业创业，希望这些新创企业成为技术转让和开发的一种工具。

鼓励联邦资助研发商业化的协同机制的具体实例详见表14.10。

表14.10 技术创新中的跨部门合作激励机制

《合作研究和发展协议》(CRADA)

该类协议一般是由一个政府机构和一家私营企业为了进行相关合作而签订的。《合作研究和发展协议》旨在加快技术商业化的速度、优化资源利用以及保护所牵涉的私营企业。此类协议最早是由《1986年斯蒂文森-魏德勒技术法案》制定的。一份《合作研究和发展协议》同样也允许协议双方依照《信息自由法案》对研究结果进行长达五年时间的严格保密。

小型企业创新研究(SBIR)

始于1982年，小型企业创新研究计划资助关键的启动和发展阶段并鼓励将技术、产品或服务商业化，而这一举措又会刺激美国经济发展。政府机构辨识存在的问题并为小型企业主要调查人员提供支持以寻求解决方案。由小型企业管理局(SBA)进行配合并直接面向员工数量少于500人的美国营利性企业。

小型企业技术转移计划(STTR)

扩展小型企业和非营利性美国研究机构之间的公共/私营部门伙伴关系。小型企业技术转移计划要求五个联邦部门和机构保留一部分研发资金，用以资助小型企业/非营利性研究机构构建伙伴关系。相关工作由小型企业管理局进行协调。

先进技术计划(ATP)

先进技术计划始于1990年。该计划帮助产业部门投资于长期、高风险的研究项目。虽然该计划被特别设计用于帮助美国企业，但是其法律定义同时也规定它"援助由产业带动的美国联合研发企业，包括大学和独立的研究机构"。

表14.11~表14.13提供了与这些协同机制相关的趋势数据。表14.11显示了投资给小企业进行创新研究（第一阶段和第二阶段）的资金从1996年的9.16亿美元增加至2005年的19亿美元。投资给小企业技术转移的资金也有所增长，从1996年的6 440万美元增至2005年的0.22亿美元（表14.12）。为高风险研究投入的先进技术计划（ATP）资金在1995年到达0.827亿美元的顶峰，此后逐渐下降，至2004年，该项投资数额为0.27亿美元（表14.13）。

表 14.11　小型企业创新研究授予资金（按授予类型和联邦机构划分）：财政年度 1983~2005 年　　单位：百万美元

财政年度	全部	国防部	健康和人类服务部	美国国家航空航天局	能源部	国家科学基金会	国土安全部	农业部	交通运输部	环境保护署	教育部	商务部
1996	916.3	479	189	114	62	41	NA	9	7	5	3	6
1997	1 106.9	569	252	121	75	54	NA	10	8	6	4	7
1998	1 066.7	540	267	96	76	53	NA	13	6	5	5	7
1999	1 096.5	514	314	89	81	60	NA	13	6	5	5	7
2000	1 190.2	549	355	93	86	65	NA	15	6	6	6	7
2001	1 294.3	576	412	106	87	72	NA	16	6	7	7	7
2002	1 434.7	621	487	110	96	78	NA	17	6	8	8	7
2003	1 670.3	804	531	109	94	90	NA	17	3	8	8	8
2004	1 867.6	929	572	106	104	90	19	19	4	9	9	9
2005	1 865.9	926	580	113	100	79	22	19	4	8	8	9

NA＝没有提供。

资料来源：国家科学委员会，《2008 年科学和工程指标》。

表 14.12　小型企业技术转移计划授予资金（按授予类型和联邦机构划分）：财政年度 1983~2005 年　　单位：百万美元

财政年度	全部	国防部	健康和人类服务部	美国国家航空航天局	能源部	国家科学基金会
1996	64.4	29	18	9	5	3
1997	69.0	37	13	12	4	3
1998	64.8	33	17	6	5	3
1999	65.0	31	20	6	5	3
2000	70.0	33	22	6	5	5
2001	71.4	27	25	6	5	8
2002	91.6	43	31	7	6	6
2003	92.1	43	31	6	6	6
2004	184.6	89	67	13	11	10
2005	220.3	114	73	13	12	9

资料来源：国家科学委员会，《2008 年科学和工程指标》。

表14.13　先进技术计划项目以及财政支持：财政年度1990～2004年

年　份	项　目	全部(美元)	先进技术计划(美元)	产业部门(美元)
1995	103	827	414	413
1996	8	37	19	18
1997	64	304	162	142
1998	79	460	235	225
1999	37	212	110	102
2000	54	274	144	130
2001	59	286	164	122
2002	61	289	156	133
2003	67	257	154	103
2004	59	270	155	115

资料来源：国家科学委员会，《2008年科学和工程指标》。

自《国家竞争力技术转移法案》(NCTTA)于1989年实施以来，国家实验室已经将鼓励培植创业企业作为技术转移的一种途径。分拆活动发生率在政府实验室和大学中历来较低。卡西齐(Kassicieh)和他的同事们(1996)研究了支持企业分拆行为的环境变量以及三个最大国家实验室(桑迪亚国家实验室、洛斯阿拉莫斯国家实验室、橡树岭国家实验室)中分拆活动的频率。从1985年前后至1995年，洛斯阿拉莫斯国家实验室进行了36起分拆活动；橡树岭国家实验室进行了25起分拆活动；而员工数量最多的桑迪亚国家实验室，只发生了四起分拆行为。与其他两个实验室不同的是，桑迪亚国家实验室没有专门针对本地发展或分拆行为的正式优惠政策，没有专利激励机制，没有和发明者共享许可使用费，也没有为外部咨询而设定的津贴。鉴于个体特性对于创办企业的重要性，根据外部咨询所提供的相关信息，他们建议雇用倾向于创业活动的人士并在实验室之外参与业务。自该项研究之后，桑迪亚实验室使研究商业化的努力取得了重大进展。该实验室与国家可再生能源实验室以及橡树岭国家实验室都是美国能源部入驻企业家(EIR)项目的关键参与者。该项目于 2008 年春天开始实施,其目的是使有创业能力的企业家能够直接和国家实验室中的科学家以及工程师进行合作。

它们帮助辨识机会和发展业务计划和结构,并对实验室分拆的整体方法的重新设计工作提供帮助。

是什么使得技术从联邦资助的研发部门成功地转移到了市场?不管技术转移是否涉及授权许可或合作程度更高的安排,促成组织之间交流的正式和非正式的结构、充足资金投入以及创业计划是关键所在。在《美国空军研究》中,弗兰扎和格兰特(Franza & Grant, 2006)指出了七个关键的因素,它们决定公共技术转移是给实验室带来成功还是失败:

(1)开发人员在组织内部建立一个专门的技术转移单位;

(2)技术转移机构靠近发展型组织;

(3)发展型组织定位于向相关产业进行广告宣传;

(4)收购组织促进非正式转移过程;

(5)收购组织为转移项目提供充足资助;

(6)收购组织有一个技术商业化的商业计划;

(7)发展组织和收购组织在转移项目进行过程中分享人力资源。

14.4 大学的研究、发展以及创新趋势

从表 14.4 中我们可以看出,虽然 2006 年大学为美国研发总绩效仅贡献了 14%,但是它们却贡献了该国基础研究绩效的 56%。这种状况已经长期存在。大学在全国应用研究领域贡献了 100 亿美元(约 13%),在美国发展领域(除大学管理的联邦研究和发展中心以外)贡献了 1.8 亿美元(不足 1%)。大学主要

是从政府获得资金(61%)。大约20%的资金来源于内部机构,剩下的20%来源于国家和地方政府以及企业。通过支持学术界研究工作,产业部门得以接触尖端研究和学术机构培养的高科技人才。另外,大学研究人员可以从投资、产业研究设施以及用户的理解和社会需求方面受益。许多产业和大学之间的互动都从旨在鼓励该类合作的联邦和国家政府项目中获益。这类互动也帮助了从基础研究到应用以及商业化的相关过程的开展。

表 14.14   2006 年大学研究资金和绩效(国家科学委员会,2008)

单位:亿美元

		美国 3 400	基础 620	应用 750	发展 2 040
大学	资金	120 (3.5%)	62 (10%)	24 (3.2%)	5 (0.25%)
	绩效	460 (13.5%)	347 (56%)	100 (13%)	18 (0.9%)

大学校园越来越倾向于通过专利许可和创业行为从它们的相关研究中获取收入。著名的大学衍生企业案例包括谷歌、基因泰克、凯龙、凌云逻辑以及网景(Baumol et al.,2007,p.263)。表14.15提供了基于大学的专利、许可、收入、创业以及股权的增加状况。

表 14.15   学术专利和许可活动:1996~2005 年

活动指标	1996 (131)	1997 (132)	1998 (132)	1999 (139)	2000 (142)	2001 (139)	2002 (156)	2003 (165)	2004 (164)	2005 (158)
百万美元										
净版税[a]	290.1	391.1	517.3	583	1 012.00	753.9	868.9	866.8	924.8	1 588.10
总版税[a]	365.2	482.8	613.6	675.5	1 108.90	868.3	997.8	1 033.60	1 088.40	1 775.00
向他人支付 的版税	28.6	36.2	36.7	34.5	32.7	41	38.8	65.5	54.4	67.8
未报销的法 律费用开支	46.5	55.5	59.6	58	64.2	73.4	90.1	101.3	109.2	119.1

（续表）

活动指标	1996 （131）	1997 （132）	1998 （132）	1999 （139）	2000 （142）	2001 （139）	2002 （156）	2003 （165）	2004 （164）	2005 （158）
数　　　量										
美国专利授予数量	1 776	2 239	2 681	3 079	3 272	3 179	3 109	3 450	3 268	2 944
初创企业	184	258	279	275	368	402	364	348	425	418
创收许可 / 期权	4 958	5 659	6 006	6 663	7 562	7 715	8 490	8 976	9 543	10 251
新 许 可 / 期权[b]	2 209	2 707	3 078	3 295	3 569	3 300	3 660	3 855	4 087	4 201
股本许可 / 期权	113	203	210	181	296	328	373	316	318	278

[a] 为期一年的版税数据峰值反映出惊人的一次性支付。
[b] 由于调查措辞的变化，2004 年之前的数据可能不能够与 2004 年及以后年份的数据进行比较。
注释：报告机构数量见括弧。非大学医院和医疗机构不包括在内。
资料来源：大学技术经理人协会、大学技术经理人协会许可调查（不同年份的）、国家科学委员会，《2008 年科学和工程指标》。

　　由于政府对大学研究项目的支持有所减少，技术许可使得收入得以增加。《1980 年贝耶-多尔法案》要求联邦自主的研究项目许可收入在大学和教员发明家之间平分；大学所得的那部分收入只能被用于研究方面（Thursby & Thursby，2007）。其他《贝耶-多尔法案》之外的因素解释了大学专利和许可的扩散，包括基因工程和计算机软件相关的研究增加；美国专利局也扩展了可以申请专利的发明范围（Colyvas et al.，2002）。

　　《贝耶-多尔法案》同时也影响到了以大学为基础的技术转移办公室，这些办公室承担了决定哪些发明可以获得专利的责任，它们对专利进行资助并为发明者协商许可权。帮助在大学和产业之间架起桥梁的集中型办公室最近遭到了质疑。利坦（Litan）及其同事们（2007）、鲍莫尔（Baumol）及其同事们（2007）曾提出集中型大学技术转移办公室已经成为瓶颈，而不是它们最开始所期望成为的创新促进力量。因为技术转移办公室通常以它们所创造的收入、而不是所颁发的许可证的数量和速度来衡量效率的，它们关注的是那些所谓的最有利可图的许可，而非小型创新或有显著社会效益的事项。此外，这些办公室倾向于培养线性模式创新，即开展相关研究工作、公开发明创造、执行技术许可、然后获得收入从而创造财富。技术创新越来越依赖于网络，然而，理想状况并非是将技术转移的权力集中化，而是将它们转交到大学相关人员手中。他们的社会资本，即与大学内部和外部同行之间的关系，使得他们可以通过许可或拆分的形式，发现研究机会并使研究结果商业化。在这种模式下，技术转移的成功是基于专利许可的数量而不是收益的最大化。技术转移办公室是大学中的发明者寻求与专利许可和创业相关的服务和专家意见的一种途径。然而，只要大学可以因此得到回报，大学员工也可以自己申请专利并与被许可方协商相关条款。

作为从大学获得技术转移的一种手段，专利和许可证有其自身限制。首先，虽然许可数量增加了，但是十个左右的顶级研究密集型大学主导了专利授权。并且，在这些专利中，只有一小部分将会通过许可费和版权费惠及开发它们的大学。极少有以大学为基础的技术转移办公室可以达到收支平衡。其次，大学专利作为技术转移机制的价值似乎与产业部门和技术发展水平有关。佩尔克曼和沃尔什（Perkman & Walsh, 2007）发现除了制药行业以外，专利作为一种价值机制排名很低；科利瓦斯（Colyvas）及其同事们（2002）指出专利对于大学技术的某一子集，即仅有少量网络存在的萌芽期研究行为产生的专利是十分重要的。

由此看来，大学不应以牺牲其他更传统的渠道为代价来追求许可收入；大学对于创新的催化作用也不应当仅以专利和许可数量来加以衡量。佩尔克曼和沃尔什（2007）研究指出评价公共研究最重要的渠道并非许可，甚至也不是合作经营，而是是否采取了分散管理形式以及其他历史悠久的公共和个人渠道，即出版物、会议、非正式互动以及咨询。

综上所述，通过与学术机构发展合作，有很多方法可以使产业部门和政府技术研究实验室对相关研究投资进行利用。例如：

■ 为大学研究人员提供启动资金，研究一个对产业协作集团有兴趣的领域。如果研究结果是有希望的,其他的一些机构(例如,国家科学基金会)会提供一些基金,让他们继续研究。

■ 对非基础研究阶段的研究活动继续提供支持,这些研究最初获得国家科学基金会或其他非商业组织的资助。

■ 为项目提供研究生支持,这种支持不仅提供了研究生,而且还包括以很低的成本来利用大学教授在这一研究领域所获得的大量成果。实践证明:该项举措还有其他的一些好处,例如:可获得对赞助者感兴趣领域有丰富专业知识的科学家的帮助。

■ 通过联合准备、利用一些研究设施来实现设备、职员和费用的共享,即共享设备、人员和成本。这类努力已经有了许多成功的例子。

■ 通过在高校里建立研究技术中心。

■ 通过研究人员的交换。

14.5　开放型创新、区域经济发展和全球创新网络

前面的讨论显示了在从研发到市场的整个创新过程中,产业、政府和大学部门之间日益增长的互动。超越组织边界是"开放型创新"或"网络创新"相关的更广阔趋势的一部分,在这种情况下,是按照具体需要来评价构想和人才的,多元化的视角以及创造力会带来程度更高的多样性和问题的解决(Chesbrough & Appleyard, 2007; Harryson, 2008)。

开放型创新的提出是因为没有哪一个单独的组织会全部拥有在技术创新领域取得不断成功所需的各方面专业知识的深度和广度,这些方面包括研发、市场情报、扩张以及商业启动等。在商业领域,宝洁公司是积极拥抱开放型创新的主要公司之一(Dodgson et al., 2006)。该公司董事长兼首席执行官

拉夫利(A. G. Lafley)设立了一个目标,即宝洁至少50%的新产品有外部伙伴参与。宝洁公司的全球联系和发展计划已经成为一个其他公司都试图模仿的模式(McGregor,2007)。科技巨头IBM已经认识到需要与外部合作伙伴一起利用自己得天独厚的研发优势。思科公司开发的思科网,通过在网络上创建一种独特的"面对面"体验的新型技术,促进了远距离甚至是全球范围内的合作。此外,思科源于研发、和客户以及竞争对手合作的创新,使其成为一个真正的协作型和网络化的企业。开放型创新的趋势同样也反映在上述产业、政府、大学以及非营利性实验室的合作之中,如：授权许可、小企业创新研究、小企业技术转移、先进技术计划以及企业拆分行为。

开放型创新正在被应用于区域经济发展过程之中和国际舞台上。相关具体情况在下文中会进行进一步阐述。

区域经济发展和创新：产业集群

集群发展作为一种基于创新的促进区域经济发展的概念已经引起了关注(Weick et al.,2003；Porter,1998)。迈克尔·波特(Michael Porter)将集群定义为各种相互竞争的公司、它们的供应商和客户,以及其他提供基础设施、教育和协作的公司和机构之间进行综合活动的地理区域。来自相邻地区的商业部门、政府、学术界以及非营利组织人员之间动态互动已经为一些地区的创新提供了温床,例如,硅谷、三角研究园、奥斯汀(得克萨斯)、华盛顿以及圣地亚哥。其他一些较为低调的地区同样也已经从集群化概念中受益。虽然这些地区集群参与者的特定组合各不相同,但是这些集群取得成功的共同因素均包括：

- 高技能劳动力,通常与高校有关联；
- 小型和大型企业,它们可以利用彼此的专业知识、分销渠道、商誉,等等；
- 投资界(风险资金和天使资金),不仅为新兴企业提供资金,而且将创业型企业与较大型企业以及其他资源整合起来；

■ 政府为招募能够在某个区域内赞助企业孵化器的公司提供资助计划；

■ 专业服务类机构，即猎头、会计和律师事务所这些代理关系机构；

■ 提供一个"工作、生活和休闲"的环境，该环境有较好的生活品质和对多样性较高的包容度（Florida，2002；Kao，2007，p.122）。

虽然电子通信技术已经使得地理位置看来似乎不那么重要了，但是区域集群仍然很重要（Lipinski et al.，2008；Kao，2007；Florida，2002）。集群参与者之间相互信任，这可以理解为"社会资本"将一个集群聚集在一起，确保技术机会留于该区域。

全球创新网络

科学、技术以及创新正不断地在全球范围内散布。地区性集群非常重要，但跨越了国界并链接本地和全球活动的网络创新也同样重要。美国并不是唯一将创新作为竞争力来源而加以关注的国家，也并没有对创新背后的人才和资源形成垄断。如果我们观察一下和研发以及创新相关的指标样本，便不难发现其全球特性。

（1）美国用于研发的资金数量在世界上排名第一，紧随其后的是中国、日本、德国以及法国。然而，如果按国家研发占 GDP 的比率算，日本和韩国就领先于美国了（表 14.16）。

（2）按照每 100 个 24 岁青年所持有的自然科学和工程学学位来计算的话，排名前列的国家和地区包括中国台湾、芬兰、立陶宛、韩国以及澳大利亚。而美国仅仅只是挤入了前 20 名之内（《2006 年科学和工程指数》）。

（3）2005 年持有有效实用专利数量最多的国家是日本，紧随其后的是美国、韩国、德国以及法国。虽然日本和美国也主导了专利领域，但是韩国和中国的相关增长速度以及专利申请总数均十分可观并超过了欧盟成员国（世界知识产权组织,2007）。

表 14.16　国际研发资金*

国　　家	2007 年投资金额(以及占世界研发投资总额的百分比)单位: 10 亿美元	2006 年国家研发资金占 GDP 的百分比
美　国	$353(31%)	2.7%
中　国	$175(16%)	1.4%
日　本	$144(139b)	3.4%
德　国	$65(6%)	2.5%
法　国	$44(4%)	—
印　度	$42(4%)	—
英　国	$40(4%)	—
韩　国	$38(3%)	3.0%
其他欧盟国家	$101(9%)	—
所有其他国家	$123(11%)	—
全世界	$1 124 billion	

*资料来源: 美国艺术和科学研究院,2008。

(4) 风险资本: 虽然美国有最强大的风险资本界以及最高的投资水平(2006 年为 257 亿美元),但是风险资本在欧洲、中国、以色列以及印度也正在不断增长;并且在巴西、俄罗斯、韩国、土耳其、印度尼西亚和越南预期未来也有增长(Ernst & Young, 2007)。

(5) 从行业的角度来看,2006 年,世界上对研发投入排名前 20 的企业之中有八家是美国的、八家是欧洲的,还有四家企业的总部位于亚洲(Dehoff & Sehgal, 2007)。

(6) 世界各国已经纷纷设计了新方法来推动技术创新。卡奥(Kao, 2007)指出,发生较大增长的创新中心为新加坡、印度、芬兰、丹麦、中国以及巴西。

(7) 由于研发和创新已经在全球范围内得以广泛开展,由科学论文合著、合作发明的专利以及风险资本公司的跨境投资来衡量的跨国活动也在全球范围内得以广泛开展,相关情况如下:

■ 从 1985~2005 年,国际性合著论文数目增长了六倍(经济合作与发展组织,2007)。

■ 全球范围内合作性发明的专利从"1991~1993 年的 4%增加到了 2001~2003 年的 7%"(经济合作与发展组织,2007)。

■ 2005~2006 年,风险资本投资总额的 30%是跨界的,即跨区域或跨大西洋/太平洋的(Ernst & Young,2007)。

美国企业不仅对制造业和产品销售进行了海外投资,而且还不断地建立研发实验室。建立"全球创新网络"使得企业能够为新产品获得客户输入、满足监管部门要求以及利用当地的专业技能(Wolf,2006;Dehoff & Sehgal,2007)。2004 年,美国跨国企业国外分公司大约使用了 280 亿的研发资金。例如,波音公司就在澳大利亚、加拿大、日本、俄罗斯以及欧洲进行了研究活动,并且在中国也进行了较小份额的研究活动。通用电气已经在中国和印度建立了实验室。宝洁公司在欧洲、亚洲、印度、拉丁美洲以及加拿大进行了研发活动。海外企业每年在美国的投资也超过 250 亿美元,2005 年,海外企业在美国的投资额约为 300 亿美元。

当下,新创企业在建立初期阶段便越来越倾向于国际化了(Kao,2007;Doz et al.,2001)。例如,由瑞典和丹麦企业家联合建立的 SKYPE,使用来自爱沙尼亚的软件开发者,来自美国的启动资金,以及来自欧洲的风险投资。主要依赖于全球外包服务的"失重企业"不断涌现。卡奥(2007,p.189)描写了一个虚拟生物科技企业,由于有全球联盟和协同合作,该企业仅靠一名员工进行从化学研究到第二阶段临床实验的操作。

评估和管理开放型全球创新网络

研究群体早就已经开始了广泛的国际合作,上面已经提到,产生合著论文和专利的合作性研究项目十分常见。促使与技术创新相关的国际关系建立的新机制已经出现。为了建立开放型全球创新网络,各国政府已经纷纷在其他国家资助建立了办公室,以便学习创新模式和加强跨境联系。以芬兰模式为例,芬兰已经在美国加利福尼亚州的硅谷以及日本建立了相关网络。丹麦也建立了类似的前沿基地(Wolf, 2006)。网络会议已经在整个世界范围内为人们所广泛使用,通过这一形式,研究机构积极寻求技术创新全球合作伙伴。其他形式的会议也提供了一个途径,通过这个途径全球发明者和初创型企业可以向投资者展示他们的创业想法。这些事件通常会有一个主题,例如清洁技术或生物科学。

很多基于网络的服务可被获得,这为研发资助者和负责方拓宽了接触全球创新网络的渠道,使得大学、政府和非营利性实验室、小型和大型企业以及独立的发明创造者能够利用全球创新网络资源(表 14.17)。开放型创新需要管理一个相关的组织网络,该网络中有价值的知识有时需要进行分享。组织的管理者需要创造条件来建立和保持信任机制,并确保公平分配创新所得回报(Miles, 2007)。领导者们需要定期认可相关组织的贡献。

表 14.17　基于互联网的技术转移服务

UTEK 公司(utekcorP.com)
　超过 2 000 所大学、研究实验室以及企业的全球网络。
　通过一个可用于许可的知识产权专有数据库来促进世界范围内的技术转移。
yet2.com
　技术许可在线国际市场。
　提供与对外授权以及技术需要相关的咨询服务;协助相关交易。
InnoCentive.com
　为存在问题的公司、政府机构以及非营利性机构等组织寻求解决方案。
　组织公布与产品开发以及其他业务和科学问题相关的事项;能够为这些问题提供解决之道的人士将得到现金奖励。

全球创新网络清楚地提供了一个利用人才和资源的强大方式,不管他们身处何方。这些网络的长期成功是以比科学和工程、生产和营销技能以及财政资源更为基本的人类概念为基础来加以预测的。实现全球创新网络承诺的最艰巨挑战是建立一个信任基础。

14.6 小 结

现代技术创新最好被理解为一个开放的、分散的全球组织网络。在美国，企业、政府以及大学投资和进行不同类型的研究活动。产业以及应用型研究和发展在全部的研发投入和实施中占据了主要部分。联邦政府在基础性研究以及与军事相关的发展投入中扮演了主导者的角色。大学在基础研究方面占据了主要地位。该网络中的主要参与者一致强调确保科学和技术造福于社会以及/或经济利益，并且越来越强调后者。将技术从政府和大学转移到商业领域的正式和非正式机制，以及商业、学术和政府在技术创新中的合作的机制都经历了激增。源自大学的专利、许可以及创业活动正在日益增加，政府实验室支持拆分，并且小企业创新研究和小企业技术转移计划的奖励金额有所提高。

虽然一般而言，种子和风险资金的可用性和投入方向对经济状况高度敏感，但是在美国，这类资金已经为科技型创业企业的发展提供了动力。疲弱的经济意味着为早期科技型企业提供资助的风险资本和机会更少。

技术创新网络在研发经费、科技教育、专利获取以及风险资金等方面已经实现了全球化。与美国创新中心相竞争的同类型组织在全世界范围内不断涌现。研究和发展的跨界合作以及商业化正在不断增加。一些技术型的企业，如 Skype，从创业伊始就是全球性的。

这个动态的、复杂开放的网络对于管理技术创新而言意味着什么？相关研发组织需要聚焦于它们最擅长的方面并且与有互补资产的国内外组织进行合作。与研发组织成员的非正式专业接触以及专业的商业开发人员对于确定和建立联系具有十分关键的意义。当下，交流机制以及通过咨询、会议和电子手段建立合作关系十分普遍。网络化创新的成功，要求建立一个信任基础。合作伙伴之间必须相信贡献将得到公正的认可，利益将得到公正的分配。

14.7　课堂讨论问题

（1）你所在的区域有哪些基于技术的集群？它们是否成功？如果没有该类集群,那么考虑到区域性资源和经济发展目标,你认为怎样的集群才是合适的?

（2）对于商业领域、政府、学术界的组织,你将采取何种步骤来获得与其他国内外的组织进行协作的机会?

（3）如果你身处一所大学,那么会采取什么模式的技术转移？怎样对之加以改进?

（4）哪些特定的行为为创新型网络合作伙伴之间建立了信任的基础？哪些特定行为会破坏他们之间的信任?

（5）创新中心在全世界范围不断涌现。这对美国有何积极影响和消极影响?

第十五章

大学与基础研究

万内瓦尔·布什（Vannevar Bush）（*Science, the Endless Frontier*, 1945）对第二次世界大战后的国家科学政策作了很好的阐述。他描述了基础研究和应用研究之间的关系，以及基础研究如何导致新知识的发现。他认为，基础研究是科学的资本，是一种从中可以得到实际应用的共同基金，这一描述为基础研究的公共支持提供了一个理论根据。由于布什阐述的基础研究的公共支持政策，学术研究机构因此受益并繁荣起来。

美国的基础研究机构由政府研究机构、产业界和学术界的研究实验室组成，它们也许是美国学术机构中最大和最有创造力的部门（National Academy of Engineering，1993，p.63）。美国学术研究机构的一些独特性包括：有来自全世界人才的流动和思想的自由交流；学术机构的公共支持有着悠久的历史；美国学术机构在科学家职业生涯的早期阶段就提供支持，为发挥他们个人的积极性创造了机会；美国学术机构在科学成就上作出了卓越的历史贡献（National Academy of Engineering，1993）。

在美国学术研究机构里，大部分的研究基金来源于政府和非营利组织，在本章后面将作详细讨论。最近十年，产业对学术界的支持一直在增加，但在学术机构所获得的基金总量中，它所占的比例仍然不足10%。产业—大学的联结是重要的，但这种重要性并不在于科研经费的绝对数量。为了理解这个原因以及大学研究机构所涉及的其他问题，在本章我们讨论以下几个题目。

■ 大学研究活动的基础。

■ 联邦政府对大学研究的支持：是一种权利还是实现国家目标的一种手段？

■ 基础研究——谁需要它？

■ 大学—产业的联结。

■ 大学—产业—政府间的相互影响。

■ 对基础研究投资的重新思考。

15.1　大学研究活动的基础

有关研究型大学里研究和学术活动的作用和目的存在着相当大的争论。有人认为,在大学里,研究基金已经变成荣誉的真实象征。事实上,一个把主要精力和创造力投入教学的大学教授,会受到冷遇,而且经常受到同事们的歧视(Griffiths,1993)。众所周知,在大学里,大学教授的研究成就,对他们的晋升和任期的决定有着重大的影响,而他们的成就在很大程度上需要研究基金的资助。所以,研究基金成了大学教授们获得认可和晋升的动力。譬如,一个院长拒绝给一个没有获得外界支持的生物学家晋职,其原因是,一个教授的职位需要 100 万美元作保证,但如果联邦政府在财政上不予支持,这种事情就太冒险了。

一个综合性的大学不仅仅是一个教育学院,它是一个创造新知识的宝库。大学里的学者创造新知识,并通过教学和发表研究论文的形式将这些知识传播开来。他们还要参与很多外部的服务性的活动。

高质量的研究生教育毋庸置疑地与研究和学术联系在一起。美国高等教育体制的独特性是:美国有一些从事基础研究和创造新知识的学术机构,科学家和工程师的教育就是在那里完成的。因此,学校里学术研究最重要的目的是教育下一代科学家和工程师。

在学术研究与技术创新的商业应用之间,很难确立一种明确的关联。曼斯菲尔德最近的一项研究得出的结论是:"……在高技术产业里有相当一部分产业创新都是直接建立在新近学术研究基础上的,例如药物、器械和信息处理……"

为了更好地了解大学研究的重要性,设想一下一个大学里没有外部研究基金支持而造成各方面急剧下降的状态。

如果从一开始就没有外部基金的支持,这将会对总的预算产生一种直接的影响,为什么呢? 原因很简单,在大多数研究型的大学里,科学技术基础研究部门和一些院系的预算金额有一半以上是靠外部研究基金支持的。很多基础研究部门也是靠外部研究基金支持的,这些外部研究基金对基础研究部门有相当大的影响。其次,它将影响到研究生课程的质量,因为许多搞科学研究和工程研究的研究生都要从外部研究基金中获得支持,这会最终导致研究生数量的下降。

许多大学教授通过暑期的研究活动从科研基金中获得了额外的补偿。这是一个重要的问题。一流的大学教授很容易在研究型的大学里获得额外补助金,因为他们能在那里从事重大的研究项目,这样,从研究基金中获得的额外收入经常能增加他们正常的工资收入。所以,在一个特定的大学里,外部基金的下降将不可避免地影响教员的素质,进而影响研究课程的质量和声誉,特别是研究生的水平。

还可以这样说,在校大学生的课程受益于高质量的教师队伍,科研经费的减少也可能会影响到在校大学生课程的质量和名声,最终会对许多创新的外部服务活动产生不利的影响。

有很多关键性的决策影响着大学教授的晋升、任期以及他们所教课程的质量,甚至一个大学的声誉。所有的决策都必须依靠外部研究基金的支持。当然,对很多非研究型大学,我们在这儿所提出的观点可能是无关的。

总而言之,由于学校的学术研究支持了教育这一学校的主要任务以及新知识的产生和服务,因此,支持学校的学术研究是非常合理的。

国家科学基金会(1994,p.201)前任主任沃尔特·马赛(Walter Massey)曾指出:"做学问和搞研究是研究性大学与其他类型学校的区别,但这并不是局限它们。"他进一步指出,研究性的大学主要任务依然是教育,因为教育是大学的核心任务。在一个大学里,搞研究与做学问应该同时进行,以提高教学与服务的质量。

15.2 联邦政府对大学研究的支持：权利， 还是实现国家目标的方式？

布什认为，靠产业支持基础研究产生的效益太远了，仅依靠慈善事业的支持，则远远不够，这已经被历史证明是正确的。这些年来，在美国学术研究机构里所获得的研究基金总量中，产业所占的比例不足 10%（在本章后面"学术研究基金的来源"中会作讨论）。这表明了政府需要负起这个责任，以扶持基础研究。同时，他认为，基础研究应主要在大学里进行；有关基础研究基金分配的主要决策最好由科研机构决定（Bush, *Science*, *the Endless Frontier*, 1945）。

正如本章开头所讨论的，美国学术研究机构的一些独特性包括：① 有来自全世界人才的流动和思想的自由交流；② 学术机构的公共支持有着悠久的历史；③ 美国学术机构为科学家职业生涯的早期阶段就提供支持，为发挥他们个人的积极性创造了机会；④ 美国学术机构在科学成就上有卓越的历史贡献（National Academy of Engineering, 1993）。

国家科学基金会主任尼尔·雷恩（Neal Lane）指出：在学术机构里，联邦政府对基础研究的支持是重要的，因为学术机构要完成产生新知识、教育科学家和工程师的国家重大目标。许多权威性研究已经显示出：对基础研究投资是一项合理的投资，并得到了很好的回报，用经济学的术语来说，回报率超过了 20%（Lane, 1996）。

对联邦政府的开支起决定性作用的产业领导者意识到联邦政府对学术研究支持的重要性。美国 15 个最大型企业的首席执行官写信给参议院多数党领袖和众议院议长（March 13, 1995），他们大力支持联邦政府对学术研究的投资，他们写道：

我们……敦促您从联邦政府的角度继续对大学研究项目给予有力支持。我们意识到您在商讨并最终决定联邦政府继续支持的项目中面临艰难的抉择。我们理解,优先权必须被确立。但是,我们强烈地建议您继续给大学的研究活动以高度的优先地位。……在不断加剧的全球性经济竞争中,美国的领导地位已经被我们的技术威力所加强。我们的大学及其所从事的研究活动,起到了非常关键的作用。

我们的要点非常简单,即大学和它的研究活动对于增进我国的知识起着核心和关键的作用。如果得不到联邦政府充分支持,大学的研究活动将很快被削弱。美国的产业界也就不能再得到那些适合美国国情的基础性技术和受过良好教育的科学家及工程师。

国家科学与技术委员会报告(1999,pp.1-12)指出:"联邦政府对大学基础研究的支持是国家实现未来繁荣幸福的一项至关重要的投资。联邦政府对大学基础研究的投资是大型研发企业发展的不可或缺的组成部分,这些企业在过去五十年中促进了国家约一半的生产力和经济增长。"

"国家选择了这样的方式投资于科学和工程研究,这不足为奇,它反映了我们国家主体的多元化和分权式治理结构……大学不仅是重要的研发机构,也是培养下一代科学家和工程师的沃土。研究与教育之间的紧密联系已经成为美国高等教育体系的标志,培养了致力于最前沿的研究和在各个地区通过多种手段管理高技术企业的最优秀的科学家和工程师。"

美国最大的科学组织美国科学促进会的首席执行官艾伦(Alan,2009)博士,于2009年2月19日向众议院议长和参议院多数党领袖递交了一封信,力劝国会对大学和美国复兴与再投资计划中涉及的其他联邦机构的科学和技术经费提供支持。信中指出:"划拨科技经费将为美国国内创造成千上万的工作岗位并在未来几年中促进经济的发展。除此之外,这些经费将有利于美国保持其在新型技术与创新领域的领先地位。"信中进一步表示:"通过大学、实验室和其他机构对研究、基础设施和教育进行资助是一揽子提议中的至关重要的一部分。"

要实现国家经济增长,促进就业,提高国际竞争力以及解决重大社会问题的目标,就必须对基础研究进行投资。决定基础研究投资的水平是一个开放的问题。这将在后几节进行详细阐述。正如前面所讨论的,对大学里的基础研究的投资是支持大学的教学主业,创造新知识和服务的活动,所以,是非常合理的。所以,在任何意义上它都不是一种权利。但是,对大学研究机构有很多批评。联邦政府对大学的支持是一种权利而不是一种实现国家目标的手段,这个争论变得日趋激烈。联邦政府对大学投资所产生的效用、效力和效率的一些疑问已被提出。下面将涉及对大学研究机构关注和批评的一些例子。

美国的工程类院校非常强调追求基础研究方面的优秀成就和领先地位,这种做法反过来导致了对其他类型技术活动的轻视。"通过这种过分强调追求原创性知识的做法,许多工程院校已经帮助形成了,或者至少是保留了那些使美国产业中的研究活动与其他下游的技术活动相互脱节的障碍。"(National Academy of Engineering,1993,p.64)

大学的研究议程与社会的,特别是产业界的问题和需求之间存在不一致(Brooks,1994a)。学术研究是在学科文化基础上进行的,是按学科划分的,而社会问题和需求却是在一个复杂的技术和社会背景下产生的,因此需要学科之间交叉协作。尽管目前大学都对学科交叉协作研究给予了相当大的重视,但并没有证据显示出跨学科的协作已经取得了回报,也没有对任何方面有所增进。

国会给学术研究拨款的方式,也是大学研究受到人们严重非议的另外一个原因。汉森(Hanson,1994)和朗(Long,1992)讨论了这种通过刻意指定学术研究的用途来挪用政府资金的做法。大学利用政治力量来获得资金,而这种政治上的方法并没有反映出一个特定研究项目的价值或对这一特定研究项目的需求。这种根据政治力量而不是科学的价值来拨款的方法很可能会使科学研究的质量逐渐降低。

15.3　谁需要基础研究?

因为基础研究的开展对商业没有直接的利害关系,所以提出了这种像"谁需要基础研究"和"为什么需要基础研究"的一些问题。

半个多世纪之前,当基础研究还是一个未经验证的概念的时候,万内瓦尔·布什就能阐述基础研究重要性,他这种天赋是众所周知的。有关基础研究投资对科学进展的影响(Bush, 1945, p.vi, p.1),他指出:

> 对于我们国家的安全、更健康的身体、更多的就业、高标准的生活和文化的进步,来说……
>
> 在当今世界,没有科学的进步,在其他方面有再多的进步也不能确保我们的健康、财产和国家安全。

基础研究的收益很难预测。即使是科学家们也不能预测他们的发现在未来会以何种方式对人类的需求产生至关重要的作用。毕肖普(J. Michael Bishop, 诺贝尔生理学奖获得者)举例描述他在这方面的经历(1995, p.63):

> 1911 年,纽约洛克菲勒研究机构的罗斯(Peyton Rous)发现了使小鸡患癌症的一种病毒,这个发现似乎没有引起人们的重视。然而,65 年后,正是通过对小鸡携带的致癌病毒的研究,哈罗德(Harold)和我,以及我们俩的同事揭示了致使人类患癌症的基因。这段历史经验非常清楚地表明,可对科学提供最有价值的研究通常是不可预测的。

正如"研发组织和研究范畴"(第一章)那章中所讨论的那样,大学里开展的研究大多数(大约 75%)属于基础研究范畴。美国产业实验室和政府实验室开展的基础研究在总的研究开发经费总量中所占的比例比较小,分别是 4% 和 20%。因而,国家对大学基础研究的投资是一种特殊的待遇。

不论是在公共部门还是在产业界,决策者们关心的通常是当前的问题和事情。基础研究是要发现基本的机制而不是实际的应用,具有很高的不确定性和风险性。所以也就不难理解为什么对基础研究的支持没有人们所期望的那么多。

基础研究部门的职员需要资源去承担一些活动。另外,科学家想自由去研究一些他们认为有价值的课题。基础研究需要大量的时间,但决策者们往往没有耐心。当在竞争中分配有限的资源时,决策人员往往发现支持基础研究是很困难的。

人们认为,如果资源没有投入基础研究中去,技术创新(在大学里培训科学家和工程师的基础部门,受过培训的职员和新发明)将会失去基础。换句话说,没有技术创新和技术投资,社会生产力发展和经济总量增长的好局面也将会消失。毕竟,技术商业化是一台发动机,它为基础研究的应用和未来投资提供了资源。科学界和大学需要决策者理解基础研究对一个工业化社会长远利益的重要性,同样重要的是,科学家们理解创新的过程的重要性,从而把研发产出转换成有用的商业产品,这将使再投资基础研究成为可能。

基础研究集中研究新知识的发展,很多新知识的发展包含在不能转化为可市场化的私有财产的科学信息里面,正如默顿(1973,p.273)所提出的,科学发现是科学界共同努力的结果。这些发现是大家共同拥有的财产。这些财产的所有权应属于广大的科学界。这意味着,在多数情况下,基础研究的产出不能直接市场化。从而提出了像这样的一些问题:

■ 谁应该支持基础研究?

■ 投入基础研究的资源应该被怎样确定?

■ 这些资源的利用效益应该怎样被实现?

基础研究的资助

看上去三个主要可能的资助来源是：自由市场经济下的私营企业、政府机构和非营利基金会。因此去考察那些最有可能促使社会进步的基金活动是有益的。

在讨论发明资源的分配中，阿罗（1974，pp.144－163）已经做了非常肯定的论述。他提出，有许多因素使通过完全市场竞争体系来实现最佳资源分配成为不可能。他的讨论太具有技术性了，我们无法在这里进行评论，但是结论是很明确的：自由市场体系不能分配给基础研究活动所需的资金。另外，无论对基础研究会有怎样的需求，在一个自由市场体系中，它将达不到最佳的水平。有两个原因：① 由于价格是正的而不是它的最佳值零，需求将会低于最优水平；② ……在任何给定的价格中，信息的本质导致了它的需求低于最佳值（Arrow，1974，p.154）。这意味着，即使自由市场体制能提供必要的基础研究资金，它也不会最有利于社会，因为基础研究的产出将被用在一个比社会最佳水平低的层面上。在历史上，非商业资源是基础研究的主要基金源。这不仅有现实意义，而且从社会观点来说是最好不过的。

值得注意的是，基础研究的产出是进行应用研究的前提。科学（科学是基础研究的产出）和技术通过与市场或人类需求的互动来促进创新。从逻辑上说，产业如果要对基础研究投资的话，只会投资那些对完成当前和未来有商业前景的产品开发非常关键的领域。

在讨论基础研究的问题上，剑桥大学的教授安德鲁·斯科菲尔德（Andrew Schofield）指出，在追求新知识方面，除了付给研究人员工资和实验设备的投资外，更重要的是科学家从事发现的动机和动力。许多科学家在追求新知识上投入了相当可观的时间、努力、情感和精力，不管它是否能市场化或立即见效。科学家个人的这种投资可能会比基础研究的机构投资还重要。在管理实践上,人们意识到了这一点,并开始注意培养一个创新的环境——通过职位设计、组织发展和奖励制度——这样可能会导致基础研究机构投资效益的增加。

产业界、政府和学术界,以及非营利的实验室很明显更注重将科学和技术应用于商业终端。而那些没有明显用途的基础研究适合用在什么地方呢?人类对于知识的努力探索有其内在的价值,但基础性研究可能是产生创新的最根本的源泉。然而,这往往需要经历很长的时间,而且它的作用通常只能在创新发生以后得到回顾性的评价。基础研究的开展与市场需求的脱节是否意味着对于创新和经济回报的关注可能会减弱投资于基础研究的需求,从而最终导致国家在技术创新领域保持长久领导力的期望充斥着模糊性?

以下三种趋势可以解释这一问题:

产业界是研发经费的主要来源,自然更倾向于从事应用研究和产品开发以创造利润。

联邦政府作为基础研究的主要支持者,在总体研发经费来源中占据的比例较小。

大学作为基础研究的主要执行者,已经将技术许可作为收入来源之一,这可能会减少其在基础研究方面的投入。

表15.1通过对比1980年和2006年的基础研究经费总额和各执行部门的经费数额阐明了这一问题。

以下是分析的关键点:

(1)2006年,基础研究经费(530亿美元)占美国研发经费总额的18%,而在1980年,基础研究经费占研发经费总额的14%。

(2)产业界贡献了研发经费总额的大部分,2006年其在基础研究经费总额中所占的比例(17%)与1980年的比例(15%)相当。

(3)1980~2006年,产业基础研究经费增加了282%。

(4)在产业界支持的所有研发经费中,2006年基础研究经费所占的比例(5%)与1980年的比例(4%)相当。

表15.1	1980 年和 2006 年基础研究经费对比（通货膨胀调整）							
	研发经费总额，1980	研发经费总额，2006	1980～2006年研发经费总额增长率	基础研究经费（占基础研究经费总额的比例），1980	基础研究经费（占基础研究经费总额的比例），2006	1980～2006年基础研究经费增长率	基础研究经费占各执行部门研究经费总额的比例，1980	基础研究经费占各执行部门研究经费总额的比例，2006
产业	57 231 美元（49%）	192 417 美元（66%）	236%	2 380 美元（15%）	9 103 美元（17%）	282%	4%	5%
联邦政府	55 487 美元（47%）	81 160 美元（28%）	46%	11 371 美元（70%）	31 150 美元（59%）	174%	20%	38%
大学	1 701 美元（1%）	8 009 美元（3%）	371%	1 006 美元（6%）	5 526 美元（10%）	449%	59%	69%
其他				9%	14%			
总计	116 990 美元	293 254 美元	151%	16 181 美元	62 994 美元	228%	14%	18%

（5）联邦政府在基础研究总额中所占的比例在 1980 年至 2006 年间下降了约 10%（从 70% 下降至 59%）。

（6）1980～2006 年，联邦政府支持的基础研究经费增加了 174%。

（7）联邦政府在全部研发经费中贡献的比例高于在基础研究经费中所占的比例，后者在 2006 年达到 38%，而在 1980 年仅为 20%。

（8）尽管大学在研发经费总额中所占的比例很小，但 1980～2006 年，其对基础研究的投入额翻了两番；2006 年，大学经费在基础研究经费总额中所占的比例为 10%，而在 1998 年这一比例仅为 6%。

（9）2006 年，大学中 69% 的研究经费用于基础研究，而 1980 年这一比例仅为 59%。

（10）其他经费来源，包括基金会（10%）和各级地方政府（3.5%）在资助大学的基础研究方面发挥着越来越重要的作用，其比例从 9% 上升到 14%。

通过两个时间段的对比，表明美国对基础研究的支持力度增加了，联邦政府资助的经费比例有所下降,取而代之的是大学、基金会和地方政府经费的增加。产业界的比例则保持相对稳定。这项分析结果看上去十分振奋人心,接下来对基础研究增长趋势的更深入细致的分析则为这项结果提供了更多依据。

图 15.1 显示了 1980~2006 年来源于联邦政府、产业界和大学的基础研究经费总额。在前 20 年中,基础研究经费以每年约 5% 的速度增长。然而,在2001~2006 年五年的年平均增长率仅为 2.6%。

基础研究经费:1980~2006

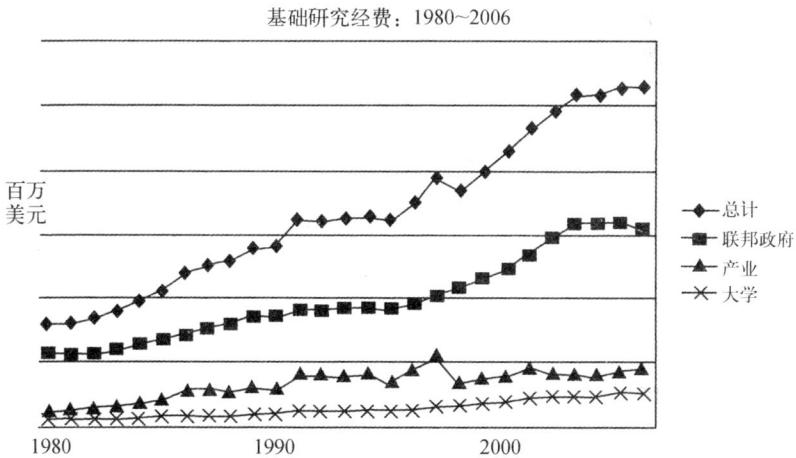

图 15.1　基础研究经费变化趋势

另外,国家科学基金委发布的《2008 年科学与工程指标》中指出:"进入 21世纪后,产业界对于美国基础研究最主要的执行者大学的基础研究的支持份额在持续缩减。同样,在 2005 年,联邦政府对理论研究的支持力度在近四分之一个世纪出现首次下滑,而联邦政府和产业界对其自身的基础研究的支持在过去几年内持续停滞不前。鉴于知识密集型产业在全球经济中发挥着越来越重要的作用,这些趋势为人们敲响了警钟。"正值全球研发和创新竞争日趋激烈之时,美国似乎没有在基础研究方面作充足的投入。

经济和政治变革明显影响了研究经费的数量和种类。甚至基础研究的含义也在发生变化,它意味着与非直接的基础理论研究相比,将更少的资源投入直接的应用研究。在商业领域,只有屈指可数的掌握充裕的财务资源的公司在积极推进基础科学研究。例如,IBM 公司最近就宣布将进一步展开在物理、化学、数学等领域的基础研究,尽管这些研究致力于在半导体电子器件、数据处理、定量问题解决和云计算等应用领域取得突破性成果。公司必须始终在基础理论研究领域保持主动性以留住研究型的科学家和工程师,他们能够获取与大学中产生的知识的外在联系。制药和科学研发服务公司尤其需要维持其在基础研究领域的能力和沟通渠道。然而,产业界支持的研发总额,尤其是基础研究,受制于更宏观的经济趋势的难以预测的变化。历史上典型的大型企业实验室,如美国无线电公司、施乐公司和 AT&T 公司的贝尔实验室已经不复存在了。最近,摩托罗拉已经大幅度缩减了它的基础研究规模,重新将研发资源投入应用领域。风险投资同样能够反映经济趋势。正如我们在第十四章中提到的那样,风险投资并没有回到 2000 年的普遍水平,资金的分配更倾向于远离那些高风险的种子企业和基于新兴技术的早期资金而流入更可靠的机构。

维持收益率的压力迫使产业研发经费流向了短期的应用研究。因此联邦政府在支持基础研究方面必须保持警觉,尤其是对大学的支持。大学在基础研究中占据主导地位,其中一个重要原因在于大学更适合从事高风险的研究。尽管大学的环境与产业界相比工资水平较低,大学的科学家和工程师更重视学术机构所拥有的相对自主权,以及发表研究成果并促进其扩散的能力。从表面上看,大学越来越重视对研究成果的商业化许可,这似乎会削弱其在基础研究方面的努力,但事实并非如此。针对大学科研成果许可使用的问题,瑟斯比(Thursby,2007)在其研究中指出,尽管对这一问题的研究有一定难度,但考虑到大学中参与商业许可的研究人员只占少数,因此对基础研究的威胁较小。只要将大学许可收益中的一部分按照合理的比例重新投向基础研究,就能实现基础研究与商业许可的良性平衡。

资源配置水平

正如上面所指出的那样，私营企业难以在市场竞争中对基础研究提供支持，除非商业化产品开发需要基础研究。在任何时候，政府和非营利组织成为支持基础研究的主体，但资源配置水平便成了一个问题。意识到在一些场合资源配置水平不能直接生效或像市场体制一样自我调整，其他的一些替代措施和社会需要不得不被利用。以下对一些措施和需要进行讨论：

经济因素　根据假定，资源应该被分配到其期望的边际社会收益大于或等于竞争中的平均边际社会收益。因为有相当的不确定性和其他许多复杂性，所以这些估算仅仅是建立在一个优先次序的参考指标上，这些推算基于基础研究自身所期望的经济效益。正如在前面提及的，权威研究已经指出，对基础研究的支持是一项合理的投资，经济回报率达到了 20% 以上（Lane，1996）。

对社会福利的贡献　正如弗里曼（Freeman）和索托（Soete，1997）所指出的那样："科学和技术的发展必须找到它的支撑点和合理性，不仅仅是期望它在国家或个人、军事或民用上的竞争优势，而且从更广泛的意义上讲更重要的是对社会福利的贡献。"剑桥大学的一位同事说过："基础研究应该被看成一项重要的文化活动。如果一个人在寻找直接回报，那么这个人不可能得到一分钱回报。"因此，在对基础研究分配资源的决策上，必须考虑它所产生的巨大的社会效益。

建立在比较的基础上　通过历史记录，人们能搜集其他国家国民生产总值中投入基础研究的百分比，比较这种投入在经济生产率和社会福利方面在不同国家产生的影响。

其他因素　在与一些著名的研发管理学家就这个问题的讨论中（在前言中已做过讨论），正如下面这些问题所反映出来的，许多其他的实际性因素显现出来。基础研究投资应该占研发总量的 10%～15%，这取决于：

"我们有感兴趣的人吗?"

"我们有时间充裕的人吗?"

"我们有能开展基础研究的人才吗?"

这真正决定了大部分基础研究经费的标准。

正如第一章所讨论的,一个科学家既参与一项基础研究又参与应用研究可能要比从事单一研究的人更有成效。所以即使是一个营利性的工业组织,允许科学家去承担基础研究,不考虑它的收益或直接效益,这是对各方都非常好的事情。这将能够确保科学家站在学科的前沿,为科学家提供一个更高层次的动机,也将提高应用研究的生产率。

基础研究投资的高效利用

从宏观层面上讲,通过确立一个合适的科学政策,可以提高基础研究投资的高效利用。对基础研究而言,报酬基本上不依赖于研究的产出。所以,这与传统的市场机制是不相关的。但是,其他的机制可以确保宏观和微观层面的高效利用:

■ 同行评论过程可以决定所提出基础研究项目的价值。

■ 授予先前那些已成功取得研究成就的人以研究合同。

■ 科学界的伦理(普遍主义,集体主义,无私和有组织的怀疑论)为基础研究提供了一个有力的评价和分析机制,提高了效率。

■ 在本书中提出的关于产生一个有成效和高效率的研发组织的建议是很有用的。

同行评论和在这儿所提及的其他方法在历史上已经做得很好,但是他们有一点保守,缺乏灵活性。一些重大突破不可能被一个委员会所采纳。在一个研发组织中,一部分研发经费是提供给不同层次的管理者的,用于高风险的研究项目。经验证明,这些方法富有成效。它缩短了一个项目的正常基金周期,提供了灵活性,对承担一些投资相对较低的高风险探索性研究非常必要。

15.4 大学—产业的联结

在剑桥大学丘吉尔学院的同学会餐厅举行的一个技术创新座谈会上,一位名叫哥尔德斯密(Maurice Goldsmith, 1970, p.xii)的参与者指出,过去那种"纯粹的教育"在修道院式的高雅氛围中固守大学、技术和产业的分离,导致英国在产业效率方面逐渐下降,这种现象就不难理解了。

如果一所大学导致英国这样一个世界主要工业国家的竞争力下降,可想而知,它同样有潜在能力导致一个国家竞争力的上升。这将更有力地证明大学在促进创新和产业化中的重要性。剑桥大学提出了一个大学与产业联合的值得重视的范例。

剑桥现象

尽管有哥尔德斯密的评论,事实上,几乎没有一所大学能像剑桥大学一样对英国的产业效率、经济增长和技术领先有如此多的贡献。在第二次世界大战期间,剑桥科学家帮助英国发展了很多先进技术,例如雷达、电信和核物理,这些技术帮助盟国赢得了战争的胜利。目前,著名的"剑桥现象"是剑桥大学与产业合作的结果,它在剑桥周围发展了很多科学园。剑桥大学的一个学院通过提供基础设施(土地、建筑物、实验设备)的投资赞助建设了剑桥周围一个最大的科学园(Wicksteed, 1985)。在鼓励大学—产业联结方面,剑桥大学有意识地避免了固定模式的政策管理方式。在保护知识产权、风险与责任的界定以及产业联络方式的观点上,剑桥大学有如下几个观点:

剑桥大学相信,知识产权所有权归属于大学的成员,除非合同对获得诀窍的工作另有规定。对于学术性诀窍的开发,大学不去做任何控制,从财政上讲也没有什么兴趣,除非研究人员要求大学去扮演这样一个角色。一般认为,一个成功的开发必须从根本上依靠研究员的动机和技能。

对大学教授在校外兼职,剑桥大学一直以一种很宽松和包容的态度去对待。他们认为校外活动对教学和研究活动是有益的。对大学教授在校外企业中做过的工作,大学不负任何法律责任。很自然地,如果大学教授拥有了这样的收入,那么他们必须也要承担一些风险,还要为他们自身的职业责任做好安排,等等。

剑桥大学的经验表明:一种宽松的态度和产业联络安排的简单化有助于培养一种鼓励和支持大学与产业联合的文化(Wicksteed,1985,p.77)。正像被剑桥现象所证明的,大学—产业的联结对大学对于教学、研究和公共服务的责任起到了正面的影响。除直接影响到一个国家的经济利益外,这种联结还提高了大学教员的智能和技术能力。

科学园

在美国,高技术区域包括加州的硅谷、波士顿的 128 号公路、加州北部的研究三角园和其他一些地方。在 1940 年,硅谷位于桑塔克拉拉(Santa Clara)郡,那时它仅仅是一个拥有 17.5 万人口的农业区。现在,它是世界上高技术企业最密集的地区之一,人口已达到了一百多万。在 1984 年做的一项估算中,硅谷的 1 200 多家高技术企业解决了周围 19 万人的就业问题(*Washington Post*,December 3,1984)。目前,这种发展已经得到了一些重点大学的支持,像斯坦福大学和加州大学伯克利分校。同样,"128 号公路现象"已经被它邻近的麻省理工学院和波士顿地区其他的一些大学所支持。硅谷和 128 号公路派生出来的产业,其规模远远超出了剑桥周围的工业园。在美国还有其他的一些大学位于高技术产业密集区,只不过它们没有硅谷和 128 号公路那样的规模。

在讨论确立科学园的文章中,萨尼尔森(Saxenian, 1994)写道:在 19 世纪 70 年代,加州的硅谷和波士顿的 128 号公路作为世界领先的电子创新中心在国际上获得了很高的声誉。当传统的制造部门和地区陷入危机时,世界上的决策者和计划者将这些快速增长的地区视为产业振兴的楷模,通过建立科学园和对新企业的投资,促使大学和产业间的联合来模仿他们的成功。在 80 年代高技术制造业进入低谷之后的几年中,硅谷发展强势回升,而 128 号公路则没有。硅谷的经验表明:甚至在产品和市场变得更加全球化的情况下,一些地区依然能提供重要竞争优势的源泉。

用康涅狄格大学附近的康涅狄格技术园的一项案例研究来探讨一个问题:与大学相关的高技术园是否是大学和所在地区有效的发展工具(Lewis & Tenzer, 1992)。研究结论表明:

■ 这些风险企业需要时间和金钱才能取得成功。

■ 执行方法的选择是关键。

■ 与国家、州和地方各级政府间的关系不协调会不可避免地导致官僚化的延误和政治上的争斗。

■ 对于现在和将来社会和经济生活中对项目的市场需求必须有合理的预期。

■ 项目应该很清楚设定目标。

产业越来越关注开展研究和技术发展的外界源泉。维持内部的高素质职员和实验设备变得越来越昂贵。通过与学术机构合作来提升产业研究投资会比以前变得更加普遍。

在罗伯茨(1995)开展的一项研究中,他探讨了美国、欧洲和日本的大学—产业间的联合所涉及的四个领域:积极开展合作研究,获得创新思想,确定技术趋势和培训企业员工。总的来说,欧洲和日本的企业比美国的企业更热衷于大学—产业的联合,例如与大学开展联合研究活动的日本企业数是美国企业数的 2.5 倍(Roberts, 1995)。

15.5　对基础研究投资的重新思考

关于基础研究投资回报率和这些活动应该怎样被管理的争论有可能一直持续下去。下面摘录了一些综合性的评论和不同的观点。

■ 基础研究是基本知识的源泉，它导致了创新、技术发展和经济增长。从根本上说，大学是进行基础研究的最合适的机构，它没有政治上的约束和应用方向的限制。过分强调应用所带来的后果将是不堪设想的。相反的观点是：所有的基础研究都应该与应用研究相结合，并按此进行管理。

■ 一种观点认为，受个人好奇心驱动的研究是产生新思想的唯一途径。相反的观点是：研究者发起的项目对技术及其应用缺乏明确的理解，从而不可能产生对社会实用的、强有力的科学和思想。

■ 通过同行评议所评判的科学优秀性是研究是否得到资助的最好标准，基础和应用研究资金应该由一个有技术专长的人去管理。对立的观点是：基础和应用研究资助不应该只以科学家的判断为标准。了解实际应用和市场的人应该在决策中扮演主要角色。同行评议过程太保守，不可能产生重大的突破。

■ 应用研究很可能限制了创造力的发挥和偶然性发现。研究结果与社会效益的联系不是直接的。这意味着，高质量的基础研究将自然地转化成更多的社会效益。相反的观点是：对基础研究的投资应该是在对一个国家经济发展和生活质量有直接效益的领域，这种关联必须是直接的，而不是间接的。

■ 科学技术很好地服务了社会。在一些工业化国家里，高标准的生活水平是这方面的一个实际的例子。基础研究投资，主要是在大学，在这方面已作出了很大的贡献。相反的观点是，科学技术并没有很好地服务于社会，那只是一种浮士德式的讨价还价。所有的好事都有其不好的一面，甚至是破坏性的一面。提到的一些例子包括化学品、药品、杀虫剂和除草剂，长期以来，它们对人类的健康和环境一直都有副作用。

■ 一种观点认为,学术机构的科学研究没有对国家的国际经济竞争力和经济福利水平的提高作出显著的贡献。而且,这些研究的商业化和产业化成功所带来的经济收益还没有被人们所完全认识到。另外一种观点却认为:在大学里进行的科学研究只是商业化和产业成功中很少的一部分;科学界应对整个系统其余的"败笔"负责(Brooks,1994b)。

15.6　小结和结论

接下来是我们对基础研究投资的观点。读者也许会对这些观点有争议,但是我们希望在这一学科领域里能激发他们的思考。

■ 在美国,基础研究机构最大的和最具有创造力的是学术机构(National Academy of Engineering,1993)。

■ 我们认为,美国公众和国会都需要接受有关基础研究的重要性和这项活动需要增加资助这方面的教育。在民主社会里,总是存在这样的压力,要资助满足选民现在需求的项目。但基础研究经常是几年后甚至是现在的选民去世后才会有产出。理解这个时间差是很重要的。

■ 国家科学院的国家研究理事会做了一个透彻的评论,结论很明显,基础研究是个人发起的。它建议,拓宽资助好奇心驱动、业绩评价、以大学为基础研究的支持范围,而不是对某个州、某个大学的支持(有一些国会议员因一些显而易见的原因喜欢这样做)。(详情请看 *Allocating Federal Funds for Science and Technology*,1995,National Academy Press,Washington,D. C.)

■ 有必要开展对科学和社会的研究。有些科学发明对健康、社会福祉和环境产生负面影响。充分了解这些关系十分重要,并能以此来影响一些应用研究。我们的观点是,基础研究很少对科学对于社会产生的负面影响负责。

通常是基础研究的应用导致社会问题。

■ 相对于应用研究费用来说，在基础研究上的费用要少得多。指责基础研究没有解决国际竞争力的问题是不恰当的。应该指责的是企业董事会糟糕的决策。在日本，大约95%的企业的首席科学官是董事会成员；而在美国，仅有20%的企业是这样的情况（Roberts，1995）。

总之，如果在国际市场上美国要保持其竞争力，我们相信在未来，基础研究一定会受到更多的重视。

15.7　课堂讨论问题

（1）你在大学研究机构中发现了什么问题？你建议用什么战略来解决这些问题？

（2）你建议用什么政策和战略来确保学术研究支持大学教育这个任务？

（3）谁应该为学术研究提供资助？为什么？

（4）大学—工业—政府研究实验室的联合是否应该被强化？如果是，如何强化？

第十六章

研发组织和
战略计划

为什么研发组织需要专注于战略研究？如同任何其他组织，各种事件或挑战将会促使人们对长期目标以及实现这些目标所需要采取的行动进行深入思考，包括：

■ 当启动一个新组织，或已有组织中的一个新部门时；

■ 当一个组织有了新的领导层时；

■ 当一个部门计划提升其在广大组织范围内的形象时；

■ 当一个部门计划将自身与另一个更为宽泛的企业战略过程进行整合时；

■ 当一个"战略反应点"改变一个组织未来道路的基础时（Grove，1996）；

■ 当产生绩效差距时；

■ 当诸如合作伙伴、债权人或收购者等此类的外部力量要求制定一个战略用以解决重要事项时。

根据瑞姆（Rheem，1995）调查生产率增长和企业活动之间关系的一份研究报告来看，高效率的企业都有长期的战略计划，而低效率的企业则没有。高效率企业制订未来四至六年的计划，并每两三年对他们的计划进行审查评估，而低效率企业却没有制订长期的战略计划。如果长期的思维和战略计划对于企业而言非常重要，那么对于研发组织而言，就显得更为重要，因为它决定了企业未来的发展方向。并且，充满活力的环境已经成为技术创新的代名词。

本章探讨了与战略制定、实施、评价和创新相关的基本概念。通常这些概念均适用于各类组织；然而，为研发型组织量身定做的概念中，科学和工程起到了给出相关定义的作用。本章的最后部分提出了一个过程模型，该模型可用于开发战略。

16.1 何 为 战 略？

战略管理是一个有意识的思维过程，在该过程中，个人和组织设定目标和方法以指导行动。在军事背景下,麦克斯韦·D. 泰勒(Maxwell D. Taylor)将军从目标、方法和手段三个方面对战略的特征做了如下描述(Lykke, 2001, p.179):

战略=目标+方法+手段	
要　素	定　义
目标	相关人员为之奋斗的目标
方法	行动过程
手段	达到某一目标所借助的工具

虽然战略制定和实施的过程通常是基于数据的、经分析的且理性合理的,但是必须认识到战略也是一个合成过程,在此过程中,为了实现既定目标,创造力是设想全新方向及新颖方法的关键所在。虽然战略似乎非常抽象,但它的确是与组织有关的最实际主题之一。它要求在整体和局部之间进行操作,并将组织的不同功能区域整合为一个整体。一位高效的战略家将会采纳 16 世纪哲学家弗朗西斯·培根(Francis Bacon)的建议(Russell, 1972, p.544),他说:"我们既不应该像蜘蛛,从自己肚里抽丝结网,也不可像蚂蚁,单只采集,而必须像蜜蜂一样,既采集又整理。"

安德鲁(1980, p.45)将战略定义为"企业的决策模式,它决定体现企业的目标、目的或意图,为实现这些目标制订主要的政策计划;定义企业从事的业务范围,目前和未来的经济和人事组织以及打算为股东、员工、顾客、团体作出经济和非经济贡献的性质"。他还说道:"计划和政策的相互独立性(连贯性)使得无形现实具体化成为组织可以了解和解决的一系列问题。"战略思想家擅长接收看似凌乱的定量和定性数据,并为组织描绘出了一幅指引方向的蓝图。

在最基本层面,战略包括:

■ 目标,描述组织计划达到的目标,以及目标实现的日期;

■ 政策,组织所遵循的总体指导方针;

■ 计划,为遵循指导方针所逐步采取的行动步骤,可以帮助组织实现相关目标。

詹姆斯·布莱恩·奎因(James Brian Quinn，1980)对战略问题和决策与具体运作进行了重要区分。根据可能在周围环境中发生的可预测的、不可预知的以及不可知的变化，战略可以决定一个企业的整体方向及其终极生存能力。战略：

- 在企业运营范围之内，描述出较宽的发展界限；

- 规定企业达成目标所需的资源；

- 决定企业的效率以及是否沿正确的方向进行发展。

运营决策注重管理效率和日常工作。战略目标是长期的、超越功能区域的，它通常但并非始终可以量化(Andrews，1980)。

企业的使命支撑着一个组织的目标、政策方针和计划。它是组织战略的基础，并传达出了组织的理念，即组织存在的原因及预期达成的目标。在其卡通人物"Dilbert"的世界中，斯科特·亚当斯(Scott Adams)以幽默和富有洞察力的方式诙谐地对企业界进行模仿，虽然有时免不了严厉苛刻。企业的宗旨声明是他嘲讽的目标之一，Dilbert网站甚至还提供了一个任务发生器，该程序通过排列使用一组随机的术语来生成一个声明。亚当斯的所作所为当然有道理。宗旨声明和战略计划的开发通常会引发浪费时间和资源的批判。但是事实不应如此。如果秉着真诚的态度、以一个共融的方式来达成，那么制定一项任务可以是一个有启发性甚至是鼓舞人心的过程，在这个过程中，相关人员会思考是什么因素深深激励自己，他们想创造怎样的组织。一个好的企业宗旨声明将会：

- 使利益相关者明确组织的价值观及其所渴望达成的目标；

- 提供了一个休整期的基本价值观；

- 建立有关人员、增长以及对环境变化反应的相关决策标准。

如果一个战略流程的参与者拒绝制定一项任务，那么可以采取哪些措施？一种解决办法就是询问他们选择为其所在的组织而并非为其他的组织工作的原因，或者他们选择现有的专业，甚至选择自己现有的配偶的原因。他们的回答通常可以帮助说服自己,考虑自己所作出选择的更深层次目的是值得的,甚至是必须进行的行为。有谁愿意自己的人生没有目标? 一个没有目标的组织便没有存在的意义。

组织的任务通常持续时间较长。例如《独立宣言》中规定的美国的任务已经引导了这个国家两百多年。战略的其他要素通常生命期较短。战略目标一般会跨越三年到五年的时间范围,政策也是如此。计划则可能会有较高的变化频率,通常每年都会发生变化。对战略时间范围而言,似乎存在一种文化差异。不可否认较之欧洲或亚洲企业,美国企业的战略时间范围通常较短,这点值得关注,尤其是在进行国际协作时。时间范围也会因为产业的不同而发生变化。例如,制药行业以及混合型种子行业与个人计算机制造商相比较而言,具有较长的产品生命周期,因此这两个行业有较长的战略时间范围。一个研究密集型企业通常需要考虑多个战略时间范围,它们根据具体产品和长期技术发展的情况不同而有所变化。

无论是否强调技术创新,一些战略要素对于所有的组织而言是共同的,研发组织需要改变战略要素,即目标、政策以及计划,以求适应各自独特的情况。在第十二章第二部分中提供的与技术性创新程度和类型相关的战略目标,应适用于那些认为战略已经形成的组织。与这些目标一致的政策包括与研发相关的资金,通常以销售额的一个百分比来表现。其他理想的政策和计划将集中于创新过程或组织的相关进程(例如,阶段关卡和/或风险委员会)、是否强调了开放型创新、组织的研究需要何种程度的全球化、客户在创新过程中的参与度如何、组织的知识产权保护政策、是否允许个人追求其自身感兴趣的项目等。例如,如果一所大学制定了一项政策,用以鼓励组成跨学科研究团队,那么相关计划可能需要考虑使大学研究办公室:

■ 提供启动资金用以开发跨学科研究项目,建立工作人员之间的工作关系;

■ 每年积极协助准备一个最小数量的跨学科研究提议,以每年跨学科研究成功地达到特定美元数额为目标。

16.2　战略层次和远景

战略经常是在不同的水平、不同的远景下形成的。例如，对于企业而言，有企业层战略、业务层战略和职能层战略。在一个研究组织或高校研究机构中，与企业一样，要制定相关的远景。高校的一个研究单位相当于一个职能部门，它需要理解和响应更高一级部门拟定的要求，即与大学或学院的整体教育使命保持一致。

在一个研究组织中，由于科学家研究领域和兴趣的不同，以及同一个研究小组对研究计划和项目的进一步细分，横向战略性整合不会做得很好。在高校研究机构中，这确是一个非常现实的问题。教授们通常根据自己的专业工作获得报酬和认可，并不需要横向的合作。因此，对解决重大社会问题所必需的跨学科研究很难获得应有的支持。所以，总而言之，研究组织的文化和薪酬体系与横向战略整合相左。

以一所大学中的某个研究密集型学院为例。确认跨学科研究和相关教育计划的潜在机遇要很谨慎。通过为学院各系建立更高级的目标，能够促进这种合作。这不是独立部门和单位的简单总和，从而明显地增加了附加值。哈克斯和梅勒夫（Hax & Majluf, 1996）提出，适当追求横向战略可能是建立卓越竞争力地位的一个重要方法。许多管理方法能够带来横向战略整合，而促进这些整合的薪酬和组织文化是形成这些行为的关键。

16.3　战略制定和实施

制定和执行战略的方法有很多种，取哪种方法取决于组织、特定的背景和人。

　　一个战略计划可能被看作是为了建立组织愿景的一种严谨周到的努力，确定长远目标，为达到那些目标制订行动计划。一项战略计划能提供许多用途，它能够：

- 为行动提供统一的方向和一致的框架；
- 从总体组织的角度协调不同机构的目标和资源；
- 提供对内部和外部组织环境的评估；
- 为关注未来需求和与组织关键的优先顺序一致性提供一个机制；
- 使小组成员参与进来、准确定向，并且为他们提供能量。

　　在其最基本层面，战略的制定首先需要对组织环境中存在的威胁和机会进行辨识以及对组织内部的优势和劣势进行分析，然后确立一个战略方向（目标、政策以及计划），对这些优势和劣势加以利用、扩充和支撑。人们普遍使用企业战略模式，即哈佛商学院模式，这种著名的模式简称为"SWOT"，包括组织优势、劣势、机遇和威胁。然而，建议对这种分析方法作出一个较小但是很重要的改变。如果内部的优势和劣势在确定外部趋势之前已经得到辨识，那么组织就会被鼓励根据其当前的能力和缺陷来定义其环境；由此一来，看起来好像没有多大关联，但是实际上十分重要的趋势可能会被忽略。因此，在实际运作中，环境分析应当优先于内部分析（即，SWOT 变成 OTSW）。

　　定义核心能力对于战略制定而言十分关键。这些能力是指企业技能和知识的集合，它们为客户创造独特而又长期的价值（Quinn & Hilmer，1994）。这些能力必须是组织能够主导控制的、具有灵活应变性和持久稳定性、并被纳入价值和管理系统之内的。核心能力通过聚焦于企业的优势长处所在为内部资源带来最大化回报，强化壁垒以对抗现在和未来的竞争，并且能够吸引最好的人才。虽然苹果公司对于其首席执行官史蒂夫·乔布斯过分依赖，使人们对其能力如何嵌入组织更广泛的价值和管理系统心生疑问，但是苹果公司设计天赋、友好用户界面和使人目眩的营销方法的完美结合是核心竞争力的模范。

实施环节是战略的弱点所在。如果不能得以实施，那么制定再好的战略也毫无任何意义。萨嘉塔和罗宾逊（Zagotta & Robinson，2002）已经列举了一系列增加成功执行可能性的行为：

■ 量化愿景：获得可衡量的目标和临时的里程碑；

■ 通过口号进行沟通，这是一个简单但非常有意义的阶段；

■ 明确表达有时间框的临时目标以及分派责任，审视并理解目标达成过程；

■ 计划好需要放弃的事项，避免执行太长时间；

■ 对组织开放战略，使组织的日常活动与大背景一致；对重要方面进行交流和测评；

■ 自动化现状和进程管理：强调决策制定而非信息审视；

■ 创造良性循环的战略执行，即一个评审和维护战略进步的持续过程。

值得注意的是，许多这样的行为可以整合到战略制定过程之中，成功的战略实施也必不可少地被包括在内。量化长期和中期目标、计划需要避免的事项、通过与相关人员交流来使战略对整个组织开放：所有这些在战略制定和实施时均可进行。

16.4 战 略 评 估

一个组织战略的成功可以通过跟踪绩效与战略目标来加以监控。成功意味着这些目标已经实现或被超越。如果绩效显著超越或滞后于目标，那么相关组织应仔细考虑原因。因此战略不仅是指引未来行动的途径，同时也是学习分辨可行因素和不可行因素的途径。理查德·罗曼尔特（Richard Rumelt，1980）指出，虽然监测目标实现进展十分重要，但是这种方法是关注于已经发生的事项。因此他提议采用一系列标准来帮助与未来生存能力相关的战略评估。他建议对战略中的四个潜在缺陷进行不断审视,以求"超越于短期业务成功相关的明显事实之上,转而评估那些决定成功的更基本的因素和趋势"。罗曼尔特战略评估的四项标准主要用于外部评估的调和性和有利性,以及主要用于内部评估的一致性和可行性。

■ 一致性探讨组织的目标、政策和计划在内部是否是相匹配的。

■ 调和性探讨环境趋势是否将不仅维系利益相关组织,而且支持整个行业。

■ 有利性探讨组织是否优于其对手。

■ 可行性探讨组织是否拥有长远开展战略的定量和定性的资源:金融和实物资源是否充足? 组织关键人员是否有实施战略所需的解决问题的能力、协同力以及动力?

在一个持续的基础之上逐一应用上述标准可以带出缺陷,这些缺陷通过目标、政策和计划的重新定位可以得到解决。

亨利·明茨伯格(Henry Mintzberg)指出制定与执行相互交融,形成一个渐进的学习过程,在此过程中,创造性的战略应运而生。有一种观点将战略看作是一个理性的循序渐进的过程,该过程始于战略的制定,然后是相关实施,明茨伯格一直反对这种观点。他的将战略家看作制陶人,泥土看作战略的隐喻引出了一个更为有机的、富有灵活性和变通性的过程。明茨伯格从制陶艺人独特的手艺视角指出,战略是精心设计与机缘巧合的复合体,应当允许新信息的进入以求对战略进行重新定位。

在其著作《战略规划的兴衰》(1994)中,明茨伯格比较了两种战略过程的管理方法、计算法和委托法。在计算法下,领导者关注组织为达到目标所需要制定的方向和持有的决心;还关注为组织带来秩序。这种方法是假设未来可以被预测的,而这一假设通常是错误的。明茨伯格倾向于委托法,这种方法行之有效因为它是由背景更为宽泛的人员,而不仅仅是领导,来赋予战略以意义。他同时还对战略策划和战略思考进行了重要区分,他认为策划是发挥分析功能的,是对战略思考的一种输入。与仅仅只关注硬性数据不同的是,明茨伯格提倡向所有来源学习,包括由经验而来的更为柔和的定性的见解。他的"在陌生的地方发现战略"的警告看起来似乎尤其与计划走在创新前端的组织密切相关。

纳德勒(Nadler, 1994)指出,在很多组织当中,太多的精力被用于战略策划而不是战略思考。过多的时间都花费在分析和制订战略计划上,然而这些计划对组织的行为影响并不显著,因而并不能够导致真正变革的发生。战略策划的真正价值在于学习和开发的一个常见的参照系,以及共享组织一路走来所作出的相关决断的环境背景。

16.5 战略和创新

我们的战略概念通常是来源于军事或运动背景,有时是一些古代背景,这就强调组织与敌人或竞争对手相关的定位。迈克尔·波特无处不在的五力模型,通过一系列外部力量或威胁来审视组织战略,包括潜在进入者的威胁、替代品的威胁、供应方讨价还价的能力、购买者讨价还价的能力以及行业内企业的竞争(Porer, 2008)。英特尔的创始人之一安迪·格罗夫将其著作命名为《只有偏执狂才能生存》(1996)是有原因的,过于强调竞争可能会导致"模仿战略",在这种战略模式下,竞争者仅仅想胜过彼此,从而导致他们最终成为追随者而非领导者。其他的替代战略方式似乎更有利于创新。日本知名策略大师大前研一(Kenichi Ohmae, 1988)指出过分专注于打败竞争对手会使企业存在的真正原因变得晦暗不明,而企业存在的真正目的是为顾客提供优质产品和服务。金(Kim)和莫博涅(Mauborgne)在其2005年所著《蓝海战略》中指出,那些围绕竞争开发战略的组织最终会获得较低的绩效,而围绕创造以及满足新客户价值的"先锋者"则可以取得较高绩效,因此竞争是无关紧要的(表16.1)。他们已经开发了一系列工具来帮助发展蓝海战略,其中之一就是战略布局图。

表16.1	红海战略和蓝海战略
红海战略:安于现状者	蓝海战略:先锋者
限制打击竞争对手行为,定位攻击他们	使竞争变得无关紧要
按差异化或低成本的战略选择协调公司活动的全套系统	为同时追求差异化和低成本协调公司活动的全套系统
开发现有买方价值和产品	创造新的买方价值和产品
开发现有需求	创造和获取新的需求

资料来源:Kim & Mauborgne, 2005。

组织首先明确当前估值的客户价值,并且基于这些因素来定位它们的对手程度。然后通过提出以下问题来开发他们自己的战略:

■ 该行业认为理所当然的哪些因素应该被剔除?

■ 哪些因素应当减少到行业标准以下?

■ 哪些因素应当被提升到行业标准以上?

■ 应创造行业内从未提供过的哪些因素?

凯思琳·艾森哈特(Kathleen Eisenhardt, 1997)提出了一个与创新型高科技背景密切相关的战略制定和实施的模式:瞬息万变、竞争激烈的背景需要足够灵活的快速决策以适应环境的变化。她的即兴创作模式帮助企业缓解了快速决策和适应变化之间存在的压力,并且使企业能够有效及时地使用预算以内成本来达成目标。艾森哈特所提出的方法的主要因素如下:

■ 由一小群高度熟练、有特定专业知识的决策者作出战略选择;

■ 决策者在决策过程中依赖对于所有相关变量的有限知识;

■ 战略是基于一些严格坚持的操作原则(例如,维持库存控制、细心的客户服务等);

■ 正式以及非正式的高水平交流得以维系,以强调实时信息;

■ 关注点是"当下"，而非纠结于过去或瞩目于未来；

■ 大量的替代选择得以生成和考虑；

■ 冲突产生过程通常会创造以及探究替代选择，但是对于大多数替代性选择而言没有特别的决断过程以及广泛的分析；

■ 决策是通过共识达成的，有条件限制；如果不能够达成共识，则由小组的某位特别成员作出选择，通常是领导者。

过分强调竞争同样会妨碍组织进行"开放式创新"，这在本书第十四章已有相关阐述。开放型创新不仅涉及与客户的互动，还涉及与非营利性组织甚至是竞争对手之间的合作伙伴关系。安特斯（Anthes，2008）指出避开传统战略，以注重协作的精神来打败直接竞争对手获得优势的方法使得包括 IBM、惠普以及微软在内的商业巨头成为更好更快的创新企业。

16.6　技术和战略

大多数关于研发投资的决策都是企业董事会议上作出的。因为没有 CTO 参与决定资源配置优先权，没有在竞争的需求间作出权衡，很可能导致研发投资不足。这里有一个充分的证据，日本和德国大约分别将 GDP 的 3%、2.7% 投入在民用研究开发上，相比之下美国只投入了 1.9%。所以，美国产业技术眼光越来越短浅，导致美国工业在技术密集的世界中竞争力变弱了。

工程师和科学家从研发投入的增加中获益，自然会强调增加对研究开发的支持。对一个组织的研发单位而言，不必去争辩要求研发投资的增加。相反，研发部门必须让企业高层管理人员参与战略计划的发展，确保技术战略与企业的战略相结合。我们希望将来在美国，也像其他成功的工业国家（如日本），CTO 会出现在大多数企业的董事会上，对那些技术型的企业尤其如此。

自 1995 年以来,美国情况有所变化。越来越多的标准普尔(美国最大的企业)的首席执行官持有工程学士学位(《2006 年科学与工程学指标》)。这意味着企业内部的最高行政职位越来越多地由经技术领域培训过的人员担任,从而使科学和技术在制定商业战略方面扮演越来越重要的角色。

一系列框架已经特别被开发用于整合技术事项和商业战略(Burgelman、Christensen & Wheelwright,2009;Chinowsky,2001;Hensey,1991)。怀特(White,1978)指出技术替代品保证主要投资的挑战性决策将这个决定分成四个变量。其中两个变量是与"技术力量"有关的,重点强调发明价值和体现价值。另外两个变量与"商业力量"有关,重点强调运营价值和市场价值(表 16.2)。顶层管理者根据变量以及各自表面的优缺点来分析技术方向,例如,藻类生物质能和风力涡轮机。一旦选定,就可以找寻方法克服围绕技术替代性选择的缺点,以帮助订立未来研究的日程。

表 16.2　针对整合技术和业务问题的 White 框架[*]

发明价值
是否是科学原则的一个基本新组合引起了该发明? 一个真正的发明性概念将使用其原则的组合来减轻或避免以前的技巧所固有的主要约束;然而,新技术在解决旧问题的同时也可能会带来新的问题(例如,成本的增加)。
体现价值
一项创造性发明是否需要大量额外工程来增强核心发明? 这么做是否会稀释该项发明?
理想的情况是使创造性概念的价值稀释最小化,同时使价值增强最大化。
运营价值
该发明是否需要改变企业现有的业务实践? 大量的变化会导致现实实践复杂化,并增加相关成本。
市场价值
终端客户所要求的是何种水平?
理想情况下,不是取代现有产品,而是创造一个新的市场。

*资料来源:White,1978。

塔克(Tucker,2004)曾指出,美国金属学会使用的战略制定法为我们提供了一个技术导向型非营利性组织的战略管理实例。美国金属学会的年度战略计划可参阅以下网站:

http://asmcommunity.asmintemational.org/portal/site/www/About/。

16.7　应用一个战略的步骤

如同在本章中始终强调的那样,战略管理是一个多方面的过程,该过程已经为组织开发了许多模型和工具。虽然设计一项战略不能仅仅依靠一种途径,但是客观地说,大多数步骤都有着共同的要素：

■ **鉴别潜在的机遇和威胁**。基于环境审视和趋势,识别主要潜在的机遇和威胁,它们可能会对组织的活动和使命产生负面影响。

■ **鉴别优势和劣势**。描述固有的能力和存在的不足。

■ **战略目标和目的**。这包括组织想在某一时期内达到的特定目标和目的。

■ **政策**。这与组织运营的总体指导方针相关,并且通常与组织内部功能或其他可识别区域有关。

■ **成功战略的要素**。包括识别那些使组织成功的必要关键性要素。

■ **特殊行动**。这包括机构为了达到每个目标和目的所需要从事的特殊活动。

■ **资源分配**。这包括资源分配和为管理控制设定绩效评估标准。

哪些人应当参与这一过程? 包括来自整个组织的参与者,在一定情况下,还包括外部利益相关者,以求确保全面考虑到各方面的见解。此外,参与本过程的相关人员能够最好地理解如何实施以及如何就组织方向和期望与其他人进行沟通。在那些拥有二十或更少员工的小型组织当中,每个人都可以也应当参与进来。然而,这在较大型组织当中不可行,并且有必要涉及组织各个部分的不同代表。

图 16.1 提供了一个可视化的战略过程,这个过程可适用于包括学术性组织、政府组织以及产业组织在内的多种类型的组织;该过程同样也适用于发展

的不同阶段。例如,一个有着长期宗旨宣言的组织可能想要从审视这个宣言开始,然后再进行环境分析。一个崭新的组织可能以环境分析作为这一过程的开始,然后在任务开发之前进行内部优势劣势辨识。在所有情况下,都必须记住该过程是迭代的,各种行为会不断相互影响。战略的实施当然也会影响规划构想。从实际意义上来讲,任何组织必须从这个过程中的某一阶段开始着手。在接下来的部分中,会对这些要素分别进行进一步的阐述。

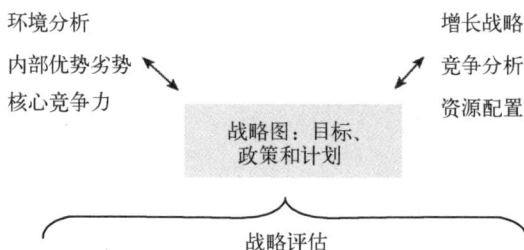

环境分析　　　　　　　　　　　　　增长战略

内部优势劣势　　＼　　／　　　　竞争分析

核心竞争力　　　＼　／　　　　　资源配置

战略图:目标、
政策和计划

战略评估

图 16.1　战略制定过程的主要因素

环境分析: 生成和优化趋势

在本阶段,参与者被要求在给定的时间框架内生成定量和定性的趋势,这些趋势与不同的方面和地理范围有关(表 16.3)。本图表帮助确保有关环境的所有方面都得到考虑。一旦趋势得以确定,就应当围绕它们是代表机会还是威胁(或者两者兼而有之)来开展相关讨论。如果出现了多种趋势,那么还必须根据其影响的程度和发生概率来定义其优先等级。

一些需要讨论的趋势领域可能包括:

■ 国家和全球安全;

■ 变化中的世界秩序;

■ 与气候变化以及干细胞研究的等相关的国内政策;

■ 客户动态;

表 16.3　环境分析框架

	经　济	技　术	社会文化	政治/法律/法规	其　他
行业					
本国					
世界					

- 科技投资的水平和类型；

- 人口、家庭结构和其他人口统计学；

- 利率变化和资本的可获得性；

- 自然环境；

- 人类健康和社会福利；

- 教育程度；

- 劳工人口资料；

- 公共—私有合作关系趋势。

优势和劣势分析：生成和优化

接下来，参与者被要求确认组织在不同区域的优势和劣势，详见表 16.4。

表 16.4　优势和劣势框架

	优　势	劣　势
产品/服务		
研究和发展资源		
金融资源		
操作资源		
管理和个人资源		
其他(声誉等)		

核心能力分析

一旦确认,组织的独特强项,包括技能和知识设置,就可以被整合进为客户创造长期价值的核心能力中去(Quinn & Hilmer, 1994)。本章前面已经提到过,这些能力应当是组织所能够主导控制的,它们适应性强、经久稳定,并且被嵌在价值和管理系统之中。

开发战略"构想":任务、战略目标、目标、政策和计划程序

一个在确定组织主要优势组合的过程之中浮现的组织战略,可以被用来抓住关键机会所带来的优势、减轻环境所带来的威胁以及增强主要薄弱环节。表 16.5 提供了一个用于捕获战略的框架。这一战略"构想"之中包括了目标、政策以及可用于沟通组织未来方向的计划。

表16.5 战略构想框架		
目标 要获取什么,为什么	政策 总指导方针(范围内)	程序 逐步的行动序列(范围内)
任务	金融	金融
战略目标	审计	审计
长期	人力资源	人力资源
超越性功能	生产	生产
经常但非一直定量	研发	研发
	创新	创新
	营销	营销
	管理	管理
	增长	增长
	并购	并购
	全球化	全球化
	其他	其他

在政策一栏下面提供了一系列范围。这并不是为了面面俱到，它们也并非适用于所有的组织。这么做是因为通常需要设立总的指导方针或目标，以求使相关人员明白他们开展工作所必须遵循的界限。

当提及量化目标、政策或计划时，必须小心谨慎。虽然提供一个组织可以赖以判断进展和责任的具体目标是可取的，但是过度强调数量上的目标和严格的时间期限可能会破坏战略计划既定目标的实现。这样易导致建立琐细的目标，结果的夸大，甚至虚假。

增长与竞争

研发密集型企业的动态特性意味着增长是一个永远重要的话题。本书16.5节中讨论过的蓝海战略引导组织不断寻求新产品和新市场，换而言之，就是引导组织成为先锋者。

先锋并不意味着无视竞争力，但是竞争进入战略构想的时间点十分关键。当战略构想中组织扮演先驱角色却并不忽视竞争力时，就更有可能使用新的方法。

首先，使组织的内部条件与环境趋势和客户需求相匹配；然后，观察其如何与竞争对手进行较量。

如果太早有意识或无意识地关注竞争，那么就可能导致模仿行为的发生。

资源分配

在资源缺乏的情况下，即使是最佳制定战略也不会给组织带来成功。必须考虑实现一个组织的战略所需要的特定类型和数量的金融、物质和人力资源。上述分析中所提到的资源方面的哪些薄弱环节有待加强？

评估

最后,需要对组织的战略构想进行评估。图 16.1 中的元素是迭代的,战略思想和行动是深入交织在一起的。在一个持续的基础上关注鲁梅尔特(Rumelt)的四个关键缺陷,即一致性、协调性、优势性和可行性,确保战略能够始终拥有新的活力。

领导阶层所面临的主要挑战之一是使战略和战略过程保持新鲜感。迪尔伯特(Dilbert)(卡通片中身居斗室的生意圈里的平庸之辈)的世界里,人物玩世不恭是由于过程本身所造成,可怕的年度务虚会不是战略的实质,成为重点所在。领导阶层必须关注进程中组织和其成员所面临的非常真实的机会和威胁。我们采用"构想"而非"计划"一词是因为计划意味着一堆落满灰尘的文件。韦克(Weick, 2005)指出,事实上,可以将战略过程看作一幅印象派画作,它"有足够的架构来进行引导,但不会对相关过程进行扼杀和限制"。理想的方法是由彼得斯和华特曼(Peters & Waterman)在其现代著作《追求卓越》(1982, pp.75-76)中所表达的"文化越强大,其被导向市场的程度越高,政策手册、组织构图或详细的程序和规则就变得越来越无足轻重。在这些企业中,人们在大多数情况下知道他们该做的事,因为数量不多的指导已经为他们提供了十分清晰的指引"。

16.8 小　　结

由于有很多不确定因素和需要协调不同的活动来达到组织的目标和目的,战略计划对于研究组织是尤其重要的。一个战略计划能提供集中未来需要并且与组织基本的优先权和目标协调的机制。

战略包括一项特定任务、战略目标、相关政策以及计划。这一战略构想的发展是通过以下几方面来实现的，即：审查对组织而言意味着机会或威胁的环境、分析内部优势和劣势、辨识核心能力、创造增长战略、分析竞争以及明确并分配实施战略所需的必要资源。

如果被误用，在一个战略计划里确立的具体目标和相关的行动计划可能是有害的。例如，过分强调数字化的目标和目的经常被证明太古板，并有可能破坏一个战略计划本该努力获得的动态灵活性和有创造性的愿景。

16.9 课堂讨论问题

（1）一个研发组织的战略计划应包括哪些主要的要素？

（2）为什么对外部趋势的理解很重要？

（3）谁应该参与开发一个战略计划？

（4）怎样确保一个战略计划成为一份灵活、动态和有用的资料？

第十七章

研究、发展和
科学政策

我们增加了这一章,原因是我们感到研究人员需要了解他们的研究活动是怎样与社会目标联系在一起的,他们还必须能够理解形式科学政策的趋势。由于他们可以选择如何支配他们的时间,所以应该有能力影响对其研究的资助。

科学政策不应该只由政府官员来决定。不幸的是,在美国,一个主要问题是科学家很少参与制定科学政策。在与同事、上司、职员和科学政策的制定者讨论研究目标时,研究人员需要了解科学政策的制定。在一个民主国家里,如果仅仅由政府去决定这些事情,将会导致二流的科学政策。为了科学政策的健康发展,科学家的参与是必要的。为了有效地去做这些工作,科学家需要理解下面每句话中两者间的关系:

■ 科学与技术;

■ 研发支出与经济发展;

■ 国际与国内的研发支出;

■ 研发支出与科学政策。

关于国际和国内的研究投资,本章对全球这方面的信息提供了全面的分析。虽然这些信息对一个主要的调查者或研究管理人员来说,几乎没有什么作用,但是毫无疑问的是:在本章中所包括的信息使我们对研究机构及其对科学政策的含义有了广义上的理解;也许在某些时候或某些方面这些信息会发挥很大的作用。以下是对一个主要的调查者或研究管理人员怎样运用这些信息的建议:

一个很有说服力的案例显示出:对一个国家经济的良好运作,对一个企业的利润和对一个以技术为基础的政府机构的效率这三方面,研发投资都起到了关键性作用。事实证明:与其他投资的回报率相比,产业研发投资的回报率比其他投资要高得多(Nadiri, 1980)。

表 17.1 和表 17.2 显示了公共研发投入和私有研发投入的年回报率,这些数据在美国国家科学院和国家工程研究院(NAS & NAE, 2007)出版的《在风

暴集结上空升起》中可以找到（NAS‐NAE，2007，pp.48‐49）。正如表 17.1
的一条脚注中指出的那样，这些数字结果的可靠性是需要慎重对待的。其原
因与有偏见的信息处理有关，仅使用了成功的项目而忽略了成本。尽管如此，
年回报率还是很重要的。也有其他的研发回报与此不相适应：例如，研发产出
就能为解决重要的与社会、经济、卫生和环境相关的挑战提供真实的选择，否
则这是不可能的。

表 17.1　公共研发投入的年回报率

项 目 承 担 者	学科领域	公共研发投入回报率
格里利谢斯（Griliches，1958）	杂交玉米	20%~40%
彼得森（Peterson，1967）	家畜	21%~25%
施密茨-塞克勒（Schmitz-Seckler，1979）	番茄收割机	37%~46%
格里利谢斯（Griliches，1968）	农业研究	35%~40%
埃文森（Evenson，1968）	农业研究	28%~47%
戴维斯（Davis，1979）	农业研究	37%
埃文森（Evenson，1979）	农业研究	45%
戴维斯（Davis）和彼得森（Peterson，1981）	农业研究	37%
曼斯菲尔德（Mansfield，1991）	所有学术科学研究	28%
赫夫曼（Huffman）和埃文森（Evenson，1993）	农业研究	43%~67%
科伯恩（Cockburn）和亨德森（Henderson，2000）	医药	>30%

数据来源：A. Scott, G. Steyn, A. Geuna, S. Brusoni, W. E. Steinmeuller. "The Economic Returns of
Basic Research and the Benefits of University-Industry Relationships." *Science and Technology Policy
Research*. Brighton：University of Sussex，2001. Available at：www. sussex. ac. uk/spru/documents/
review_for_ost_final.pdf.

表 17.2　私有研发投入的年回报率

研 究 者	回报率的估计值	
	私 有	公 共
纳德里（Nadiri，1993）	20%~30%	50%
曼斯菲尔德（Mansfield，1977）	25%	56%
特莱克伊（Terleckyj，1974）	29%	48%~78%

（续表）

研 究 者	回报率的估计值	
	私 有	公 共
斯维克斯卡斯（Sveikauskas，1981）	7%~25%	50%
后藤-铃木（Goto-Suzuki，1989）	26%	80%
博恩斯坦-纳德里（Bernstein-Nadiri，1988）	10%~27%	11%~111%
谢里（Scherer，1982，1984）	29%~43%	64%~147%
博恩斯坦-纳德里（Bernstein-Nadiri，1991）	15%~28%	20%~110%

数据来源：Center for Strategic and International Studies. *Global Innovation/National Competitiveness*. Washington, DC：CSIS, 1996.

NAS 和 NAE 报告（2007）指出的另一个观点是投资回报率数据通常在不同的研究中有所变化；然而，大多数经济学家认为联邦政府在研究方面的投资能获得巨大收益。表 17.3 显示了最近才出现的信息技术产业所创造的大量工作和产生的收益。这个产业的繁荣发展离不开联邦政府的研发投资和企业家精神。研发企业的力量不是由单个的发现或创新体现出来，而是通过全体人员努力创造整个新产业的能力得以体现。这些产业已经成为国家和全球经济

表 17.3　2000 年信息技术（IT）产业销售额和员工数

	NAICS 代码	销售收入（10 亿美元）	工作岗位数量（1 000）
IT 制造			
计算机和外围设备	3 341	110.0	190
通信设备	3 342	119.3	291
软件	5 112	88.6	331
半导体和其他			
电子元器件	3 344	168.5	621
IT 服务			
数据处理服务	5 142	42.9	296
通信服务	5 133	354.2	1 165

NAICS：北美产业分类体系

数据来源：National Research Council. *Impact of Basic Research on Industrial al Performance*. Washington, DC：National Academy Press, 2003.

的最强有力的驱动力。研发管理人员可以利用这些信息在自己的组织内制定战略,从而形成一个关于研发资金支持的案例。

以国家的信息为例,一个研究机构或实验室的研发管理者愿意牵头做一项研究,以检查他们的研究效率。例如,在全部完成的研究项目中,有选择性地分析投资回报率。为了使偏差最小化,一些研究机构由第三方牵头去做一些投资回报率的研究。在这样的一项研究中,研究结果的利用增加了有形利益,这些利益是通过直接与用户的讨论整理和分析出来的,而成本是通过与研究机构的讨论得出的。费用是通过与研究小组的讨论决定的。一个案例的一项活动证明:全部完成的研究活动项目投资回报率平均为30∶1。值得注意的是,因为只有全部完成的项目才能被分析,再加上由于人们主观意识上的偏见,都偏向于从中选择一些做得比较成功的项目进行分析,所以总体的投资回报率要比在研究案例中所显示的稍微低一点。无论如何,这一信息足以说服投资者对研究进行投资。投资回报率,包括基础研究的重要性已经在"大学研究机构"那章有更多的讨论(第十三章)。

研究需要相当多的资源,它确实是一项花钱的活动。在这儿所显示的数据可被用来支持实际预算的需要,这些预算对那些对研发不了解的人来说似乎太高了。为了优秀的研究成果,吸引有才能的科学家和设备齐全的实验室是必要的。没有足够的基金,这一切都是不可能的。寻找研究经费是测定市场和用户对以前研究成果的反应的重要渠道。通过一个成功的案例,向资助者和用户说明研发产出所具有的重大效益,是一项有影响力的反馈机制,它对所有涉及这方面的人来说都是有利的。

17.1　科学和技术的关系

在学术文献和见多识广的科学家中有一种共识,即技术促进了科学。正如邦迪(Bondi，1967)所指出的那样："显然，我们有这样一种体验，每当我们的实验技术有一个很大的跨越时，我们会发现这些事情完全是我们意想不到的和超乎想象的。但我有理由去期望在实验技术上的未来发展，还会有相似的效果。"这种评述使我们回想起在望远镜发明之后天文学所取得的进展，显微镜发明之后细菌学所取得的进展，等等。在其他方面，还有很多这样的例子。

一些不太明显的例子包括超级计算机发明以后在气象预测方面的进步和多普勒效应装置(如声呐和声学多普勒海流剖面仪)发明以后海洋学的进步。还有无数其他的例子。应注意到那些单一的技术转化创新过程和能够引发新的创新过程的过程之前的区别，这一点是非常重要的。例如，对硅芯片的改良和制造过程的创新已经延伸到不同的研究领域，同时增强了整个世界的技术能力。这个过程以及从这个过程中延伸出的技术得到了不断简化，其自身也创造出了新的创新过程。通过这种方式，创新过程得到了自我延续，而单一的技术通常独立于其影响的创新过程。但这个过程自身并不是完全隶属于某一特定的研究领域，其应用也不仅限于单一领域的科学和社会发现，正如望远镜的发明可以与新恒星和行星的发现关联起来。

我们探索外部太空的过程，不管是从地球上还是哈勃望远镜里，不管是用热成像法还是无线电成像法，这个过程在持续不断地发展和变化，但是其核心技术——显微镜的功能始终没有发生大的变化，尽管其尺寸和放置位置可能随着过程的不同而变化。联系起来看，硅芯片可以用在电脑里进而设计出更好的硅芯片，但恒星的发现却不能制造出更优良的望远镜，不管我们观察多久。也就是说，各研究领域存在差异性，有些领域的研究开始后会扩展到偏离原始技术的领域，而有些领域以自身的基础研究为开端，进而融入不同的应用研究的新领域。

事实上，对基础研究的投资促进了单一技术的发展，进而催生了新领域的产生。然而，由于单一技术与这些技术推动的创新过程之间的复杂关系，基础研究在新技术领域发展过程中的必要角色不会一直很明显地显现出来。对创新的投资的重要性体现在许多新领域在发展早期对基础研究有依赖性,但发展成熟后可能不再依赖于基础研究。体现这种依赖性的一个例子是计算机和硅片。计算机工程领域依赖基础研究进行材料试验从而发现硅片(最近使用的是金刚石)的数据容量。然而,承担基础研究的大学和在制造过程中使用基础研究成果的产业之间的技术转移,需要更恰当的联结以及进一步用于开发活动的投资。

国家科学基金会开发了产业/大学合作研究项目,以帮助大学和产业认识到大学所承担的研究与随后被不同产业运用的技术之间缺乏联系的现状。这反过来导致了"新增长理论"的经济学观点的诞生,该理论强调知识的增长是社会最主要的资源(NAS, 2008, p.9)。因此,对基础研究的投资使社会能够获得对其持续的经济发展十分重要的、可以说是无限的资源,并利用这种资源强调对重要的社会、环境、人类健康和持续性发展的需求的重视,否则,这些问题是不可能得到有效重视的。

最好的结论是:科学与技术系统相互支持、相互影响。科学、技术和市场是相互关联的(Freeman & Soete, 1997),在形成科学政策时,我们应该考虑同时支持科学和后续的创新活动。科学产生了对基础机制和新知识的理解,而创新过程则关注于知识的商业化和社会化用途。

17.2 技术创新和经济发展

劳动、资本投资、自然资源与原料的可利用性、技术创新和管理技巧都为一个国家高生产率和经济发展作出了贡献。在这儿,我们将集中讨论研发在技术创新和经济发展中所起的作用。

对科学技术产出的讨论表明:从某种程度上讲,研发的生产效率某种程度上是能通过以下三个方面的产出进行衡量的,即科学文献、专利、人均国内生产总值。研发的投资与这三方面看起来存在着广义性的关系或关联。这种广义性的关联一直不是很明显,因为除了研发因素外,还有其他的一些因素(例如,资金、劳动力的素质、社会、经济、政治上的因素,还有其他各种各样的因素)也起到了很重要的作用。另外还存在一个经济周期的现象。在麻省理工学院里,由系统动力学研究组所开展的一项研究表明:经济发展经过了为期50年的漫长波动。在这一周期的早期阶段,人均生产率得到了增加。这种增加是由于人均投资额的增加引起的,但是随着物资设备和资金投入的增加,越来越多的资金投入并没有对促进生产率的发展起到作用(Rothwell & Zegwell, 1981, p.39)。

正如前面所讨论的,技术创新以对社会有用的、价廉物美的产品和工艺的形式结合了对基础知识的理解和发明。为了使这种基本的理解和创新更有成效,基础研究的投资是必不可少的。人们会这样认为:一个国家对基础研究进行了投资,但所产生的效益可能会属于另外一个国家,因为这个国家把基础研究的成果和生产有用的、能营利的产品和工艺的能力结合在一起。无论怎样,我们从整体上去看这个世界,研发投资对创新来说是必需的。

在美国的私营经济和非农业领域里,学者调查了技术对促进生产率发展所起的作用,其结果是:1909~1949年,每小时的劳动生产率在逐渐增加,最终达到了80.9%(Rothwell & Zegwell, 1981, p.24)。其中,在一小时的工作产出量中有87.5%是由于技术的革新引起的,12.5%是由于每小时资本投入产出引起的(Solow, 1957)。

在罗伯特·索罗最早发表的文章《技术变革与总生产函数》(1957)中,他指出总生产函数在1909~1949年期间年平均增长率为1.5%。这就意味着根据他的模型,美国在所有领域(包括农业)都以某一指定的增长率增加生产。他的研究成果最杰出的成就是建立了生产率提高与技术变革投资之间的联系。实际上,索罗将生产总增加量的7/8归因于技术变革。这种平均向上的趋势延续下来,为了使这种趋势继续沿着这个方向发展,必须有对研究的持续的投资以及在某个合适的领域技术转移方法的不断发展。在1997~2004年期间,美国研发强度增长率为0.91%,领先于大多数国家但落后于日本和丹麦。研发支出与 GDP 总额比率的变化反映了一个国家的知识投资水平,并成为衡量一个国家优先考虑创新和技术变革的重要指标(OECD, 2007)。

在评论技术创新在经济发展中所起的作用时,查派(Charpie, 1970, p.3)指出:在工业化经济中,所有的研究都显示出:在长期的经济增长中,有30%~50%的增长是由创新引起的,这些创新要么提高了生产率,要么产生了一种新产品、新工艺或全新的产业领域。查派(1970, p.51)进一步指出:技术在很多领域影响了国际贸易。技术的国际支付,像专利权使用费,还有技术诀窍的支付等,主要流入了那些对研发大量投资的国家的腰包。例如:经济合作与发展组织的统计结果显示:美国从国外收到的技术付费是它付给其他国家费用的2.3 倍(Charpie, 1970, p.51)(如图 17.1 所示)。

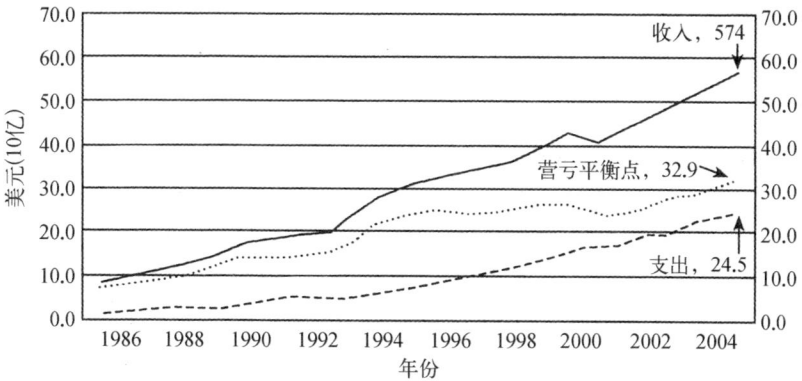

图 17.1 美国知识产权使用费营亏平衡

数据来源:Bureau of Economic Analysis, U. S. International Services:Cross-Border Trade 1986 - 2005, and Sales Through Affiliates, 1986 - 2004, table 4, http://www. bea. gov/international/intlserv. htm. accessed 28 June 2007. *Science and Engineering Indicators*, 2008.

拥有高技术能力从很多别的方面使工业化国家具有创新优势。当技术含量低的资源产品在劳动力成本低的国家里被制造出来的时候,工业化国家能通过制造高技术的出口产品来弥补劳动力成本高的劣势,从而形成贸易顺差。然而,自 2002 年以来,美国一直在经历贸易逆差(如图 17.2 所示),这是一个需要深入分析的严重问题。制定和实施产业和科学政策,从而促进研发输出的有效利用以进行产品生产和建立高效的创新体系是非常必要的，它使我们在全球具有竞争力，但显然也是一项具有挑战性的任务。

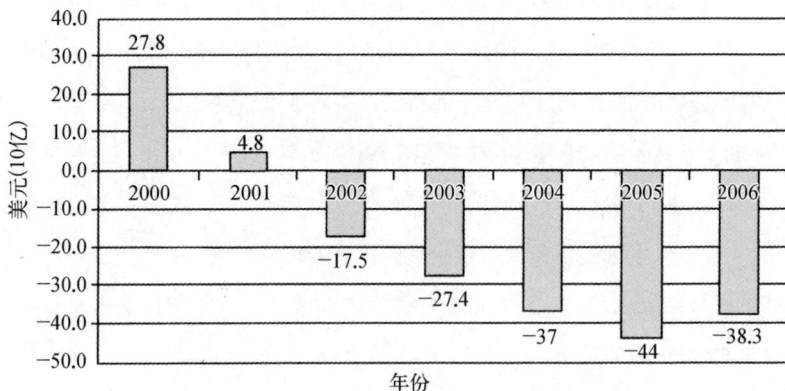

图 17.2　2000~2006 年美国高技术产品贸易差额

数据来源：Census Bureau, Foreign Trade Division, special tabulations. *Science and Engineering Indicators*, 2008, pp.0 - 10.

从短期看，现有科学基础知识的应用会促进经济发展，但从长远来看，这几乎是不可能的。以下是弗里曼的观点：

> 需要指出这样一个基本观点，对任何给定的生产、交通和配送技术而言，长期生产率的增长是有限度的，它取决于技术进步。如此看来，无论教育有多大的改进，劳动力素质有怎样的提高，大众传播媒体作出多大的努力，经济规模和结构变化有多大，企业管理或政府管理有大改进，它们从根本上都不能超越技术的限制，正如用烛光作为照明的限制，用风作为能源的限制，用铁作为工程材料和用马作为运输工具的限制一样。从长远来看，没有技术上的创新，经济将会停滞不前。从这个意义上讲，我们完全有理由将创新视为第一生产力。

值得注意的是，有很多因素促进了经济效益，例如劳动力的教育和培训、高效率的产业基础设施(如运输、通信网络)、资金投入、知识产权保护、鼓励冒风险的文化和管理技能。但是,没有新发明和科学基础去产生它们,经济增长和生产率将完全不可能继续得到提高。

17.3 基础研究投资的分析

在美国,联邦政府一直是基础研究支持的主要来源,它所提供的资金差不多占 3/4(*Science and Engineering Indicators*, 2006)。这是容易理解的,基础研究的成果是一项公共财产,这些成果被广泛地共享,并没有商业化。既然通常不能赋予基础研究成果财产权,产业界也就不可能对基础研究大量投资。表 17.4 表明了不同国家各执行部门研发经费的比例。2006 年的研发支出为 3 400 亿美元,其中仅有 18% 用于基础研究,如图 17.7 所示。在基础研究支出总量中有 59% 来自联邦政府,只有 17% 来自产业,其他来自私营或非营利性组织。

表 17.4 近几年部分国家各执行部门研发支出 单位:亿美元

国家(年份)	产 业	高等教育	政 府	其他非营利组织
韩 国(2005)	76.9	9.9	11.9	1.4
日 本(2004)	75.2	13.4	9.5	1.9
美 国(2006)	71.1	13.7	11	4.2
德 国(2005)	69.9	16.5	13.6	NA
中 国(2005)	68.3	9.9	21.8	NA
俄罗斯(2005)	68	5.8	26.1	0.2
英 国(2004)	63	23.4	10.3	3.3
法 国(2005)	61.9	19.5	17.3	1.2
加拿大(2006)	52.4	38.4	8.8	0.5
意大利(2004)	47.8	32.8	17.9	1.5

数据来源: National Science Foundation, Division of Science Resource Statistics, National Patterns of R& D Resources (annual series); and Organization for Economic Cooperation and Development, Main Science and Technology Indicators (2006). *Science and Engineering Indicators*, 2008.

产业界对基础研究的投资是为某些高技术企业的特殊需要服务的。这些投资可能涉及以下几个相关的原因：① 企业意识到科学和技术之间的关联，也就是说意识到基础研究与创新之间的关联；② 需要有一项多样化的活动去增加研究效益；③ 企业意识到提供从事基础研究的机会对于留住高级科学家至关重要；④ 通过对基础研究产出的资助来缩短从基础研究到创新的时间，以期获得竞争优势。

联邦政府和产业对基础研究投资在以下几个方面是必需的：

■ 支持科学和工程教育，培训科学和工程所需的人才；

■ 将发明与创新紧密联系起来；

■ 保持产业的国际竞争力；

■ 为国家的关键需求提供技术支持，如卫生和国防。

国家对基础研究的投资有利于产业和公众，所以它是国家科学政策当中很重要的一部分。联邦政府对基础研究的持续投资得到了美国各界强有力的支持，并且正如在有关"大学研究机构"的章节中所讨论的，美国那些大企业的首席执行官对此已经做了很详细的阐述。

17.4 研发支出

从20世纪70年代中期到80年代中期，美国和其他国家的研发投资增长非常迅速，尽管美国最快速的增长发生于1994~2000年。最近这几年这种增长趋势变得复杂，正如图17.3所显示的，2006年日本、德国和法国的研发支出总量一直在稳步增加，而中国的增长率如此之快以至于将在未来几年内开始超过法国这些国家。美国同样经历了复杂的进程，其研发投入在21世纪后开始出现显著放缓。考虑到各国通货膨胀以及国家购买力的不同，图17.3所显示的研发支出已经转换成了2000年规定的以美元为标准的值。

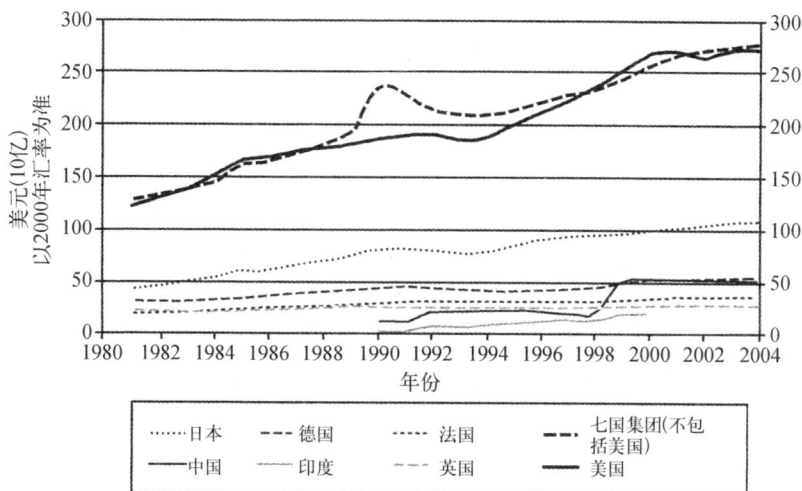

图 17.3　1981~2004 年部分国家的研发投入

数据来源：National Science Foudation，Division of Science Resources Statistics，National Patterns of R& D Resources（annual series）；and OECD，Main Science and Technology Indicators（2006）.

　　表 17.2 表明公共研发投入的回报率在 7%~42%；对社会的回报率更高，达到 20%~110%。当然，如果有更多的企业从事更高层次的研发，投资回报率会降低是极有可能的。但是，目前投资回报率很高的事实证明了我们还没有达到研发活动的最佳水平。这并不是说，工程和专业公司或小企业从事内部资助的基础或应用研究总是能够营利。所以一个企业进行研发投资时，应该评估企业的规模、企业技术、研究投资可获得的资源、市场竞争情况、研发活动的需求和企业中高效率的研发组织等各个方面。

　　也许一个国家对研发活动最好的衡量就是受聘从事研发活动的科学家和工程师的数量。图 17.4 显示了四个国家或地区受聘从事研发活动的科学家和工程师的数量占劳动力的比例。图 17.5 显示了在所选的这几个国家或地区里研发支出占 GDP 的比例。研发支出占 GDP 的比例已经成为评价一个国家科学知识增长和技术发展的最广泛使用的指标。在后冷战时期，民用研发支出的比例大概是衡量一个国家重视科学和技术发展的真实水平的更好标准,它比其他大多数衡量方法更准确。当国防研发开支被排除在外的时候,研发支出的国际比较更富有戏剧性变化。在后面我们会看到,德国和日本两个国家民用研发支出比例远远超过了美国。

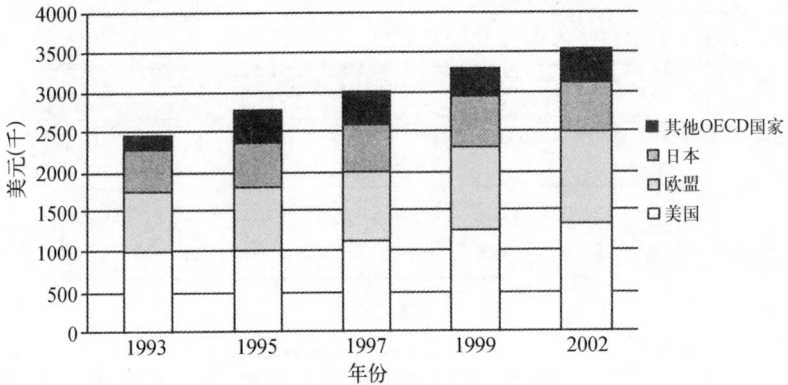

图 17.4　1993~2002 年部分年份 OECD 国家或地区研究经费

OECD：经济合作与发展组织。

注：1999 年和 2002 年的数据是欧盟 25 个成员国的数据。

数据来源：OECD, Main Science and Engineering Indicators（2006）. *Science and Engineering Indicators*, 2008.

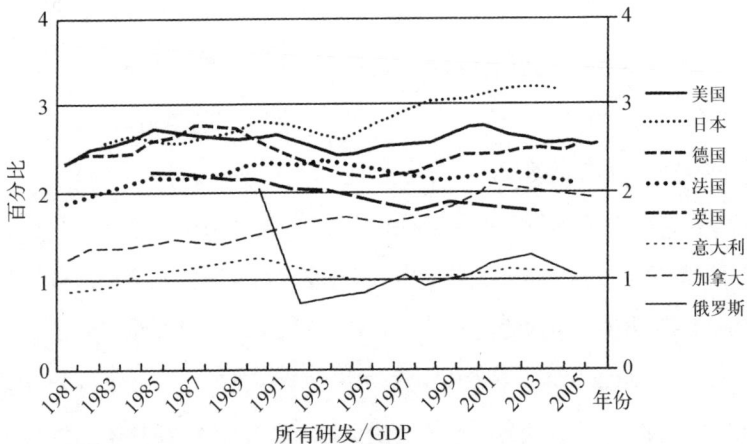

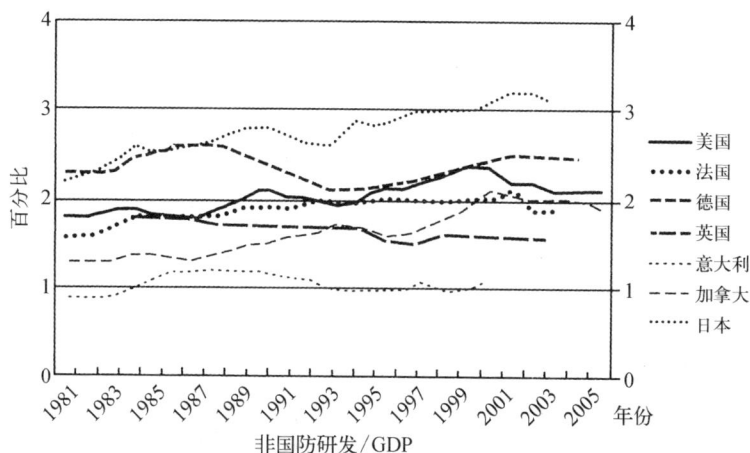

非国防研发／GDP

图 17.5 1981~2005 年各国研发支出占 GDP 的百分比

GDP＝国内生产总值；UK＝英国。

注：数据不适用于所有国家的所有年份。

数据来源：*Science and Engineering Indicators*, 2008, pp.0～18. Organisation for Economic Cooperation and Development, Main Science and Technology Indicators (2006). See Appendix Tables 4－35.

2006 年美国的研发投资达到了 3 400 亿美元的水平，有关研发投资的变化趋势如图 17.6 所示。图 17.7 从研发来源、研发的执行者、研发类型这三个方面显示了 2006 年研发支出的相关分配。正如人们所预期的那样，美国企业支持的研发集中于为本土和海外市场开发商业产品，而联邦政府支持的研发集中在国防、卫生、航空、能源、农业和其他的对国家而言非常重要的非商业领域。

美国的管理与预算办公室（OMB）把美国联邦政府的预算分成几个职能类别，这些职能类别反映了美国联邦政府的职责领域。在 16 个包括研发项目的主要类别中，联邦政府对研发投资最多的是国防部，仅次于国防的是卫生。具体看联邦政府基础研究的资助，职能分配略有不同，对卫生的分配比例最大，其次是综合科学和航空。1996 年国防基础研究的支出占基础研究基金总量的 9%（*Science and Engineering Indicators*, 1993），而 2008 年却下降到了

5%。图 17.8 显示了美国联邦政府预算中选定的几个职能部门研发经费的分配比例(*Science and Engineering Indicators*, 2008)。

政府投资于研发侧重点的不同程度地反映了决策层在社会经济目标上的轻重缓急。正如图 17.9 所显示的,美国联邦政府的大部分投资都用在了国防、卫生和民用航空方面,而在能源上只进行了适量的投资,对产业发展的投资几乎没有。日本和德国政府对研发的支持模式与美国大相径庭。法国和英国的

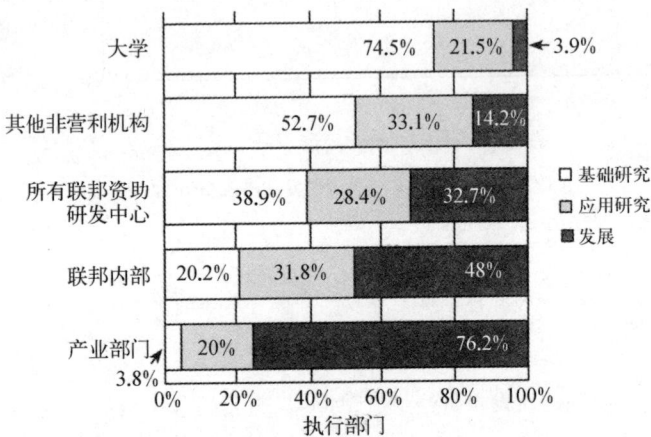

图 17.6　2006 年(按工作性质划分)美国研发支出占 3 400 亿美元总资助额的比例

注:产业的执行比例中包括州政府和地方政府对产业的资助。大学的执行比例中包含了州政府和地方政府对大学的资助(总研发资助中占 305.7 万美元)。

数据来源: *Science and Engineering Indicators*, 2008, pp.4 - 15. National Science Foundation. Division of Science Resources Statistics. National Patterns of R& D Resources (annual series). See appendix tables 4 - 3, 4 - 7, 4 - 11, and 4 - 15.

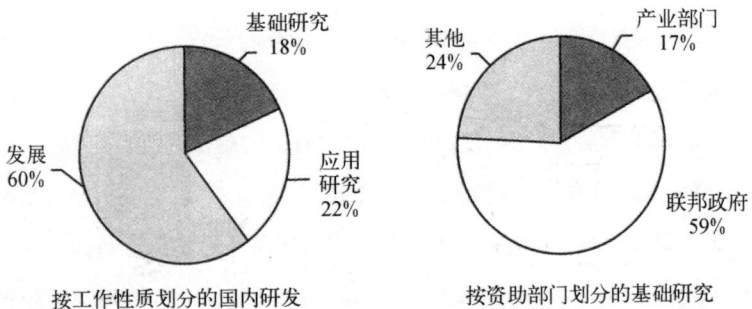

按工作性质划分的国内研发　　　　按资助部门划分的基础研究

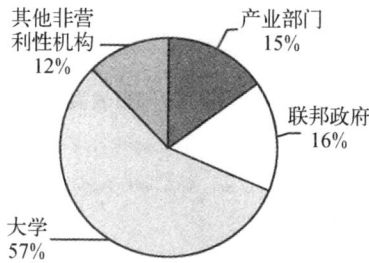

按执行部门划分的基础研究

图 17.7　2006 年美国研发支出相对分配率（按资金来源、执行部门和研发性质划分）

注：2006 年国内研发支出预计为 3 400 亿美元。联邦执行部门包括联邦政府机构以及联邦资助研发中心。数据四舍五入取整数，且由于四舍五入数据加总略有出入。

资料来源：*Science and Engineering Indicators*, 2008, pp.4 – 15.

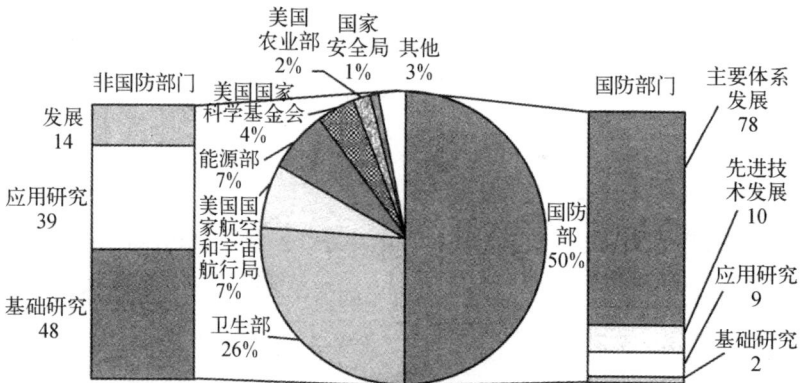

图 17.8　防御性及非防御性联邦研发资金：2007 年（美元）

数据来源：NSF, Division of Science Resources Statistics, Federal Funds for Research and Deveopment：FY 2005, 2006, and 2007（forthcoming）. See Appendix Table 4 – 30, *Science and Engineering Indicators*, 2008, pp.A4 – 53.

国防投资几乎相当，它们在产业发展上的投资与日本和德国的模式类似。在美国的历史上，联邦政府对产业发展或研发的投资从来没有得到过产业或科学政策制定者的认可。有这样一个问题经常被提出：在产业发展方面支持某些特定的研发项目，政府应该选择"赢家"还是"输家"呢？

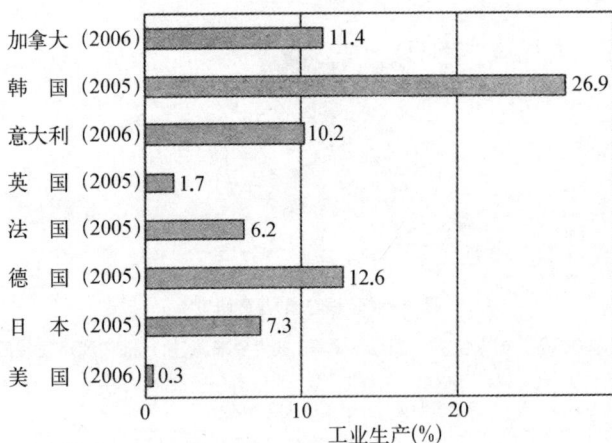

图 17.9　2005～2006 年政府对工业生产的研发资助率

注：国家按照政府总研发投资递减排列。尽管各国政府会对一些补充性目标进行资助，但依旧会根据各国首要的政府目标对研发进行分类。补充性目标，比如，伴有商业利益的国防研发划分到国防资助类，而不是工业发展类。

从长远角度来看，人们认为，政府不可能像市场一样高效率地为研发项目配置资源。正如在关于"大学研究机构"的章节中所讨论的，政府恰当的角色是对基础研究进行投资，基础研究为创新奠定了基础，并没有选择赢家和输家。对国家重要使命的投资，像国防、卫生和民用航空这些领域，是一项审慎的行为过程。从长远观点来看，美国联邦政府对研发产业投资提供激励，能满足使产业不断增加研发投资的需求。

因为国防研发投资不是主要面向国家贸易竞争力、公共卫生或其他的非国防目标，因此比较非国防上研发支出在 GDP 中所占比例会更有意义。图 17.5 提供了这方面的信息。

世界主要的几个市场经济国家对各种研发的投入占该国 GDP 的比例大致相当（2.2%～3.2%）。在图 17.5 中已经显示出其变化趋势。当对这五个国家非国防的研发支出进行比较的时候，差别非常大。比如与美国、法国和英国相比，日本非国防的研发支出占 GDP 的比例超过了 50%。但是值得注意的是，从

1992~1994年,美国、法国和英国在国防上的研发支出占政府研发支出总量的比例在33%~55%之间。同时,联邦德国在这方面的支出仅占8.5%。而在日本则更少,只占6%(*Science and Engineering Indicators*, 1995)。很明显,当一个国家对有关国防活动的研发投入增加时,相关的商业研究活动的资源就减少了。从历史上看,联邦德国和日本在军事上的研发投入较少的原因是:第二次世界大战结束后同盟国从法律和宪法上限制了这些国家的国防开支。

数据显示,国防研发资源支出所占比例越小的国家,拥有最高的国民生产总值和最大的生产率增长率(Rothwell & Zegwell, 1981, p.26)。显而易见,与国防相关的研发支出会产生很多附带性的技术成果,但是这并不是发展新技术的一种有效方法,而且与国防相关的研发对经济增长的机会成本显然是很高的(Rothwell & Zegwell, 1981, p.26)。

在国家科学政策的发展过程中,与国防相关的研发投入很重要。美国和其他有类似国际责任的工业国家(例如英国和法国)的政策都赞成这方面的支出。这是必须靠联邦政府而不是企业承担责任的领域,政府必须为国防提供充足的经费。因为研发支出能提高生产率,所以,与国防相关的研发活动支出可以减少直接分配到国防上的GDP的比例,进而减少国家国防负担的总量。

国家科学院(1995)一份报告认为,目前联邦政府研究支出预算定义如此广泛,以至于很难说出它与美国科学的健康发展有多大相关性。报告建议,一个更有意义的研发的定义,只包括产生新知识或新技术的活动,不包括使命导向型机构的活动(例如消耗巨大研发预算经费的新武器硬件)。这个定义将为理解国家对科学的真正投入提供一个更合理的基础。反过来,这将为科学决策提供一个更有意义的基础。如果运用这种方法,目前联邦政府的研发预算大约是政府现在声明的研发支出总数的一半(370亿美元)。从科学政策的观点来看,这种方法的另一好处是,目前归入研发预算总量中的使命导向型机构的项目是否继续下去,将取决于它们自己的意愿而非它们对科学的贡献。之后再根据它们对机构任务的实际贡献作出资金分配的明确决定。

17.5 研发生产率

本节重点讲的是国家层面上的研发生产率。组织层面上的研发生产率在第三章"建立一个多产和有效的研发组织"中已经讨论过。研发组织生产率被定义成包括可量化和不可量化的组织产出的一个组织效用矢量，这个矢量反映出质量和产量与组织目的和目标的关系。研究人员个人生产率遵循组织效用矢量的一般模式，在关于绩效评价的章节里讨论过（第十章）。

图 17.3~图 17.6 显示了一些国家的研发投资量。从长期来看，除了货币投资以外，一国发展科技研究的能力取决于该国教育体系提供受过科学工程培训的人力资源的能力。

比较不同国家的工程师和科学家的培训是很困难的，因为那些课程在变化，培训质量和授予学位代表不同的意义。因此一个国家培训的工程师和科学家的数量不可能预测它在科学技术领域的力量。但是，培训的科学家的数量是衡量一国重点科研领域的指标，并且会对该国发展科学技术研究能力产生持续的影响。所以，值得注意的是，2006 年，第一个大学学位是科学和工程学位的人数比例在一些国家中要高于美国（32%——456 000 名科学与工程毕业生）。这些国家包括中国（56%——672 000）、日本（63%——349 000）、欧盟（38%——617 000）、英国（38%——110 000）和德国（62%——51 000）。同样需要注意的是，美国 32% 的比例低于世界科学与工程毕业生的平均值。

在发展中国家，高等教育相对而言仍是一种精英教育，其数字也在某种程度上使人误解。例如与美国相比，在同一年龄水平中中国获取大学学位的人数的百分比最低（1.67%），而美国接受高等教育的比例最高（39%）（*Science and Engineering Indicators*, 2006）。

除了一国拥有的工程师和科学家的数量，影响研发成果的因素还包括培训质量、研发管理效率、现代研究设备以及计算机技术等。一国研发成果还体现在科学文献的数量、专利的数量,以及 GDP 表现的整个经济状况上。

科学文献

一国研发活动的实力在一定程度上体现在该国发表在世界一流科研杂志上的文章比例。美国在世界科学技术杂志上发表的文章比例如图 17.10 和表 17.5 所示(*National Science Board*, 2008,附录表 5 – 34, pp.A5 – 57)。各国在某些选定的科学与工程领域的产出的相对排名如表 17.6 所示。表中显示,截至 2005 年,美国在技术类文章的各个分支的产出仍排名第一。更重要的是,在引用率最高的 1%的文章中,美国占据了 54%(*National Science Board*, 2008,附

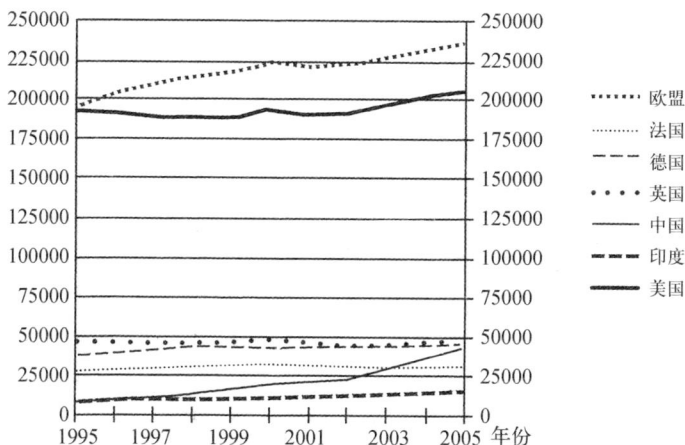

图 17.10 所选地区的社会科学类论文数(按地域/国家/经济体划分)

注:论文数从科学引文索引(SCI)和社会科学引文索引(SSCI)所收录的一系列期刊社汇总得到。这些论文按照出版年份及论文上所标注的期刊社的地区(区域/国家/经济体)进行分类。那些国际合作的论文,要根据每人/机构在国际论文写作中的贡献来计算业绩。2005 年,论文产出数与世界论文产出数之比小于 0.01%的国家被列入“所有其他国家”类目;见附录表格 5 – 33,即每一区域所包含的国家/经济体一览表。由于四舍五入,加总会有些出入。

数据来源:Thomson Scientific, SCI and SSCI, http://scientific.thomson.com/products/categories/citation/; ipIQ, Inc.; and National Science Foundation, Division of Science Resources Statistics, special tabulations.

录表 5 - 39，pp.A5 - 74)。这组数据表明,尽管美国可能比欧盟的 27 个国家创造的信息更少,但信息的质量可以认为达到了最高水准。在文章的增长率方面,很显然这种领导地位受到了冲击。1995~2005 年,亚洲 10 个国家的年增长率为 6.6%,而美国同期增长率仅为 0.6%,亚洲在未来一段时间内很可能超过美国的文章数量。

表 17.5　1995~2005 年所选地区科技出版物在世界范围内的占比

	论文数目	占总比	平均每年增长率
世界	709 541	100%	2.3
美国	205 320	29%	0.6
欧盟	234 868	33%	1.8
亚洲十国	144 767	20%	6.6

数据来源：*Science and Engineering Indicators*，2008，Appendix Table 5 - 34，pp.A5 - 57.

表 17.6　1995 年和 2005 年社会科学类论文产出排名（按国家或地区/经济体及所选社会科学广泛领域统计）

国家或地区/经济体	所有领域		工程学		化学		物理学		地球科学		数学		生物学		医学	
	1995	2005	1995	2005	1995	2005	1995	2005	1995	2005	1995	2005	1995	2005	1995	2005
美国	1	1	1	1	1	1	1	1	1	1	1	1	1	1	1	1
日本	2	2	2	3	2	3	2	2	5	3	8	7	3	2	3	3
英国	3	3	3	5	6	8	6	7	2	2	4	5	2	3	2	2
德国	4	4	4	6	3	4	3	4	6	5	3	4	4	4	4	4
中国	14	5	8	2	11	2	7	3	15	7	9	3	20	7	21	11
法国	5	6	6	7	5	6	5	6	4	6	2	5	5	5	5	7
加拿大	6	7	5	8	10	12	9	12	3	4	5	10	6	6	7	6
意大利	8	8	10	10	8	10	8	9	8	9	6	7	8	6	6	5
西班牙	11	9	15	12	9	9	11	11	11	10	8	11	9	11	11	10
韩国	22	10	13	4	15	11	15	9	35	19	24	12	29	13	31	14
澳大利亚	9	11	12	14	14	14	17	17	9	8	7	9	10	9	9	9
印度	12	12	9	11	7	7	10	10	13	12	17	21	14	12	19	20

（续表）

国家或地区/经济体	所有领域		工程学		化 学		物理学		地球科学		数 学		生物学		医 学	
	1995	2005	1995	2005	1995	2005	1995	2005	1995	2005	1995	2005	1995	2005	1995	2005
俄罗斯	7	13	7	13	4	5	4	6	8	11	7	9	9	18	22	28
荷兰	10	14	14	18	13	16	14	17	13	13	13	15	10	11	8	8
中国台湾	18	15	11	9	17	14	20	13	23	15	20	20	22	19	20	16
瑞典	13	16	16	18	18	21	18	19	12	18	15	18	12	14	10	12
巴西	23	17	25	16	25	15	21	15	24	16	23	19	15	15	24	17
瑞士	15	18	19	21	16	18	13	16	16	14	16	19	13	15	12	15
土耳其	34	19	26	17	29	20	37	25	29	21	44	27	34	24	25	13
波兰	19	20	18	20	12	13	12	14	27	29	14	14	25	23	8	26

注：首先按2005年全部论文产出数目排列国家或地区。论文数从科学引文索引（SCI）和社会科学引文索引（SSCI）所收录的一系列期刊中汇总得到。这些论文按照出版年份及论文上所标注的期刊社的地区（区域/国家/经济体）进行分类。那些国际合作的论文，要根据每人/机构在国际论文写作中的贡献来计算业绩。中国包含香港地区。

专利

专利活动的数据可以使我们对不同国家的发明成果进行全面对比。重大发明在东道国获得专利，在其他国家也一样。所以美国授予外国发明家的专利数量是那些国家发明水平的一项指标，而外国授予获得美国专利的美国发明家的专利的比例是比较外国发明家与美国发明家发明能力的衡量标准。图17.11a和图17.11b分别显示了被选择国家按照发明者的国籍划分的三元同族专利的数量和按照原产国划分的有效专利的数量。2005年，日本和美国申请专利的数量分别占全球有效专利数量的28%和21%。同样，从图17.11a中可以看出美国始终比其他国家生产和销售更多可用的专利。这体现了美国创新文化的存在。类似的，2001~2003年的数据显示美国拥有17.5%的国外发明（比1991~1993年的数据增长了5.5%）。然而，2001~2003 年美国发明的外资所有权比 1991~1993 年上升了 5.6%，从 8%上升至 13.6%。为了使图 17.11a 呈现的趋势持续下去，美国必须继续在基础研究和应用研究领域投资。

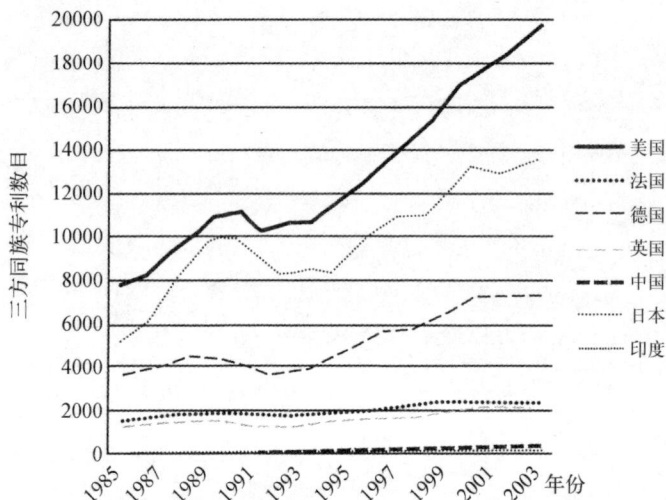

图 17.11a　1985~2003 年所选国家三方同族专利数目（按发明者国籍计）

注：那些国际合作完成的专利，每个国家按照其发明参与者的贡献来计算业绩。经济合作与发展组织（OECD）在 1998~2003 年时对若干项专利进行了评估。

数据来源：Appendix Tables 6 - 40 and 6 - 51. *Science and Engineering Indicators*, 2008, pp.A6 - 138. National Science Foundation，http：//www. nsf. gov/statistics/seind08.

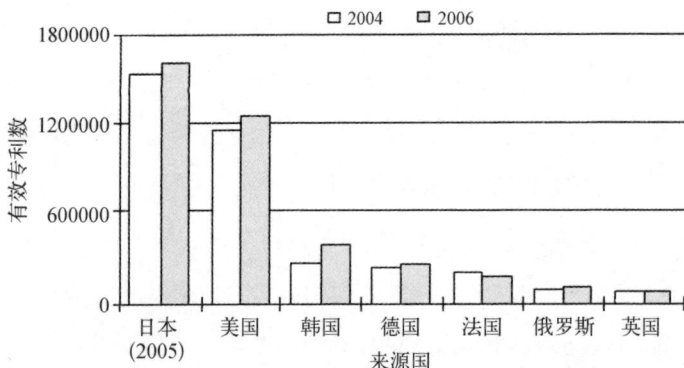

图 17.11b　2004~2006 年世界有效专利数（按来源国计）

可能表明美国创新情况的另一个关于专利活动的趋势是美国专利国外共同作者的数量：这种趋势可以以积极或消极的方式来看待。如果它反映了美国科学家超越国内边界，积极参与到更大的智力群中，从而实现全球化所付出的努力，这是一种积极的趋势。这将促进发展中国家技术转移的实现和科学知识的增加，从而进一步提高经济增长率，这又反过来促进了世界其他欠发达地区的新市场的形成。如果它反映了国外科学家取代美国科学家从事国内研究，进而推动美国科学联盟获得引用和适应国外发明创造能力的名声所付出的努力，这是一种消极的趋势。不管以哪种方式解释，经济合作与发展组织（OECD）专利数据库在 2007 年收集的信息显示国外共同作者的数量几乎翻番，从 20 世纪 90 年代早期的 6.7% 增长到世纪之交的 12.2%（OECD, 2009）。

经济活动

事实上，成功的发明和创新活动必然会提高以低成本生产商品和服务的能力。很明显，增长的生产率和相应的国民生活质量的改善都得益于研发活动。因而，可以用人均生产值来衡量科技对社会的影响。GDP 是衡量每个国家工业和个人的净增值。除了科学和技术的投入以外，每个雇员的 GDP 反映了这些因素：国家资源的获得、劳动力的专门技术、产业投资和许多其他社会和经济因素。在促进生产率提高的资源中，科学和技术已经被证明是重要的因素。所以 GDP 在某种程度上代表了一个国家的科技实力。图 17.12 显示的是在特定国家中每个雇员的 GDP。

17.6　创新的全球化远景

我们发现，我们许多竞争者，尤其是日本和德国，他们经历的每轮创新周

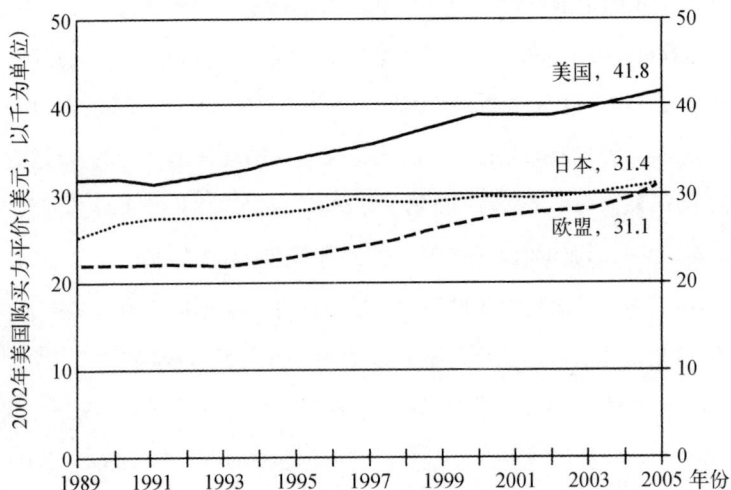

图 17.12　1989~2005 年美国、欧盟和日本人均国内生产总值

注：以 2005 年的物价水平，用 2002 年购买力平价将国内生产总值转化为以美元计算的形式。用年中人口统计计算人均国内生产总值。欧盟不包括保加利亚和罗马尼亚。

数据来源：Conference Board and Groningen Growth and Development Centre, Total Economy Database（January 2007），http：//www.ggdc.net/dseries/totecon.shtml. See appendix table 6－1. *Science and Engineering Indicators*, 2008.

期比美国的竞争者快得多。正如人们预期的那样，借助先进的生产率和最新的产品技术，一个企业可以在最短的时间内经过几轮创新周期建立起绝对的领先地位。企业缩短创新周期的战略不可避免地使他们更具竞争力，所以他们能在全球市场上居于主导地位。

　　另外，许多欧洲人感觉美国人比他们更容易适应和开发技术，而且在美国大学和企业之间存在良好的合作关系。依照戈德史密斯（Goldsmith, 1970, p.xvi）研究，美国人的技能在于更注重改良和利用，而不是创新。为了支持这种说法，他还给出了目前大量欧洲发明的例子，欧洲的发展已对美国的工程技术产生很大的影响：用来运输汽车的三层火车车厢（德国）、水平起重机（法国）、电镀玻璃的浮选法（英国）、氧气顶吹转炉（澳大利亚）、气垫船（英国）和基础数字计算机（英国）。

这是一种有趣的欧洲观点。许多来自美国和其他国家的关于发明的例子也同样有趣。让我们再看一些重大的科学成就,这可能会使我们的陈述更周全。

尽管美国具有改良和利用别的国家开发的技术的能力,让我们探讨一下美国创新和发明的能力。美国科学家在世界上的科学和技术文献(图 17.7 和表 17.5)、专利应用(图 17.11a)和获奖数量(图 17.13 和图 17.14)方面的份额说明美国科学家在发明和创造新知识方面的确是领先者。正如图 17.15 显示的那样,第二次世界大战后形成了一种趋势,美国的诺贝尔奖得主以非常快的速度增加。实际上,在从 1988~2008 年的二十年里,在化学、医药和物理领域的诺贝尔奖单独或共同获得者中,美国公民占了 88%(如图 17.13 显示)。在过去二十年授予的 61 个奖项中,有 31% 完全给了美国人(如图 17.14)。可能许多美国的科学家和工程师觉得,为了保持和提升美国的领先地位,需要进一步强调美国对研发的投资,这也是正确的。一定程度上现实却并非如此,许多人认为美国现在落伍了。导致目前美国创新能力降低、人才流入美国的数量减少的一个因素是其他国家的科学工作条件正在得到改善。

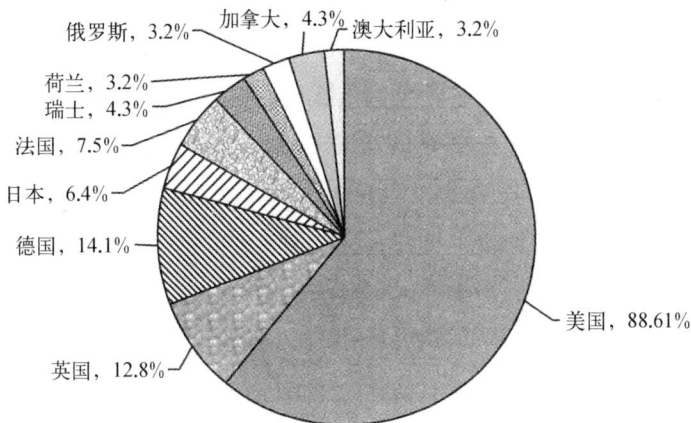

图 17.13　过去 20 年科学发现的诺贝尔奖获奖者占比(按国家统计;
包括物理学奖、化学奖以及生理学或医学奖)

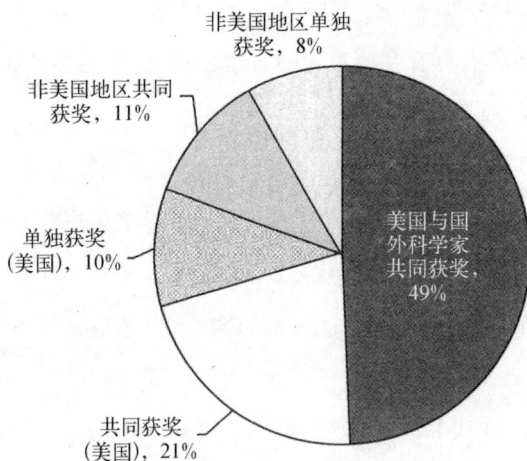

图 17.14　1988~2008 年美国获奖者与国外获奖者关系比例

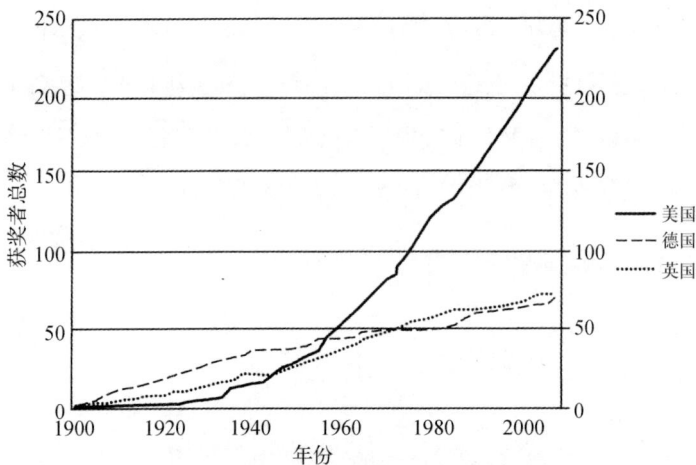

图 17.15　1901~2008 年诺贝尔奖获奖者总数（按国家统计）

　　但是，许多欧洲人认为美国研发和创新的氛围比其他大多数欧洲国家更好。下面就是一些例子（Charpie，1970，p.9）：

　　■ 美国的税法为高风险投资资本流向潜在创新者提供了保障，这些潜在创新者能够与充足的风险资本来源建立密切的联系。美国税法中关于资本利润的规定为高收入阶层的纳税人提供了一种刺激,即为预期的高利润低税率而承担巨大的投资风险。伴随着 1987 年的税收改革,这些规定当然也随之改变。

■ 美国有一种公开赞扬和肯定标新立异的成功人士的传统。另外,流动的、组织化程度低的美国社会技术上日臻成熟,易于接受新想法和发明。美国社会习惯于根据成就给予赞扬和威望,它不忽视一个选择跟制度作战的无名的新人所取得的成功。

■ 最重要的因素之一是,在美国,一个未来的企业家可以受到很多创业成功实例的鼓舞和熏陶。

比尔林斯(Billings)和雅布拉克(Yaprak)(1995)指出,发明(研发)效率可能是全球市场份额、货物和服务竞争中的一个重要因素。他们运用发明效率的多项指数对美国和日本的 14 个产业集团的研发效率进行了比较研究。这些指标是:

■ 研发资本的边际产品;

■ 全部因素生产率的变化率;

■ 研发对未来销售的影响;

■ 研发对未来价值增长的影响。

结果显示出美国和日本在产业团体之间发明效率的有趣差别。美国在食品、纺织、化学、橡胶、金属、人工金属和其他各种各样的制造业上,发明效率看起来相对比他们的日本对手更高。相反,日本在纸、石油、机器和科学工业设备方面比他们美国同行显示出更高的发明效率(Billings & Yaprak, 1995)。

根据 1995 年 11 月商务部技术政策办公室的一个报告(OTP),外资企业正在美国急剧增加研发开支,1993 年开支增加到 146 亿美元。与此同时,OTP说,美国企业也已经增加在国外的研发经费。从 1987~1993 年,研发经费增加了两倍,1993 年达到 98 亿美元(Rotman, 1995)。这种外资企业在美国进行研究的趋势日益明显,美国科学院的报告指出,2004 年美国外资企业的研发经费接近

300 亿美元。1999~2004 年,美国外商研发投资的增长率比国内企业在相似领域进行研发投资的增长率高 1.9%(*National Science Board*, 2008, pp.4－51)。

17.7 研发支出与科学政策

本节的信息和分析提供了工业化国家大量投资研发的概况。在基础和应用研究上的投资的重要性怎么强调都不过分。关于基础研究的重要性和技术创新对经济发展的影响的讨论可能为一个国家发展科学政策提供一些有用的信息。

科学政策是科学(通常指基础研究、应用研究和开发、创新)与政策(总体来说包括公共决策制定过程、总体指导方针、调整措施和重点资金)的联结。国家将依靠科学与技术企业的活力,重视与气候变化、就业增加、经济增长、能源和环境保护、人类健康、国防、买得起且能持续获得的食品供应等相关的一些最有挑战性的问题。

国家已经开发出面向科学技术的不同的投资方式,并制定了一系列能够将不同的构成部分整合在一起的政策。《在风暴集结上空升起》(*Rising above the Gathering Storm*, NAS, NAE, 2007)强调了科学家与工程师在这个领域发挥的重要作用,它指出:

> 自工业革命以来,对科学知识的追求、对工程方案的应用和持续的技术创新在很大程度上推动了全球经济增长。如今,美国和其他工业化国家的日常生活的重要部分,包括交通、通信、农业、教育、健康、安全和就业,都是对科学界和工程师研究和教育投资的成果。

国家工程院在近期的出版物中提出了一些关于全球经济和科学政策的有

趣问题(1993)。这个报告讨论了企业、大学和政府机关各自的角色,提出了进一步提高生产率和促进美国经济增长的目标和政策建议。很明显,本国技术企业的绩效,即创造、发展和有效利用新技术的整体能力,是提高经济效率和保持美国经济增长率的关键因素(National Academy of Engineering, 1993)。

以下是一些与科学技术有关的目标和政策建议(National Academy of Engineering, 1993)。

■ 促进整个美国经济具有商业价值的技术得到及时采用和有效利用;

■ 增加对研发的民间投资,缩小各种民间投资组合之间的差距;

■ 更有效地获取和利用外国技术,发展高技术市场,维护美国人民的利益;

■ 为联邦政府科技政策提供一个强有力的制度框架,以支持国家经济发展;将联邦政府的技术政策的制定实施与国家对内对外的经济政策整合起来。

总的来说,这些目标为创建、发展和有效利用新技术构建了一个宏伟蓝图,以促进生产率的提高和经济的持续增长。

研发支出与社会

对主要的工业化国家所做的研发投入的一项分析表明:每个国家的重点应放在它的需求上,优先权应该在社会的竞争性需求中确立。因为研发投入影响到创新过程,从而影响到用户可获得的产品和服务,所以研发投资本身在很大程度上决定了社会真正可行的选择。因此,一个国家的研发投入水平不能主要根据收益率去衡量。

弗里曼和索托(1997)认为:

科学和技术的发展必须找到其支持和理由,不仅仅是对竞争优势的期望,不管是国家的还是私人的,军用还是民用,更重要的是它要对社福利有更多贡献,视野要更为广阔。对研发的资助对这些基础目标极为重要。

考虑到许多共同性的问题和其他相关问题,产业和政府的研发投入有这样一种趋势:研发投入主要集中在短期项目上,而没有集中在环境和资源保护诸如此类的社会问题上。正如弗里曼和索托(1997)所指出的:

> 目前研发项目选择的技术过多地偏向技术性的和短期经济竞争的标准,无论是资本主义国家的经济,还是社会主义国家的经济都是如此。对于研究和社会实施来说,一个十分重要的问题是发展全新的选择和评估技术,这种技术既能用于私人部门又能用于公共部门。这些新技术应该考虑当今我们忽略的一些标准,像审美标准、工作满意标准、环境标准和社会的成本及收益。

只有当一个国家的科学政策明确地意识到市场的回报率不能恰当地解释基础研究或应用研究所需投资的时候,我们才会开始发展一个更广泛和更全面的投资观念。这种观念未必会带来研究方面更多的投资。相反,它可能会修改我们的一些优先权,也可能会得出对研发进行资金和人力资本投资的明确分析。

航空和国防研发支出

让我们来看一些重大研发活动的例子,这些重大活动集中于国家优先发展的领域,例如航空航天和国防。我们姑且不作任何政治上的评判,尽管这很重要,关注一下资金方面之外的其他投资是很有益的,比如为科研活动投入的人力资源。在评论"战略国防计划"时,诺贝尔奖获得者约翰·巴丁(John

Bardeen)认为：仅仅在这个研究项目上的投资要比政府对所有非军事方面的投资还要多，包括国家科学基金和国家卫生研究院。他认为国家或许在财政上能承担得起 300 亿元的投资，但是国家却承担不了将一流的科学人力资源全投入这些活动（Bardeen, Daily Illini, April 21, 1986）。他进一步评论 20 世纪 60 年代早期的相似情况：60 年代早期的"阿波罗计划"在技术上取得了重大成功，但是美国花在这个计划上的实际成本要远远大于财政上所显示的金额。因为在 60 年代航空航天产业迅速发展，满足了军事、航空航天的需求，并且从民用和其他民生行业中吸引了稀缺的一流人才。这为日本和德国等一些国家确立在民用产业和市场中的领先地位提供了机会。像"阿波罗"这样有影响力的项目在历史上引起了尖端技术人才的利用和供给上的忧虑，以至于航空航天和军事产业迅速增长；但从长期看，难以持续。60 年代早期到 70 年代早期这十年的迅速增长，使为航空航天而培训的工程师从宇航部门出来后找不到合适的工作。

没有人对国防的重要性表示怀疑，国防确实是一个国家最重要的优先领域之一，尤其是像美国这样的超级大国。但是，作为一项国家政策，不能仅仅考虑对空间和国防技术重大研究项目的财政投资，还应该考虑在这些科研活动中投入的人力资源。这些项目对合理使用科技人力资源的影响是不容忽视的。对这些问题的激烈争论似乎是必不可少的，以便适当地平衡各种不同的国家优先领域。这样的争论应该使我们考虑到制定这样一个科学政策：它除了财政方面的考虑外，还能够合理地将一流人才分配到不同的国家研发项目中。教育和培训计划可以培养出所需的技术人员，从而减少波动，基本国防需求和其他非军事需求将会得到满足。这将有助于制定一个更加持续的国防政策，这种政策对国家来说成本更为低廉，一方面是因为国家在发生重大投资转移时不会轻易放弃受过良好教育并且在满足军事需求上经验丰富的工程师和科学家们；另一方面是因为空间技术和国防技术的大型项目在启动和结束时常常发生的资源和人力浪费能够得到有效遏制。

在有冲突的优先领域中进行抉择

由于特殊项目(如超级对撞机)成本的增加,有一些评论认为:"大科学"危及并吞并了"小科学"。因此,在一定程度上,科学政策的制定将最终需要在国家的有冲突的优先领域中进行抉择。在作出这些抉择和制定国家科学政策方面,科学界应该发挥作用吗? 在国家科学院所做的一个演讲中,弗兰克·普雷斯(Frank Press, 1988)指出:"即使是第一次,我们也必须愿意在科学领域中提出优先领域……因为我们有知识、有责任、有能力这样做。我们应该接受这个挑战。"如果科学界不参与提出有关优先领域和制定国家科学政策,别人就会在没有评论分析和适当知识的情况下制定政策。这样一个国家科学政策,就不可能得到科学界的支持,公众的信任和国家财政上的长期支持。

在国家各项有冲突的需求中作出抉择,提出科学的优先发展领域的建议都必须有一组可信的评估标准。科学家本身和其他决策者自然会对这个标准中的各个要素各有侧重。但是,在这个标准的重大要素上,他们之间达成一致应该不太难。

达顿(Dutton)和克洛(Crowe)(1988)已经提出了一组评估标准(见表17.7),这组评估标准为每项主要要素设计了一系列的问题。他们建议每一个国家的重大研究项目都利用这些标准来评估,从而使研究项目之间的可比性有判断标准。

表17.7 国家重大研究项目的评估标准
科学价值
1. 科学目标和意义 　这个计划提出的关键性科学问题是什么? 　为什么在科学背景中这些问题具有重要意义? 　人们期望这个计划能在多大程度上解决这些问题?

（续表）

2. 受益范围

为什么本计划对相关学科是重要的？

计划中涉及的科学对其他学科有什么影响？

有没有可能解决学科内和学科之间的知识鸿沟？

3. 新发现和理解的可能

本计划将为探索大自然提出强大的新技术吗？除了先前那些关于精确度、灵敏度、广泛性以及光谱或动力学的测量数据以外，还有什么其他的进步？

是否有可能洞察先前不为人知的现象、过程或者相互作用？

本计划是否有助于回答一些基本性的问题，或者从理论上加深对基本结构或过程（比如宇宙、太阳系、地球和生命的起源与进化）的理解？

本计划如何促进对广泛发生的自然现象的理解，如何促进相关模型和理论的发展？

是否有可能发现新的科学规律、对自然规律的新解释，或者有关基本过程的新理论？

4. 独特性

提出这个计划的特殊原因是什么？能否用其他方式获得我们想要的知识？实现这个计划是否需要一个专门的时间表？

社会效益

1. 提高了人们的社会意识，改善了人类的条件

计划的目标涉及诸如人类福利、经济增长或国家安全这些更为广阔的公共目标吗？这些结果将帮助我们规划未来吗？

除了这个特殊的计划外，它有潜力促进其他技术发展吗？

这个计划将帮助公众了解自然世界，肯定科学的成就和目标吗？

2. 促进国际间的了解

这个计划促进了国际合作和了解吗？

这个计划是否含有某些可能影响与他国关系而需要特别注意的内容？

3. 为本国赢得了荣誉和声望

这个计划是如何为国家赢得声誉的？是如何把美国在科学和技术领域领先者的形象展示出来的？

这个计划为公众树立了自豪感，是因为其巨大的挑战，奋斗的激情还是成就本身？

与课题相关的内容

1. 可行性与所需准备

从技术上讲这个计划是可行的吗？

这个计划的成功需要新技术的发展吗？

对人们期望获得的数据，我们有周密的计划、足够的设备去接收、处理、分析、存储、发布和利用它们吗？

有适当的管理机构去发展和执行这个计划，并使它的结果达到最佳利用吗？

2. 科学后勤和基础设施

特殊设备和实地测试的长期需求是什么？

从当前和长期来看，支持这个计划以及数据的处理与分析，对基础设施有什么要求？

3. 科学家团体的承诺与准备

有一个卓越的科学家团体保证这个计划的成功吗？

用什么方式可以使这个科学家团体参与到这个计划的执行中和结果的分析中？

4. 制度上的含义

这个计划如何促进研究和教育？

这个计划将为大学、联邦政府的实验室和企业承包者提出什么样的机遇和挑战？

这个计划对联邦政府支持的科学研究将有什么影响？是否需要增加某些项目？现存的科研项目是否会因为本计划的成功而被削减？

（续表）

5. 国际介入
   这个计划对吸引其他国家的一流科学家和科学团体参与提供了诱人的机会。
   其他国家或国际组织是否承诺过支持本课题研究?
6. 提出这个计划的成本
   每年总直接成本是多少?
   每年联邦政府的预算总成本是多少?
   总成本的多大比例将由其他国家能承担?

资料来源：J. A Dutton, and L. Crowe（1988）. Setting priorities among scientific initiatives. *American Scientist*, Journal of Sigma xi, 76, 600－601, Reprinted by permission.

根据每个国家在历史特定时期的优先领域,需要制定一项经过深入思考的、影响深远的、有远见的战略,建立评估研究项目对国家重要性的标准。

17.8 总 结

总之,科学和技术是紧密相关的。研发投入对经济的发展和持续增长是必不可少的。对各种在资金使用上有冲突的项目的支持程度取决于其社会收益。目前几乎没有什么线索可以证明：在美国,增加对研发的投入所带来的收益大于社会上资金有竞争性用途的收益。

在本章的结尾我们讨论的话题,即对研发支出和科学政策的看法,自然是仁者见仁,智者见智,各有不同。有关科学政策和研究投入的公共决策会影响开展研究可利用的资源,也会影响到研究的侧重点。因此,需要再次强调科学家和工程师要参与到决策制定的过程中,并使之制度化,同时,决策制定的过程也要考虑到各种有冲突的需求之间的折中平衡。

美国的科学家和工程师构成了美国选民中不可忽视的一部分。他们的人数超过 140 万人,在一个过半数人口都常常不参与投票的国家里,他们可以在某些选举中起到关键作用。这里的数据表明：美国在科学界的领先地位正在下降。而且,美国在那些对技术创新副产品很少的研究领域投入太多,而其他的国家,像日本正在培训比美国更多的工程师,人均发明的专利数更多,在"外溢"大的领域做了更多的研究。这种趋势必须得到改变。在一个民主国家,这种改变来自相关选民的关注。正是你,本书的读者,以及许多像你一样的人,能够发起这场所需政策的变革。

17.9　课堂讨论问题

(1) 独特的创新(例如望远镜)与自保的创新过程(例如芯片)之间的区别在未来是否有可能会模糊?科学(理解基础机制)和创新过程(知识的社会利用)的作用在未来将有可能如何变化?

(2) 索罗认为产量增加的 7/8 归因于技术的变革;如果一个国家减少了研发投资将可能产生什么影响?

(3) 本章提出了政府投资于基础研究的四个原因。你认为政府支持基础或应用研究的其他原因是什么?

(4) 美国政府将超过一半的研发预算用于国防,这是一种合理的公共政策吗?如何使这项投资服务于更广泛的国家需求?

(5) 你将采用什么标准来判断一个国家在科学方面是否发展良好?为什么?

(6) 国际专利政策和税收规则的改变将如何影响一个国家科学活动的数量和研发投资?

(7) 如何制定研究项目的优先领域来满足重要的国家需求?

参考文献

Advancing Science, Serving Society (AAAS). (2007 and 2008). Annual R&D Report AAAS. org.

Albert, R. (1983). The cultural sensitizer or cultural assimilator, eds In D. Landis and R. Brislin (Eds.). *Handbook of Intercultural Training*, 2, 186 – 217. New York: Pergamon.

Alderfer, G. P. (1972). *Existence, Relatedness and Growth*. New York: Free Press.

Allen, T. J. (1970). Communication networks in research and development laboratories. *R&D Management*, 1, 14 – 21.

Allen, T. J. (1977). *Managing the Flow of Technology: Technology Transfer and the Dissemination of Technological Information within the Research and Development Organization*. Cambridge, MA: MIT Press.

Allen, T. L., M. L. Tushman, and D. M. S. Lee (1979). Technology transfer as a function of position in the spectrum from research through development to technical services. *Academy of Management Journal*, 22(4), 694 – 708.

Amabile, T. M. (1998). How to Kill Creativity. *Harvard Business Review*, 17 – 26 (September – October).

Andrew, J. P, H. L. Sirkin, K. Haanaes, and D. C. Michael (2007). Innovation 2007: A BCG Senior Management Survey, 1 – 32. Boston, MA: Bostonf Consulting Group.

Andrews, F. M. (1979). Motivation, diversity and the performance of research units. In F. M. Andrews (Ed.). *Scientific Productivity*. New York:

Cambridge University Press.

Andrews, F. M., and G. F. Farris (1967). Supervisory practices and innovation in scientific terms. *Personnel Psychology*, 20, 497 - 515.

Andrews, K. A. (1980). The concept of corporate strategy. Eds., H. Mintzberg and J. B. Quinn. In: *Readings in the Strategy Process*, 3rd Edition, 3 - 10. New Jersey: Prentice Hall (1998).

Ang, S., and L. Van Dyne (2008). *Handbook of cultural intelligence: Theory, measurement, and applications.* London, England: M. E. Sharpe.

Anthes, G. (2008). The new face of R&D. *Computerworld*, 32 - 33 (August 11).

Anthony, R. N., and D. W. Young (2002). *Management Control in Non-Profit Organizations*, 7th ed. McGraw-Hill Higher Education.

Anthony, S. D., M. W. Johnson, and J. V. Sinfield (2008). Institutionalizing Innovation. *MIT Sloan Management Review*, 45 - 53 (Winter).

Armstrong, J. A. (1994). "Rethinking the PhD. " Issues in Science and Technology, 19 - 22 (Summer).

Arrow, K. J. (1974). *Essays in the Theory of Risk-Bearing.* Amsterdam: North-Holland; New York: American Elsevier.

Arvey, R. D., and C. W. Neel (1974). Moderating effects of employee expectancies on the relationship between leadership consideration and job performance of engineers. *Journal of Vocational Behavior*, 4 (2), 213 - 222 (April).

Arvey, R. D., H. D. Dewhirst, and J. C. Boling (1976). Relationships between goal clarity, participation in goal setting, and personality characteristics on job satisfaction in a scientific organization. *Journal of Applied Psychology*, 61(1), 103 - 105.

Atchison, T., and T. W. French (1967). Pay systems for scientists and engineers. *Industrial Relations*, 7, 44 - 56.

Baddoo, N., T. Hall, and D. Jagielska (2006). *Software Developer Motivation in a High Maturity Company: A Case Study*, 219 - 228. Systems and Software Research Group, School of Computer Science, University of Hertfordshire, Hatfield, UK: John Wiley & Sons.

Bailyn, L. (1984). Autonomy in the Industrial R&D Lab. Unpublished paper, Sloan School of Management, Massachusetts Institute of Technology, TR - DNR -#30.

Bailyn, L., and J. T. Lynch (1983). Engineering its difficulties. *Journal of Occupational Behavior*, 7, 263 - 283.

Balkin, D. B., and L. R. Gomez-Mejia (1984). Determinants of R&D compensation strategies in the high tech industry. *Personnel Psychology*, 32, 635 - 650.

Banker, B., M. Houlette, K. M. Johnson, and E. A. McGlynn (2000). Reducing intergroup conflict: from superordinate goals to decategorization, recategorization, and mutual differentiation. *Group Dynamics*, 4 (1), 98 - 114 (March).

Bardeen, J. (1986). *Daily lllini* (April 21, 1986).

Barron, F. (1969). *Creative Person and Creative Process*. New York: Holt, Rinehart & Winston.

Barsh, J. (2008). Innovation management: a conversation with Gary Hamel and Lowell Bryan. *McKinsey Quarterly*, 1, 27 - 28.

Bass, B. (1985). *Leadership and Performance Beyond Expectation*. New York: Macmillan.

Baumgartel, H. (1957). Leadership style as a variable in research administration. *Administrative Science Quarterly*, 2, 344 - 360.

Baumol, W. J., R. E. Litan, and C. J. Schramm (2007). *Good Capitalism, Bad Capitalism, and the Economics of Growth and Prosperity*, 90, 263. New Haven CT.: Yale University.

Becker, L. J. (1978). Joint effect of feedback and goal setting on performance: A field study of residential energy conservation. *Journal of Applied Psychology*, 63, 428 - 433.

Bell, J., R. Herman, and C. Sutton (1986). The acid test of innovation. *New Scientist*, 6, 34 (March).

Bennis, W. (1984). The four competencies of leadership. *Training and Development Journal*, 38(8), 14 - 19 (August).

Berger, P. L., and T. Luckmann (1966). *The Social Construction of Reality: A Treatise in the Sociology of Knowledge*, Garden City, NY: Anchor Books.

Berson, Y., and J. D. Linton (2005). An examination of the relationships between leadership style, quality, and employee satisfaction in R&D versus administrative environments. *R&D Management*, 35(1), 51 - 60 (January).

Bertrand, R. (1972). *History of Western Philosophy*. London and New York.

Billings, B. A., and Yaprak, A. (1995). Inventive efficiency: how the U. S. compares with Japan. *R&D Management*, 25(4), 365 - 376.

Bishop, J. M. (1995). Enemies of promise. *Wilson Quarterly*, 19(3), 61 - 65 (Summer).

Black, J. S., and M. Mendenhall (1990). Cross-cultural training effectiveness: A review and theoretical framework for future research. *Academy of Management Review*, 15, 113 - 136.

Blake, R. R., and J. S. Mouton (1986). From theory to practice in intergroup problem solving. In S. Worchel and W. G. Austin (Eds.). *Psychology of Intergroup Relations*, 67 - 82. Chicago: Nelson-Hall.

Blake, S. P. (1978). Managing for Responsive Research and Development. San Francisco: W. H. Freeman.

Bok, D. C. (1984). *Beyond the Ivory Tower.* Cambridge, MA: Harvard University Press.

Bondi, H. (1967). *Assumption and Myth in Physical Theory.* Tamer Lectures. New York: Cambridge University Press.

Boring, E. G. (1957). *A History of Experimental Psychology.* New York: Appleton-Century-Crofts.

Bosomworth, C. E. (1995). How 26 companies manage their central research. *Research Technology Management*, 38(3), 32 - 40 (May - June).

Brady, D. (2005). The Immelt Revolution. *Businessweek* 3/28, (3926), 64 - 73.

Brickman, P., J. A. M. Linsenmeier, and A. G. McCameins (1976). Performance enhancement by relevant success and irrelevant failure. *Journal of Personality and Social Psychology*, 33, 149 - 160.

Brooks, H. (1968). *The Government of Science.* Cambridge, MA: MIT Press.

Brooks, H. (1973). Knowledge and action: The dilemma of science policy in the '70s. *Proceedings of the American Academy of Arts and Sciences I*, 102(2), (Spring 1973): The search for knowledge.

Brooks, H. (1994a). Current criticisms of research universities. In J. R. Cole, E. G. Barber, and S. R. Gaubard (Eds.). *The Research University in a Time of Discontent.* Baltimore: Johns Hopkins University Press.

Brooks, H. (1994b). *Science and Government Report*, 23(3). Washington, D. C. (February).

Brown, T. (2008). Design Thinking. *Harvard Business Review*, 90 (June).

Burgelman, R. A., C. M. Christensen, and S. C. Wheelwright (2009). *Strategic Management of Technology and Innovation*, 5th Edition. Boston: McGraw-Hill Irwin.

Busch, P., K. Venkitachalam, D. Richards (2008). *Knowledge and Process Management Business and Change and Re-engineering*, 15 (1), 45 – 58. John Wiley & Sons.

Bush, V. (1945). *Science, the Endless Frontier.* Report to the President on a program for postwar scientific research. Washington, D.C.: U. S. Government Printing Office.

Carlson, C. R., and W. W. Wilmot (2006). *Innovation: The Five Disciplines for Creating What Customers Want*, 13. New York: Random House.

Carson, J. W., and T. Rickards (1979). *Industrial New Product Development: A Manual for the 1980s.* New York: Gower Press.

Cetron, M. J. (1973). Technology transfer: Where we stand today. *Joint Engineering Management Congress 21st*, 11 – 28.

Chakrabarti, A. K., and R. D. O'Keefe (1977). A study of key communicators in research and development laboratories. *Group and Organization Studies*, 2, 336 – 346.

Chan, M. (1981). Intergroup conflict and conflict management in R&D divisions of four aerospace companies. *Dissertation Abstracts International*, 42, 1767.

Charpie, R. A. (1970). Technological innovation and the international economy. In M. Goldsmith (Ed.). *Technological Innovation and the Economy*, 1 – 10. London: Wiley-Interscience.

Cheng, J. L. C. (1984). Paradigm development and communication in scientific settings: A contingency analysis. *Academy of Management Journal*, 27, 870 – 877.

Chesbrough, H. W., and M. M. Appleyard (2007). Open Innovation and Strategy. *California Management Review*, 50(1), 57 – 76.

Chifos, C., and R. K. Jain (1997). A comprehensive methodology for evaluation of the commercial potential of technologies: The strategic technology evaluation method, 1997. *International Journal of Industrial Engineering*, 4(4), 220 – 235.

Chinowsky, P. S. (2001). Strategic Management in Engineering Organizations. *Journal of Management in Engineering*, 17(2), 60 – 69 (March/April).

Christensen, C. M. (1997). *The Innovator's Dilemma*, 208 – 209. Boston: Harvard Business School Press.

Cialdini, R. B. (1985). *Influence*. Glenview, IL: Scott, Foresman.

Cohen, H., S. Keller, and D. Streeter (1979). The transfer of technology from research to development. *Research Management*, 22 (3), 11 – 17 (May).

Cohen, W. M., R. R. Nelson, J. P. Walsh (2002). Links and Impacts: The Influence of public Research on Industrial R&D. *Management Science*, 48(1), 1 – 23.

Cole, J. R., E. G. Barber, and S. R. Graubard (1994). *The Research University in a Time of Discontent*. Baltimore: Johns Hopkins University Press.

Colyvas, J., M. Crow, A. Gelijns, R. Mazzoleni, R. R. Nelson, N. Rosenburg, and B. N. Sampat (2002). How Do University Inventions Get into Practice? *Management Science*, 48(1), 61 – 72.

Comstock, D. A., and D. Lockney (2007). "NASA's Legacy of Technology Transfer and Prospects for Future Benefits", AIAA Space Conference and Exposition. Long Beach, California (September).

Cooper, R. G., and E. J. Kleinschmidt (1986). An investigation into the new product process: steps, deficiencies, and impact. *Journal of Product Innovation Management*, 3, 71 - 85.

Cordero, R., N. Ditomaso, and G. F. Farris (1996). Gender and race/ethnic composition of technical work groups: Relationship to creative productivity and morale. *Journal of Engineering and Technology Management*, 13 (3 - 4), 205 - 221 (September - December).

Cuadron, S. (1994). Motivating creative employees calls for new strategies. *Personnel Journal.* 73(5), 103 - 106 (May).

Cunningham, J. B. (1979). The management system: Its functions and processes. *Management Science*, 25(7), 657 - 670.

Cutler, G. (2007). Hank Shakes the Technical Ladder. *Research - Technology Management*, 67 - 68 (May - June).

Dabbah, R. (1999). *Total R&D Management*, 247. Interpharm Press.

Daft, R. L., and K. E. Weick (1984). Toward a model of organizations as interpretation systems. *Academy of Management Review*, 9, 284 - 295.

Dalton, G. W. (1971). Motivation and control in organizations. In G. W. Dalton and P. R. Davila, T. M. J. Epstein, and R. Shelton (2006). *Making Innovation Work*, 278 - 279 (stage gate - pp.276 - 278). Upper Saddle River, NJ: Wharton School Publishing.

Davis, E. E., and H. C. Triandis (1971). An experimental study of black-white negotiations. *Journal of Applied Social Psychology*, I, 240 - 262.

Davis, P., and M. Wilkof (1988). Scientific and technical information transfer for high technology: Keeping the figure in its ground. *R&D Management*, 18(1), 45 - 58.

Debackere, K., D. Buyens, and T. Vandenbossche (1997). Strategic career development for R&D professionals: Lessons from field research. *Strategic career development for R&D professionals: Lessons from field research.* 17(2), 53 - 62. Elsevier Technovation.

DeDreu, C. K. W., and M. J. Gelfand (2008). *The psychology of conflict and conflict management in organizations.* New York: Lawrence Erlbaum Associates.

Dehoff, K., and V. Sehgal (2007). Innovators without Borders. Strategy + Business, 44. Booz Allan Hamilton/NASSCOM.

Desouza, K. C., C. Dombrowski, Y. Awaza, P. Baloh, S. Papagari, J. Y. Yim, and S. Jha (2007). The Five Stages of Successful Innovation. *MIT Sloan Management Review*, 48(3), 8 - 9.

Dodgson, M., D. Gann, and A. Slater (2006). The role of technology in the shift towards open innovation: the case of Proctor & Gamble. *R&D Management*, 36(3), 333 - 346.

Dougherty, D., and C. Hardy (1996). Sustained innovations in large, mature organizations: Overcoming innovation-to-organization problems. *Academy of Management Journal* 39(5): 1120 - 1153.

Doz, Y., J. Santos, and P. Williamson (2001). *From Global to Metanational: How Companies Win in the Knowledge Economy.* Boston: Harvard Business School Publishing.

Dmcker, P. F. (2002). The Discipline of Innovation. *Harvard Business Review*, 95 - 103 (August).

Dunnette, M., J. Campbell, and K. T. Jaastad (1963). The effect of group participation on brainstorming effectiveness for two industrial samples. *Journal of Applied Psychology*, 47, 30 - 37.

Dutton, J. A. and L. Crowe (1988). Setting priorities among scientific initiatives. *American Scientists*, 76, 599 - 603 (November - December).

Earley, P. C., and S. Ang (2003). *Cultural intelligence: Individual interactions across cultures.* Palo Alto, CA: Stanford University Press.

Eisenhardt, K. M. (1997). Strategic decisions and all that jazz. *Business Strategy Review*, 8(3), 1 - 4.

Emst and Young (2007). *Acceleration: Global Venture Capital Insights Report 2007.*

Evan, W. M. (1965a). Superior-subordinate conflict in research organizations. *Administrative Science Quarterly*, 10, 51 - 64.

Evan, W. M. (1965b). Conflict and performance in R&D organization: Some preliminary findings. *Independent Management Review*, 7, 37 - 46.

Ewing, J. (2008). How Nokia Users Drive Innovation. *European Innovation* (April 30).

Farris, G. F. (1982). The technical supervisor. Beyond the Peter Principle. In M. L. Tushman and W. L. Moore (Eds.). *Readings in The Management of Innovation*, 337 - 348. Boston: Pitman Publishing.

Feder, B. (2001). Eureka! Labs with Profits. *New York Times*, September 9, 2001.

Fiedler, F. E. (1967). A *Theory of Leadership Effectiveness.* New York: McGraw-Hill.

Fiedler, F. E. (1986a). The contributions of cognitive resources and leader behavior to organizational performance. *Journal of Applied Psychology*, 16, 532 - 548.

Fiedler, F. E., C. M. Bell, M. M. Chemers, and D. Patrick (1984). Increasing mine productivity and safety through management training and organizational development: A comparative study. *Basic and Applied Social*

Psychology, 5, 1 – 18.

Fiedler, F. E., M. Chemers, and L. Mahar (1977). *Improving Leadership Effectiveness: The Leader-Match Concept*. New York: Wiley (2nd ed. 1984).

Fiedler, F. E., W. A. Wheeler, M. M. Chemers, and D. Patrick (1987). Managing for mine safety. *Training and Development Journal*, 40 – 43 (September).

Fineman, S. (1980). Stress among technical support staff in research and development. In C. L. Cooper and J. Marshall (Eds.). *White Collar and Professional Stress*, 211 – 231. New York: Wiley.

Fisher, W. A. (1980). Scientific and technical information and the performance of R&D groups. In B. V. Dean and J. L. Goldhar (Eds.). *Management of Research and Innovation. TIMS Studies in the Management of Sciences*, 15, 135 – 150. New York: North-Holland.

Florida, R. (2002). *The Rise of the Creative Class*. New York: Basic Books.

Foa, U., and E. Foa (1974). *Societal Structures of the Mind*. Springfield, IL: Thomas.

Francis, D., and D. Young (1979). *Improving Work Groups*, 2nd ed. San Diego, CA: University Associates (1992).

Franza, R. M., and K. P. Grant (2006). Improving Federal to Private Sector Technology Transfer. *Research-Technology Management*, 36 – 40.

Freeman, C., and L. Soete (1997). *The Economics of Industrial Innovation*, 3rd ed. London: Franes Pinter.

Freeman, J., and J. S. Engel (2007). Models of Innovation: Start ups and Mature Corps. *California Management Review*, 50(1), 93 – 119 (Fall 2007).

Freiberg, P. (1995). Creativity is influenced by our social networks. *Monitor*, American Psychological Association, 21 (August).

French, J. R. P., and R. D. Caplan (1973). See T. Keenan (1980) for summary.

Friedman, L. (1992). Cognitive and interpersonal abilities related to the primary activities of R&D managers. *Journal of Engineering and Technology Management*, 9(3), 211 – 242 (December).

Gales, L. (2008). The role of culture in technology management research: National Character and Cultural Distance frameworks. *Journal of Engineering and Technology Management*, 25 (1 – 2), 3 – 22 (March – June).

Gardner, H. (1983). *Frames of Mind.* New York: Basic Books.

Gardner, H. (1999). *Intelligence Refrained.* New York: Basic Books.

Glynn, M. A. (1996). Innovative genius: A framework for relating individual and organizational intelligences to innovation. *Academy of Management Journal*, 21(4), 1081 – 1111.

Goldsmith. M. (1970). Introduction. *Technological Innovation and the Economy.* London: Wiley-Interscience.

Goleman, D. (1998). *Working with Emotional Intelligence.* New York: Bantam Books.

Gordon, W. J. (1968). *Synectics: The Development of Creative Capacity.* New York: MacMillan Publishing Company.

Gostick, A., and S. Christopher (2008). *The Levity Effect: Why It Pays to Lighten Up.* Hoboken, NJ: John Wiley & Sons.

Govindarajan, V., and S. Bagchi (2008). *The emotionally bonded organization: why emotional infrastructure matters and how leaders can build it.* Tuck School of Dartmouth College. Working Paper.

Gratzer, W. (2000). *The undergrowth of science: Delusion, self-deception, and human frailty.* Oxford, England: Oxford University Press.

Griffin, A., and J. R Hauser (1992). The Marketing and R&D Interface. Sloan WP# 3350 - 91 - MSA, MIT.

Griffiths, P. A. (1993). Science and the Public Interest, *The Bridge*, 23(3), 3 - 14. National Academy of Engineering (Fall).

Grove, A. (1996). *Only the Paranoid Survive.* New York: Random House.

Guetzkow, H. S., and P. Bowman (1946). *Men and Hunger: A Psychological Manual for Relief Workers.* Elgin, IL: Brethen.

Gumusluoglu, L., and A. Ilsev (2007). Transformational leadership, creativity, and organizational innovation. *Journal of Business Research*, Articles in press, Corrected Proof (March).

Hackman, R. (1987). The design of work teams. In: J. Lorsch (Ed.). *Handbook of Organizational Behavior.* Prentice Hall, Englewood Cliffs, NJ, 315 - 342.

Hackman, J. R., and G. Oldham (1980). *Work Redesign.* Reading, MA: Addison-Wesley.

Hall, D. T., and R. Mansfield (1975). Relationships of age and security with career variable of engineers and scientists. *Journal of Applied Psychology*, 60, 201 - 210.

Hamm, S., and W. C. Symonds (2007). Mistakes Made on the Road to Innovation. *Businessweek* (September 14).

Hanson, D. J. (1994). Academic earmarks scorned by lawmakers, defended by universities. *Chemical & Engineering News*, 72(40), 22 - 24 (October).

Harryson, S. J. (2008). Entrepreneurship through relationships: Navigating from creativity to commercialization. *R&D Management*, 38(3), 290 - 310.

Hax, A. C., and N. S. Maljuf (1996). *The Strategy Concept and Process: A Pragmatic Approach.* Englewood Cliffs, NJ: Prentice Hall.

Hensey, M. (1991). Essential success factors for strategic planning. *Journal of Management in Engineering* (ASCE), 7(2), 167 – 177.

Herbold, R. J. (2002). Inside Microsoft: Balancing Creativity and Discipline. *Harvard Business Review*, 73 – 79 (January).

Herold, D. M., and C. K. Parsons (1985). Assessing the feedback environment in work organizations: Development of the job feedback survey. *Journal of Applied Psychology*, 70, 290 – 305.

Hersey, P., K. H. Blanchard, and D. E. Johnson (2007). Management of Organizational Behavior, 9th ed. Englewood Cliffs, NJ: Prentice-Hall.

Hindo, B. (2007). At 3M, A Struggle between efficiency and creativity. *Businessweek*, (4038), 8 – 14.

Hobday, M. (2005). Firm-level Innovation Models: Perspectives on Research in Developed and Developing Countries. *Technology, Analysis and Strategic Management*, 17(2), 121 – 146.

Holt, K., H. Geschka, and G. Peterlongo (1984). *Need Assessment.* New York: John Wiley & Sons.

Howard, W. G., and B. R. Guile (Eds.) (1992). *Profiting From Innovation.* National Academy of Engineering. New York: Free Press.

Hritz, C. (2008). Change Model: Three stages to success. *Leadership Excellence*, 15 (May).

Hughes, K. (1986). *Balancing Act: How One Manager Walks the Narrow Line Between Corporate Goals and Basic Research.* New York: Wall Street Journal.

Iansiti, M. (1995). Technology integration: Managing technical evolution in a complex environment. *Research Policy*, 24(4), 521 – 542 (July).

Ilgen, D. R., C. D. Fisher, and M. S. Taylor (1979). Consequences of individual feedback on behavior in organizations. *Journal of Applied Psychology*, 64(4), 349 – 371.

Isen, A. M., et al. (1985). The influence of positive effect on the unusualness of word associations. *Journal of Personality and Social Psychology*. 48, 1413 – 1426.

Jabri, M. M. (1992). Job satisfaction and job performance among R&D scientists: The moderating effects of perceived appropriateness of task allocation decisions. *Australian Journal of Psychology*, 44, 95 – 99.

Jackson, S. E., and R. S. Schuler (1985). A meta-analysis and conceptual critique of research on role ambiguity and role conflict in work settings. *Organizational Behavior and Human Decision Process*, 36, 16 – 78.

Jain, R. K., L. V. Urban, and G. S. Stacey (1980). *Environmental Impact Analysis — A New Dimension in Decision Making*. New York: Van Nostrand Reinhold.

Janis, I. L. (1972). *Victims of Groupthink: A Psychological Study of Foreign-Policy Decisions and Fiascoes*. Boston: Houghton Mifflin.

Janis, I. L. (1982). *Victims of Groupthink: A Psychological Study of Foreign-Policy Decisions and Fiascoes*, 2nd ed. Boston: Houghton Mifflin.

Jaques, E. (1961). *Equitable Payment*, New York: Wiley (2nd ed., 1970).

Jaruzelski, B., and K. Dehoff (2007). The Customer Connection: The Global Innovation 1000. Strategy + Business, Booz Allen Hamilton, 1 – 16.

Jones, O. (1994). Establishing the determinants of internal reputation: The case of the R&D scientists. *R&D Management*, 24(4), 325 – 339 (October).

Joshi, A., and Matocchio, J. J. (2008). Compensation and reward systems in a multicultural context. In D. L. Stone, and E. F. Stone-Romero (Eds.). *The influence of culture on human resources management processes and practices*,

181 - 205. New York: Psychology Press.

Jurgensen, C. E. (June 1978). Job preferences (What makes a job good or bad?). *Journal of Applied Psychology*, 63(3), 267 - 276.

Kalleberg, A. L. (2007). *The Mismatched Worker.* New York: W. W. Norton, 2007.

Kanfer, F. H. (1988). Contributions of a self-regulation model to the conduct of therapy. Invited address to the Midwestern Psychological Association, Chicago (April 28).

Kanter, R. M. (2006). *Innovation: The Classic Traps*, 84(11), 73 - 83. Harvard Business Review.

Kao, J. (2007). *Innovation Nation.* New York: Free Press.

Kassicieh, S., R. Radosevich, and J. Umbarger (1996). A comparative study of entrepreneurship incidence among inventors in national laboratories. *Entrepreneurship Theory and Practice*, 33 - 49 (Spring).

Katz, D., and R. Kahn (1980). *The Social Psychology of Organizations.* New York: Wiley.

Katz, R., and M. Tushman (1979). Communication patterns, project performance, and task characteristics: An empirical evaluation and integration in an R&D setting. *Organizational Behavior & Human Performance*, 23(2), 139 - 162 (April).

Katz, R., and M. Tushman (1981). An investigation into the managerial roles and career paths of gatekeepers and project supervisors in a major R&D facility. *R&D Management*, 11(3), 103 - 110.

Katz, R., and T. J. Allen (1982). Investigating the not invented here (NIH) syndrome: A look at the performance, tenure, and communication patterns of 50 R&D project groups. *R&D Management*, 12(1), 7 - 19.

Katz, R. and T. J. Allen (1985). Project performance and the locus of influence in the R&D matrix. *Academy of Management Journal.* 28, 67 - 87.

Katzenbach, J. and D. Smith (1993). The discipline of teams. *Harvard Business Review*, 7(2): 111 - 120.

Keenan, T. (1980). Stress and the professional engineer. In D. C. Cooper and J. Marshall (Eds.). *White Collar and Professional Stress*, 189 - 210. New York: Wiley.

Keeney, R. L., and H. Raiffa (1993). *Decisions with Multiple Objectives: Preferences and Value Tradeoffs*, 6 and 68. New York: Wiley.

Keller, R. T. (1994). Technology-information processing fit and performance of R&D project groups: A test of contingency theory. *Academy of Management Journal*, 37, 167 - 179.

Keller, R. T. (1995). "Transformational" leaders make a difference. *Research Technology Management*, 38(3), 41 - 44 (May - June).

Keller, R. T., and W. E. Holland (1975). Boundary-spanning roles in a research and development organization: An empirical investigation. *Academy of Management Journal*, 18(2), 388 - 393 (June).

Kennedy, D. (1994). Making choices in the research university. In J. R. Cole, E. G. Barber, and S. R. Graubard (Eds.). *The Research University in a Time of Discontent*, 85 - 114. Baltimore: Johns Hopkins University Press.

Kim, B., and Oh, H. (2002). An effective R&D performance measurement system: survey of korean R&D researchers. *Omega*, 30(1), 19(13) (February).

Kim, W. C., and R. Mauborgne (2005). Blue ocean strategy: from theory to practice. *California Management Review*, 74(3), 105 - 121.

Kruger, J., and R. W. Clement (1994). The truly false consensus effect: An ineradicable egocentric bias in social perception. *Journal of Personality and Social*

Psychology, 67, 596 – 610.

Landis, D., J. Bennett, and M. Bennett (2003). *Handbook of Intercultural Training*, 3rd ed. Thousand Oaks, CA: Sage.

Landis, D., and R. Bhagat (1996). *Handbook of Intercultural Training*, 2nd ed. Thousand Oaks, CA: Sage.

Landis, D., and R. Brislin (1983). *Handbook of Intercultural Training*, 3 vols. Elmford, NY: Pergamon.

Lane, N. (1996). *Thin Ice Over Deep Water: Science and Technology in a Seven Year Downsizing.* Remarks at the American Astronomical Society Meeting (January 15).

Langer, E. (1983). *The Psychology of Control.* Beverly Hills, CA: Sage.

LaPorte, T. R. (1967). Conditions of strain and accommodation in industrial research organizations. *Administrative Science Quarterly*, 12, 21 – 38.

Lawler, E. E. (1973). *Motivationin Work Organizations*, 9. Monterey, CA: Brooks/Cole.

Lawler, E. E., III (1991). *High Involvement Management:* Participative Strategies for Improving Organizational Performance. Proquest Info and Learning.

Lawrence, P. B., and W. J. Lorsch (1967). *Organization and Environment*, Boston: Harvard University Press (rev. ed., 1986).

Lea, D., and R. Brostrom (1988). Managing the high-tech professional. *Personnel*, 65(6): 12 – 22.

Ledgerwood, A., and Chaiken, S. (2007). Priming us and them: Automatic Assimilation and Contract in Group Attitudes. *Journal of Personality and Social Psychology*, 93(6), 940 – 956 (December).

Leonard and Strauss (1997). Putting Your Whole Company's Brain to Work. Harvard Business Review (July – August).

Leonard-Barton, D., and W. A. Kraus (1985). Implementing new technology. *Harvard Business Review*, 102 (November - December).

Leshner, A. I. (February 19, 2009). CEO American Association or the Advancement of Science (AAAS), Letter to the Speaker of the House and Senate Majority Leader.

Leung, A. K. Y, W. W. Maddux, A. D. Galinsky, and C. Y. Chiu (2008). Multicultural experience enhances creativity: Then when and the how. *American Psychologist*, 63, 169 - 181.

Levi, D., and C. Slem (1995). Team work in research and development organizations: The characteristics of successful teams. *International Journal of Industrial Ergonomics*, 16, 29 - 42.

Lewis, C. W., and M. J. Tenzer (1992). Political strategies for hi-tech development: The case of a university-related research park. *International Journal of Public Administration*, 15, 1757 - 1801 (October).

Likert, J. F. (1967). *The Human Organization.* New York: McGraw-Hill.

Lincoln, J. F. (1951). *Incentive Management.* Cleveland: Lincoln Electric Co.

Lipinski, J., M. C. Minutolo, and L. M. Crothers (2008). The complex relationship driving technology transfer: the potential opportunities missed by Universities. *Institute of Behavioral and Applied Management*, 112 - 133.

Litan R. E., L. Mitchell, and E. J. Reedy (2007). The university as innovator, *Issues in Science and Technology* (Summer).

Locke, E. A. (1968). Toward a theory of task motivation and incentives. *Organizational Behavior and Human Performance*, 3, 157 - 189.

Locke, E. A., E. Frederick, E. Buckner, and P. Bobko (1984). Effect of previously assigned goals on self-set goals and performance. *Journal of Applied*

Psychology, 69, 694 ~ 699.

Locke, E. A., K. N. Shaw, L. M. Saari, and G. P. Latham (1981). Goal setting and task performance: 1969 ~ 1980. *Psychological Bulletin*, 90, 125 ~ 152.

Loher, B. T., R. A. Noe, N. L. Moeller, and M. P. Fitzgerald (1985). A meta-analysis of the relation of job characteristics to job satisfaction. *Journal of Applied Psychology*, 70(2), 280 ~ 289 (May).

Long, J. (1992). Science funding: House drops 10 "perk-barrel" projects. *Chemical & Engineering News*, 70(39), 6 (September 28).

Lykke, A. F. (2001). Toward an understanding of military strategy. In Cerami, J. R and Holcomb, J. F. (Eds.). *U. S. Army War College Guide to Strategy*, ISBN 1 ~ 58487 ~ 033 ~ 8, 179 ~ 185.

MacCoby, M. (2005). Understanding People You Manage. *Research Technology Management*, 45(6), 58 ~ 60 (May ~ June).

Maccoby, M. (2006). Is there a best way to lead scientists and engineers? *Research Technology Management*, 49(1), 60 ~ 61 (January ~ February).

MacGregor, J. (2007). *Businessweek*, 56(52 ~ 60) (May 14).

MacKinnon, D. W. (1962). The nature and nurture of creative talent. *American Psychologist*, 17, 7.

Mansfield, E. (1995). Academic research underlying industrial innovation: Sources, characteristics, and financing. *Review of Economics and Statistics*, 77(1), 55 ~ 65 (February).

Marcson, S. (1960). *The Scientist in American Industry*. Princeton, NJ: Princeton University Press, 78 ~ 151.

Marquis, D. G., and D. L. Straight (1965). *Organizational Factors in Project Performance*, 133 ~ 165. Cambridge, MA: MIT Working Paper No.

Martinsons, M., and Davison, R. M. (2007). Strategic decision making and support systems: Comparing American, Japanese, and Chinese Management. *Decision Support Systems*, 43(1), 284 – 300 (February).

Maslow, A. (1992). *Motivation and Personality.* 3rd ed. New York: Harper.

Massey, W. E. (1994). Can the research university adapt to a changing future? In J. R. Cole, E. G. Barber, and S. R. Graubard (Eds.). *The Research University in a Time of Discontent*, 191 – 202. Baltimore: Johns Hopkins University Press.

McCain, G. (1969). *The Game of Science.* Belmont, CA: Wadsworth, 59.

McClurg, L. N. (2001). Team based reward systems! Team Rewards: How Far Have We Come? *Human Resource Management*, 40(1), 73 – 86.

McComb, Green, and Compton (Dec. 2007). Team flexibility's relationship to staffing and performance in complex projects: An empirical analysis. *Journal of Engineering and Technology Management*, 24(4), 293 – 313.

McGregor, D. (1972). An uneasy look at performance appraisal. *Harvard Business Review*, 133 – 138 (September – October).

McGregor, J. (2007). P&G Asks: What's the Big Idea? *Businessweek* (May 4).

Medcof, J. W., and S. Rumpel (2007). *High technology workers and total rewards.* The Journal of High Technology Management Research, 18(1), 59 – 72.

Merten, U., and S. M. Ryu (1983). What does the R&D function actually accomplish. *Harvard Business Review* (July – August).

Merton, R. K. (1973). *The Sociology of Science: Theoretical and Empirical Investigations.* Chicago: University of Chicago Press.

Miles, R. (2007). Innovation and Leadership Values. California Management Review, 50(1).

Mintzberg, H. (1973). *The Nature of Managerial Work*, 56 – 58. New York:

Harper & Row.

Mintzberg, H. (1975). The manager's job: Folklore and fact. *Harvard Business Review*, No. 75409, 49 – 61 (July – August).

Mintzberg, H. (1994). The fall and rise of strategic planning. *Harvard Business Review*, 107 – 114 (January – February).

Misumi, J. (1985). *The Behavioral Science of Leadership.* Ann Arbor: University of Michigan Press.

Moore, G. A. (1995). *Inside the Tornado.* HarperCollins: New York.

Mora-Valentin, E. M. et al. (2004). Determining factors in the success of R&D cooperative agreements between firms and research organizations. *Research Policy*, 33(1), 17 – 40 (January).

Morton, J. A. (1971). *Organizing for Innovation.* New York: McGraw-Hill.

Murphy, K. R., W. K. Balzer, M. C. Lockhart, and E. J. Eisenman (1985). Effects of previous performance on evaluations of present performance. *Journal of Applied Psychology*, 70, 72 – 84.

Nadiri, M. I. (1980). Contributions and determinants of research and development expenditures in U. S. manufacturing industries. In G. M. von Furstenburg (Ed.). *Capital Efficiency and Growth.* Cambridge, MA: Ballinger.

Nadler, D. A. (1982). Concepts for the management of organizational change. In G. L. Lippitt (Ed.). *Implementing Organizational Change.* San Francisco: Jossey-Bass.

Nadler, D. A. (1994). Collaborative strategic thinking. *Planning Review*, 22(5), 30 – 31, 44.

National Academy of Engineering (1993). *Prospering in a Global Economy-s-Mastering a New Role.* Washington, D. C.: National Academy Press.

National Academy of Sciences (1995). *Allocating Federal Funds for Science and Technology.* Washington, D. C.: National Academy Press.

National Academy of Sciences and National Academy of Engineering (2007). Rising Above the Gathering Storm. Washington D. C.: National Academies Press.

National Academy of Sciences, National Academy of Engineering, and Institute of Medicine of the National Academies (2007). *Rising Above the Gathering Storm.* Washington, D. C.: National Academies Press.

National Science Board (NSB) (2008). *Science and Engineering Indicators 2008*, Two volumes (1, NSB 08 - 01; 2, NSB 08 - 01A). Arlington, VA: National Science Foundation.

National Science and Technology Council (1999). "Reviewing the Federal Government - University Research Partnership for the 21st Century", Office of Science and Technology Policy, Washington, D. C.

Naveh (January 2007) Formality and Discretion in successful R&D projects. *Journal of Operations Management*, 25(1), 110 - 125.

Nelson, L. J., and D. T. Miller (1995). The distinctiveness effect in social categorization: You are what makes you unusual. *Psychological Science*, 6, 246 - 249.

Newton-Smith, W. H. (1981). *The Rationality of Science.* London: Routledge and Kegan.

Newton, T. J., and A. Keenan (1985). Coping with work related stress. *Human Relations*, 38, 107 - 126.

Nisbett, R., and L. Ross (1980). *Human inference: Strategies and shortcoming of social judgment.* Englewood Cliffs, N. J. Prentice-Hall.

Norman, A. (1998). Managing Conflict: Building a Multicultural Collaborative. *Cities*, 15(3), 209 - 214.

Ohmae, K. (1988). Getting back to strategy. *Harvard Business Review*,

149 - 156 (November - December).

Organisation for Economic Co-operation and Development (OECD) (1993). *The Measurement of Scientific and Technical Activities.* OECD Publication.

Organisation for Economic Co-Operation and Development (OECD) (2007). *Science, Technology and Industry Scoreboard.* Danvers, MA: OECD Publication.

Organisation for Economic Co-Operation and Development (OECD) (2009). *OECD Patent Statistics Manual.*

Osbom, A. F. (1979). *Applied Imagination.* New York: Scribner.

Oxtoby, B., et al. (2002). Developing Organizational Change Capability. *European Management Journal,* 20(3), 310 - 320.

Ozer, M. (1999). A survey of new product evaluation models. *Journal of Product Innovation Management,* 16(1), 77 - 94.

Parboteeah, K. P., et al. (2005). How effective are professional development activities for R&D engineers. *Journal of High Technology Management Research,* 16(1), 23 - 36 (September).

Pelz, D. C. (1956). Some social factors related to performance in a research organization. *Administrative Science Quarterly,* 1, 310 - 325.

Pelz, D. C., and F. M. Andrews (1966a). Autonomy, coordination, and simulation in relation to scientific achievement. *Behavioral Science,* 2, 89 - 97.

Pelz, D. C., and F. M. Andrews (1966b). *Scientists in Organizations.* New York: Wiley.

Perez-Freije and Enkel (February 2007). Creative Tension in the Innovation Process: How to Support the Right Capabilities. *European Management Journal,* 25(1), 11 - 24.

Perkman, M., and K. Walsh (2007). University-industry relationships and open innovation: towards a research agenda. *International Journal of Management*

Reviews, 9(4), 259 - 280.

Peters, T. J., and R. H. Waterman (1988). *In Search of Excellence-Lessons from America's Best - Run Companies*. New York: Harper & Row.

Peters, T. J., and R. H. Waterman (1982). *In Search of Excellence: Lessons from America's Best-Run Companies*. New York: Harper & Row.

Porter, M. (1998). Clusters and the new economics of competition. *Harvard Business Review*, 77 - 90 (November - December).

Porter, M. E. (2008). The five competitive forces that shape strategy. *Harvard Business Review*, 79 - 93 (January).

Prastacos, G., et al. (2002). An Integrated Framework for Managing Change in the New Competitive Landscape. *European Management Journal*, 20(1), 55 - 71 (February).

Press, F. (1988). *The Dilemma of the Golden Age*. Address to the Members of the National Academy of Science (April 26, 1988).

Pritchard, R. D., and Youngcourt, S. S. (2008). Culture, feedback, and motivation. In D. L. Stone, and E. F. Stone-Romero (Eds.). *The influence of culture on human resources management processes and practices*, 157 - 180. New York: Psychology Press.

Pronin, E. D., Y. Lin, and L. Ross (2002). The bias blind spot: Perspectives of bias in self versus others. *Personality and Social Psychology Bulleting*, 28, 361 - 381.

Quinn, J. B. (1980). Strategies for change. In H. Mintzberg and J. B. Quinn (Eds.). *Readings in the Strategy Process*, 3rd Edition 3 - 10. Englewood Cliffs, NJ: Prentice Hall (1998).

Quinn, J. B. (1985). Managing innovation: Controlled chaos. *Harvard Business Review*, 63(3), 73 - 84 (May - June).

Quinn, J. B., and F. G. Hilmer (1994). Strategic Outsourcing. *Sloan Management Review*, 35(4), 43 – 55.

Rahim, A. (1983). A measure of styles of handling interpersonal conflict. *Academy of Management Journal*, 26, 368 – 376.

Rangaswamy, A., and G. L. Lilien (1997). Software tools for new product development. *Journal of Marketing Research*, 177 – 184 (February).

Regis, E. (1987). *Who Got Einstein's Office?* New York: Addison-Wesley.

Rheem, H. (1995). Improving productivity: The importance of R&D. *Harvard Business Review*, 73(3), 12 – 13 (May – June).

Rice, M. P. (2008). Implementing a Learning Plan to Counter Project Uncertainty. *MIT Sloan Management Review*, 54 – 62 (Winter).

Ritti, R. (1982). Work goals of scientists and engineers, in M. L. Tushman and W. L. Moore (Eds.). *Readings in the Management of Innovations*, 363 – 375. Boston: Pitman.

Roberts, E. B. (1978). What do we really know about managing R&D? Interview with Michael Wolff. *Research Management*, 21 (6), 6 – 11 (November).

Roberts, E. B. (1995). Benchmarking the strategic management of technology-I. *Research Technology Management*, 38 (1), 44 – 56 (January – February).

Roberts, E. B., and A. L. Frohman (1978). Strategies for improving research utilization. *Technology Review*, 80(5), 32 – 39 (March – April).

Roberts, E. B., and A. R. Fusfeld (1981). Staffing the innovative technology-based organization. *Sloan Management Review*, 22 (3), 19 – 34 (Spring).

Rogers, E. M. (1983). *Diffusion ofInnovations*, 3rd ed. New York: Free

Press.

Rogers, E. M. (1995). *Diffusion of Innovations.* 4th edition, 132. Free Press: New York.

Rokeach, M. (1964). *The three Christs of Ypsilanti, a psychological study.* New York: Knopf.

Rosenbaum, M. E., D. L. Moore, J. L. Cotton, M. S. Cook, R. A. Hieser, M. N. Shovar, and M. J. Gray (1980). Group productivity and process: Pure and mixed reward structures and task interdependence. *Journal of Personality and Social Psychology*, 39, 626 – 642.

Rosenthal, R., and L. Jacobson (1992). *Pygmalion in the classroom: Teacher expectations and pupils' intellectual development.* New York: Irvington Publishers.

Rosovsky, H. (1987). "Deaning." *Harvard Magazine* (January – February).

Ross, M. H. (1990). Opportunities for maximizing the effectiveness of the administrator/researcher relationship. *Journal of the Society of Research Administrator*, 22(1), 1722 (Summer).

Rothwell, R., and W. Zegwell (1981). *Industrial Innovation and Public Policy: Preparing for the 1980 and 1990s.* Westport, CT: Greenwood.

Rotman, D. (1995). Companies globalize research. *Chemical Week*, 157 (21), 41 (November 29).

Rumelt, R. (1980). The evaluation of business strategy. In H. Mintzberg and J. B. Quinn (Eds.). *Readings in the Strategy Process*, 3rd ed., 3 – 10. Englewood Cliffs, NJ: Prentice Hall (1998).

Saari, L. M., and G. P. Latham (1982). Employee reactions to continuous and variable ratio reinforcement schedules involving a monetary incentive. *Journal of Applied Psychology*, 67, 506 – 508.

Sakamoto, N. (1982). Polite Fictions: Why Japanese and Americans Seem Rude to Each Other. Tokyo, Japan: Kinseido.

Salter, M. S. (1971). Management appraisal and reward systems. *Journal of Business Policy*, 1(4), 41-51.

Sawhney, M., R. C. Wolcott, and I. Arroniz (2006). The 12 Different Ways for Companies to Innovate. *MIT Sloan Management Review*, 75-81 (Spring).

Saxenian, A. (1994). Lessons from Silicon Valley. *Technology Review*, 97, 42-51 (July).

Scarpello, V., and B. J. Whitten (1991). An exploration of critical personalities in research and development organizations. *Journal of High Technology Management Research*, 2(2) 151-168.

Schmitt, R. W. (1985). Successful corporate R&D. *Harvard Business Review*, 63(3), 124-128.

Schneider, B., S. K. Gunnarson, and J. K. Niles (1994). Creating the climate and culture of success. *Organizational Dynamics*, 23, 17-29.

Schneider, W. (1993). *Gelling Smart Quicker: Training More Skills in Less Time*. Washington, D. C. Federation of Behavioral, Psychological and Cognitive Sciences.

Schriesheim, J., M. A. Von Glinow, and S. Kerr (1977). Professionals in bureaucracies: A structural alternative. In P. C. Nystrom and W. H. Starbuck (Eds.). *Prescriptive Models of Organizations*, 55-69. New York: North-Holland.

Schultz-Hardt, S., A. Mojzisch, and S. Vogelgesang (2008). Dissent as a facilitator: Individual and group level effects on creativity and performance. In C. K. W. De Dreu and M. J. Gelfand (Eds.). *The psychology of conflict and conflict management in organizations*, 149-178. New York: Lawrence Erlbaum, Associates.

Schumpeter, J. (1934). *The Theory of Economic Development: An Inquiry into Profits, Capital, Credit, Interest, and the Business Cycle* (translated by Redvers Opie). Cambridge, MA: Harvard University Press.

Science and Engineering Indicators (1993). Washington, D. C.: National Science Board.

Science and Engineering Indicators (1995). Washington, D. C.: National Science Board.

Science and Engineering Indicators (2003). Washington, D. C.: National Science Board.

Science and Engineering Indicators (2006). Washington D. C.: National Science Board.

Science and Engineering Indicators (2008). Washington, D. C.: National Science Board.

Scott, S. G., and R. A. Bruce (1994). Determinants of innovative behavior: A path model of individual innovation in the workplace. *Academy of Management Journal*, 37, 580 - 607 (June).

Scott, W. B. (1994). NASA reshapes tech transfer. *Aviation Week & Space Technology*, 140(20), 55 (May).

Shanklin, W. L., and L. K. Ryans, Jr. (1984). Organizing for high-tech marketing, *Harvard Business Review*, 62 (6), 164 - 171 (November - December).

Silberglitt, R., P. S. Antón, D. R. Howell, and A. Wong (2006). *The global technology revolution 2020*, executive summary. Santa Monica, CA: RAND Corporation.

Smith, G. C. (1970). Consultation and decision processes in an R&D laboratory. *Administrative Science Quarterly*, 15, 203 - 215.

Smith, H. W. and Nomi, T. (2000). Is Amae the key to understanding Japanese Culture? *Electronic Journal of Sociology*, ISSN: 1198 3655 (April).

Snyder, M. (1979). Self-monitoring process. In L. Berkowitz (Ed.). *Advances in Experimental Social Psychology*, 12, 86 – 131. New York: Academic Press.

Sobre-Denton, M., and D. Hart (2008). Mind the gap: Application-based analysis of cultural adjustment models. *International Journal of Intercultural Relations*, *In Press*, Corrected Proof (July).

Solow, R. M. (1957). *Technical Change and the Aggregate Production Function.* The Review of Economics and Statistics, 39(3), 312 – 320. MIT Press (August 1957).

Souder, W. E. (1975). Stage-dominant (S-D), process-dominant (P-D) and task-dominant (T-D) models of the new product development (NOD) process: Some straw-men models and their contingencies. *Technology Management Studies Group Paper* (November 1).

Souder, W. E., and A. K. Chakrabarti (1980). Managing the coordination of marketing and R&D in the innovation process. In B. V. Dean and J. L. Goldhar (Eds.). *Management of Research and Innovation. TIMS Studies in the Management Sciences*, 15, 135 – 150. New York: North-Holland.

Spector, P. E. (1982). Behavior in organizations as a function of employee's locus of control. *Psychological Bulletin*, 91, 482 – 497.

Steinberg, R. J., and J. E. Davidson (1996). *The Nature of Insight*, Cambridge, MA: MIT Press.

Sternberg, R. J., and T. I. Lubart (1995). *Defying the Crowd: Cultivating Creativity in a Culture of Conformity.* New York: Free Press.

Stemitzke, Bartkowski, Schwanbeck, and Schramm (2007). Patent and literature statistics: The case of optoelectronics. *Journal World Patent Information*, 29, 327 – 338.

Stone, D. L., L. Isenhour, and K. M. Lukaszewski (2008). A model of the influence of cultural values on job application intentions and behaviors. In D. L. Stone, and E. F. Stone-Romero (Eds.). *The influence of culture on human resources management processes and practices*, 25 – 51. New York: Psychology Press.

Studt, T. (2007). World's Best R&D Companies. *R& D Magaziney*, 13 (October).

Sullivan, W. (1983). 2 *Americans Share Physics Nobel for Star Theories*. The New York Times. October 20, 1983.

Sutton, C. (1986). Serendipity or sound science? *New Scientist*, 109, 30 – 32 (February).

Szakonyi (1994). Measuring R&D effectiveness – 1. *Research-Technology Management*, 37(2), 27 – 32.

Szilagyi, A. D., and W. E. Holland (1980). Changes in social density. Relationships with function interaction and perceptions of job characteristics, role stress and work satisfaction. *Journal of Applied Psychology*, 65, 28 – 33.

Taylor, S. E. (1998). Positive illusions. In H. Friedman (Ed.). *Encyclopedia of mental health*, 199 – 208. San Diego, CA: Academic Press.

Thompson, J. D. (1967). *Organizations in Action*. New York: McGraw-Hill.

Thompson, P. H., and G. W. Dalton (1976). Are R&D organizations obsolete? *Harvard Business Review*, 54, 105 – 116 (November – December).

Thomson, W. J. (1983). Effects of control on choice of reward and punishment. *Bulletin of Psychononomic Society*, 21, 462 – 464.

Thomdike, R. K. (1920). Intelligence and its uses. *Harper's Magazine* 140,

227 – 335.

Thursby, J. G., and M. C. Thursby (2007). University Licensing. *Oxford Review of Economic Policy*, 23(4), 620 – 639.

Tierney, P., and S. M. Farmer (2004). The Pygmalion process and employee creativity. *Journal of Management*, 30(3), 413 – 432 (June).

Triandis, H. C. (1971). *Attitude and Attitude Change*. New York: Wiley.

Triandis, H. C. (1977). *Interpersonal Behavior*. Monterey, CA: Brooks/ Cole.

Triandis, H. C. (1980). Values, attitudes, and interpersonal behavior. *Nebraska Symposium an Motivation. 1979.* Lincoln: University of Nebraska Press.

Triandis, H. C. (1994). *Culture and Social Behavior*. New York: McGraw-Hill.

Triandis, H. C. (1995). *Individualism and Collectivism*. Boulder, CO: Westview Press.

Triandis, H. C. (2008). *Fooling ourselves: Self-deception in politics, religion, and terrorism.* Westport, CT: Praeger.

Triandis, H. C., L. Kurowski, and M. Gelfand (1994). Workplace diversity. In Triandis, H. C., M. Dunnette. and L. Hough (Eds.). *Handbook of Industrial and Organizational Psychology*, 2nd ed., 769 – 827. Pain Alto, CA: Consulting Psychologists Press.

Triandis, H. C., R. Hall, and R. B. Ewen (1965). Member heterogeneity and dyadic creativity. *Human Relations*, 18, 35 – 55.

Tucker, E. (1984). *Area Nears High-Tech " Critical Mass"* Washington Post.

Tucker, R. C. (2004). Ambitious and achievable. *Advanced Materials and Processes*, 22 – 24 (February).

Tushman, M. L. (1988). Managing communication networks in R&D

laboratories. In M. L. Tushman and W. L. Moore (Eds.), *Readings in the Management of Innovation*, 2nd ed., 261 – 274. Cambridge, MA: Ballinger.

Twiss, B. C. (1992). *Managing Technological Innovation*, 4th ed. Marshfield, MA: Pitman.

Utterback, J. M. (1996). *Mastering the Dynamics ofInnovation*. Boston: Harvard Business School Press.

Von Hippel, E. A. (1978). Users as innovators. *Technology Review*, 31 – 37 (January).

Von Hippel, E. A. (1988). The Sources of Innovation. Oxford University Press: New York.

Vroom, V., and P. W. Yetton (1973). *Leadership and Decision Making*. Pittsburgh: University of Pittsburgh Press.

Wainer, H. A., and I. M. Rubin (1969). Motivation of research and development entrepreneurs: Determinants of company success. *Journal of Applied Psychology*, 53, 178 – 184.

Waldman and Atwater (1994). The nature of effective leadership and championing processes at different levels in a R&D hierarchy. *The Journal of High Technology Management Research*, 5(2), 233 – 245.

Walsh, S. T., and B. A. Kirchhoff (2002). Technology Transfer from Government Labs to Entrepreneurs. *Journal of Enterprising Culture*, 10 (2), 133 – 149.

Webb, Janette (1992). *The Mismanagement of Innovation*, 26(3), 471 – 492 (August).

Weick, C. W., Ed. (2005). *Out of Context: A Creative Approach to Strategic Management*, 121 – 123. Mason, OH: Southwestern/Thomson.

Weick, C. W., S. B. Walchli, and E. E. Eisenbarth (2005). The Role of the

Internet in the Adoption of Technological Innovations: the Case of Genetically Engineered Crops and Foods. *International Journal of Technology Transfer and Commercialization*, 2(1), 89 - 110.

Weick, C. W., S. Kaur, and A. A. Fernandez (2003). Application of a Method for Selecting and Evaluating Environmental Technologies with Commercial Potential. *International Journal of Technology Transfer and Commercialization*, 2(4), 399 - 428.

White, R. G. (1978). Management criteria for effective innovation. *Technology Review*, 21 - 28 (February).

White, S. E., T. R. Mitchell, and C. H. Bell, Jr. (1977). Goal setting, evaluation apprehension, and social cues as determinants of job performance and job satisfaction in a simulated organization. *Journal of Applied Psychology*, 62, 665 - 673.

Whyte, W. F. (1948). *Human Relations in the Restaurant Industry*. New York: McGraw-Hill.

Wicksteed, S. Q. (1985). *The Cambridge Phenomenon*. London: Brand.

Willis, J. (1991). Computer mediated communication systems and intellectual teamwork: Social psychological issues in design and implementation. *Educational Technology*, 31(4), 10 - 19.

Wilson, D. K. (1994). New look at performance appraisal for scientists and engineers. *Research-Technology Management*, 37(4), 51 - 55 (July - August).

Winchell, A. E. (1984). Conceptual systems and Holland's theory of vocational choice. *Journal of Personality and Social Psychology*, 46, 376 - 383.

Wind, J., and V. Mahajan (1997). Issues and opportunities in new product development: an introduction to the special issue. *Journal of Marketing Research*, February, 1 - 12.

Wolf, M. F. (2006). Silicon Valley Outpost among 350 initiatives to boost Denmark's Tech competitiveness. *Research Technology Management*, 2 – 3 (May – June).

Worchel, S., and W. G. Austin (1985). *Psychology of Intergroup Relations*. Chicago: Nelson-Hail.

World Intellectual Property Organization (WIPO) (2007). Patent Report, 2007. www.wipo.int/ipstats/en/statistics/patents/patent_report – 2007.html.

Zagotta, R., and D. Robison (2002). Keys to successful strategy formulation. *Journal of Business Strategy*, 30 – 34 (January/February).

Zenger, T. R., and S. G. Lazzarini (2004). *Compensating for innovation: Do small firms offer high-powered incentives that lure talent and motivate effort?* Managerial and Decision Economics. Special Issue: Deploying, Leveraging, and Accessing Resources Within and Across Firm Boundaries, 25(6 – 7), 329 – 345.

自主创新丛书
第一辑

《牛津创新手册》

作为学术界颇负盛名的牛津手册系列之一,《牛津创新手册》继承和发扬了这一手册系列的特点,为读者提供理解创新的综合性视角,是一部全面且权威的创新理论知识手册。

创新是一个多层面的现象,在快速发展的创新研究中,必然是各学科观点并存的。本书集几十年创新研究之大成,各章的作者都是所在研究领域的学术带头人,同时也是当今创新学界的权威,包括了经济学家、地理学家、历史学家、心理学家和社会学家。他们从各个角度对创新进行分析和定义,概括而全面地介绍了创新的研究成果,起到了正本清源的作用。

全书共4部分,包含21章经过精选的内容,每章聚焦于创新的某个特定方面,既有宏观的创新与经济增长、国家创新体系,又有中观的产业创新体系、区域创新体系,再到微观的创新网络、企业创新等,集中展示了创新领域多年来最优秀的学术成果。

《剑桥创造力手册》

本书共22章,深入浅出地呈现了关于人类创造力研究的高度复杂的思考和技术方法,包括个案分析、历史测量、心理测量、实验法等,涵盖了创造力研究领域广泛的要点和话题,研究面广、信息量大。创造力与智力有什么不同?我们如何才能测量一个人的创造力?在创造性思维中涉及哪些认知过程?一个创造性产品是如何产生的?什么样的经历会造就一个创造性的人?创造性个体具有什么特征？是什么在激励着具有创造性的人？创造力的生物和进化基础是什么？社会或文化情境是如何影响创造力的？创造力是少数精英的特权？还是每个人都可以有创造力？创造力是如何发展的？人们可以通过学习而变得更有创造性吗？这些就是本书所涉及的问题。本书可以帮助读者很好地了解创造力研究的观点、方法和主要的研究成果。

《创新的先知：熊彼特传》

本书由哈佛大学商业史学者、普利策奖得主托马斯·麦克劳主笔。熊彼特是20世纪享有盛誉的世界著名经济学家，他对企业家精神和创新的强调，对资本主义、社会主义和民主的分析，以及他对经济思想史的梳理，无不影响深远。在中小企业大发展、技术不断创新的今天，重读熊彼特更具有十分重要的现实意义。本书以熊彼特一生的经历为线索，以熊彼特所处的时代背景为基础，以熊彼特的心路历程为依托，以熊彼特的感情生活为点缀，以熊彼特的学术贡献为旨归，以熊彼特的工作情况为补充，向读者讲述了熊彼特的主要思想是什么、他是如何提出这些思想的、他提出这些思想的依据是什么这三方面的问题，全面真实地展现了熊彼特波澜壮阔、别开生面的一生。

《用户创新：提升公司的创新绩效》

在不断发展的计算机和通信技术的帮助下，用户越来越善于为自己开发新产品和新服务，并采取多种形式把这些成果向他人无偿公开。本书密切关注这种以用户为中心的创新系统，对这一现象进行了详尽阐述，解释了背后深层次的社会和经济因素。作者通过信息产品和物质产品领域的实例，提出制造商需要正视这一挑战，重新设计自身的创新流程，把握其中的机遇，通过各种可能的方式如提供设计工具箱，参与这一伟大的创新变革。作者还呼吁政府调整有关政策，以消除用户创新的障碍，发挥用户创新对社会福利的积极效应。

图书在版编目（CIP）数据

研发组织管理：用好天才团队 /（美）拉维·K. 杰恩,（美）哈里·C. 川迪斯,（美）辛西娅·W. 韦克著；柳卸林, 刘建军译. －上海：东方出版中心, 2021.3
ISBN 978-7-5473-1802-7

Ⅰ.①研… Ⅱ.①拉… ②哈… ③辛… ④柳… ⑤刘… Ⅲ.①团队管理 Ⅳ.①C936

中国版本图书馆CIP数据核字（2021）第045497号

上海市版权局著作权合同登记：图字09-2021-0196号

Title: MANAGING RESEARCH, DEVELOPMENT, AND INNOVATION Managing the Unmanageable
by RAVI K. JAIN, HARRY C. TRIANDIS, CYNTHIA WAGNER WEICK, ISBN:978-0-470-40412-6
Copyright © 2010 by John Wiley & Sons, Inc. All rights reserved
This translation published under license. Authorized translation from the English language edition, Published by John Wiley & Sons. No part of this book may be reproduced in any form without the written permission of the original copyrights holder
Copies of this book sold without a Wiley sticker on the cover are unauthorized and illegal

研发组织管理：用好天才团队

著　　者　［美］拉维·K. 杰恩　哈里·C. 川迪斯　辛西娅·W. 韦克
译　　者　柳卸林　刘建兵
丛书策划　刘　忠
本书策划　唐丽芳　潘灵剑
责任编辑　戴浴宇
封面设计　李　果

出版发行　东方出版中心
地　　址　上海市仙霞路345号
邮政编码　200336
电　　话　021- 62417400
印 刷 者　上海盛通时代印刷有限公司

开　　本　890mm×1240mm　1/32
印　　张　16.75
字　　数　408千字
版　　次　2021年3月第1版
印　　次　2021年3月第1次印刷
定　　价　98.00元